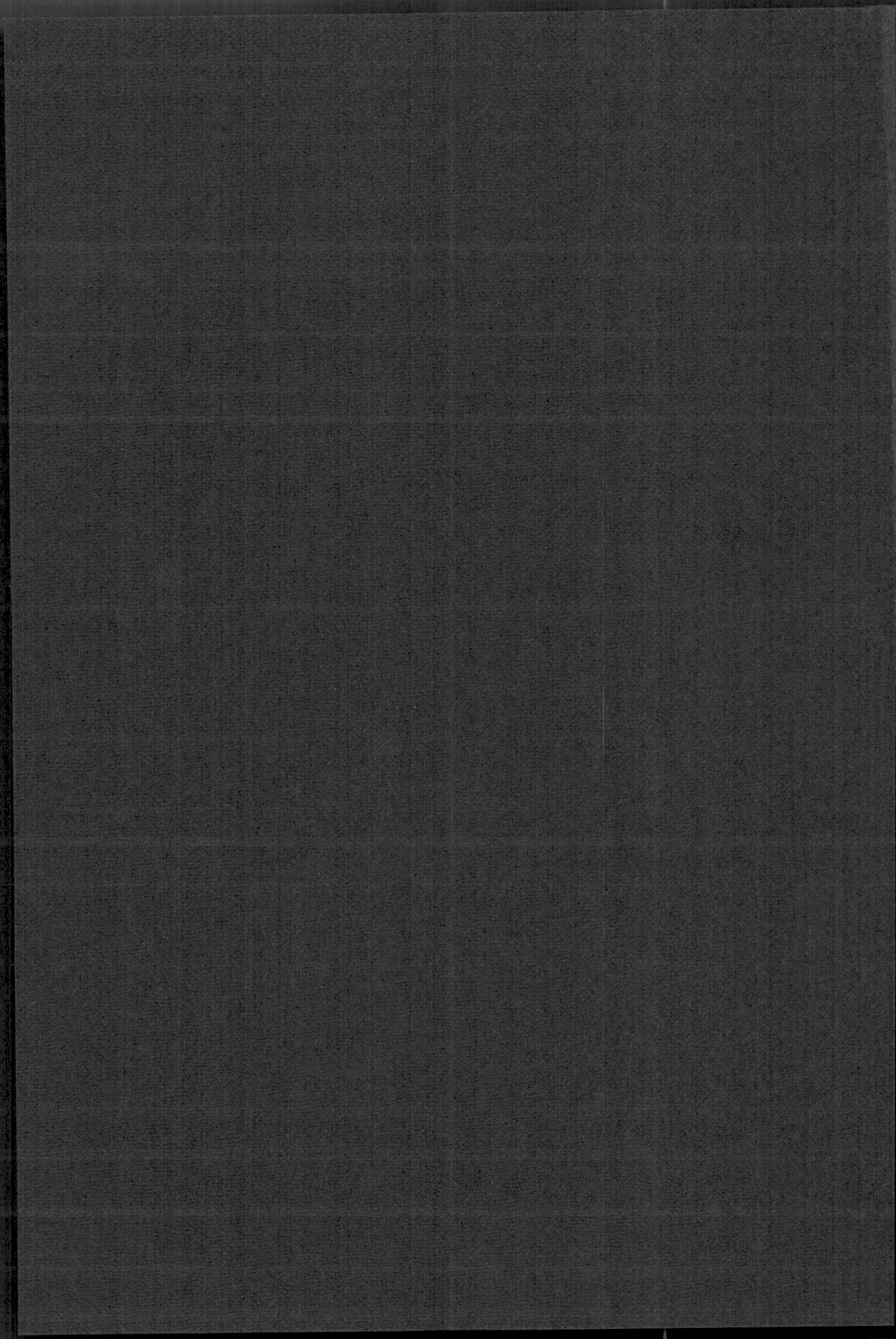

大国通史丛书

总主编 钱乘旦

德国通史

A History of Germany

邢来顺 吴友法 主编

【第二卷】

信仰分裂时代

(1500—1648)

孙立新 著

江苏人民出版社

图书在版编目（CIP）数据

德国通史.第二卷/孙立新著.－南京:江苏人
民出版社,2019.3(2025.10重印)
ISBN 978-7-214-21492-8

Ⅰ.①德…　Ⅱ.①孙…　Ⅲ.①德国－历史　Ⅳ.
①K516.0

中国版本图书馆 CIP 数据核字(2017)第 274873 号

书　　　名	德国通史·第二卷　信仰分裂时代(1500—1648)	
主　　　编	邢来顺　吴友法	
著　　　者	孙立新	
策　　　划	王保顶	
责 任 编 辑	史雪莲	
装 帧 设 计	刘葶葶	
责 任 监 制	王　娟	
出 版 发 行	江苏人民出版社	
地　　　址	南京市湖南路 1 号 A 楼,邮编:210009	
照　　　排	江苏凤凰制版有限公司	
印　　　刷	江苏凤凰新华印务集团有限公司	
开　　　本	652 毫米×960 毫米　1/16	
印　　　张	221　插页 24	
字　　　数	2 965 千字	
版　　　次	2019 年 3 月第 1 版	
印　　　次	2025 年 10 月第 3 次印刷	
标 准 书 号	ISBN 978-7-214-21492-8	
定　　　价	780.00 元(精装)	

(江苏人民出版社图书凡印装错误可向承印厂调换)

目　录

前　言

　　在当代历史编纂中，16—18 世纪这一历史时期通常被称作"近代早期"①。这是一个从中世纪封建社会向近代资本主义社会，或者说从"前现代"向"现代"过渡的时期。在这个时期，农业经济、等级社会、贵族统治和基督教宗教神学仍占主导地位，但资本主义的生产方式和管理制度已经出现，市民—资产阶级也开始兴起，思想文化的世俗化倾向初露端倪。总而言之，这是一个新旧混杂但新兴事物不断发展壮大的时期。

　　如果说西班牙和葡萄牙的近代早期开始于新航路开辟、意大利新时代的曙光见诸文艺复兴，那么由奥古斯丁修士、维登贝格（Wittenberg）大学神学教授马丁·路德（Martin Luther，1483—1546）发起的宗教改革堪称德意志国家全面转型的发轫。宗教改革首先是一场教会革新运动，它摧毁了罗马教皇和天主教会对宗教救赎权的垄断，创立了路德教、加尔文教等多个福音教派，促成了一系列国家教会或邦国教会的建立。宗教改革也是一场政治、社会和思想文化运动：它使正在形成的现代国家政

---

① 也有学者以 1517 年宗教改革的爆发为近代早期的开始。参见 Wolfgang Reinhard, *Probleme deutscher Geschichte*，*1495—1806*．*Reichsreform und Reformation*，*1495—1555*，Stuttgart：Klett-Cotta，2001（＝Gebhardt Handbuch der deutschen Geschichte，Band 9，10．völlig neu bearbeitete Auflage），S. 33。

权制服了教会,掌握了更多的物质和精神资源;它也把"天职"观念和苦行生活移植到现实社会,用个人的自我控制取代了外来的强制;在教育、济贫和伦理道德诸方面,宗教改革也开创了种种新风尚,为改造大众素质和民族精神奠定了深厚基础。这一起源于神圣罗马帝国并在几乎所有欧洲国家都有传播的改革运动,特别为德意志近代早期历史打上了深刻烙印。

西方语言中的"宗教改革"概念源于拉丁文的 reformatio 一词,其原意为恢复原初状态,也包含有"改善、改良、改进"某个机构或社团的意图。同整个古典文明一样,这个概念也曾在基督教兴起之后被人遗忘。对于虔诚的基督教徒来说,上帝已经圆满地创造了世界,任何变动都是对上帝设立的秩序的反抗,都是不可饶恕的叛逆。因此,在整个中世纪,被基督教教会教义和宗教神学禁锢住了心灵的芸芸众生,虽然不乏反抗剥削压迫的"冒险"之举,却很少有改造现行制度的意图。直到 14 世纪,reformatio 才被一些热衷于研究古希腊罗马典籍的人文主义者重新发现,革除日益严重的弊端,重建原始的、"为上帝所设立的"秩序的要求也由此得以提出。至 15 世纪,reformatio 已在西方基督教世界广泛流传,成为一个时髦的口号,引起了许多不确定的希望和期待。① 在这里,恢复昔日"黄金时代",实行原有典章制度的"向后看"思想虽然仍占主导地位,但也出现了企图使"旧风俗"和"好习惯"适应新时代的"向前看"的努力,它甚至在民众的敬虔中激起了狂热的关于世界末日的乌托邦幻想———一种与主张以沉思、净身和改过自新的态度来对待可怕的世界末日迥然不同的行为方式。

1517 年,马丁·路德写作《关于赎罪券功效的辩论》(Disputatio pro declaratione virtutis indulgentiarum)②,并由此引发了一场规模巨大、影

---

① 参见 Rainer Wohlfeil, *Einführung in die Geschichte der deutschen Reformaton*, München: Beck, 1982, S. 46;孙立新:《试论不同历史时期的宗教改革概念》,载《世界历史》1994 年第 4 期,第 20—27 页。
② 简称《九十五条论纲》(95 Thesen)。

响深远的运动，导致整个基督教世界的宗教—政治制度发生了根本性变化。但在当时，这一运动还没有被称作 reformatio 或德语的 Reformation。当时，对于大部分宗教改革家来说，只有恢复初期教会的信仰与操守，才能最有效地改革与更新基督教。《新约圣经》所见证的"使徒时代"和通常被称为"教父时期"的基督教诞生后的最初五个世纪是基督教的"黄金时代"，是基督教最具活力的时代，这个时代所产生的宗教精神和形态，是基督教信仰与实践的源泉。用马丁·路德的话来说，"《圣经》与圣奥古斯丁"就代表了全部的改革方案。[①] 使用"宗教改革"概念来标识这一运动的做法，始于百年后福音教神学家回顾路德发表《九十五条论纲》这一伟大壮举之际，并且从此之后，宗教改革便成了一个专有名词，与一般性的改革明确区别了开来。19 世纪德意志著名历史学家利奥波德·冯·兰克（Leopold von Ranke, 1795—1886）更把 1517—1555 年视为"宗教改革时代"（Zeitalter der Reformation）。兰克强调政治和宗教的相互制约以及国家生活和精神生活的相互影响，认为宗教改革时代的本质恰恰体现在罗马天主教会与神圣罗马帝国的紧张关系方面，宗教改革以其对基督教的净化引领欧洲登上世界历史的一个顶峰。[②]

时至今日，西方学者大都继续采用兰克的"宗教改革时代"说，只是进一步扩大了它的时间跨度，从 1517 年路德批判罗马教皇贩卖赎罪券开始，向下延伸到 1618—1648 年"三十年战争"（Der Dreißigjährige Krieg）的终结，这就极大丰富了宗教改革概念所包含的历史内容，也更充分地展示了这一时期德意志历史的典型特征。本书所用宗教改革概念主要是指"神圣罗马帝国的宗教改革"，同样包括了从 16 世纪初直至 17 世纪中叶这样一个较长的时段。

德意志国家是从法兰克帝国中分离出来的一个政治实体，在这里，

---

① 参见［美］蒂莫西·乔治：《改教家的神学思想》，王丽译，中国社会科学出版社 2009 年版，导论第 18—19 页。
② 参见 Rainer Wohlfeil, *Einführung in die Geschichte der deutschen Reformaton*, S. 50。

部族公国的权贵们从一开始就享有很大的独立性,习惯于把他们的地产看作自己的自由财产,而不是从国王那里得到的采邑;习惯于将自己辖区内的居民看作自己的奴仆,而不是直接隶属于国王的臣民。不仅如此,德意志权贵们还坚持自由选举国王的制度,并通过对选举权的操纵,直接参与国家高层政治。国王有名无实,既不掌握独立的行政管理权和司法审判权,也不拥有充足的财政收入和军队,其地位和诸侯相差无几,只能依靠自己的家族势力,以"合伙人"身份领导着部族公爵,极少有直接干预公爵领地内部事务的可能性。

然而,自962年德意志国王奥托一世(Otto Ⅰ.,912—973)被罗马教皇约翰十二世(Johan Ⅻ., 937或939—964)加冕为"罗马人皇帝"(Romanorum imperator或Kaiser der Römer)以来,德意志国家便成为已经灭亡的西罗马帝国和法兰克帝国的"合法"继承者了,其统治者也自视为西方基督教世界秩序的维护者和罗马教会的保护人。为了履行这一"神圣而光荣的"职责,德意志国家历代君主不断兴师动众,四处扩张,最终在12—13世纪将"神圣罗马帝国"(Sacrum Imperium Romanum或Sacrum Romanum Imperium或Heiliges Römisches Reich)打造成了一个囊括中南欧日耳曼、罗曼和斯拉夫等诸多语族在内的庞大的"前民族"和"超民族"复合体。

不言而喻,德意志统治者超出一般国王的更高权力要求也经常受到国内外反对势力的坚决抵抗。在国外,罗马教皇和意大利、法兰西、波兰、匈牙利诸国统治者是罗马人皇帝的激烈竞争者。在国内,拥兵自重、割据一方的诸侯也极力限制皇权的过分膨胀。在国内外反对势力的双重压力下,皇帝的权力日趋衰落,国家四分五裂,民心涣散,乱象丛生。

面对这种局势,不仅皇帝一筹莫展,帝国等级也无能为力。15世纪末,"罗马人国王"(Rex Romanorum或König der Römer)马克西米连一世(Maximilian Ⅰ.,1459—1519)和以美因兹(Mainz)大主教贝特霍尔德·冯·亨内贝格(Berthold von Henneberg,1441或1442—1504)为首的部分帝国等级都主张进行"帝国改革"(Reichsreform),希望通过改革,消除混乱,增强国力。但在由谁掌握帝国统治权问题上,国王与等级改革派又互不相让,展开了激烈争夺。国王要增强帝国的军事力量,扩大君主的政治行动空间;等级改革派则要用选侯联盟统治取代君主个人统治,建立贵族寡头政治。通过国王与等级改革派的相互妥协,帝国改革得以部分实现,但却不能从根本上改善政局。无论国王还是等级改革派都力量有限,都不能按照英国或法国的模式将神圣罗马帝国建设成为一个中央集权的统一国家。

鉴于帝国的没落已经覆水难收,一些势力较大的帝国等级,特别是选侯和大诸侯便把精力转到自己所管辖的领地上,利用早已获得的诸多政治、经济特权,致力于国家建设:设立邦国政府,招募官员和军队,削弱贵族特权;干预城市和教会事务,实行社会驯化;通过征收赋税、投资矿山、铸造货币、垄断贸易等手段,增加财政收入;通过创办大学培养专业人才,充实官僚队伍,提高工作效率;确立长子继承制和领土不可分割原则以统一领土;建立以邦国君主为最高统治者的中央集权制度。

宗教改革本质上是一个宗教事件,它最深的关切是神学性的。[①] 作为一位虔诚的基督教徒,路德长久以来就对负有"原罪"之人的"得救"问题苦思冥索,希望得到一个确切答案。他也曾尝试教会所提供的"救赎"方法,希望通过刻苦修炼获得上帝的宽恕。但这一切都徒劳无功,在极度绝望的时候,路德顿悟到上帝的恩典,从而获得了彻底的解放。虽然受到教会保守势力的坚决反对,但路德对自己从深刻的宗教体验中获得的思想观点的正确性极具信心。为了对自己的良心负责,即使被教皇开除教籍、被皇帝宣布为不受法律保护者,路德也不放弃自己的学说。而在帝国选侯、萨克森(Sachsen)公爵弗里德里希三世(Friedrich Ⅲ.,1463—1525)[②]的保护下,不仅路德的身家性命得到了保全,"路德事件"(Causa Luther)也从纯宗教领域转入了宗教政治斗争领域。

---

① [美]蒂莫西·乔治:《改教家的神学思想》,第 5 页。
② 习称萨克森选侯"智者"弗里德里希(Kurfürst Friedrich der Weise von Sachsen)。

马丁·路德否定善功得救论,张扬上帝的恩典和《圣经》的权威,强调基督代人赎罪和因信称义学说。他也揭露罗马教皇的腐败堕落及其对德意志民族的剥削掠夺,呼吁德意志贵族在组织上、司法和行政管理上摆脱罗马教廷的一切控制。他还取消教会的神圣性,创立邦国教会,号召基督徒服从世俗政府而不要服从错误的教会。路德的宗教—政治主张不仅受到广大民众的拥护,也受到不少诸侯的大力支持。在"激进派宗教改革"(The radical reformation 或 Die radikale reformation)和"普通人革命"(Revolution des Gemeinen Manns)高潮过后,"诸侯宗教改革"(Fürstenreformation)或"官厅宗教改革"(obrigkeitliche Reformation)也广泛开展起来。

一大批皈依了福音教的诸侯自觉承担起邦国宗教领袖职责,进一步将教会事务纳入政府管辖范围。他们选派神学家和法学家进行教会视察,纠正弊端,纯洁教士队伍;没收(或者至少委派官员监控)在神学上已经成为多余之物的教会财产充作俗用;颁布法令,规定教牧制度、教会教义和礼拜仪式,创立宗教统一;设立由法学家和神学家组成的"教会监理会"(Konsistorium)或"教会参事院"(Kirchenrat①),处理基督徒婚姻和家庭纠纷事务;建立基督教学校,实行强迫教育,培养知识广博的教师,造就"真基督教徒";把教会组织成了一个邦国统治机构,将神职人员改造为邦国行政管理人员,使教会生活官僚政治化;加强政治驯化、社会监控以及对行为反常的团体的镇压或者驱逐,打造新型的社会秩序。

为了对抗皇帝和其他反宗教改革势力的镇压,保卫宗教改革的各项成果,福音教诸侯还相互串联,缔结军事同盟,发动和参与宗教—政治战争,力争使福音教成为与天主教并列的合法宗教,使福音教教徒享有与天主教教徒相同的权利。

诸侯宗教改革制止了罗马教廷对神圣罗马帝国的控制和剥削,废除了教会凌驾于国家和民众之上的特权,排除了皇帝或帝国机构向邦国施

---

① 也写作 Rat für kirchliche Angelegenheiten 或 Geistlicher Rat 等。

加压力的可能性,确立了由诸侯和邦国政府决定邦国的宗教信仰、管理和处理宗教事务的制度,促进了邦国的国家化建设。一些管辖区较大、实力较强的邦国,如奥地利(Österreich)、巴伐利亚(Bayern)、萨克森、勃兰登堡(Brandenburg)、汉诺威(Hannover)、符腾姆贝格(Württemberg)和梅克伦堡(Mecklenburg)等,已经发展成为拥有各种各样国家机器和国家主权的独立国家,其统治者也成为精神上和尘世上的双重领袖,为实行邦国君主专制奠定了基础。

但也应当看到,在宗教改革之后相当长的时间里,"罗马人皇帝"仍是神圣罗马帝国名义上的最高统治者,在国际事务中也继续充当帝国的首席代表者。皇帝的权力虽然受到了限制,但并非绝对的限制。恰恰相反,皇帝还是有一定权威的。在帝国等级会议中,皇帝通过其首席专员,也通过诸侯院中的奥地利公使,自1708年起还通过选侯院中的波希米亚(Bohemia 或 Böhmen)选侯来代表。皇帝的权威对帝国等级仍有约束力,没有人能够完全摆脱皇权的控制。皇帝也经常利用帝国等级间的矛盾,大搞政治平衡。在帝国乃至欧洲政治事务中,历届出身于哈布斯堡家族的皇帝也因为掌握着帝国境内的最大邦国——奥地利大公国、兼任波希米亚和匈牙利等国国王职务而占有一席重要地位。面临信奉伊斯兰教、以征服欧洲和基督教世界为目标的奥斯曼-土耳其人的入侵,哈布斯堡皇帝仍以欧洲和基督教会保护者的身份,发出抵抗号召,并得到了不少基督教徒的响应!

除此之外,皇帝还拥有一定的保留权,如等级晋升权、豁免准许权和特权授予权等。在如帝国这样的贵族社会中,皇帝提升等级地位的权力尤为重要,即使接纳某人参加帝国等级会议之事需要等级会议开会审批。皇帝可以通过颁布延期偿付法令,减免弱小帝国等级的债务,保护他们免遭债权人追讨。在普遍陷入财政危机的时刻,这一权力也大大有助于提高皇帝的影响力。在与帝国等级进行对抗时,皇帝也能够在较大程度上贯彻自己的意志。由于哈布斯堡家族世袭领地现在已经发展成为帝国中最强大的邦国,因此作为该邦君主的皇帝也能够发挥一个强邦君主的作用。只是皇帝欲在帝国层面加强皇权,实行君主专制,建立哈布斯堡王朝一统天下的大帝国的梦想彻底破灭了。皇帝只能与全体帝国等级一起,依靠神圣罗马帝国现有的中央政权机构,勉强维持帝国的运转,以便在相对稳定的帝国框架内维护自己家族和王朝的利益。

与神圣罗马帝国的多民族混杂局面不同,神圣罗马帝国境内的各个邦国大都是德意志民族的,尽管仅仅由德意志民族中的部分群体所构成。在这些邦国经过宗教改革发展成为拥有国家主权的"独立王国"之后,统一的德意志现代民族国家已经不可能由神圣罗马帝国来创建了,唯一的可能性是由某个或某些德意志邦国来承担这一历史使命。然而这条道路也是十分曲折和漫长的。

一方面,同出身于哈布斯堡家族的皇帝们一样,拥有强势的邦国君主,在扩张自己的邦国、推行专制统治时,最初考虑的主要是统治者家族的利益,而不是德意志民族的利益。当家族和王朝利益与帝国利益或德意志民族利益发生冲突时,他们大都不惜牺牲后者来保护前者。他们的统治区域虽然不断扩大,但没有一个邦国的疆域能够覆盖整个德意志语言文化圈。另一方面,一些势力较为强大的邦国的扩张方向也脱离了德意志人的核心居住区,转向神圣罗马帝国以外的地区,忙于侵占和吞并非德意志人的、异族和异文化地区,甚或为了满足个人的统治欲望,甘愿充当异国的国君,如奥地利大公经常兼任波希米亚和匈牙利的国王,萨克森选侯和汉诺威选侯后来也分别当上了波兰国王和英国国王。就其统治区域面积的庞大和臣民数量的众多而言,这些邦国君主可谓是真正的大国君主,但在这个大国内,德意志人与非德意志人混杂,根本不存在近代民族国家概念。

邦国君主也大都以承认贵族的地方统治权为诱饵,换取贵族对自己邦国统治权的认可。这样一来,贵族在地方上的支配地位就得到了巩固,其通过剥削农民或农奴而获取的收入也得到了保障,而在贵族放弃了争夺邦国统治权的等级权力之后,邦国君主就可以更加任意地行使自己所掌握的国家政权了,只是不能实行从中央到地方的彻底专制统治。邦国君主管中央,贵族管地方,邦国政治的二元权力结构由此形成。

邦国君主对家族利益的片面追求及其专制统治的不健全,不仅严重伤害了德意志邦国的国家建设,而且大大推迟了德意志国家统一和民族国家建立的时间。直到 19 世纪 60—70 年代,普鲁士国家才借助拿破仑战争和解放战争之东风,逐渐发展壮大起来,最终通过首相奥托·冯·俾斯麦(Otto von Bismarck,1815—1898)的"铁血政策"(Blut und Eisen),以排除奥地利的方式,建立起了以普鲁士为核心、多个德意志邦国联合的"小德意志民族国家",在并非完美的意义上完成了德意志现代民族国家的创建进程。

以上是"信仰分裂时代"德意志国家历史发展的主要脉络,也是德意志国家相对于同时代的英国和法国而言,一条特殊的从中世纪封建国家转变为现代民族国家的道路。

第一编

宗教改革的发端

第一章　15世纪末、16世纪初德意志国家概况

　　15世纪末、16世纪初,德意志国家依然被裹挟在"神圣罗马帝国"这一中世纪国家形态之中,其疆域虽然比较辽阔,但是没有明确界限,也很不稳定。部分领土隶属于帝国而非王国,也有部分土地只是皇帝的世袭领地而非帝国领土。帝国居民分属于多个种族或民族,其语言文化和风俗习惯更是千差万别。

　　经济上,自给自足的自然经济仍占主导地位,但农、工、商业齐头并举,商品货币关系迅速发展,资本主义性质的大企业和大公司也开始出现。社会上,传统的等级结构延续,但在各个社会等级内部,高低、大小和贫富分化日益严重。部分高级贵族上升为教会诸侯或世俗诸侯,低级教士、没落骑士、无耕地农民和无职业城市平民却陷入日益严重的生活困境。等级之外,诸如矿山工人、大学毕业生和国家官员等新兴职业团体开始大量涌现,但也有各种各样的"不诚实者"和诸如吉卜赛人、犹太人等"无独立法律地位的人"位于社会边缘,备遭歧视和排斥。

　　政治上,早在法兰克王国时代就已确立的采邑分封制仍然有效,作为首席采邑主的罗马人国王或皇帝同时也是帝国的最高统治者,但享有大量特权的帝国选侯和一般诸侯已经开始在自己的邦国内进行国家化建设,在帝国层面也要求对皇帝的权力进行分割和约束。"罗马人国王"

马克西米连一世和部分帝国等级力图实行帝国改革,但动机和目的大相
径庭:国王要增强帝国的军事力量,扩大君主的政治行动空间,改革派帝
国等级则要用选侯联盟统治取代君主个人统治。通过国王与帝国等级
的相互妥协,帝国改革得以部分实现,但是不能从根本上改善政局。

与此同时,天主教会对于神圣罗马帝国的宗教和精神生活依然发挥
着决定性影响。一方面,社会—政治的分裂,为罗马教皇和天主教会加
强对神圣罗马帝国的控制及剥削提供了可乘之机,而教会的横征暴敛和
腐化堕落又激起了德意志社会各界的普遍憎恨,反教权主义斗争一浪高
过一浪。另一方面,在广大民众当中,希望通过朝圣和购买赎罪券等虔
敬行动求得解脱的宗教热情依然十分高涨,而在宗教界和神学界,天主
教官方的宗教信誉和救赎功能早已受到怀疑,非教会的、个人的神秘主
义和"现代虔信"思潮广泛传播,回归原始基督教的改革运动也蓬勃兴
起。人文主义思想家则渴望通过教育来恢复人间的道德,也提出了对教
会的"头和身体"进行全面改革的种种倡议。

第一节　疆域变迁和人口增长

一、疆域变迁

经过奥托、萨利安和施陶芬诸王朝统治者的苦心经营,神圣罗马帝
国在13世纪成为欧洲疆域最大的国家,囊括了日耳曼语族、罗曼语族和
斯拉夫语族等诸多种族及民族,大有独霸欧洲之势。盛极必衰。13世纪
以降,在国内外各种势力的制约下,帝国的扩张严重受挫,边界也开始变
得不稳,疆域和人口屡有变动。

在西北部,丹麦国王掌握了对赫尔施泰因(Holstein)公国、石勒苏益
格(Schleswig)主教辖区和奥尔登堡(Oldenburg)伯爵领地的实际控制
权,其中,石勒苏益格仅仅因其与赫尔施泰因公国不可分离的原则而与
帝国联系在一起;赫尔施泰因属于帝国,石勒苏益格却不属于。

在西部,几乎没有一处边界是无争议的,尤其是为了争夺勃艮第(Bourgogne 或 Burgund)公爵的遗产尼德兰(Nederland 或 Niederlande),哈布斯堡家族历代统治者与法国国王进行了无数次战争。

尼德兰原属神圣罗马帝国领土的一部分,自 14 世纪下半叶由勃艮第公爵管辖,而勃艮第家族又是法国瓦卢瓦国王家族的一个支系。1477 年 1 月 5 日,勃艮第公爵"大胆"查理(Charles Ier le Téméraire 或 le Hardi,1433—1477)在南希(Nancy)战役中阵亡。出身于哈布斯堡家族的马克西米连,即后来的神圣罗马帝国皇帝马克西米连一世,通过迎娶"大胆"查理享有遗产继承权的女儿玛丽亚(Maria)为妻,间接获得了对勃艮第和勃艮第属尼德兰的统治权。1512 年,马克西米连一世将尼德兰置于由帝国改革创设的帝国机构的管理之下,规定尼德兰人必须服从《永久国内和平法令》(*Ewiges Land frieden*),必须缴纳帝国税。但因帝国等级不愿承担保护尼德兰、抵制法国入侵的责任,尼德兰主要成了哈布斯堡的家族财产。宗教改革爆发后,一大批皈依了加尔文教的尼德兰贵族也开始反抗哈布斯堡家族的统治,要求脱离帝国,建立独立国家。

位于帝国西南部的瑞士各地原本也是帝国领土的一部分,但其居民随山谷与河流之势接受了德语、法语和意大利语等不同语言以及各语族不同的生活方式。13 世纪初,随着统治这一地区的蔡林格家族灭绝,苏黎世(Zürich)、伯尔尼(Bern)、弗赖堡(Freiburg)和沙夫豪森(Schaffhausen)等城市成为自由的帝国城市;乌里(Uri)、翁特瓦尔登(Unterwalden)和施维茨(Schwyz)等农业区(也称森林区)同样获得了不少自由。13 世纪末,哈布斯堡家族实力大增,并在瑞士各地开始了强势扩张。为了捍卫自己"古老的自由",说德语的乌里、翁特瓦尔登和施维茨"三个老区"的代表于 1291 年 8 月 1 日结成"永久同盟",约定互相支援,不承认任何委任的长官,发生矛盾由各方都可接受的仲裁人裁决。哈布斯堡家族极欲取得罗伊斯(Reuss)河谷和圣哥达(St. Gothard)山口的控制权,多次发动对瑞士的战争,但都遭遇到顽强抵抗。

1353 年,在卢塞恩(Luzern)、苏黎世、伯尔尼、格拉鲁斯(Glarus)和楚格(Zug)相继加入后,永久同盟扩大到 8 个州。1415 年,永久同盟占领介于苏黎世、卢塞恩及伯尔尼之间的阿尔郜(Aargau 或 Allgäu)①,迫使哈布斯堡家族的势力退出瑞士中部。至 1481 年,在索罗图恩(Solothurn)和弗赖堡两城市加入后,瑞士联盟扩大到 10 个州;其中,伯尔尼、卢塞恩、苏黎世、弗赖堡和索罗图恩 5 个城市州与乌里、施维茨、翁特瓦尔登、格拉鲁斯和楚格 5 个乡村州达成了一种数量上的均衡。

　　参加瑞士联盟的各州不想在本国土地上容忍任何邦国君主权力。它们很早就设立地方代表会议,自行处理联盟内部事务。从 1471 年起,瑞士联盟各州不再派代表参加神圣罗马帝国的等级会议,不再接受帝国的法律裁决,甚至不再向帝国纳税。1495 年,在马克西米连一世和帝国等级改革派推行帝国改革时,瑞士联盟坚决表示反对,不仅抗议皇帝加强中央集权的意图,而且也不赞成将帝国等级纳入帝国行政区;它要求维护传统法权秩序和"等级自由"。马克西米连一世呼吁施瓦本同盟②出兵惩罚,帝国最高法院也对瑞士联盟的个别城市进行审讯并对圣加仑(Sanggale 或 St. Gallen)宣布了帝国放逐令。1499 年 2 月,施瓦本同盟军队集结于上莱茵(Oberrhein)地区,马克西米连一世任命巴伐利亚—慕尼黑(Bayern-München)公爵阿尔布雷希特四世(Albrecht Ⅳ., 1447—1508)为施瓦本同盟军队临时总司令,并拟定了一个围歼瑞士军队的计划。但正式战斗尚未开始,瑞士人就在多尔纳赫(Dornach)发动突然袭击,致使施瓦本同盟军队右翼毁于一旦,1.6 万名士兵被歼灭。马克西米连一世不敢再战,遂于 9 月 22 日同瑞士联盟订立《巴塞尔和约》(Frieden zu Basel),撤销帝国最高法院对瑞士的起诉,免除瑞士联盟的纳税义务。

　　《巴塞尔和约》签订后,瑞士联盟实际上已经独立,名义上却又属于帝国。一方面,不少瑞士人虽然坚持自己传统的、源于帝国的自由权,但

---

① 是为莱茵河以南最后一个奥地利前哨基地。
② 施瓦本同盟成立于 1488 年,最初是以帝国骑士为主体组建的一个地方性武装团体,后来逐渐演变成由帝国诸侯加以控制和利用的一支武装力量。

也承认自己是帝国臣民。另一方面,瑞士联盟进一步巩固。1501 年,巴塞尔(Basel)和沙夫豪森加入,联盟扩大到 12 个州。1513 年,农业区阿彭策尔(Appenzell)又被接纳到联盟之中,是为第 13 个,也是最后一个加入瑞士联盟的州。"永久同盟"扩及整个瑞士区域,并在 1536 年之前确定了同盟内部的管理规则,从而完成了由同盟向联邦的过渡,形成瑞士联邦,而其完全独立地位,则是在三十年战争结束之际,由《威斯特法伦和约》(*Der Westfälische Friede*)确定的。

在施陶芬王朝统治时期,神圣罗马帝国曾经占领了除威尼斯(Venezia 或 Venedig)共和国和教会国家以外的意大利北部和中部地区。自西南向东北斜穿亚平宁半岛的教会国家也被称作"彼得遗产"(Patrimonium Petri),包括拉丁地区的一些乡村和城镇;它们通过武装斗争,巩固了自己的独立地位。自 14 世纪起,威尼斯共和国大举入侵内陆,在南欧占领了大片土地,其疆界北临蒂罗尔(Tirol)伯爵领地和克赖因(Krain)公国,西靠米兰(Milano 或 Mailand)公国,直接威胁到帝国南部边境的安全。至 16 世纪初,"帝国属意大利"只剩下萨伏伊(Savoia)公国、米兰公国、热那亚(Genova 或 Genua)共和国等地了,并且就是在这些邦国,帝国的影响力也日渐式微。只有萨伏伊公国被纳入了新的帝国行政区划,其他地区的统治者却自行其是,经常无视他们传统的对于皇帝和帝国的效忠义务。

不仅如此,法国瓦卢瓦王朝统治者也先后多次入侵意大利,并与神圣罗马帝国皇帝马克西米连一世和卡尔五世(Karl V.,1500—1558)展开了激烈的争夺战。最后,帝国在意大利的权力虽然得以继续保留,甚至还有所巩固和扩大,但帝国属意大利的重新封建化更多地有利于哈布斯堡家族而不是帝国,例如皇帝卡尔五世就在 1540 年将米兰公国封给他的儿子腓力(Felipe)领有,哈布斯堡家族的西班牙支系由此将其势力扩展到了意大利北部。直到 17 世纪,出自哈布斯堡家族奥地利支系的帝国皇帝才收复这一"失地"。

在东部,帝国边界将后波莫瑞(Hinterpommern)、诺伊马克

（Neumark）和作为波希米亚王国附属国的西里西亚（Schläsing 或 Schlesien）和摩拉维亚（Morava 或 Mähren）圈在境内。德意志骑士团（Ordo Teutonicus）①占领区和波罗的海（Baltkum）沿岸的一系列主教管区和里加（Riga）城也属于帝国，只是其帝国属性很不牢固。按照 1226 年的《里米尼金玺诏书》（Goldene Bulle von Rimini），骑士团国家应接受帝国皇帝的管辖，但因地处帝国采邑联盟之外，骑士团首领未对帝国承担任何具体职责和义务。此外，罗马教皇也一再提出其对骑士团国家的主权要求。

　　自 15 世纪中期起，波兰—立陶宛联合王国②步入鼎盛时期，从北方的道加瓦河（Düna）扩张到南方的黑海（Schwarzer Meer），从西方的波森（Posen）扩张到东方的第聂伯河（Dnjepr），并且大有吞并骑士团国家之势。在多次战败并丧失了若干领土之后，骑士团国家首领不得不与波兰国王签订《第二托恩和约》（Zweiter Frieden von Thorn，1466），承认波兰国王为其与教皇并列的封主，并将包括爱沙尼亚（Estonia）和库尔兰（Kurzeme 或 Kurland）在内的利沃尼亚（Liwonia 或 Livland）德意志骑士团地区割让给波兰国王，称作"王家普鲁士"（Königlicher Preußen），只有骑士团的大宗师（Hochmeister）依然被看作帝国诸侯。在 1509 年的沃姆斯（Worms）帝国等级会议上，骑士团向皇帝和帝国等级提出保护要求，但未被理睬。宗教改革和福音运动兴起后，出自霍亨索伦（Hohenzollern）家族弗兰肯（Franken）支系的德意志骑士团第 37 任大宗师阿尔布雷希特（Albrecht，1490—1568）于 1525 年 5 月 26 日在承认波

---

① 德文写作 Der Deutsche Orden，也写作 Deutschherrenorden 或 Deutschritterorden。德意志骑士团成立于 12 世纪末，与"圣殿骑士团"（Ordre du Temple）、"医院骑士团"（Ordine Ospedaliero）一起并称为三大骑士团。从 1226 年开始，德意志骑士团开始出征普鲁士，经过 50 多年的厮杀，最终在这里建立了一个骑士团国家政权，并使普鲁士完全德意志化了。14 世纪下半叶，在大团长克尼普罗德（Winrich von Kniprode，1310—1382）的领导下，骑士团国达到了最强盛的时期，控制了东西普鲁士，整个波罗的海东岸，包括爱沙尼亚（Estonia）、拉脱维亚（Latvija）和立陶宛（Lietuvo）的大部分地区。

② 1386 年，38 岁的立陶宛大侯爵约盖拉（Jogaila）与年仅 13 岁的波兰女王亚维嘉（Jadwiga）结婚，并被加冕为波兰国王，立陶宛和波兰结成联合王国，也称双王国。

兰国王齐格蒙特一世（Zygmunt Ⅰ.，1467—1548）宗主权的情况下，将德意志骑士团国家转变成为一个世俗的普鲁士（Preußen）公国，并从波兰国王那里获得了可世袭的"在普鲁士的公爵"爵位。[1]　这样一来，普鲁士就暂时断绝了与帝国的联系。

帝国东南部边界在奥地利、施泰尔马克（Steiermark）和克赖因等地，沿着从克拉科夫（Kraków 或 Krakau）通向里耶卡（Rijeka）和阜姆港（Fiume）的路线延展至亚得里亚海（Adria）。但自 1469 年起，奥地利诸公国多次遭到奥斯曼帝国骑兵的骚扰。神圣罗马帝国的东南边疆也面临着严峻的挑战。

二、人口增长

在中世纪晚期，神秘的黑死病夺去了欧洲 1/3 人口的生命，有的地方甚至死亡过半，而在瘟疫过后的相当长时间里，欧洲的人口繁衍一直处于停滞状态，直到 15 世纪末，才出现新一轮的人口增长趋势。神圣罗马帝国也不例外，到 1500 年前后，帝国人口（不包括骑士团国家和帝国属意大利的人口）已经达到 1 800 万—1 900 万。[2]　此时的帝国人口相当于欧洲全部人口的 1/4；在其他欧洲国家中，只有法国以其 1 500 万—1 600 万的人口数量，接近帝国的人口。[3]

绝大多数的人居住在乡村，但城市人口增加迅速，城乡人口密度差别很大；农村地旷人稀，城市人满为患。而在整个神圣罗马帝国，东西部人口分布不均的现象也十分突出。帝国西部，特别是在尼德兰等城市化水平较高地区，人口密度很大；帝国东部和纯农业地区却人烟稀少。另外，采矿业的高度发达也使得帝国境内的一些矿山和工业地区聚集了大

---

[1] Horst Rabe, *Reich und Glaubensspaltung*, *Deutschland 1500—1600*, München：Beck, 1989, S. 16 - 17.

[2] 数字见 Wolfgang Reinhard, *Probleme deutscher Geschichte 1495—1806. Reichsreform und Reformation 1495—1555*, S. 154.

[3] Horst Rabe, *Reich und Glaubensspaltung*, *Deutschland 1500—1600*, S. 27 - 28.

量人员,勾勒了一道十分独特的帝国风景线。

在人口密度较大地区,有的地方可达平均每平方公里 70 余人的水平,而整个帝国的平均人口密度则在每平方公里 20 人左右。① 帝国的土地一方面已经得到了较高程度的开发,另一方面又有足够多的空间以容纳更多的人口,只是土地储存主要位于北部和东部地区,而在西部和南部人口稠密地区,就当时的农业生产水平而言,食品供应已经达到了临界点。

帝国居民由多个种族和民族构成,其语言分属日耳曼、斯拉夫和罗曼语系,包括德语、波兰语、法语、意大利语等,而在德语中又有下德意志、中德意志和上德意志等诸多方言。德意志人是帝国的主要载体,构成帝国的核心民族,然而,帝国的边界不是语言的边界,若干讲其他语言的人群和部族也归属于帝国,相反,有一些讲德语的人群却未被纳入帝国范畴。在帝国西部和南部地区,德意志人虽然占绝大多数,但凯尔特人和古罗马帝国的影响十分明显,而讲德语的东普鲁士(Ost-Preussen)地区却长期游离在帝国之外,其居民多为"东进"而来的德意志移民。

德意志国家在建立②后,继续沿用"东法兰克王国"称号,后来虽然出现了"德意志王国"的名称,但未被正式确立为国名,相反,自 962 年奥托一世由罗马教皇加冕为皇帝后,它就以古罗马帝国和法兰克帝国的后继者自居,号称"罗马帝国"。而为了彰显其神圣性,德意志国家自 12 世纪中叶起开始称作"神圣帝国"(Sacrum Imperium),自 13 世纪中叶起称作"神圣罗马帝国"。至 15 世纪,随着民族意识在欧洲各国的逐渐高涨,德意志王国的普世性不断遭到质疑,"神圣罗马帝国"也越来越明显地成为

---

① Horst Rabe, *Reich und Glaubensspaltung*, *Deutschland 1500—1600*, S. 28.
② 关于德意志国家建立的日期,德国学界至今仍存在争议,大部分学者把 911 年施瓦本公爵康拉德(Konrad,881—918)当选国王视为法兰克帝国的彻底崩溃和德意志史的开端,但也有人认为 919 年萨克森公爵海因里希一世(Heinrich I.,876—936)取得政权后,德意志王国才得以正式建立。

德意志民族的国家了。[①] 尽管如此,神圣罗马帝国并非民族国家或现代意义上的国家,而是由相对独立的帝国成员通过松散的法律纽带联合起来的政治实体,是一个"前民族"和"超民族"的国家。帝国统治者继续沿袭古罗马帝国的传统,并以基督教意义上的"上帝的神圣意志"来论证其统治地位,力图通过基督教会的监护人和整个基督教世界最高的世俗统治者这一身份,贯彻个人的扩张和统治意志。近代以来,这种基督教封建大一统的普世主义思想或者说中世纪帝国观念,既难以维持又严重阻碍着民族国家的建立,成为德意志民族在建立现代民族国家的过程中,不得不克服但又很难克服的一个痼疾。

第二节　经济繁荣与社会分化

一、经济繁荣

(一)农业

在中世纪人口大规模减少时期,神圣罗马帝国同欧洲其他国家一样,劳动力严重缺乏,农业生产持续低迷:农家院落凋零,田野荒芜。现在,随着人口的增多,对粮食的需求提高了,农产品和耕地的价格大幅上涨,农业经营开始有利可图,农民的生产积极性大为提高。与之相应,农业生产有了显著发展:被废弃已久的农场得到了修缮,闲置的农田得到了重新耕种,乡间地头到处可见农民忙碌的身影。

---

① 参见 Brock Haus, *Die Enzyklopädie in 24 Bänden*, 20., überarb. und aktualisierte Auf., Bd. 5. CRO‑DUC, Leipzig/Mannheim: Brockhaus, 1997, S. 296。德国学者约阿希姆·易勒斯(Joachim Ehlers)指出:"神圣帝国"的名称首次出现在 1157 年的文献中;"神圣罗马帝国"的称号则在 1254 年有案可稽;在罗马帝国称号前加上德意志民族附加语的做法出现于 1474 年。1486 年有德文"德意志民族罗马帝国"(Römisches Reich Teutscher Nation)之说,1512 年才形成完整的德语"德意志民族神圣罗马帝国"(Heiliges Römisches Reich Teutscher Nation)概念。而在近现代的研究著作中,"德意志民族神圣罗马帝国"概念仅指近代早期的德意志国家,而非中世纪的德意志国家。参见 Joachim Ehlers, *Die Entstehung des Deutschen Reiches*, 4. Aufl., München: Oldenbourg, 2012, S. 97。

　　随着农业生产的发展,土地也得到了大规模开垦和充分利用。耕地面积不断扩大,农田数量日益增多。贫瘠的地段不再抛荒,草地和灌木林得以刈除翻耕,浅滩沼泽地变为良田,部分森林也遭到了砍伐。特别是通过围海造田,原本颗粒无收的海岸滩涂,现在则呈现麦浪滚滚、硕果累累的丰收景象。据不完全统计,在 16 世纪,通过围海造田,神圣罗马帝国新增耕地多达 4 000 公顷。[1]

　　除了耕地面积扩大,农业景气还导致了一定程度的生产集约化;选种、深耕、轮作、灌溉和施肥等生产技术得到了进一步推广和改良,粮食产量明显提高。在大部分农业区,人们实行经过改良的两种一休的三圃制:农田被划分成三部分,每年在冬收、夏收和休耕三者之间进行轮换。在人口密集和城市化程度较高的农业区,如萨克森、莱茵河(Rhein)流域和尼德兰的部分地区,人们还采用了四圃制或五圃制,甚至进行园艺式耕作。在美因河畔法兰克福(Frankfurt am Main)和斯特拉斯堡(Straßburg),园艺工匠甚至组建了专门的行会,而在土地贫瘠或气候条件恶劣的地方,例如在帝国中部山区,人们只能采用二圃制,甚或采用不定期的草耕结合方式。

　　精耕细作自然有助于收成的提高。在尼德兰,中世纪晚期麦子的种子和收成比例为 1∶4.45,到 16 世纪末则达到了 1∶11[2]。与此同时,农业生产的专门化和商品化趋势也日趋明显。帝国东部的德意志移民源源不断地向佛兰德(Flandern)人口稠密地区输出谷物。萨克森、不伦瑞克(Braunschweig)、图林根(Thüringen)、威斯特法伦(Westfalen)和中弗兰肯盛产啤酒花,不仅可以满足自己需要,还销往国外。易北河(Elb)、威悉河(Weser)和莱茵河沿岸是著名的葡萄产地,而威斯特法伦、下萨克森(Niedersachsen)、博登湖(Bodensee)和上施瓦本(Oberschwaben)的亚麻种植和图林根的大青(即菘蓝)则为纺织业提供了重要原料。

---

[1] Wolfgang Reinhard, *Probleme deutscher Geschichte*, *1495—1806*. *Reichsreform und Reformation*, *1495—1555*, S. 171.

[2] Ebd., S. 172.

15 世纪末堪称"食肉的时代"。随着城乡居民收入的提高,价格比较贵的肉类食品销售量大幅度增长,家禽和肉猪的养殖由此得到了促进。食鱼量同样很大,但其推手,除了生活改善还有教会斋戒成规:在斋戒日,教徒不得食肉,只能以鱼类食品来替代肉类食品。在北海,鲱鱼捕捞大规模发展。在内地,池塘养鱼也兴盛一时。直到 16 世纪末,在工资—物价剪刀差日趋扩大后,鱼肉消费量才出现大幅下降。[①]

也应当看到,由于大规模的开垦,生态环境开始恶化。森林不再是纯原始的了,其再生必须通过种植来维持。木材成了一个重要的经济因素,其利用必须通过林木管制来加以约束。而对面包、米粥和啤酒的大量需求使得帝国成为一个粮食主产区,畜牧业退居次要地位,结果是肥料奇缺,以至于人们不得不用三叶草和豆科植物沤肥代替人畜粪便。

从土地的占有方式和生产经营方式来看,意义重大的变革并没有出现。领主土地所有制和地主土地所有制仍是最主要的土地占有方式;农奴制、佃仆制、雇佣制和一般租佃制经营等,则是最主要生产经营方式。农民土地所有制和农民个体经营仅属个别现象。

领主制和农奴制是采邑分封的产物。领主从封主那里得到领地,是封主的附庸,要对封主履行服兵役、纳贡赋及其他义务。领地一般不得转让、出卖,但在领地之内,领主便是享有行政管辖权、司法审判权、征兵权、征税权等各项"主权"以及其他特权的最高统治者,占有大部分土地、牲畜和其他生产资料,并在很大程度上占有农奴的人身。大领主除了官吏、法庭、监狱外,还设置关卡、铸造货币、征收赋税,对农奴或农民实行超经济剥削和压迫。

地主土地所有制虽与封建制有联系,但并非封建制的逻辑结果,而是土地商品化的产物。地主主要通过购买、继承和兼并等途径获得土地,数量无限;大地主甚至可拥有面积可观的庞大地产。地主不仅拥有

---

① Wolfgang Reinhard, *Probleme deutscher Geschichte*, 1495—1806. *Reichsreform und Reformation*, 1495—1555, S. 173.

土地的产权,还可以自由租赁、买卖土地。地主把土地出租给农民,剥削农民的劳动所得,但没有行政、司法、征兵、征税等权力,需向国家交纳赋税,一般也不能对佃农实行超经济强制。

自耕农则依据土地占有多少,有大户和小户之分,但无论大小户,均需向国家交纳赋税,或以服兵役和徭役抵偿纳税。捐税、歉收、疾病、继承人分家、诉讼等天灾人祸,经常将自耕农驱向高利贷者,而在无力偿债的情况下,或者丧失土地,沦为流民;或者投靠较有势力者,成为贵族或教会的依附农。

如果说中世纪晚期的农业萧条主要损害了为市场生产的大地产经营者的收益,那么现在的农业景气也主要是对他们有利的,尤其是从赫尔施泰因直至易北河以东、波罗的海沿岸的庄园主获益匪浅。究其原因,主要有以下三点:第一,他们所经营的都是比较大的农场。这些农场即使在中世纪晚期大萧条的时候也未中止经营,现在,通过圈占荒地,其规模进一步增大了。第二,帝国东北部的庄园经济不仅受到当地因为人口增加而出现的粮食需求提高的刺激,也受到欧洲大陆西北部工商业区大规模粮食需求的刺激。这个地区高度发达的集约农业经济虽然可以满足城市居民对牛奶、黄油和水果的需求并从中获得丰厚利润,但要满足基本的粮食需求就必须依靠进口,而易北河以东的庄园主则是其最重要的供应者。第三,帝国东部的庄园经济也从正在开始的诸侯统治中获得了不少好处,这些邦国统治者为了笼络等级贵族,允许后者恢复在人口减少时期有所松弛的农奴制,加强对农民的管制,降低劳动力成本。此外,有利于农作物成长的气候、奥得河(Oder)和维斯瓦河(Weichsel)良好的水路交通,也为易北河以东地区的贵族们提供了发展农业的机遇。[1]

易北河以东的庄园经营虽然获益多多,对其平均效益却不可高估。尽管有超过 100 公顷的可观的耕地面积,但其大都是粗放经营的,收成

---

[1] Horst Rabe, *Reich und Glaubensspaltung*, *Deutschland 1500—1600*, S. 33 - 34.

很低。只是在耕地和交通状况允许进行集约式农业生产的情况下,收益才会较好一些。此外,庄园主对谷物贸易的直接参与是以牺牲城市商人的利益为代价的。而对于当地商业贸易的整体发展来说,商人的缺失毕竟是一个巨大的缺陷。

（二）手工业和工业

神圣罗马帝国手工业和工业的境况要比农业好一些,除了在 15 世纪初有一个短暂的萧条阶段,其余大部分时间都处于景气状态。进入 16 世纪以后,随着人口增长,工业产品同农业产品一样需求大增,这就进一步刺激了手工业和工业的发展。不仅传统的纺织业和金属加工业有了新的发展,采矿业和冶炼业也蓬勃兴起。印刷业和造纸业则随着新型印刷术的发明迅速繁荣起来。而在生产技术方面,分工日益精细,专门化程度越来越高,批量生产广泛出现。在生产组织方面,城市行会手工业仍占主导地位,但就纺织业和金属加工业而言,农村家庭手工业也开始发展起来。通过承包制,一些富裕手工业者和商人开始突破行会限制,对原料采购、商品生产和销售进行了系统化组织,将手工业和工业生产与较大规模的生产单位和较远的市场联系起来。在采矿业和冶炼业中则出现了规模较大的手工工场,甚至是资本和劳动密集型大企业。

与民生息息相关的纺织业遍布帝国各地。其中,尼德兰南部、莱茵河中游和黑森（Hessen）是传统的羊毛纺织业基地。威斯特法伦、下萨克森、博登湖和上施瓦本的亚麻种植区同时也是亚麻布工业中心。现在,施瓦本—巴伐利亚的罗登呢（粗呢）纺织业、萨克森和西里西亚的亚麻产业也发展起来。纺织业的另一个重要分支是上施瓦本北部以奥格斯堡（Augsburg）和乌尔姆（Ulm）为中心的粗斜条棉布生产,其所需的原材料棉花由威尼斯进口,制成品却大部分出口到东欧较贫穷的地区;这里的人们买不起价格昂贵的佛兰德毛布或英国毛布。

纺织业的生产单位主要是手工业作坊。在城市里,织布匠们大都按照行会形式组织起来。行会既监管手工业者劳动的质量,又保护本会成员对抗城内"帮工兄弟会"提高工资或缩短劳动时间的要求。但因无需重大技术更新和大量资本投入,农民也可以通过这一副业赚取额外收入,而在农村家庭手工业中,妇女和儿童也参与了生产。又因场地的选择依赖于原材料和劳动力供给情况,纺织业的生产基地比较分散。为了进行较大规模的为外地市场的生产,一些商人便承担了组织工作,成为承包商。他们利用分发原材料、承包产品销售的形式让农民进行个体生产。尽管城市行会经常提出抗议,但因有利可图,这种由商人组织进行的农村纺织业依然屡禁不止。主要由于上德意志商人和承包商的介入,原本只为上德意志地区,特别是纽伦贝格(Nürnberg)生产未漂白和上色的亚麻布的萨克森和西里西亚亚麻产业逐渐赢得了更大的销售市场。上施瓦本出产的粗斜条棉布也是重要的远程贸易商品。

金属加工业这个分工细致的行业主要集中于城市,并且主要由各个独立自主的师傅按照行会章程进行经营,其中心原在纽伦贝格和上普法尔茨(Oberpfalz)等城市,逐渐地,从帝国西部的下莱茵(Niederrhein)河流域和黑森林(Schwarzwald)到东部的波希米亚,也有不少由承包商组建的非行会手工工场出现在广大农村地区。在这里,个体手工业者不再自己购买原材料,也不再关心产品销售事宜,这两项工作都由中转商人承担。部分手工业者,特别是位于劳动分工末端的手工业者也转变成为承包商;他们原本就有比较丰富的推销产品的经验。但更多的是商人组建规模较大的金属加工企业经销处,他们谙习原材料产地和产品对口市场情况,也拥有较多的资本,可以承担购置原材料和远程贸易所需的费用。而在实施承包过程中,不少商人还要亲自监管生产。

鉴于商人的介入,这个时期的纺织业和金属加工业可以说已经出现了"一种前资本主义的、有助于商业资本增值和积累进程的社会形态"[1]。农村的纺织业和金属加工业虽然还只是农民的一个辅助行业,没有完全脱离农业经济,但商业资本已经成为工业部门的重要推动力量,它也通

---

[1] Peter Kriedte, *Spätfeudalismus und Handelskapital: Grundlinien der europäischen Wirtschaftsgeschichte vom 16. bis zum Ausgang des 18. Jahrhunderts*, Göttingen: Vandenhoeck & Ruprecht, 1980, S. 96.

过这些活动而得到发展。

承包制深受手工业者,特别是那些为外地市场进行大宗消费品生产的手工业者的欢迎。他们可以从承包商那里获得进口来的原材料,购置设备、进行技术更新所需的资金,以及货币收入。然而,手工业者也深受承包商的剥削,特别是在一些经济不发达和人口密集地区,承包商支付的收购价格往往很低,仅够手工业者维持家庭基本生活所需,根本无法进行扩大再生产。手工业者越来越疏远市场,其经济活动和社会交往范围越来越狭窄。这一"萎缩进程"①对广大手工业者产生了严重的负面后果,越来越多的手工业者成为单纯的生产工具和资本依附者。

神圣罗马帝国境内有着丰富的矿产资源。早在 12 世纪下半叶,帝国的采矿业就开始活跃起来,到 15 世纪末、16 世纪初更是风行一时,其兴旺发达程度远远超过了欧洲其他国家。上普法尔茨、内奥地利(Innerösterreich)和西格尔兰(Siegerland)的铁矿,波希米亚、萨克森、蒂罗尔和曼斯费尔德(Mansfeld)的铜矿和银矿,都位居欧洲前列;蒂罗尔和曼斯费尔德甚至是欧洲最重要的两大铜矿基地。在这里,人们挖掘出了大量金银财宝,这一过程还有力地推动了工商业的发展。

就产量而言,帝国是欧洲最主要的产铁国,它的产铁量高达欧洲总量的 2/3,其中施泰尔马克的年产量占全欧洲年产量的 25%,上普法尔茨占 22%。克恩滕(Kärnten)和克赖因出产的诺里克(Noric)铁,不仅可以满足本国的需求,还向几乎所有欧洲国家大量输出。②

采铜业方面,神圣罗马帝国也独占鳌头。由于铸造青铜大炮和通货膨胀引起的大量需求,也由于卡特尔和垄断组织价格操纵导致的价格上涨,铜的采掘规模不断扩大。到 1500 年前后,北蒂罗尔(Nordtirol)和诺伊索尔(Neusohl)的年产量各占欧洲年产量的 1/3,哈尔茨山地区曼斯费尔德的年产量占欧洲年产量的 1/4。诺伊索尔的铜矿虽然不属于帝国,

---

① Horst Rabe, *Reich und Glaubensspaltung*, *Deutschland 1500—1600*, S. 38.

② Wolfgang Reinhard, *Probleme deutscher Geschichte*, *1495—1806*. *Reichsreform und Reformation*, *1495—1555*, S. 187 - 188.

但是由奥格斯堡富格尔(Fugger)家族加以垄断经营。[①]

采矿业的发展还使神圣罗马帝国成为欧洲首屈一指的"白银大国"。在 16 世纪中叶美洲银大量涌入之前,神圣罗马帝国的白银产量一直高于欧洲其他地区的总产量。埃尔茨山(Erzberg 或 Erzgebirge)地区的白银开采十分火爆。1492 年,萨克森产银 3.5 吨,1502 年 8.9 吨。1493—1560 年,帝国白银的年产量从 3.15 万公斤上升到 5.32 万公斤,而欧洲其他地区的产量只从 1 万公斤上升到 1.15 万公斤。[②]1500 年前后,帝国的银产量大约占欧洲总产量的 3/4,到 1540 年,甚至达到了 85%。[③]

与采矿热相对应,采矿和冶炼技术不断提高,规模不断扩大。大约自 1495 年起,马拉绞盘、水泵、翻斗提升机、转轮、捣矿机、有轨矿车等机械设备被广泛应用于矿井,使得深层开采成为可能。1500 年萨克森矿区的圣格奥尔格矿井已经深及地下 300 米,创当时矿井深度之最。施瓦茨(Schwaz)是蒂罗尔重要的银矿产地之一,它的法尔肯施泰因矿区在 1515 年已开挖矿井 274 个,雇佣矿工 1 万余人。同年,那里修建的名叫"西吉斯蒙德大公"的巨大排水巷道系统,在地下 240 米深处开辟了 9 个巷道,雇用 600 个工人专门负责排水,费用达 1.4 万弗罗林。[④]

在冶炼方面,生吹炉被高炉取代,"炭火冶炼"被"煤火冶炼"取代,而萨克森人约翰内斯·芬肯(Johannes Funcken)在 1451 年发明的用化学方法从银汞共生矿中炼银的技术,解决了炼银生产中的一个大难题。这

---

① Wolfgang Reinhard, *Probleme deutscher Geschichte*, *1495—1806*. *Reichsreform und Reformation*, *1495—1555*, S. 188.

② 数字见孔祥民编著:《德国宗教改革与农民战争》,北京师范大学出版社 1992 年版,第 73 页;又见[德]布劳巴赫等:《德意志史》,第二卷《从宗教改革至专制主义结束(1500—1800)》,陆世澄、王昭仁译,商务印书馆 1998 年版,第 570 页。

③ 数字见 Wolfgang Reinhard, *Probleme deutscher Geschichte 1495—1806*. *Reichsreform und Reformation 1495—1555*, S. 188.

④ 数字见孔祥民编著:《德国宗教改革与农民战争》,第 67 页。

项技术后来被输入墨西哥,极大地推动了拉美炼银业的发展。萨克森医生和冶金矿物学家开姆尼茨(Chemnitz)人格奥尔格·阿格里科拉(Georg Agricola,1494—1555)在 1530 年出版了《论矿冶》(*De re metallica*,又译《坤舆格致》)一书,全面系统地总结了当时的采矿和冶炼技术,描画出大量矿冶设备,影响了以后的数代人。不过,矿山开采和矿石冶炼比农垦更严重地危害着生态环境,环境破坏和环境污染问题进一步升级。在一些地方,森林几乎被砍伐殆尽。河流、水溪尽遭洗矿污水污染。

深层开采、昂贵机械设备、规模化生产等等,大大超出了小矿主的承受能力。一些资本雄厚、市场经验丰富的富商大贾遂投资矿山,不仅购销矿石和矿产品,而且购买或租赁矿山,直接经营矿石开采和冶炼。资本与劳动分离的资本密集型大企业遂应运而生。1495 年,奥格斯堡银行家和商人雅克布·富格尔(Jakob Fugger,1459—1525)与斯洛瓦克齐普泽(Zipser)伯爵约翰·图尔措(Johann Thurzo,1466—1520)合办一家贸易公司,在蒂罗尔和匈牙利经营采矿业。到 1500 年,该公司发展成为欧洲最大的贸易公司之一。他们投资铜矿,在全欧洲建立贸易中心。纽伦贝格、雷根斯堡(Regensburg)、乌尔姆、帕骚(Passau)的商人则开发了上普法尔茨和马克伯爵领地班贝克(Bamberg)一带邻近山区的矿藏。他们投入数额庞大的资本,采用价格昂贵的技术设备,建立资本与劳动分离的矿业公司,发行不记名证券的矿业股票,使"资本主义矿业联合公司"成为采矿业中占统治地位的经济形式。

一些诸侯、贵族和市民也纷纷购买股票,分担成本,分享利润,投机之风盛行一时。据记载,从纽伦贝格或奥格斯堡来的人,往往串通矿山管理人掌握矿区生产消息,在莱比锡(Leipzig)和其他城市进行股票投机,从中渔利。买股票实际是在"赌钱"和"碰运气",一夜之间能够变成暴发户,也可能成为穷光蛋。每股价值不一,在萨克森施内贝格(Schneeberg)矿区,阿尔特菲特格鲁贝和雷希特(Recht)矿井最贵,每股2 400 弗罗林,蒙茨矿井最便宜,每股 5 弗罗林。股值多少是由不同矿井产银的数量和质量决定的。①

矿区的生产者主要来自贫穷的农民阶层。他们已不再像以前那样是合伙生产的成员,而是领取工资的雇工。其总数在 16 世纪初多达 10 万—12 万人。他们尽管享有一定的"特权",无须服兵役和缴税,但是在工头的严密监督下劳动,受到矿山主、企业主和包头工层层盘剥。他们也过着流浪生活,身受房荒的困扰,听任市场经济动荡的摆布,被外国招工者和本国颁布的外迁禁令来回折腾。为了保护自己的利益,矿工们也组建了多种多样的合作团体,其中有的是宗教性质的劳动弟兄救济团体,用矿工的"储蓄金"帮助老弱病残,有的是法人性质的代表团体,与矿山主和企业主进行交涉,参与政治协商。蒂罗尔、波希米亚和匈牙利的矿工还多次以罢工的斗争形式,反对实物工资、过长的劳动时间和恶劣的劳动条件。各地矿工也相互联络,积极参与城市居民和农民的反抗诸侯及贵族压迫剥削的斗争。

与采矿热同时并行,印刷业和造纸业也随着新印刷术的发明而迎来了一个发展高峰。

长期以来,图书典籍的流传主要依赖人工抄写和雕版印刷,不仅速度慢,成本高,而且容易出错,无法大批量生产。1450 年前后,美因兹印刷工匠约翰内斯·古滕贝格(Johannes Gutenberg,1397—1468)为了批量印制《圣经》谋利,发明了利用铅铸字母进行排版印刷的印刷术。

印刷术的革新极大地推动了印刷业和造纸业的发展,一系列印刷所和多个印刷中心蜂拥而现。其中,奥格斯堡、纽伦贝格、斯特拉斯堡和巴塞尔的图书印刷最为著名。在纽伦贝格,仅安东·科博格(Anton Koberger,大约 1440—1513)经营的一家印刷所就拥有 24 台印刷机和 100 多名伙计。②

1502 年,第一家造纸作坊在位于哈尔茨山(Harz)地区的韦尔尼格

---

① 数字见孔祥民编著:《德国宗教改革与农民战争》,第 72 页。
② 数字见 Wolfgang Reinhard, *Probleme deutscher Geschichte 1495—1806. Reichsreform und Reformation 1495—1555*, S. 187.

罗德(Wernigerode)诞生。不久,又有 50 多家相继出现,仅在拉文斯堡(Ravensburg)一地就有 5 家。造纸业的兴盛又反过来推动着印刷业的发展,两相互动,使神圣罗马帝国成为名副其实的印刷和图书之乡。

以往,书籍贵如金子,文化传播受到极大限制;现在,由于成本的降低和效率的提高,各种各样的思想观念都可以通过价格低廉、数量众多的印刷品迅速传播了。对于文艺复兴和宗教改革运动的兴起及发展,许多印刷商更是功不可没。巴塞尔的约翰·阿默巴赫(Johann Amerbach,1440—1513)和约翰·佛罗本(Johann Froben,大约 1460—1527)都印刷出版了大量人文主义者和宗教改革家的著作,并将它们偷运到敌视文艺复兴和宗教改革的地区。到 1520 年底,已经有 81 种路德文稿和文集得到了印刷出版,总计达 653 个版次。从 1516 年到 1524 年,神圣罗马帝国印刷品的发行量增加了 8 倍,仅路德的作品就占 2 000 多件。[①] 路德的作品充斥于年市和朝圣场所,这对于福音教学说的传播起了至关重要的作用。反过来,宗教改革家丰富多产的著述活动也推动了印刷业的发展。不仅宗教改革是一个"印刷事件",印刷业的发展也是一个"宗教改革硕果"。

(三)商业

神圣罗马帝国地处中欧,位于地中海贸易区和北海—波罗的海贸易区之间,境内河渠纵横,道路平坦,城市众多,王公贵族需求旺盛,商人艰苦耐劳,商业贸易一向十分发达。至 15 世纪末、16 世纪初,在农业和工业发展的基础上,商业贸易经历了一种相应的、附带巨大资本积累的繁荣。

就原材料供应而言,亚麻布纺织业用胡麻很大一部分要从东欧进口,羊毛纺织业也需要从英格兰、西班牙和巴尔干半岛(Balkan)进口原料,施瓦本(Schwaben)繁盛的粗斜条棉布生产更依赖于意大利南部地

---

① 数字见 Bernd Moeller, *Deutschland im Zeitalter der Reformation*, Göttingen: Vandenhoeck & Ruprecht, 1977, S. 62.

区,甚至是近东的棉花。在纽伦贝格,金属加工业用材料包括施泰尔马克出产的铁、图林根出产的铜和亚琛(Achen)黄铜。而从菘蓝中提取的蓝色颜料则从图林根输往帝国各地,纳普,即所谓茜草,主要来自西里西亚。帝国东部和中部出产的亚麻布大部分要运到上德意志进行再加工。

同原材料供应一样,工业品的销售也需要远距离运转。博登湖的亚麻布溯莱茵河而上,通过水路和陆路经里昂(Lyon)运到地中海区域,尤其是西班牙进行贸易。上施瓦本的粗斜条棉布则运往纽伦贝格市场。纽伦贝格的金属制品在近东和非洲等地都有销售。外国商品自然也大量进口,特别是质量上乘的佛兰德和英格兰毛布颇受青睐。还有从西班牙进口的羊毛,从意大利进口的丝绸和其他奢侈品等等。除了原材料和制成品,食品和烟草也是这个时期重要的大宗商品,并且是远程贸易商品。

最引人注目的是易北河以东农业区与欧洲西北部工业区之间的粮食贸易的繁盛。与制作面包和黄油所用粮食同时输出的,还有为满足城市人口食肉需求的丹麦和东欧的家禽及牲畜。从沿海地区深入内地的海鱼贸易也十分活跃,在波兰和上意大利地区都有北欧海鱼销售。而为了腌制及储存鱼和肉,人们也大量购买食盐;仅在科伦(Köln)一地,每年就需食盐 60 万—70 万担。帝国南部的萨尔斯堡则是食盐的主要提供者。除此之外,施韦比施哈尔(Schwäbisch Hall)的盐场也可以满足部分需求,而在帝国北部,最多产的盐场位于吕内堡(Lüneburg)附近。尽管如此,帝国北部自身生产的盐远不敷使用,缺口需要用法国大西洋沿岸出产的价格比较低廉的盐来弥补。从事这一进口贸易的主要是汉萨城市的商人,而其起点是布尔纽夫(Bourgneuf)海湾,这种贸易因此经常被称作"海湾航运"。①

15 世纪末,西班牙、葡萄牙航海家开辟了通往东、西印度的新航路,欧洲商贸中心开始从地中海转向大西洋。不过,新航路开辟后,神圣罗

---

① Horst Rabe, *Reich und Glaubensspaltung*, *Deutschland 1500—1600*, S. 39.

马帝国的商业贸易并没有马上衰落下去。汉萨同盟（Hansa 或 Hanse）虽然已不再如昔日那般风光，其经济实力仍相当雄厚，其商船运货量仍有大幅度增加。经济重心的转移是逐渐进行的。直到 16 世纪末，才可以说欧洲贸易的重点转移到了西欧国家。

汉萨商人主要向西欧国家贩卖皮毛、树木、石蜡、焦油、粮食等欧洲东北部国家的天然产物和农产品，向易北河以东和以北地区输入西欧国家的工业品和嗜好品，尤其是价格昂贵的毛料和金属制品，但也有食盐和红酒等。汉萨商人在东西方贸易中的权威地位主要受到东西欧国家贸易保护主义的挑战。随着王权的加强和国家的统一，东方的俄国和西方的英国逐渐崛起，对于汉萨同盟商贸和海运越来越加以限制了。汉萨同盟仅仅是一个松散的城市联合，自身力量有限，而同样四分五裂的神圣罗马帝国又提供不了强有力的政治支持。在经过一些严重损失之后，汉萨同盟的许多国外栈点纷纷关闭。北海（Nordsee）和东海（Ostsee）的航运也因尼德兰的竞争而逐渐停顿。到 16 世纪末，尼德兰的商船运货量超过了汉萨同盟；主要是尼德兰人而不是汉萨商人成为日益发达兴旺的海上贸易的承载者和受益者。

与汉萨商人相反，自 15 世纪晚期开始，上德意志商人迅速崛起，并在短短的几十年间发展成为欧洲经济中的一股重要力量。富格尔、韦尔泽（Welser）、霍希施泰特尔（Höchstetter）、费林（Vöhlin）和鲍姆加滕（Baumgartner）等家族最初在纺织品贸易和购销中积累了资本，后来通过与哈布斯堡家族合作转到阿尔卑斯山（Alpen）的采矿业，建立大企业，从事铜、银、水银和矾土的开采、加工和销售，获得巨大财富，控制铜和银的生产。与此同时，他们也从事南北欧贸易，特别是意大利贸易。上德意志商人与意大利商人联系密切，贩运亚洲国家的香料、药材、宝石、丝绸、高档织物和棉花等物品，经奥格斯堡、布雷斯劳（Breslau）运往斯德丁（Stettin），经克拉科夫运往但泽（Danzig 或 Gdańsk），并由这两个港口运往安特卫普（Antwerpen）。同时也把帝国产纺织品、染料、武器、矿石和金属制品等转销波兰、尼德兰、英国、意大利和西班牙，甚至经过西班牙远销新大陆。也有一些商人从事获利丰厚的银行业,为教会转输税款和向哈布斯堡家族提供高息贷款。

富格尔和韦尔泽等家族还顺应大航海时代的新潮流,及时地把经营活动从东方转向西方,积极参与了西欧国家的海外扩张。他们通过收买西班牙统治者的手段,获得了在印度、马德拉岛(Madeira)、南美洲等地进行殖民经营的特许,从事开采矿山、买卖黑人和印第安人奴隶的活动。1524 年,富格尔家族租得了西班牙国王从圣地亚哥(Santiago)、卡拉特拉瓦(Calatrava)和阿尔坎塔拉(Alcántara)三个骑士团所得税收的征收权。到卡尔五世统治结束时,富格尔家族还控制了瓜达尔卡纳尔(Guadalcanal)的银矿和阿尔马登(Almaden)的汞矿。神圣罗马帝国第二大的银行业家族韦尔泽家族也努力在委内瑞拉(Venezuela)按西班牙征服者的经典方式建立自己的殖民帝国。但在 16 世纪早期,美洲和亚洲贸易的经济价值尚未凸现出来,至少在数量上还不能与欧洲内部的商品流动相比较。

上德意志的大商人还效仿意大利商人,建立了一系列贸易公司,从事大型贸易。对于经济发展来说,这种社会化形式是一种打破传统经营模式的革命性进步,它将个体商人的资本和劳动力集中在一起,通过合理化组织,使大量闲置资金变为创造价值的生产资金,不仅在一些重要的商业贸易部门占据越来越突出的优势,而且反过来推动手工业和工业的发展。

早期的贸易公司大都是家族式的,最著名的有富格尔、韦尔泽、霍希施泰特尔、费林和鲍姆加滕、伊姆哈弗(Imhaf)和图赫尔(Tuchern)等,后来也出现了一些由不同家族和不同地方商人组成的贸易公司。还有一些参加者仅仅投资入伙而不亲自参与经营。每个公司有 2—8 个合作伙伴(股东),签订有效期 4—6 年并可根据需要进行更新的合同。股东按照投资规模分享责任和利润。此外,资本还可以通过追加投资获得逐年提高的年利息。所有主要合作伙伴均可参与公司管理,但也有人如雅克布·富格尔实行单个人的独裁统治。

大多数公司都有一个或多个常驻外地的分店或代办处,富格尔家族公司的分店分布于整个欧洲:从西班牙的塞维利亚(Sevilla)到西本彪根(Siebenbürgen)的赫尔曼施塔特(Hermannstadt),从意大利的那不勒斯(Neapolis 或 Napoli 或 Neapel)到英国的伦敦,以及爱沙尼亚的雷瓦尔和纳尔瓦(Narva)。韦尔泽的办事处也遍及纽伦贝格、但泽、苏黎世、米兰、热那亚、威尼斯、里斯本(Lisboa)、安特卫普,并在海地(Haiti)经营奴隶贸易。大商号的分店由"分店经理"加以领导,而在公司内部,复式簿记(雷根斯堡的"隆丁格书")被普遍使用,有规则的记账和企业决算成为可能。还有业务流程的显著合理化,例如复式记账以及定期的盘存和供销平衡,深入的调研和准确的计算。

由此可见,上德意志商业大亨的经营范围和经营方式已经具有了"早期资本主义"或者说"商业资本主义"的典型特征。[①] 但是这种资本主义同传统的经营方式一样,主要是为商人、生产者和消费者服务的,还不具有为了促进经济增长而追求利润最大化的目的,因此仍属于前工业性质。

除此之外,国家间的外交往来、城市之间和公司总部与包括海外分店在内的国外事务所之间的信息交流催生了邮政和通讯业,战争和物流推动了运输业。而在博览会之前签发汇票的做法,后来发展成为一种投机贷款业务。在信贷领域,也出现了对合理化和效益的追求;汇票作为一种抽象的,也就是说独立于实际债务而做出的支付承诺,由此出现并且得到越来越多地使用。即使人们还不知道票据的背书,但它仍不失为信用券或者说短期投资。

大商人们进入了德意志早期资本主义时代。他们利用自己赚取的巨额资金,不断向政治领域渗透。例如为竞选国王、皇帝和教皇的王公贵族提供资助,与贵族联姻,用金钱换得贵族称号,购得土地,过贵族生活,等等。通过与王公贵族的合作,这些商人或多或少地参与了国家政治,开始在等级会议或政府内阁中有了一定的发言权,但也有人为巴结

---

① Horst Rabe, *Reich und Glaubensspaltung*, *Deutschland 1500—1600*, S. 42.

王公贵族付出了高昂的代价和损失。商人们渴望财富,追求赢利和收益,无视中世纪后期普通民众对利息和垄断的强烈抗议,不顾道义地大放高利贷,但也有人为意大利的伟大榜样所激励,遵循一种以宗教和道德为依据的新的经济思想,崇尚劳动和贡献,相信个人的力量,反对束缚创造力的种种限制。有的人还慷慨捐赠,奖掖艺术,资助公益事业,实行社会救济。奥格斯堡富格尔家族建造的廉租房——"富格尔工场"(Fuggerei),可谓资本主义慈善事业的首创之一。

早期资本主义商人的经济强势地位是通过在某些行业(如金属品贸易)排挤小企业或商业竞争者而获得的,也与大公司对价格的操纵有密切联系。对于这种冷酷无情的经济强权行为,社会舆论早就十分不满,也提出了越来越多的批评意见,而这些批评意见不仅仅反对大公司经济权力的滥用,而且也反对公司本身的存在。广大民众的反垄断斗争也成为神圣罗马帝国社会和政治抗议的主要表现形式之一。

二、社会分化

15世纪末、16世纪初的神圣罗马帝国仍属于传统社会,而这个传统社会又是一个等级社会,全体成员被按照出身和职业划分成不同的等级,教士、贵族、农民和市民则是承载整个社会的主要等级。与等级原则相对应的是法律的特权原则:犯有相同罪行但出自不同等级的人,由不同的法庭予以程度不同的惩罚。一切都与当事人的社会等级相对应。等级社会具有极大的封闭性和保守性,所有的人都必须安于"上帝指派的因此也是固定的角色",任何有违等级规定的社会升迁都被看作是可疑的和危险的。然而,随着人口的增多和经济发展,等级内部的分化日趋严重,等级原则和特权原则越来越难以维持,整个社会呈现日益严重的动荡不定态势。

(一)教士

教士是有明确界定的社会第一等级,其职责是拯救人的灵魂,主持圣礼、布道和代人祈祷。教士被要求遵守"放弃个人财产、禁欲、绝婚、缄默、服从、谦恭、友善、唱赞美诗、做礼拜和弥撒、祈祷、参加体力劳动"①，但也享有担任圣职的特权和不服兵役、不缴纳世俗捐税的豁免权。所有教士都身穿教士服，许愿发誓，直接听命于罗马教皇，只接受罗马宗教法庭的审判，在与俗人发生争执的情况下也是如此。

　　与罗马教会严格的教阶制相对应，教士内部上下级关系分明，高级教士与低级教士差异悬殊。

　　所谓的高级教士主要是指那些出身于贵族世家或者受过较高水平教育、担任教会高级职务的教士，如大主教、主教、男女修道院院长和骑士团首领等，他们不仅享有相应职务的教会俸禄，而且还在神圣罗马帝国境内占有一定的教会地产。只是因为独身，教士去世后，其职务和财产将由教会和帝国收回。

　　在神圣罗马帝国早期，高级教士的官职和领地主要是由皇帝授予的，被授予者也因此成为皇帝的附庸和帝国教士，要向皇帝宣誓效忠。经过教皇与皇帝的"主教授职权之争"，1122 年的《沃姆斯宗教协定》规定教会高级神职人员改由当地教士选举产生，但在实际上，教皇和皇帝都有相当大的干预权，并且随着皇权和教权的此消彼长，教皇的干预权越来越大，而教会选侯和诸侯也更多地依附于教皇，对皇帝则具有较大的独立性。

　　1495 年帝国改革之后，帝国等级会议成为帝国常设中央政权机构。高级教士也成为有权参加帝国等级会议并在帝国等级会议中拥有专门席位和表决权的帝国等级之一，只是其内部又有进一步的分化。大者如美因兹、科伦、特里尔（Trier）三大主教，均为帝国选侯，在帝国等级会议的选侯院中拥有席位和表决权，也占有面积较大的教会邦国。比选侯低一级的帝国教士是一般教会诸侯，包括主教、大主教和骑士团首领，他们在帝国等级会议的诸侯院中拥有席位和表决权，其邦国也比较大。再低一级的是男女修道院院长和大教堂教长，在帝国等级会议中，他们虽然拥有席位，但只有集体表决权，也只占有面积很小的邦国，有的甚至只是

---

① 引文见王亚平：《修道院的变迁》，东方出版社 1998 年版，第 59 页。

几所建筑物。

　　教士是唯一一个因为守独身的戒律必须经常根据资质重新招募补充的等级,对教士等级的归属原则上不以出身为依据,而是通过祝圣来确定。但在实际上,只有贵族或贵族子弟才能担任享有俸禄的教会职务,非贵族出身的人大都只能到达神父级别,成为大主教或主教者当属极个别的例外。比较重要的教会职位,如大教堂教士会或主教区修道院的职位,往往都为贵族保留着。在科伦,在 1474 年前后,要进入大教堂教士会,必须出具祖先的马上比武证明。[1]

　　贵族子弟之所以热衷于担任教士,主要不是为了侍奉上帝、拯救教徒的灵魂,而是为了领受帝国采邑和教会俸禄,继续保持本家族较高级别的社会地位,跻身帝国等级甚或是诸侯行列。一旦获得了自己想要的俸禄,这些贵族子弟就不再对宗教有多大兴趣了;他们经常让人替代履行宗教义务,他们自己则一门心思地结党营私,追逐财富和奢侈生活。按照教会法规,一人只能担任一项圣职。但在实际上,一人占据多个主教或修道院院长职位的情况并不少见,累积低级俸禄更属正常。当事人的投机钻营和当权者的好恶决定一切。尼德兰的一位特别热衷于猎获圣职的红衣主教就在 26 个教区中占有 100 个采邑,年收入超过 2.6 万古尔登。[2] 出身于奥格斯堡市民家庭的马特霍伊斯·朗格(Matthaeus Lang,1468—1540)也因获得罗马人国王马克西米连一世和教皇尤里乌斯二世(Iulius Ⅱ.,1443—1513)的宠幸,成为萨尔茨堡(Salzburg)大主教和红衣主教,并在神圣罗马帝国、法国、意大利和西班牙占有多个宗教的和世俗的职务。在 1515 年前后,其年收入高达 5 万古尔登。[3] 为了多占职位,高级教士们不仅不惜重金贿赂教皇,而且还经常动用武力抢夺。而为了搜刮钱财,他们也仿照教皇的做法,不遗余力地大肆出卖据说具有"赎罪"功能的圣徒遗物。

---

① Horst Rabe, *Reich und Glaubensspaltung*, *Deutschland 1500—1600*, S. 100.

② Ebenda.

③ Ebenda.

低级教士是指神父和城乡布道士,或者是替代正式教士履行宗教义务的神父助理。他们大都出身寒微,未受过多少教育,也没有什么坚定信仰,从事神职主要是为了谋生。但其正常收入菲薄,不得不在"履行宗教义务时收取钱财",甚至靠一些欺骗性小把戏,例如假装圣徒,捏造奇迹,化缘募捐,驱巫赶鬼等活动,赚点外快;有的教士还经常偷窃教堂济贫捐款和农民向教堂捐献的布匹。他们粗俗无知,所做的布道只不过是对经院神学中的论点作些很肤浅的解释,无法满足严肃认真、心底虔诚的教友的需要。为了讨好听众,他们经常将一些粗俗故事、低劣笑话与他们的劝诫杂凑在一起,拿自己的职责当儿戏。他们也普遍地漠视教规,娶妻生子,破坏戒律,过世俗生活。修女和修士甚至公开举行婚礼,伴以弥撒和婚约,并大吃大喝一顿。

但也有一些主教和神父学识渊博、作风正派、恪尽职守,一心一意地侍奉上帝,祈求赎罪得救,获得精神安慰。他们目睹教会的衰败,质疑正统教义,积极探索救赎之道,坚决主张革除教会弊端,恢复原始基督教的纯洁。例如马丁·路德就是这样一位具有强烈宗教性格的神职人员。

（二）贵族

相对于教士等级而言,贵族、农民和市民均为世俗等级,法律地位比教士低一级,实际地位却不尽然,在贵族、农民和市民之间,实际地位的差别更是悬殊,各自等级内部的分化也十分严重。首先是贵族等级已经沿着纵横两个方向发生了分化。

贵族有直属帝国的帝国等级和隶属邦国的邦国等级之分。前者直接从皇帝那里接受封地,是皇帝的附庸;后者从大贵族那里接受封地,是皇帝的附庸的附庸。邦国大小不等,地位也有高低之别,爵位则分大公、公爵、侯爵、亲王、伯爵、自由领主或男爵等多种;凡有爵位的贵族都有徽章和封印,其名字也通过 von、zu 或 von und zu 等字与领地名称相连。①

---

① von 有"归属"的意思,zu 表示"去向""变迁"。von 和 zu 作为贵族名称的一部分,大都不必译出。

贵族以习武、行武为业,享有司法特权,可谋取教会享有俸禄的教职,也可担任军事长官,或到宫廷和国家管理部门任职。除了个别功勋贵族,绝大多数是原始贵族,或者说血统贵族,是通过继承遗产而获得领地和爵位的。

尽管仍属神圣罗马帝国的统治阶层,但在 15 世纪末、16 世纪初,帝国贵族已经丧失了原先的统一性,中等贵族基本绝迹,高级贵族与低级贵族、大贵族与小贵族已经有了明显差距,甚至一度产生激烈的对抗。

高级贵族,如萨克森公爵、莱茵普法尔茨(Rheinpfalz)伯爵和勃兰登堡马克伯爵已成为与美因兹、科伦、特里尔三大主教并列的帝国选侯,也是帝国等级会议选侯院的成员,权势显赫。但在萨克森公爵弗里德里希二世(Friedrich Ⅱ.,1412—1464)去世后,他的两个儿子恩斯特(Ernst)和阿尔布雷希特(Albrecht)先是共同掌管其父的遗产,而恩斯特因为年长之故继承了选侯职位。1485 年,兄弟两人瓜分了他们的领地。阿尔布雷希特及其后裔在相当长的时间里仅袭承萨克森公爵爵位,而无选侯职位。普法尔茨(Pfalz)伯爵是在领地中"享有王权的伯爵",也有勃艮第普法尔茨伯爵、萨克森普法尔茨伯爵、莱茵普法尔茨伯爵、图林根普法尔茨伯爵等数位,但只有莱茵普法尔茨伯爵为帝国选侯。马克伯爵是帝国边境地区的最高军政长官,也有数位,如巴登(Baden)马克伯爵、柯尼希斯马克(Königsmarck)马克伯爵等,但只有勃兰登堡马克伯爵属于帝国选侯。除了三大世俗选侯,其他高级贵族也已成为帝国诸侯,在帝国等级会议的诸侯院中拥有席位和表决权,地位低于选侯,但也可以参与帝国大政方针的制定。

选侯和诸侯经常被人不加区别地统称帝国诸侯,他们不仅在帝国中央政权的主要机构中握有重权,在地方上也统治着大大小小的邦国,享有司法豁免权、军事防御权,以及诸如征税、铸币、采矿、犹太人保护等重要经济特权,并致力于进行邦国的国家化建设。

伯爵和自由领主原属中等贵族,自 1521 年起开始上升为可参加帝国等级会议的帝国等级,但只有集体表决权。大多数伯爵领地很小,但通过军功或担任国家要职，也可以扩大自己的势力。例如拿骚（Nassau）伯爵或菲斯滕贝格（Fürstenberg）伯爵，其势力之大，堪比一般诸侯。

与伯爵和领主的地位上升相反，骑士每况愈下，处境可悲。骑士不属于帝国等级，无权参加帝国等级会议，不仅无法保障政治独立性，其生存自身也岌岌可危。

骑士的产生与贵族爵位和领地继承制度的变化有密切关系。在神圣罗马帝国早期，贵族的所有儿子都有继承权，都可以继承某种爵位，分得一部分领地。这种继承制度一方面制造了越来越多的同一爵位的贵族，另一方面使得原先面积较大的整块领地被分割成为面积大大缩小的数块领地。1356年，神圣罗马帝国皇帝卡尔四世（Karl Ⅳ., 1316—1378）颁布《金玺诏书》（Goldene Bulle），明确规定选侯的领地不可分割，一律由长子继承，其目的原本是为了确保选侯数目的固定不变，防止选侯领地被分割继承后出现多个继承人获得选侯权利的情况，但这一规定也初步确立了长子继承原则。后来，为了保持家族实力，不少高级贵族也开始采纳长子继承制。这样一来，只有享有继承权的贵族长子可以继续保持高级贵族地位，无继承权的贵族子嗣就必须另谋出路。有的在年少的时候就被送到修道院，研习神学，以备将来竞聘教会圣职。有的则被送到某个较高级别的贵族宫廷接受教育和军事训练，成年后可被封为"骑士"，或者继续为同一贵族效力，拥有一小块封地或辖区，或者应邀承担某个地方的防卫职责，获得酬金，或者应招参加国王、皇帝和大贵族的私人军队，充当雇佣军首领，领取军饷。再后来，随着诸侯邦国官僚政治化的扩展，也有贵族子嗣进大学学习，以便将来谋取一官半职。

那些谋得教会职位的贵族子嗣，大都跻身于高级教士行列，成为教会诸侯，可以保持较高的地位。投身诸侯宫廷或邦国行政管理部门的贵族后裔，虽然沦为诸侯的臣属，丧失了政治上的独立性，但因收入可观，亦无衣食之忧。只有以军事为职业的骑士日趋没落。

骑士的没落可归咎于个人，如沾染恶习等，但最主要的还是由战争技术发展造成的。随着火药武器的普遍使用，雇佣军、步兵和堡垒战作用的增大,传统的身披重甲、运动不便并且以一对一搏击为主要作战方式的骑士部队就不起什么作用了。对于骑士来说,这种最基本的社会功能的丧失同时也意味着一种深刻的政治危机和经济危机。骑士以战争为职业,别无他长,丧失军事意义,就等于丧失了收入来源。而要自行组建、装备雇佣军,独立指挥作战,又缺乏起始资本。如果参加现成的雇佣军,骑士就会面临激烈的竞争,不仅发挥不了垄断作用,甚至连个军官也当不上。尽管诸侯宫廷和地方行政管理机构的某些高级职位仍为他们保留着,不少骑士依然我行我素,不肯轻易放弃自尊和自由。

在骑士传统比较深厚的韦特劳(Wetterau)、莱茵部(Rheingau)、弗兰肯和施瓦本等地,骑士反抗十分激烈。他们力图维持"旧的习俗"和"旧的特权",坚决抵抗社会地位下降,极力争取新的政治活动空间,甚至期望上升到与诸侯同等的地位,但极少成功。

联合和结盟是骑士捍卫自己利益的传统工具,这一工具直到中世纪后期还经常为骑士所利用,例如施瓦本骑士就在 15 世纪初成立了"圣格奥尔格盾牌骑士团"(Gesellschaft St. Georgenschild),1488 年加入施瓦本同盟,成为帝国西南部一股并非不重要的政治力量。除此之外,骑士还经常组建只接受旧贵族参加的骑马比武协会,构筑封闭的社团,排斥非贵族官员,孤立市民上升者。他们也蔑视严禁决斗的法规,自行进行战争,力图通过武力来贯彻自己的意志,甚至拦截商旅,掠夺财富,洗劫城市和教会诸侯邦国,不惜沦落为强盗骑士。

也有一些骑士思想比较开放,能够从骑士军队的失败中吸取教训,致力于学习新的作战技术,以适应新型战争的需要。他们也主动投靠皇帝或势力强大的诸侯,充当军事顾问和雇佣军首领,与市民或农民出身的军官展开竞争,重新在军队中占据领导地位。虽然牺牲了某些独立性,但是可以凭借累累战功,赢得相当高的地位,例如格奥尔格·冯·弗隆茨贝格(Georg von Frundsberg,1473—1528)等人。就整个近代早期来说,贵族内部虽然发生了严重分化,但相对于农民和市民等世俗等级来说,其社会领导地位并没有发生动摇。

（三）农民

15 世纪末、16 世纪初,农民仍占神圣罗马帝国总人口的绝大多数,但在帝国各地,甚至在各个封建邦国内部,农民的法律地位和经济状况又有明显差异。大体说来,农民依其法律地位可分为自由农、佃农、农奴数种,依其经济状况可分为大农、小农、无地农民和帮工等多个层次。

拥有土地和耕地的自由农主要分布于帝国北部和南部地区,特别是在威斯特法伦、黑森林、瑞士、符滕姆贝格、巴伐利亚南部和蒂罗尔等地。在这里,土地分割占有属于常规,不少农民拥有一定数量的土地和财产,少数农民还可通过种植经济作物,经营畜牧业、养殖业和家庭手工业,从市场机会中获利,过上富足生活,成为富裕农民。①

然而,在遗产继承权得到认可的地方,在地产遭到严重分割的地方,即使是富裕农民,由于习惯于将土地平均分给自己各个儿子,这样一来,随着人口的增长,人均占有的面积也越来越小,小农或小地产占有者(在帝国西北部称作 Kleinkötter,在巴伐利亚称作 Söldner 或 Seldner)②数量大增,其地位很不稳定。小农即使在年景较好的时候也积攒不了多少储蓄,年景差的时候更是接近生存危机的边缘。除此之外,自耕农和小农还遭受着教会和国家的多重盘剥,除了地租和大小什一税,还必须服劳役和杂役,缴纳贡品、捐税和租金等。尤其可怕的是,农民经常遭到盗匪的抢劫和兵痞的劫掠;一旦发生战争,他们连最低的生活水平也不能维持。偶有天灾人祸就有可能穷家荡产,有的成为有房无地者,有的成为完全丧失财产者,不得不做帮工,或者到城市做日工。不少人还报名参加雇佣军,企图在军队中寻找谋生和升迁机会。

---

① 富裕农民面向市场经营,雇用无地农民和生活贫困的农民,甚至在城市购置房产。这些事实说明,15 世纪中叶后的德意志农村像城市一样出现了早期资本主义关系。侯树栋:《德意志中古史——政治、经济社会及其他》,商务印书馆 2006 年版,第 125 页。

② Wolfgang Reinhard, *Probleme deutscher Geschichte 1495—1806. Reichsreform und Reformation 1495—1555*, S. 168.

　　尽管如此,就整个帝国来说,自由农民的存在仅属个别性的例外。绝大多数农民不是佃农就是连人身自由也没有的农奴。在帝国东部,特别是在易北河以东地区,帝国诸侯或邦国诸侯的权力还很微弱,庄园主(乡村贵族或容克贵族)势力较大,农民深受农奴制的束缚,处于领主或庄园主严厉的集约统治之下。他们依附于领主,没有迁徙自由,不能脱离他们的份地,甚至必须获得领主的准许才能结婚,就连他们的身体也可由领主任意享用,他们的孩子也要给领主做奴仆。他们的个人财产极少,但是承担着沉重的劳役,无偿地为主人劳动,缴纳额外的赋税。其中,最为沉重的是遗产税。农奴还隶属于庄园,可以连同庄园一起出卖、抵押和收购。①

　　虽然始终存在剥削和被剥削关系,但在领主和农奴之间也有相互依赖情况。个别领主也会对其农奴尽一些"保护"职责,特别在困难时期,领主有义务帮助农奴渡过难关,例如在歉收时提供种子,在发生火灾(烧毁房舍)时提供建筑木材。有些地方,领主和农奴甚至组建了一种家长制的经济和生活共同体,相互照应。② 而领主的严厉监控,也使得易北河以东地区的农民之间缺乏合作,大规模的农民反抗斗争难以发生。

　　在帝国西部,在施瓦本、弗兰肯、萨克森和图林根等地,农奴制原本已经消失,租佃制普遍发展,领主统治变为地主统治,绝大多数农民事实上成了只缴纳货币地租的自由佃农。地主占据"直接所有权"(dominium directum),并且为此索取农民的服务;佃农拥有"受益所有权"(dominium utile),耕种土地,除了缴纳地租,其余收成便为自己所有。而在中世纪晚期农业萧条期间,地主为了留住农民或吸引农民前来,还将地租规定得较低。农民继续负担的地租主要是实物地租,大都用农产品缴纳。

---

① Horst Rabe, *Reich und Glaubensspaltung*, *Deutschland 1500—1600*, S. 51 - 52.
② Ebd., S. 62.

15 世纪末、16 世纪初,随着农业和工商业经济的繁盛和物价上涨,通货膨胀日趋严重,地租收入大幅贬值。生活费的提高使得贵族地主要维持其符合等级要求的生活方式越来越困难,对现金的需求大增。但要违反契约,提高租金或更换佃农又很不容易,于是不少地主加强了对佃农和季节性短工的人身控制,要求他们像农奴一样承担义务。他们"就对农民开始了新的压迫,增加代役租和徭役,越来越热衷于再度将自由农民变成依附农民,将依附农民变成农奴,把公有的马尔克土地变成地主的土地"①。在上施瓦本和上莱茵河流域,这一尝试也取得了一定的成功,致使农奴制大有"光复"之势。例如在魏因加滕,15 世纪法律文件还不偏不倚地把依附于修道院长和神职人员的农民称作"穷人"或者"属于修道院的穷人",到了 16 世纪就开始称之为"农奴"了。② 农民的份地也被剥夺一空。

新的农奴制限制了农民的自由,类似于帝国东部的农民不能自行脱离领主庄园迁往他处,农民也丧失了迁徙自由,不能随意离开其租佃的土地,不能与同一地主的其他佃户联姻。原先规定孩子的身份地位跟随母亲所属的等级。现在则规定,凡是出自"不正当"婚姻的孩子,无论怎样都是农奴,即使其母亲属于自由人。新的农奴制也加重了农民的负担,使之难以保持他们在中世纪晚期赢得的财产占有权。农民死后,其后人要缴纳死亡捐或遗产税。魏因加滕修道院规定:修道院有权征收男女农奴死后遗留财产的 1/2 到 2/3,也有权征收其遗留的最好牲畜和最好衣服。③ 例如牛圈中的牛,其最健壮者要归地主。小农大都饲养着 2—3 头母牛,一家人的生活,也在很大程度上依靠这几头牛,一旦上交,其基本的生活保障也就没有了。除了源于土地租佃和人身依附的义务,小农还有其他负担。例如什一税,其中包括缴纳粮食的大什一税,缴纳水果和小牛的小什一税。什一税原本是教会征收的赋税,现在由地主或

① 恩格斯:《马尔克》,载《马克思恩格斯全集》第 25 卷,人民出版社 2001 年版,第 579—580 页。
② 参见朱孝远:《宗教改革与德国近代化的道路》,人民出版社 2011 年版,第 19 页。
③ 参见朱孝远:《宗教改革与德国近代化的道路》,第 19—20 页。

诸侯来征收,其严厉和苛刻较之以往有过之而无不及。此外,还有种类繁杂的帝国税和邦国税。平均起来,每个农户要缴出其全年总收入的30%。[1]

过去,当地森林、草地、湖泊和溪流均属公共资源,农民完全可以自由利用,而许多小农和贫农也指望着从这些公共资源中获得部分补贴家用的东西。他们没有土地,但是有一两头牲口,为了饲养它们,除了公用地的草地,别无他法。他们也需要森林,如要建筑房屋,或在冬季取暖,都必须从森林里取用木材和木柴。现在,诸侯和贵族颁布法令,将所有公共资源收归己有,严禁农民伐木、狩猎、放养牲畜和捕鱼。如果有这方面的需要,必须申请特许和缴纳相关费用。农民想要吃鱼,不得擅自从河塘水池中捕捞,而是必须到地主开设的鱼市上购买。违背禁令者将受到严厉的体罚,甚至被处死。对于本来已经相当穷困的小农来说,这不啻雪上加霜。

这些限制和禁令直接触及农民的切身利益,也公然违背了农村公社(简称"村社")的习惯法和村社自治传统,因此不能不大大引起农民,特别是以村社为自治机构的农民的反抗和斗争。

以地方法规为基础建立起来的村社是农村的一个重要自治机构。[2]长期以来,在神圣罗马帝国许多地方,特别是在瑞士和上德意志地区,村社大都以法人代表身份存在着。在巴伐利亚,村社的总数至少有800个,其中大约700个位于多瑙河(Donau)以南地区。[3]有的村社只包括一个村庄,有的则包括多个村庄。它可以,但并非必须完全等同于司法

---

[1] Horst Rabe, *Reich und Glaubensspaltung*, *Deutschland 1500—1600*, S. 64.

[2] 关于村社的起源、性质和职能,西方学者与马克思主义学者见解不一,相差很大,有关介绍可参见马克垚:《西欧封建社会研究近况》,载《世界古代史论丛》第一集,三联书店1982年版,第127—152页;侯树栋:《德意志中古史——政治、经济社会及其他》,第140—144页。瑞士学者彼得・布里克勒(Peter Blickle)尤其强调"社团主义"(Kommunalismus)在近代早期南德意志地区的重要性,参见 Peter Blickle, *Kommunalismus. Skizzen einer gesellschaftlichen Organisationsform*, Band 1: *Oberdeutschland*, München: R. Oldenbourg Verlag, 2000.

[3] Wolfgang Reinhard, *Probleme deutscher Geschichte 1495—1806. Reichsreform und Reformation 1495—1555*, S. 170.

管辖区和教会管辖区。村社有村社大会和经它选举产生的常设管理机构。但参加选举的主要是作为一户之长的男性，并且是有地农民和村社的正式成员；妇女、儿童、无地者和外来农民则没有选举权。有的地方，村社政府的成立要经领主的批准，官吏要对领主的管家发誓，保证履行领主规定的义务。① 村社领导集团有权制定和执行有关村民经济活动、村社公共资源和其他日常事务的法律、规则，有权向全体村民征收用于村社公共事业的税金，有权向违反村社法规的村民收取罚金，有权维护村社的和平。村社维护着农民的基本权利，既是农民的生产合作和社会互助组织，也具有相对独立地管理村民事务、保护村社整体利益的一定的政治权力。从协助村庄低级司法审判到组织十分复杂的三圃制轮作或者公地的使用，直至并非罕见的牧师选举，这些合作制自我管理机构也经常代表农民对抗地主，有的时候还能够在诸侯面前，或者在帝国最高法庭上，充当起诉人。

为了"维护农民的自由、古老的习惯和公正"，维护村社的既有权利，各地农民，特别是帝国西南部农民，经常发动起义，以古法为武器顽强进行抗争。在瑞士，农民在 1489 年起义反对苏黎世城和圣加仑修道院；1513—1514 年又起义反对卢塞恩、伯尔尼和索洛图恩。在阿尔萨斯（Elsaß），农民也在 1493 年发动起义并建立了秘密革命组织"鞋会"（Bundschuh）；施佩耶尔（Speyer）主教辖区的 7 000 名农民也在 1502 年宣誓加入了"鞋会"。另一个号称"穷康拉德"（der Arme Konrad）秘密革命组织于 1503 年春出现在施瓦本。1513 年，"鞋会"在布赖斯郜（Breisgau）起事。1514 年，"穷康拉德"在符滕姆贝格起事。1517 年，"鞋会"又在上莱茵起事。这些斗争堪称 1524—1526 年间农民大起义的前奏，两者在许多方面都有密切联系，但与 1524—1526 年间的普通人革命不同，这个时期的农民起义大都是针对邦国内的一些具体问题的，尚未提出废除农奴制等具有普遍意义的要求，也没有提出系统地贯彻神法的

————————

① 参见朱孝远：《宗教改革与德国近代化的道路》，第 22 页。

政治纲领和社会改革方案，没有实现跨邦国、跨地区的联合。

（四）市民

市民是在11—13世纪随着城市的兴起而形成的，并且主要由从农村游离出来的商人和手工业者构成。他们为了从事长途贸易和销售自己的产品而聚居在已有城市周围，并且建立了与内城相对立的外城。出于安全的需要，他们也筑城墙、挖壕沟、架吊桥，建起了一个个新 Burg（城堡），并且自称为 Bürger（市民）①。城堡是手工业者和下层居民的聚居地，但不是现代意义上住宅区的社会分化。这里有方便生产经营的自然条件，如河流，染色和制革作坊可用其水进行漂洗作业，磨坊主和铁匠则可用其水作动力。

自中世纪晚期以来，欧洲城市迅速发展，很快就成为一股重要的政治力量，到宗教改革前夕，在神圣罗马帝国境内，城市星罗棋布，总计5 000余座；纯德意志城市也有3 000余座。城市的规模虽然不大，人口较少，但也有诸如安特卫普、奥格斯堡、根特（Gent）、科伦、纽伦贝格等居民数量多达3万—6万人的大城市。而在阿姆斯特丹（Amsterdam）、不伦瑞克、不来梅（Bremen）、布雷斯劳、布鲁塞尔（Brüssel）、但泽、埃尔福特（Erfurt）、美因河畔法兰克福、哈勒姆（Haarlem）、汉堡（Hamburg）、莱顿（Leiden）、利勒（Lille）、吕贝克（Lübeck）、列日（Liège 或 Lüttich）、布拉格（Prag）、雷根斯堡、罗斯托克、施特拉尔松（Stralsund）、斯特拉斯堡、乌尔姆、维也纳（Wien）等城市，居民也多达1万—3万人。② 在尼德兰、莱茵兰（Rheinland）和萨克森等工业和采矿业地区，有大约16％的人居住在人口超过5 000人的城市。③

因为身处主教辖区和贵族领地，早期市民同农奴一样也深受教俗领主的剥削和压迫，但他们很快就从手工业和商业经营中积累了财富并赢

---

① 市民，直译应为"城堡中人"。
② Wolfgang Reinhard, *Probleme deutscher Geschichte 1495—1806. Reichsreform und Reformation 1495—1555*, S. 178.
③ Ebd., S. 154.

得了声望,发展成为资产者,成为位于贵族和社会下层民众之间具有自己权利范围和特殊伦理道德的等级及社会阶层。他们也按照意大利伦巴德(Lombard)城市的样板,力图摆脱城市领主的控制,实现自治和独立自主。有的城市从国王或皇帝那里获得了自由许可状,成为直属于帝国的帝国城市;有的城市从主教或其他诸侯那里得到自由许可状,成为一般的自由城市;更多的城市依然受诸侯管辖,称作诸侯领地城市,在诸侯领地发展成为邦国之后,也相应地成为邦国城市。帝国城市和自由城市都是被神圣罗马帝国封建主承认的自治单位,拥有一系列经济和政治特权,如集市权、铸造货币权、征收关税权和设防权,对外俨然是一种独立的政治势力,是神圣罗马帝国拥有特别法律地位的帝国等级。邦国城市既无完全独立的自治权,也无完善严密的政治组织,保留着依附和自治两者兼有的混合型特点,不属于帝国等级。

　　1500 年时,78%的帝国城市和自由城市集中于神圣罗马帝国南部地区,帝国等级会议也经常在纽伦贝格、康斯坦茨(Konstanz)、沃姆斯、奥格斯堡、施佩耶尔和雷根斯堡等城市举行。[①] 帝国南部因此也成为政治状态比较活跃的地区,市民等级的力量比较强大,政治觉悟也比较高。

　　但从经济和政治意义上看,各帝国城市之间又有很大的差异。上施瓦本帝国城市继续保持着较强的合作机制,其他地区的帝国城市,例如弗兰肯帝国城市中的最重要者纽伦贝格却不复如是。一些帝国城市,如纽伦贝格、斯特拉斯堡、乌尔姆、施韦比施哈尔或罗特魏尔(Rottweil)同时拥有类似于诸侯的相当大的邦国统治权。其他帝国城市,甚至包括像奥格斯堡或科伦那样重要的帝国城市,在城墙之外没有任何地盘。还有一些帝国城市,如维姆普芬(Wimpfen),根本无力捍卫自己的自治权,临近邦国的护送骑士可以任意骑马穿越其城内的市场。除此之外,在一些帝国城市之间还存在某种政治委托关系,在纽伦贝格和一些较小的弗兰肯帝国城市之间就存在这类关系。不少帝国城市居民数量不足 2 000,

---

① Horst Rabe,*Reich und Glaubensspaltung. Deutschland 1500—1600*,S. 94.

其经济实力远不如一些邦国城市。[①]

　　与农民和农奴不同,市民摆脱了土地束缚和婚姻强制,享有人身自由和迁徙自由,可以自行支配、处理自己的财产和遗产;也可以在照章纳税的前提下,从事自主经营。市民只受所在城市的司法机构管辖,不受城市之外的法庭审讯,不能被任意传唤出庭,不能被强制监禁。在自己所在的城市中,市民也获得了一定程度的参政权,可以在成员众多的自治团体中发表自己的意见。"城市的空气使人自由";农奴或依附农只要被城市共同体接纳,就可以获得人身自由。但并非所有城市居民都享有完全的市民权和城市自由权,城市也在其周边地区拥有依附农。要想成为市民的人都必须向市政当局提出申请,宣誓承担相应的责任和义务。但只有那些居住在城市并且有能力、有财产的人才能被容纳,才能享有市民权。而在实际上,市民只是城市居民中的很少一部分人,只代表着城市居民中少数人的利益,其排外倾向非常明显。成为市民殊不容易;城市绝不接受有可能在将来成为城市负担的穷人,绝不接受"搭伙者"。居住在城市而无市民权者仅仅是城市居民,但也要向城市缴纳捐税。

　　就是在市民共同体内部,也有上中下层之分,绝非一律平等。城市领主委任的管理员、担任驻防长官的骑士、定居城市的地主和从事大宗贸易并且获利丰厚的商人以及后来的大企业家、大银行家、高利贷者、房产主和富裕的手工业工场主等构成市民上层和城市中的"名门望族"。他们占有较多财产,享有种种特权,也受过较高水平的教育,位居城市社会等级制顶端并且掌握市政大权,支配城市邦国,控制城市经济,惯于用金钱换得自己所需要的一切。这些市民上层财大气粗,在经济势力方面远远超过一般贵族,甚至自身也有机会被擢升为贵族。他们也非常重视子女的教育,供给他们上学,使之有机会进入教会和政府部门,成为一代新贵。

[①] Horst Rabe, *Reich und Glaubensspaltung. Deutschland 1500—1600*, S. 95 - 96.

　　众多小商人、小业主、手工业工匠,自主经营或加入了某个行会的手工业者,拥有某种社会性工作职位者和某块城市地产者,构成市民权拥有者的大多数,也就是说中间阶层或普通市民。他们大都开设由一位师傅、一位或两位伙计或帮工组成的小作坊或小店铺。极少数作坊或店铺拥有五位或更多的伙计或帮工。他们并不只为市场生产,有的兼营农业,有的依附于某个贵族家庭,专门为其制造用品。与城市贵族相比,他们在收入和教育方面大打折扣,只有少量的政治参与权,但要承担缴纳赋税、服兵役和服从市政当局的义务。

　　同行业的手工业者往往组织起来,成立行会、联谊会和联盟等职业团体。行会不仅是价格政策和经济政策的载体,而且是从事工商业的城市市民的生活共同体。它通过规定原材料供应、产品制造和销售条件、产品质量和价格,对生产进行监督。它也通过限制工匠数量,禁止新生产方法,消弭竞争,有效地维护了职业和等级的尊严。它还通过限制生产和利润、为集团的利益控制市场等措施,在一定程度上阻止了暴富,保护了一些经营不善者。行会最初对所有手工业者开放,没有成员数量限制,到后来却越来越"封闭",成为由行会师傅所把持的、拥有特权的卡特尔式组织,及寡头政治统治的工具。

　　市民下层主要是指那些破产的师傅和其他小手工业者,其中不少人甚至沦落为按工件领报酬的雇佣劳动者。他们虽然日趋无产阶级化,但在意识上却不愿意成为无产者,不愿丧失市民身份、降低社会地位。

　　在摆脱了领主统治之后,大多数城市设立市政会作为行政管理机构,设立城市法庭管辖和约束城市居民,并试图通过建造教堂、建立医院和收容所、承担济贫救灾的义务等举措来缓和社会矛盾,维持城市和平。除了政治决策,市政会也干预城市经济、规定物价、处理市民纠纷,由城市法官审理谋杀、窃盗、强奸、同性恋、施行巫术等犯罪案件。

　　市政会首脑大都是一位或两位市长,其权力不再来自城市领主的委任,而是更多地产生于通过市民宣誓而联合起来的全体市民的要求。市政会逐渐发展成为拥有完全自主权的城市政府。但在最初,市政会成员大都出自本城的名门望族,普通手工业者不满于名门望族的专权,力图通过行会组织,争取更多的权益。有些行会在强有力的组织者的领导下也经常能够实现这一目的。14—15世纪的行会斗争导致市民参政的加强;在许多上德意志的城市中,市政会的社会基础扩大了,部分行会手工业者参与了城市管理。在城市政府和司法机构中,贵族委员和市民委员在数量上实现了一定程度的均衡。有的城市还设立了单独的大理事会,议决特别重要的事务,监督原有的、现在大都被称为"小理事会"的市政会。后来又有一些专业委员会得以建立。其工作人员最初多为神职人员,后来也有法律专家担任法律顾问了。

然而,行会斗争并没有导致彻底改变城市社会结构的结果,只是个别市民和市民团体跻身于市政要员行列。旧的统治者家族依然享有许多政治和社会特权,依然占据城市的领导职位,即使行会手工业者在市政会中已经拥有不少席位了。名门望族有钱有闲,比手工业工匠更方便处理政务。大理事会的权限很快又受到抑制,名门望族重新巩固了他们在经济和政治领域的领导地位,甚至还有所扩大。他们出入专门的酒吧,严守门当户对的婚姻规则,远离普通市民,但是加强了与土地贵族的联系。除了经商,不少名门望族还大量购置地产,坐享地租之利,追求贵族生活时尚。与此同时,市政当局也有目的地加强了自己的立法和行政管理功能,把市民生活的更多领域纳入自己的控制范围。原先作为市政会执政依据的市场条例,被发展成为内容广泛的章程;借助于它们,市政会推行一种相当严密的社会监控,严格监管城市居民生活的方方面面,包括其宗教信仰和宗教活动。

市政会与城市法庭无论在机构方面还是在人员方面大都合二为一,现代宪政的三大权力完全集中在市政会寡头手中。在一些较大的城市中,已经有不少受过教育、拥有专业知识的法律专家参与了城市管理。他们是经过长时间斗争,在排除种种阻挠之后,才得以进入市政会的。1500年前后的帝国城市虽然堪称共和国,但其实际推行的绝非民主政治,它们更多的是现代官厅国家的前驱。[①] 通过服饰条例和其他类似条例,社会的和政治的等级体系便得以确立。市政官员大都具有寡头政治倾向,他们并不认为自己是市民的代表和受委托者,而是以臣民的主人自居。虽然在许多城市的市政会中增加了行会代表,个别城市的市政会甚至完全由行会控制,但其统治方式依然是官厅式的,与先前名门望族建立的城市政体一样,高高在上,远离市民。即使需要营造一种广泛的意见一致,市政会也不再通过市民集会而是通过直接颁布法令(宗教改革期间,这种情况经常出现)。行会市民的参与实际上并不重要,因为行会组织本身也是实行寡头政治的,只是其吸纳成员的方式与名门望族不同而已。

这样一来,大多数个体市民,更不用说居于城市社会最底层的居民、帮工和仆役,越来越多地成为纯粹受市政会统治的对象了。市政会明显地将市民看作"臣民",自己则以"主人"身份发号施令。然而,这一发展结果也经常激起广大市民的反对,新的市民参政要求再次高涨起来。在一些城市中,市民建立了监督市政当局,特别是其财政部门的委员会,有的时候,尤其是在社会紧张局势加剧时,市民的斗争可导致市政会重组,有更多的城市居民参与政治。[②]

在较广泛的意义上,手工业帮工和学徒也属于行会市民。但与师傅不同,他们仅为非全权市民。在行会中没有席位和表决权,更没有选举市政会成员的权利。他们必须等待机会,自立门户,成为师傅,招徒学艺。但大都要等到老师傅去世才可以填补空缺。有的帮工终生也等不到这样的机会。为了改善自己的处境,帮工们结成"帮工联合会"、"帮工兄弟会"和"苦难兄弟会"等团体,集体上诉,要求增设工作岗位。对于这些熟练工人的联合组织,市政当局和手工业工匠师傅都报以仇视态度,

---

① Wolfgang Reinhard, *Probleme deutscher Geschichte 1495—1806. Reichsreform und Reformation 1495—1555*, S. 185.

② Horst Rabe, *Reich und Glaubensspaltung. Deutschland 1500—1600*, S. 95.

认为它们是潜在的危险,动乱的根源。[1]

在建有主教教堂和修道院附属教堂的城市中,也有许多教会人员,如大主教、主教、神父、修士和修女等混杂在城市居民中。他们属于受保护的城市居民上层,但并非城市市民。他们只遵守教会法规,也只受大都不在同一城市设立的教会法庭的审讯,不受市政当局的管辖,也不受城市经济法规的约束,不向城市缴纳赋税,但其经营活动却经常使城市工商业者感受到激烈的竞争。因此,对于教会和神职人员,无论城市工商业者还是市政当局,都有加以限制的愿望。通过抗争,不少城市也获得了推举本市市民担任教士的权力,并且掌握了对教会财产的管理权。女修道院也只接受本市的单身女子,其产业由市政会委派专人监管。但在反对教士的管辖权(Privilegium fori)和免税权(Privilegium immunitatis)斗争方面,许多城市只是在宗教改革运动兴起后,才有机会获得成功。[2]

(五)社会边缘群体和新兴团体

除了教士、贵族、农民、市民诸社会等级外,在神圣罗马帝国的城市和乡村还有各种各样的社会边缘群体,例如刽子手、剥兽皮工人、补锅匠、杂耍艺人、娼妓以及流浪汉、吉卜赛人和犹太人等。这些人经常遭受歧视,被看作是"不诚实者",是应当加以铲除的社会渣滓。

吉卜赛人自 15 世纪从东南部进入帝国。他们原为基督教徒家族的后裔,并且因为信仰的缘故而受到迫害。但在许多诽谤性流言出现后,原先的同情转变为拒绝和仇视了。吉卜赛人种族和语言的怪异,他们居无定所的漂泊流浪习性,他们谋生手段的不透明性以及由此产生的惯于犯罪的嫌疑最终导致流言四起。特别是在土耳其危险日益严重的情况下,吉卜赛人又因为与其生活在奥斯曼帝国中的部族的联系而被人怀疑为土耳其人的间谍。早在 16 世纪初,有些邦国就在其治安条例中增加

[1] Wolfgang Reinhard, *Probleme deutscher Geschichte 1495—1806. Reichsreform und Reformation 1495—1555*, S. 182.

[2] Ebd., S. 185 - 186.

了严禁吉卜赛人在自己邦国定居的条款。后来的一些条例更进一步宣布他们不受法律保护。吉卜赛人之所以能在这样的环境中生存下来,除了人数少之外,还有一个原因就是国家政权薄弱,特别是在一些小邦国,诸如此类的迫害条款并没有得到真正贯彻。①

犹太人也属于"没有独立法律地位的人",早已不再享受邦国法律的保护,一直处于受迫害状态。他们是被基督徒从宗教上定义的局外人,只能在基督教社会的边缘地带占据一种仅拥有少量权利的地位。自奥古斯丁以来,犹太教是基督教的女仆或女奴的观点长期流行。在基督教徒看来,只有到了世界末日,犹太教徒才能获得光明,因为在对基督的信仰中,犹太人也可以进入新的上帝子民共同体。诸如此类的观点不仅导致了对犹太人的血腥迫害,也导致了各种各样歧视和奴役犹太人的行为,导致了将犹太人与正常社会隔离开来的举措。在 1519 年的雷根斯堡,中世纪晚期城市驱逐犹太人行动达到了一个顶峰。此后,驱逐事件一度近乎消失。这时,罗马法已经开始在欧洲各国流行,而罗马法把犹太人看作与基督徒地位平等之人的观点,在一定程度上缓和了人们对犹太人的歧视。犹太人的经商和积累财富的能力,也使得皇帝和诸侯看到了一项财源。的确,不少犹太人很善于经营,不仅从事金融和典当业务,而且也经营铜、布匹和其他批发及零售业务,经常接受博览会客商的剩余货物,并且不遵守禁止提价经营粮食和烟酒等消费品的法规。于是,犹太人得到了帝国的庇护。皇帝和诸侯都以向犹太人征收保护税的办法,充当了犹太人的保护者。尽管如此,犹太人也只能在黑森的弗里德贝格(Friedberg)、沃姆斯和法兰克福等地居留。另有一些人在乡下从事贸易和小额贷款活动,如果当地的诸侯不下令驱逐的话。还有不少犹太人移居神圣罗马帝国东部、波希米亚和波兰等国,在这里,人们特别需要犹太人的生产和经营技能。但是总的说来,犹太人仍受到普遍的憎恨,而要激起这种潜在的憎恶感又是很容易的,毕竟在犹太人当中一直有一

---

① Horst Rabe, *Reich und Glaubensspaltung. Deutschland 1500—1600*, S. 67 - 68.

些心狠手辣的放高利贷者,他们违背基督教道德的劣迹,经常成为众矢之的。①

随着教育的普及和大学的兴办,受过高等教育的市民子弟大量涌现。他们或者供职于市政当局,充当书记员和公证员,或者任教于大中小学校,充当讲师和教授,或者开办律师事务所和诊所,充当自由职业者。还有人担任帝国或邦国官员或雇佣军首领。个别人还能够因业绩突出或因国王和诸侯的宠幸而得以晋升为贵族,如布尔滕巴赫(Burtenbach)的塞巴斯蒂安·舍尔特林(Sebastian Schertlin,1496—1577)就在1532年成为皇帝军队全体步兵的最高指挥官,后来又被皇帝任命为大元帅、总指挥和大法官等。官员群体不属于传统社会的等级,他们是通过教育和职业而不是由出身和法律所决定的。他们在社会上享有一定的特权,属于中上层。因为富有知识和批判精神,他们当中的一些人积极投身于文艺复兴和宗教改革运动,成为新时代的精神领袖。

第三节　政治制度与政治局势

一、皇帝与教皇、皇帝与帝国等级的二元制

神圣罗马帝国实行君主制,但从一开始,它就保留了东法兰克王国时期的国王选举制,国王由德意志部族大贵族选举产生,自1356年皇帝卡尔四世颁布《金玺诏书》起,美因兹、科伦、特里尔三个大主教以及波希米亚国王、莱茵普法尔茨伯爵、萨克森公爵和勃兰登堡马克伯爵便成为"七大选侯",垄断了选举国王的权力。然而,选侯只是选举国王,当选的德意志国王(后来也称作罗马人国王),只有经过教皇在罗马加冕后才可称帝,才具有普世性质。国王与皇帝因此也意味着两个级别。历史上有些国王终生未获得教皇加冕,只是国王而非皇帝,身份地位自然低了一等。

---

① Horst Rabe, *Reich und Glaubensspaltung. Deutschland 1500—1600*, S. 68 - 69.

理论上讲,罗马人国王或罗马人皇帝为国家首席采邑主和最高统治者,但在实际上国王或皇帝的权力受到多方面的制约。国内有帝国等级,特别是帝国选侯和大诸侯的抵制,国外有教皇和其他君主或诸侯的竞争。在与国外反对势力无休止的争斗中,皇帝不得不要求其附庸给予援助,并对他们做出让步,确认帝国各等级传统的自由和特权,甚或赋予他们新的特权。一些势力较大的帝国等级逐渐加强了在自己辖区内的权力,成为割据一方的诸侯,并开始在自己的邦国内从事现代意义上的国家建设。然而,无论皇帝还是诸侯,他们的政策出发点都主要是家族和王朝利益而非帝国利益或德意志民族利益。皇帝一方面以整个基督教世界的最高世俗统治者自居,力图建立和维持中世纪封建大一统秩序,另一方面又以家族势力为后盾,并且千方百计扩大和增强这一家族势力。而当家族和王朝利益与帝国利益或德意志民族利益发生冲突时,历代皇帝都不惜牺牲后者保护前者。帝国等级同样自私自利。他们的政策美其名曰为"捍卫传统的自由",实际上是要扩大和巩固自己在帝国中的既得利益。为了与皇帝抗衡,他们经常结成军事同盟,诉诸武力,甚至私自割让帝国领土,以便得到外国势力的支持。

罗马教皇和罗马人皇帝是中世纪西方基督教世界的双雄。教皇被认为是上帝在人世间宗教事务的代表,基督教世界的最高宗教领袖;皇帝则是上帝在人世间世俗事务的代表,基督教世界的最高世俗领袖。通过教皇的加冕,皇帝的世俗统治便被附加上了一层宗教普世主义色彩,与此同时,皇帝也要承担保护罗马教皇和基督教会的神圣职责。教权与皇权的二元制,构成西方基督教世界典型的政治体制。教皇与皇帝分工不同,地位相等,相辅相成。但在实际上,教皇与皇帝都想独占基督教世界的最高统治权,历任教皇和皇帝也为此展开了激烈斗争,结果两败俱伤,最终均被民族国家政权淘汰。

在神圣罗马帝国建立初期,皇帝势力强大,可以对教会实行严格控制,不仅亲自任命帝国内的大主教和主教,而且还能够决定教皇的废立。皇帝还通过远征意大利,夺取了对意大利北部富庶地区的统治,并通过扶植傀儡教皇,借助教皇的加冕,确立法统地位,控制德意志、意大利乃至整个基督教世界。从 11 世纪起,随着克吕尼修道运动的兴起,教皇开始同皇帝争夺教会控制权,甚至联合神圣罗马帝国诸侯,利用为国王加冕的权力,或通过革除皇帝教籍等方式,干涉帝国政务。此外,在罗马教会所拥有的中意大利地区的土地上,教皇国也像其他意大利邦国一样,已经成为完全独立的国家,其领土获得大幅扩充,并成为意大利最重要的政治力量之一。教皇也成为不折不扣的世俗君王。每当皇帝要将其权力施展到意大利时,教皇都会想方设法加以阻拦。皇帝与教皇的激烈斗争也势不可免。只是教皇对其大多数邦国的统治往往有名无实,教会国家各个城邦的真正主人仍是当地的王公贵族。教皇的军事力量有限,难以抵御经常出现的意大利本土反叛势力和入侵意大利的外来势力。为了保持和扩大自己的统治权,教皇需要在英国、法国、瑞士、西班牙、神圣罗马帝国以及意大利和德意志诸侯等政治团体之间寻找盟友。因此教皇与皇帝时而合作,时而斗争,两者的关系反复无常。当需要救援时,教皇甘冒引虎入室的危险,邀请皇帝出兵意大利;当皇帝在意大利的影响过大、威胁到自己的地位时,教皇又会联合其他力量反对皇帝。

而在帝国内部,到 15 世纪末、16 世纪初,皇帝与帝国等级二元平行且相互牵制的权力结构也日益明显:皇帝力图实行集权统治,帝国等级则坚持传统的贵族寡头政治。两者势均力敌,都不能单独决定帝国大政方针,只能相互妥协。

神圣罗马帝国皇帝的统治权主要建立在采邑分封的基础上。作为帝国领土的最高所有者,皇帝有权将部分帝国领土或者其收入以采邑的形式分配给某个贵族,赐予相应的爵位,并且主要出于军事需要,皇帝也经常采取这样的做法。通过采邑分封,皇帝就与帝国的贵族们结成了封主和封臣关系,相互承担一定的责任和义务;封主有责任保护采邑和封臣不被侵犯。而在面临战争与和平等重大抉择关头,封主经常会召集所有封臣开会,集体商讨,并做出决策。封臣要对封主宣誓效忠并信守效忠誓言。他有义务向封主交纳部分采邑收入,或者说照章纳税,也有义务向封主提出"忠告"。一旦发生战争,封臣要响应封主征召,利用得自采邑的收入装备自己,参加封主的军队,协助封主作战;实力较强的封臣还可以自行招募士兵,组建地方武装,向封主提供军事援助。

采邑分封并不仅限于世俗贵族,帝国主教、大主教、修道院院长等高级神职人员也可以从皇帝那里获得官职和领地,从而成为皇帝的封臣和帝国等级。

除了采邑分封权,皇帝还对帝国城市拥有统治权。特别是在城市内部发生争执之际,皇帝总会介入城市的政治和社会生活,并且通过自己派遣的官员修订城市宪法。另外,皇帝也希望利用城市的物质支持,加强自己的力量,通过让城市派代表参加帝国等级会议等方式,提升城市的政治地位,以便抑制诸侯的势力。

不可低估皇帝采邑分封权的意义。作为最高封主,皇帝同时也是采邑事务的最高仲裁者。一旦发生采邑法冲突,皇帝就会发挥不小的影响力。皇帝对于分封的否决权或者他针对封臣的不忠而提起的诉讼,依然是一种颇具威胁力的政治斗争武器。但也不能否认,采邑权的政治功能和与之相连的皇帝作为最高采邑主的地位早在中世纪晚期就已经丧失其原有的意义了。一些富甲一方、拥兵自重的帝国诸侯只是有限度地效忠国王。而在帝国中央政权层面,以选侯为首的帝国等级也分割分享了国王或皇帝诸多的统治权。

自 1356 年皇帝卡尔四世颁布《金玺诏书》以来,美因兹、科伦、特里尔三个大主教以及波希米亚国王、莱茵普法尔茨伯爵、萨克森公爵和勃兰登堡马克伯爵"七大选侯"不仅垄断了选举国王的权力,还在自己的邦国内拥有了排除皇帝干预的豁免权(Privilegium de non evocando)、不准臣民上诉的司法权(Privilegium de non appellando),以及诸如征税、铸币、采矿、犹太人保护等重要经济特权。选侯们每年聚会一次,商谈国家大事,制定相关法律。每逢国王去世,他们就在 30 天以内选举出新国王。选举时,每人一票,过半数即为有效选举,无须征得教皇的认可。通过选侯会议和选举国王的权力,七大选侯就掌握了一大部分国家政权。

而在 1495 年帝国改革确立帝国等级会议为帝国最高立法和政治决策机构以后,七大选侯更进一步通过对这一机构的控制,直接参与决定帝国的大政方针。他们有权同皇帝一起决定帝国等级会议的召开和参会人员。帝国等级会议召开时,皇帝一般只出席开幕式,偶尔参与一下全体会议的讨论;选侯则组成选侯院,位列其他帝国诸侯之上,并自始至终操控着会议的进行。

其他帝国等级或帝国诸侯也在帝国高层政治中发挥着越来越重要的作用。他们同选侯一样,也分为教会诸侯和世俗诸侯两大类。教会诸侯最初包括除美因兹、科伦、特里尔三个大主教以外的其他大主教和主教;世俗诸侯包括除四位世俗选侯之外的其他国王(如丹麦国王)、大公(如奥地利大公)、公爵和马克伯爵等。1500 年前后,帝国教俗诸侯总共有 80 多个。他们在帝国等级会议中组成诸侯院,其权力虽然没有选侯那么大,但同样可以在帝国等级会议上表达他们的诉求。而就实际力量而言,奥地利大公、黑森伯爵和巴伐利亚公爵等帝国诸侯一点也不比选侯逊色。

自 1489 年以来,帝国城市和摆脱了教俗诸侯统治的"自由城市"也可派遣代表出席帝国等级会议,并在会议中构成帝国城市院(Reichsstädtekollegium)了。而在 16 世纪初,帝国城市有 65 个,其中大多数位于帝国西南部,例如有 30 多个帝国城市属于施瓦本大区,另有 10 个位于阿尔萨斯地区。①

城市居民主要从事手工业和商业,资本积累非常迅速,城市经济发展也很快。正是因为需要财政支援,皇帝才坚持将帝国城市接纳到帝国等级会议里。但与诸侯相比,此时帝国城市的经济实力仍有不足,其政治意义更远在选侯和诸侯之后。从 1495 年沃姆斯帝国等级会议为各帝

---

① Horst Rabe, *Reich und Glaubensspaltung. Deutschland 1500—1600*, S. 94.

国等级规定的纳税额,可以看到:奥地利大公和勃艮第公爵应各纳税 900 弗罗林;美因兹、科伦、特里尔、普法尔茨、萨克森和勃兰登堡六选侯,以及巴伐利亚公爵、符滕姆贝格公爵和洛林(Lothringen)公爵、黑森邦国伯爵应各纳税 600 弗罗林;萨克森-德累斯顿(Sachsen-Dresden)公爵、波莫瑞(Pommern)公爵、于利希-克累弗-贝格(Jülich-Kleve-Berg)公爵、勃兰登堡-库尔姆巴赫(Brandenburg-Kulmbach)马克伯爵、马格德堡(Magdeburg)大主教、萨尔茨堡大主教、维尔茨堡(Würzburg)主教应各纳税 500 弗罗林;梅克伦堡公爵、吕内堡(Lüneburg)公爵、班贝格主教、明斯特(Münster)主教、列日主教、乌特勒友主教应各纳税 300—450 弗罗林;其他教俗诸侯应各纳税 100—300 弗罗林;另有三个世俗诸侯、40 个高级教士和 100 多个伯爵纳税在 100 弗罗林以下。而在帝国城市中,只有纽伦贝格、乌尔姆、科伦的纳税额不亚于帝国的大邦国:它们同美因兹、科伦、特里尔、普法尔茨、萨克森和勃兰登堡六选侯,以及巴伐利亚公爵、符滕姆贝格公爵和洛林公爵、黑森邦国伯爵一样,应纳税 600 弗罗林。[①] 大多数的帝国城市纳税额低于选侯和大诸侯:斯特拉斯堡和吕贝克(Lübeck)各纳税 550 弗罗林,奥格斯堡、法兰克福和梅茨(Metz)各纳税 500 弗罗林,另有 10 个城市应各纳税 300 弗罗林,40 个城市应各纳税 100 弗罗林,少数还低于此限。[②] 此后,随着邦国国家化建设的深入发展,诸侯的实力进一步增强,帝国城市则日趋没落,两相比较,这种差别愈益加大。[③]

与同时代的英国、法国君主一样,神圣罗马帝国皇帝也力图加强自己的权力,实行专制统治。但在实际上,皇帝的权力是基于传统和威信而非财力或武力的。帝国没有强有力的中央政府、统一的军队、法庭、货币、国库,也没有皇室领地和地方行政管理机构。皇帝既不掌握独立的

---

① 数字见 Hajo Holborn, *A History of Modern Germany. The Reformation*, Princeton/New Jersey: Princeton University Press 1982, p. 39.

② Ebenda.

③ Horst Rabe, *Reich und Glaubensspaltung. Deutschland 1500—1600*, S. 95 - 96.

行政管理权和司法审判权,也不拥有充足的财政收入和帝国军队,根本无法实行集权统治,只能依靠他的家族势力,在与帝国等级,特别是帝国选侯合作的情况下,发挥一定的政治作用。对于外交事务,皇帝必须依靠等级的意见来处理。一旦皇帝与诸侯意见不一致,便无法采取统一的帝国对外政策了。

然而,皇帝的大一统意识与帝国等级的自由原则相互对立,皇帝的家族利益与帝国等级的地方利益更难以协调。帝国等级不愿意卷入与自己的利益没有直接关联的冲突,尤其是在意大利进行的战争。为了最大限度地维护自己的利益,帝国等级竭力限制国王或皇帝的独立性和行动自由。他们主要利用国王选举制、帝国等级会议以及其他主要由帝国等级控制的行政和司法管理机构,对国王或皇帝的权力加以限制。部分帝国等级还试图通过贵族寡头政治来架空皇帝,控制中央政权,贯彻自己的治国理念。

而在各个帝国等级之间,由于大小不等,关系复杂,积怨深重,也很难达成共识,建立牢固的统一战线。即使是势力较强大的选侯、选侯联盟或诸侯联盟,其力量也远未达到可统摄全帝国、独断专行的水平,同样无法彻底贯彻自己的主张。

帝国西部的帝国等级鉴于自己邦国狭小、力量有限的事实,比较热衷于改革帝国政治体制,希望团结成一个较大的整体并从这个统一的整体身上得到较有力的支持。他们大都主张建立中央集权的等级国家和联邦制的帝国,加强国家力量,较好地保障帝国及其成员。但因缺乏实力支撑,改革派所坚持的贵族立宪主义经常流于清谈,他们所设计的改革方案也无法落实。大多数帝国等级不关心甚至是反对改革,特别是在帝国东部,统治着勃兰登堡、萨克森和巴伐利亚等邦国的大家族的力量足够强大,不需要从帝国那里获得这样程度的支持,更不希望加强帝国中央政府的权力,牺牲他们已有的自主权。

帝国城市经常遭到相邻诸侯的剥削压迫,它们羽翼未丰,不能与诸侯抗衡,因此倾向于投靠皇帝,期望得到皇帝的仲裁和保护。皇帝也需要城市的财政支持,期望借此增强自己的实力,巩固和扩大自己的地位。然而经过选侯选举产生的罗马人国王仅仅是众多诸侯之一,其力量不比诸侯大多少,难以为城市提供有效的保护,甚至经常迫于诸侯的压力,放弃对城市的保护。相反,皇帝对城市的财政要求,却经常超出城市所能承受的程度。例如马克西米连一世就曾向城市大举借贷,到1519年去世时,他的债务高达数百万古尔登,包括从各城市政府那里借贷的10多万古尔登:斯特拉斯堡和纽伦贝格各2.5万古尔登;巴塞尔1.55万古尔登;奥格斯堡、弗赖堡各8 000—9 000古尔登;还有从施佩耶尔、沃姆斯、科伦、乌尔姆等城市借来的数额较小的债务。[1] 因此,帝国城市的立场态度摇摆于皇帝与诸侯之间。时而支持皇帝反对诸侯,时而支持诸侯反对皇帝。但因自身力量有限,帝国城市往往成为皇帝政策和诸侯政策的牺牲品。

二、哈布斯堡家族对帝国统治权的争夺

哈布斯堡家族是近代早期神圣罗马帝国最主要的王朝家族,自1438年起,几乎所有罗马人国王和皇帝均出自这个家族。

"哈布斯堡"的名称源于哈布斯堡家族先人1020年在瑞士北部阿尔部建造的哈布斯堡城堡。12世纪时,哈布斯堡家族势力大增,其首领成为上阿尔萨斯(Oberelsass)邦国伯爵和斯特拉斯堡主教教堂议事会的行政长官,后来又获得基堡(Kyburg)伯爵的遗产继承权,甚至征服了苏黎世、施维茨、翁特瓦尔登、阿尔部和乌里诸州中的部分领土。1273年,鲁道夫一世(Rudolf Ⅰ.,1218—1291)当选罗马人国王,哈布斯堡家族成为莱茵河上游地区势力最强大的贵族世家。1278年,鲁道夫一世打败波希米亚国王奥托卡二世(Ottokar Ⅱ.,1232—1278)[2],夺取了对奥地利和施泰尔马克两公国的统治权。1282年,鲁道夫一世加

---

[1] 朱孝远:《宗教改革与德国近代化的道路》,第17页。
[2] 奥托卡在多恩克鲁特战役中阵亡。

封两个儿子为奥地利和施泰尔马克公爵,哈布斯堡家族的权力重心开始转移到了东方。13 世纪末—14 世纪中叶,哈布斯堡统治者先后获得了克恩滕公国(1335)、蒂罗尔伯国和温蒂(1365)诸地,并将福拉尔贝格(Vorarlberg)地区买了下来。虽然未被皇帝卡尔四世选作帝国选侯,但通过伪造的《五月特权》(Privilegium Maius),奥地利公爵鲁道夫四世(Rudolf Ⅳ.,1339—1365)使自己升格为奥地利大公。1379 年,奥地利大公阿尔布雷希特三世(Albrecht Ⅲ.,1349 或 1350—1395)通过《诺伊贝格条约》(Vertrag von Neuberg)确立阿尔伯丁(Albertin)一系为哈布斯堡家族的直系。

1421 年,奥地利大公阿尔布雷希特五世(Albrecht Ⅴ.,1397—1439)迎娶罗马人国王西吉斯蒙德(Sigismund,1368—1437)的女儿伊丽莎白(Elisabeth)为妻,随后又当选为波希亚和匈牙利国王。1437 年,西吉斯蒙德去世。翌年,奥地利大公阿尔布雷希特五世当选罗马人国王,称作阿尔布雷希特二世(Albrecht Ⅱ.,1438—1439 年在位)。自此开始,直至 1806 年,神圣罗马帝国的最高统治权至少名义上一直掌握在哈布斯堡家族之手,只有皇帝卡尔七世(Karl Ⅶ.,1697—1745)例外。现在,哈布斯堡家族不仅拥有了奥地利大公国、施泰尔马克公国、克恩滕公国和蒂罗尔伯国等地,还获得了匈牙利和波希米亚两个王国王位的继承权,哈布斯堡中东欧君主国由此奠立。

1439 年,阿尔布雷希特二世在对土耳其人作战时死于病痢,他的堂弟、来自哈布斯堡家族蒂罗尔一系的弗里德里希(Friedrich)继任奥地利大公,并在 1440 年当选罗马人国王,称作弗里德里希三世(Friedrich Ⅲ.,1415—1493);阿尔布雷希特二世的遗腹子拉迪斯劳斯(Ladislaus Postumus,1440—1457)则继承了匈牙利和波希米亚王国王位。

1453 年,弗里德里希三世将《五月特权》确立为帝国法律,使奥地利的大公国地位得以合法化,但在 1457 年拉迪斯劳斯去世后,哈布斯堡家族阿尔伯丁一系绝嗣,罗马尼亚贵族匈雅蒂·马蒂亚斯(Hunyadi Mátyás,1443—1490)当选匈牙利国王;摩拉维亚贵族波迪布拉德

(Poděbrad,1420—1471)当选波希米亚国王。哈布斯堡家族争霸中东欧进程暂时受阻。不仅如此,匈雅蒂还征服了哈布斯堡家族的其他世袭领地,并自 1485 年起入主维也纳,行使统治权。哈布斯堡家族通过弗里德里希三世的儿子马克西米连(即后来的罗马人国王和皇帝马克西米连一世)与勃艮第公爵大胆查理享有遗产继承权的女儿玛丽亚结婚,赢得了尼德兰,并使自己的势力扩展到帝国西北部。

　　1482 年,玛丽亚意外死亡,她与马克西米连生育的儿子"美男子"菲利普(Philipp,der Schöne,1478—1506)当选尼德兰大公,马克西米连担任摄政。弗里德里希三世则以避免王位空缺和阻止王位争夺为名,通过帝国宪法,规定选侯可在当政皇帝生前就选出一位准备继位的新国王,并在 1486 年 2 月 16 日使马克西米连顺利当选为罗马人国王,号称马克西米连一世(Maximilian Ⅰ.,1486—1519 年在位)。而通过马克西米连一世与阿拉贡(Aragón)国王费兰多二世(Ferrando Ⅱ.,1452—1516)达成的互为儿女亲家的婚约,"美男子"菲利普在 1496 年迎娶阿拉贡国王费兰多二世和卡斯蒂利亚(Castilla)女王伊莎贝拉一世(Isabel I,1451—1504)的女儿胡安娜(Juana,1479—1555)为妻。1504 年,胡安娜在其母亲伊莎贝拉一世去世后继任卡斯蒂利亚女王,称作胡安娜一世(Juana I de Castilla)。1506 年,菲利普与胡安娜之子卡尔(Karl)在父亲死后继任尼德兰大公。1516 年,费兰多二世去世,其外孙卡尔成为一片巨大领地的拥有者,这片领地包括费兰多二世统治的阿拉贡、胡安娜一世治下的卡斯蒂利亚①、纳瓦尔(Navarre)、格拉纳达、那不勒斯、西西里、撒丁以及整个西属美洲。在祖父马克西米连一世去世后,卡尔又得以继承哈布斯堡家族在奥地利的产业,并通过向选侯行贿等手段,于 1519 年战胜法国国王弗朗索瓦一世(François Ier,1494—1547)的竞争,当选罗马人国王,继而成为神圣罗马帝国皇帝。卡尔的弟弟费迪南(Ferdinand)则在 1516

---

① 胡安娜一世因为精神失常,曾遭她的丈夫菲利普和父亲费兰多二世的囚禁。卡尔继任阿拉贡国王后,获得与其母亲共治西班牙之权,但继续囚禁胡安娜女王于托尔德西里亚斯城堡之中,直至 1555 年女王去世。

年通过马克西米连一世与匈牙利和波希米亚国王弗拉第斯拉夫二世（Władysław Ⅱ.,1456—1516）签署的婚约,迎娶后者的女儿安娜（Anna, 1503—1547）,并获得了波希米亚和匈牙利王位继承权。1526 年,匈牙利和波希米亚国王拉约什二世(Ⅱ. Lajos,1506—1526)在抵抗奥斯曼帝国入侵的战争中阵亡,费迪南当选为匈牙利和波希米亚的国王。

从马克西米连的勃艮第婚姻起,经过一系列由婚姻、死亡和遗产继承等偶然事件构成的家族史,哈布斯堡家族最终掌握了大半个欧洲乃至世界的统治权,缔造了一个"日不落"帝国。"其他人或许兴师动武,幸运的奥地利只需要结婚"这一被说成是出自匈牙利国王匈雅蒂·马蒂亚斯之口的讽刺诗句成为哈布斯堡王朝的箴言,但对哈布斯堡家族扩张领土的实际情形来说,这一诗句所作的描述是极其片面的。事实上,为了扩大和巩固其世袭领地,哈布斯堡家族进行了无数次战争。而在 15 世纪末、16 世纪初,哈布斯堡家族在神圣罗马帝国之外所面临的最大挑战主要来自法国国王和奥斯曼帝国苏丹。

德意志王国和法兰西王国有着法兰克帝国的共同渊源,本为同根而生的两大分枝,但在 962 年神圣罗马帝国建立之后,德意志王国和法兰西王国就开始分道扬镳,愈行愈远。德意志王国披上了"神圣罗马帝国"的外衣,成为理论上的基督教大一统象征,法国仅仅是帝国内的"蕞尔小国"。

15 世纪中期以降,在基本上完成国家统一、实现中央集权之后,法兰西王国国力迅速提高,不仅人口大规模增加,也拥有了欧洲最大的常备军。为了开拓国家疆土,攫取物质财富,扩大王朝声誉,法国国王加紧了对外扩张的步伐。而在哈布斯堡家族的卡尔成为尼德兰大公、西班牙国王和神圣罗马帝国皇帝之后,法国国王深感哈布斯堡家族势力的包围,力图通过占领意大利的一些战略要地,阻止哈布斯堡家族的东西联合,突破包围并扩大瓦卢瓦王朝势力。瓦卢瓦家族因此便同哈布斯堡家族展开了激烈斗争。不仅如此,多位法国国王还希图攘夺神圣罗马帝国皇位,致力于争夺欧洲大陆霸权,甚至不顾宗教信仰差异,联合帝国福音教诸侯和信仰伊斯兰教的奥斯曼土耳其人,共同与皇帝作战。

奥斯曼帝国(Osmanlı İmparatorluǧu)是一个以土耳其人为主体的信奉伊斯兰教(逊尼派)的大帝国。它兴起于黑海南岸的小亚细亚半岛,通过一系列战争,先后征服了西色雷斯、马其顿、索菲亚、萨洛尼卡和整个希腊北部,迫使保加利亚和塞尔维亚(Srbija 或 Serbien)统治者称臣纳贡。

1453 年,在"征服者"穆罕默德二世(Muhammad Ⅱ.,1429—1481)的亲自率领下,奥斯曼军队占领了拜占庭帝国的首都君士坦丁堡,一座有着上千年历史的名城被攻克,基督教对抗伊斯兰教的前沿阵地土崩瓦解。在此后的半个世纪中,奥斯曼帝国的领土迅速扩大,除了库尔德斯坦、叙利亚、巴勒斯坦、希贾兹和埃及等亚非地区以外,巴尔干半岛的大部分地区[塞尔维亚、摩利亚、瓦拉几亚(Walachei)、波斯尼亚、阿尔巴尼亚]均被划入奥斯曼帝国的版图,直到匈牙利北部的东南欧地区也被奥斯曼—土耳其人占领。奥斯曼帝国的向西扩张,对哈布斯堡君主国、神圣罗马帝国乃至整个西方基督教世界形成了持续性危险。

"大敌"当前,哈布斯堡皇帝扮演了基督教世界领袖的角色。他以抵抗异教徒的名义,向欧洲基督教各国各教派求援。对此,帝国各路诸侯,无论福音教诸侯还是天主教诸侯,大都能够积极响应。就连罗马教皇也支持抗击奥斯曼土耳其人的战争。同属信奉基督教的欧洲国家法国却在 1536 年与信奉伊斯兰教的奥斯曼帝国订立同盟,意在从东、西两面夹击哈布斯堡王朝。

主要通过一系列战争,神圣罗马帝国皇帝卡尔五世(Karl Ⅴ.,1520—1556 年在位)保持并巩固了哈布斯堡家族在尼德兰、西班牙、米兰公国、那不勒斯王国、西西里岛(Sicilia 或 Sizilien)和撒丁岛(Sardegna)的统治地位,但错综复杂和战乱纷飞的国际局势,也使得他穷于应付,根本无暇关注和处理帝国内部的事务。一部分改信了福音教的帝国等级乘机利用宗教改革扩大自己的权势,不仅使福音教在一些诸侯邦国内落地生根,而且也有力地推动了邦国的国家化建设,为德意志现代民族国家的建立奠定了基础。

三、马克西米连一世的内政外交

1493 年,弗里德里希三世去世,他的儿子马克西米连便以罗马人国王身份继承了神圣罗马帝国的统治权。同哈布斯堡家族的历代统治者一样,马克西米连一世也以家族利益为重,致力于利用战争和政治联姻手段,广泛地扩大本家族的势力,但由于得不到帝国等级的支持,他的对外战争屡遭失败。只是其政治联姻政策和在奥地利实行的国家化建设措施,为日后一度统治了大半个欧洲的哈布斯堡君主国的形成开辟了道路。

马克西米连一世是第五位出自哈布斯堡家族的神圣罗马帝国皇帝。他于 1459 年 3 月 22 日出生在维也纳新城,是帝国皇帝弗里德里希三世与葡萄牙公主埃莱奥诺蕾(Eleonore)唯一活下来的儿子,自童年起就拥有奥地利大公爵位。

1477 年 8 月 19 日,马克西米连与勃艮第公爵玛丽亚结婚。1482 年,玛丽亚去世,马克西米连未能如愿取得对勃艮第和尼德兰的统治权。尼德兰大贵族选举他与玛丽亚的儿子菲利普(Philipp)为尼德兰大公,马克西米连仅得以在菲利普未成年之前担任摄政。法国国王路易十一世(Louis Ⅺ.,1423—1483)收回了勃艮第公国,并试图攻占尼德兰。

1486 年 2 月 16 日,马克西米连当选罗马人国王。他试图通过迎娶布列塔尼(Bretagne)公爵遗孀安娜(Anna),占有布列塔尼,并对法国形成包围之势。1490 年 12 月 19 日,马克西米连一世以授权委托人代理的方式,与安娜订婚。这桩婚事遭到法国国王查理八世(Charles Ⅷ.,1470—1498)的坚决反对,后者在 1491 年 3 月 20 日派军队进驻南特(Nantes),软禁安娜及其宫廷人员,控制了进出布列塔尼的商贸通道。不久,查理八世又强娶安娜为妻,彻底粉碎了马克西米连一世的计划;后者兵备不足,无力驰援,只能听之任之。

1493 年 8 月 19 日,皇帝弗里德里希三世去世,马克西米连以罗马人国王身份执掌神圣罗马帝国统治权。同年,在萨林斯(Salins)战役中,马克西米连一世打败法国军队,继而在《塞里斯和约》(*Frieden von Senlis*)中保全了全部尼德兰领土,只是必须重新把勃艮第划分为勃艮第公国和勃艮第自由伯爵领地两部分,承认勃艮第公国为法国采邑。

查理八世去世后,马克西米连一世试图用武力夺回勃艮第公国,他的儿子、尼德兰大公菲利普却不愿大动干戈。1498 年 8 月 2 日,菲利普与法国新国王路易十二世(Louis Ⅻ.,1462—1515)订立《巴黎条约》,以法国归还几个城市为条件,放弃了对勃艮第公国的领土要求。菲利普还在1499 年 7 月 5 日为佛兰德和阿图瓦(Artois)向法国国王作了接受封地的效忠宣誓。1506 年 10 月 25 日,菲利普意外亡故,他的长子,亦即马克西米连一世的长孙卡尔继承其遗产。马克西米连一世则通过其女儿玛加丽特(Margarete,1480—1530)参与摄政。

在意大利,马克西米连一世力图恢复神圣罗马帝国旧有的控制权,消灭蚕食了不少帝国领土的威尼斯城市共和国。他先是在 1493 年与法国国王查理八世达成协议,以默认法国征服那不勒斯王国、实现安茹(Anjou)家族权力要求的方式换取了法国对他进攻威尼斯的支持,后来又以把帝国采邑米兰公国授予意大利雇佣兵首领卢多维科·斯福扎(Ludovico Sforza,1452—1508)并娶其侄女比安卡·玛丽亚·斯福扎(Bianca Maria Sforza,1472—1510)为妻的方式,换取了 44 万杜卡特金币的财政支持。

1494 年秋,法国国王查理八世率领 2.5 万名士兵(其中有 8 000 人属于瑞士雇佣兵)入侵意大利,开启了近代早期意大利战争的序幕。当年,法军和瑞士雇佣兵横扫整个半岛,攻陷了佛罗伦萨(Fiorentina)共和国和罗马,次年 2 月 22 日又占领那不勒斯。那不勒斯国王阿尔方索二世(Alfonso Ⅱ.,1448—1495)弃国而逃,查理八世取而代之。

眼见法国有独霸意大利之势,马克西米连一世在 3 月 31 日加入由教皇亚历山大六世（Alexander Ⅵ., 1431—1503）、米兰公爵卢多维科·斯福扎、阿拉贡国王费兰多二世和威尼斯共和国结成的反法"神圣同盟"。查理八世在福尔诺瓦（Fornovo）战役中失利,不得不在 6 月末撤出意大利。他的留守那不勒斯的军团也被阿尔方索二世和费兰多二世的联军歼灭。

对于此次"神圣同盟"反法战争的胜利,马克西米连一世几乎毫无贡献。他本人拥有的军队数量极少,而他向帝国等级发出的火速派遣援军赴意大利参战的要求也迟迟得不到响应。尽管如此,马克西米连一世还是借此机会,同阿拉贡国王结成双重的儿女亲家。他把自己的女儿玛加丽特许配给费兰多的儿子、阿拉贡和卡斯蒂利亚的王位继承人胡安（Juan, 1478—1497）,费兰多则将自己的女儿胡安娜（Juana, 1479—1555）嫁给马克西米连一世的儿子菲利普。这一王朝联姻为后来哈布斯堡家族将奥地利、勃艮第的尼德兰和拥有广大海外殖民地的西班牙王国联合在一起奠定了基础,但也使法国感到了来自东部和西南部两个方向夹击的威胁,影响日后长达 250 余年欧洲历史的法兰西—哈布斯堡战争由此而起。

马克西米连一世还希望加强他在蒂罗尔的地位,确保恩加丁（Engadin）地区的安全。此外,基于他的第二次婚姻,即 1493 年与米兰公爵的侄女比安卡·玛丽亚·斯福扎的结合,马克西米连一世也把米兰公国纳入自己的势力范围了。

1499 年,法国国王路易十二世出兵意大利,吞并米兰,驱逐米兰公爵卢多维科·斯福扎。马克西米连一世无力救助,只能在 1504 年 9 月 22 日与路易十二世签署《布鲁瓦条约》（Vertrag von Blois）,同意法国以 20 万杜卡特金币的代价取得米兰;路易十二世则答应把他的女儿克洛德（Claude）嫁给马克西米连一世的孙子、尼德兰大公菲利普的儿子卡尔,并且许诺,将来若无子嗣,就把米兰、布列塔尼和勃艮第公国授予这对夫妇。但在彻底占有了米兰之后,路易十二世毁弃前约,把克洛德嫁给自己的侄子和王位继承人昂古莱姆的弗朗索瓦（François, 1494—1547）。

马克西米连一世再次领受了法国国王的夺婚之辱。

1507 年,在得到帝国等级的赞同后,马克西米连一世率领军队越过东阿尔卑斯山隘口,准备到罗马接受教皇的加冕。但是威尼斯人却以重兵阻断了他去罗马之路。帝国等级曾经答应提供 3 000 名骑兵和 9 000 名步兵援助的许诺迟迟不能落实,经费支持也只兑现了 1/4。眼看罗马之行不能继续,马克西米连一世只好在征得教皇尤里乌斯二世的同意后,于 1508 年 2 月 6 日在特伦托(Trient)大教堂自行加冕,号称"当选的罗马人皇帝"(electus Romanorum imperator 或 erwählter römischer Kaiser)。这一无奈之举被神圣罗马帝国后来的历任皇帝效仿,罗马人国王一经选出,就自行称帝,无须经过教皇加冕。但这并不意味着皇帝权势的加强,恰恰相反,在失去教皇加冕这一富有象征意义的仪式之后,神圣罗马帝国皇帝头衔上的宗教光环也就不复存在了,皇帝统驭基督教世俗世界的合法性大打折扣。在以后的相当长时间里,帝国统治者们虽然继续享有国王和皇帝双重最高荣誉,但其实际意义已经越来越淡薄,不仅难以担当基督教世界的最高世俗领袖,在帝国内部也不再拥有以往的宗教感召力了。

1508 年春,马克西米连一世的军队遭到威尼斯人的重创,戈里齐亚(Gorizia)、的里雅斯特(Triest)和伊斯特拉等哈布斯堡家族领地也被威尼斯吞并。只是通过玛加丽特的斡旋,马克西米连一世才得以与法国国王路易十二世、阿拉贡国王费兰多二世以及教皇尤里乌斯二世结成反威尼斯的"康布雷同盟"(1508 年 12 月 10 日),收复部分失地。然而,康布雷同盟并未持续多久。面对外国势力在意大利的扩张,教皇尤里乌斯二世既十分恐慌,又很不甘心;他企图借助瑞士雇佣军,把意大利从外国人手中解放出来。对于教皇的反叛,马克西米连一世和路易十二世联手抵制。但在 1509 年 8 月 10 日围攻帕多瓦(Padova 或 Padua)时,威尼斯人花重金收买了马克西米连一世招募的雇佣军,迫使马克西米连一世仓皇出逃意大利。

法国的势力依然盘踞在意大利,并且不断壮大。马克西米连一世又在 1511 年伙同英国国王亨利八世(Henry Ⅷ.,1491—1547)、阿拉贡国王费兰多二世和教皇尤里乌斯二世结成反法神圣同盟。1512 年夏天,瑞士人攻占米兰公国。他们扶持被法国人俘虏的卢多维科·斯福扎的儿子马西米利亚诺(Massimiliano)为公爵,但是掌握着实际控制权。马克西米连一世试图劝说瑞士人加入反法联盟,但未成功。法国人却用重金收买了瑞士军队,使之停止了进攻第戎(Dijon)的计划。1513 年,反法联盟军队战胜法军,把路易十二世赶出了意大利。但未过多久,教皇又与威尼斯、佛罗伦萨和米兰等城市国家结盟反对帝国,马克西米连一世孤立无援,只得再次退出意大利。

1515 年 9 月,法国新国王弗朗索瓦一世进军意大利并在马里尼亚诺(Marignan)战役中打败瑞士军队,重新占领米兰公国。反法神圣同盟再度成立,马克西米连一世也积极行动起来,用英国国王提供的金钱雇用了一些瑞士和德意志军队,入盟参战,却未取得什么战功。1516 年 12 月 3 日,《布鲁塞尔和约》(Frieden von Brüssel)签订,法国占领了米兰,威尼斯占领了维罗纳,马克西米连一世仅仅为他的家族获得和保有"前沿伯爵领地"蒂罗尔利恩茨(Lienz)附近的格尔茨(Görz)。

马克西米连一世还极力为哈布斯堡家族争夺波希米亚和匈牙利两国王位。在 1490 年匈牙利国王匈雅蒂·马蒂亚斯(Hunyadi Mátyás,1443—1490)去世后,马克西米连一世立即率军入侵,重申旧日哈布斯堡家族的权利。但有一伙匈牙利贵族坚决反对马克西米连一世的继承权要求,他们联合波希米亚贵族迎请波兰国王喀什米尔四世(Kazimierz Ⅳ.,1427—1492)和哈布斯堡的伊丽莎白(Elisabeth)的儿子弗拉第斯拉夫(Władysław)为他们的国王,称作弗拉第斯拉夫二世。马克西米连一世只能满足于 1491 年 11 月 7 日在普雷斯堡签订的和约:若弗拉第斯拉夫二世没有后裔,匈牙利和波希米亚的王位就由哈布斯堡家族中人来继承。

1506 年 3 月,马克西米连一世再次与弗拉第斯拉夫缔约,迫使弗拉第斯拉夫答应把他的女儿安娜许配给马克西米连一世的孙子费迪南

(Ferdinand)，而弗拉第斯拉夫即将出生的孩子如系男孩就迎娶马克西米连一世的孙女玛丽亚。

1507 年 11 月 12 日，在弗拉第斯拉夫的儿子拉约什（Lajos,1507—1526）出生后，马克西米连一世立即与弗拉第斯拉夫签约，确认以前各项关于继承的规定。匈牙利贵族继续表示反对，并推举扎波利亚·亚诺什（Szapolyai János,1487—1540）为他们的首领。亚诺什试图借助波兰和波希米亚的力量对抗马克西米连一世，他在 1512 年将自己的妹妹嫁给弗拉第斯拉夫二世的兄弟、波兰国王齐格蒙特一世。1515 年，马克西米连一世与弗拉第斯拉夫和齐格蒙特相会于维也纳，重新确认马克西米连一世的孙子费迪南与弗拉第斯拉夫的女儿安娜订婚；马克西米连一世的孙女玛丽亚则将嫁给弗拉第斯拉夫的儿子拉约什。

1516 年，费迪南正式通过代理人促成与安娜结婚。马克西米连一世则把拉约什收作养子。这些安排为后来把匈牙利和波希米亚并入哈布斯堡君主国创造了条件，而为了保住这两个王国，马克西米连一世不惜出卖帝国的利益，置受到立陶宛、波兰和俄罗斯威胁的德意志骑士团的救助请求于不顾，致使骑士团孤立无援，不得不向波兰国王宣誓效忠，沦为后者的藩臣。

在整顿帝国的同时，马克西米连一世也采取措施，在哈布斯堡家族的世袭领地奥地利开展了一系列国家建设工作。他根据实际情况，在上、下奥地利建立了两套形式不尽相同的行政管理体系。

"上奥地利"包括蒂罗尔和莱茵河上游的哈布斯堡家族世袭领地。1490 年，马克西米连一世在因斯布鲁克（Innsbruck）建立了上奥地利执政府，鉴于当地贵族态度比较积极，他让他们自行选举执政府的成员，并把财权交给一个单独的四人财政委员会掌管。"下奥地利"包括奥地利恩斯河（Enns）上下游、施泰尔马克、克恩滕、克赖因等地。1493 年，马克西米连一世在维也纳建立了下奥地利执政府，但因有些省份的贵族桀骜不驯，他不得不采取强硬措施，实行集权统治。下奥地利的财政委员会附属于因斯布鲁克财务委员会。1499—1502 年，马克西米连一世又对下奥地利政府进行了改组,将全体摄政集中到一个设在林茨(Linz)的常设委员会,负责审理社会各界的诉讼案件。与此同时,又在维也纳新城设立了一个皇家法院作为中央法庭。另在维也纳设立一个专门的财务委员会。

对于奥地利的城市,马克西米连一世也实行严密监控。奥地利的城市绝大部分属于王室领地。马克西米连一世派全权代表参加市政会的选举或宣誓典礼,不依靠等级合作或不顾等级反对对之进行统治。除此之外,马克西米连一世还经常召开联合邦委员会会议。

然而,等级的抗议依然十分激烈。迫于压力,马克西米连一世后来停止了一些联合管理机构的工作,在各省恢复了由地方长官主持司法审判的传统,并将各省的习惯法编纂成文。只有因斯布鲁克的中央财务机构和林茨的委员会继续存在,因斯布鲁克的中央财务机构分设收入、支出、审计等多个部门(财务审计局)。林茨的委员会迁至维也纳,仍旧监督所有五个省的政府。各等级虽然逐渐接受了某种中央政府的存在,但又要求在其中分享一席之地,这样一来各方利益的互相冲突就很难避免,混乱局面也很容易出现。马克西米连一世在威尼斯战争中弄得民穷财尽,这对于他的中央集权制试验产生了非常不利的负面影响。但他千方百计想要执行的原则,即常设委员会的集体负责制及职能分工制,均为他的继承人和其他德意志诸侯所采用,德意志邦国的国家化建设由此得到了积极推动。

四、帝国改革

在追求哈布斯堡家族利益时,马克西米连一世也曾想行使皇帝权力,对帝国的力量加以利用。他试图建立一支由皇帝掌握和支配的帝国军队,并通过政府机构,定期征收一种普遍的帝国税来维持这一军事力量,确保自己必要的行动自由,战胜外部的敌人,维持国内秩序。

1495年3月18日,马克西米连一世亲赴沃姆斯,主持召开帝国等级会议,呼吁帝国等级为抗击入侵意大利的法国国王查理八世、捍卫帝国利益提供帮助,组建帝国军队并征收帝国税予以资助。他还让其大臣编制了一份"帝国名册"(Reichsmatrikel),准备据此在全帝国范围内征税。① 这一建议遭到以美因兹大主教、帝国选侯和负责德意志事务的帝国首相贝特霍尔德·冯·亨内贝格为首的部分帝国等级的拒绝。他们并不反对改革,只是要求按照自己的意愿进行改革,维护自己的利益。他们属于帝国等级改革派,其具体要求是:颁布帝国和平法令以取代地方的和有时间限制的和平条例;设立合议制的执政团以改变以统治者个人为导向的宫廷体制;组建帝国最高司法审判机构,独立审理帝国成员的诉讼案件。

迫于压力,马克西米连一世部分地同意了帝国等级改革派的要求,实际开始了帝国改革。他颁布《永久国内和平法令》,也批准了成立帝国最高法院(Reichskammergericht)计划。《永久国内和平法令》责成帝国成员放弃决斗,只用和平方式伸张自己的权利,并且团结起来,共同反对任何破坏国内和平的行为。帝国最高法院成立于 1495 年 10 月 31 日。这是第一个与帝国最高统治者相分离的帝国中央官署,也是位于各邦法院之上的帝国最高上诉法院;在帝国成员的诉讼遭到邦国法院拒绝时,帝国最高法院甚至可作第一审级。帝国最高法院最初设在美因河畔法兰克福,远离哈布斯堡家族的势力范围,其目的在于避免国王或皇帝的干预。院长由国王或皇帝任命,但襄助院长的 16 名陪审员则由帝国等级会议推举产生,其中贵族和法学家各占 8 名,这也在很大程度上使帝国最高法院成了一个与帝国最高统治者分离但是处于帝国等级影响之下的司法审判机构。帝国最高法院的职责是审理对抗直属帝国成员的民事诉讼,处罚抗拒、触犯帝国法律的,特别是破坏国内和平的犯罪行为。此外,帝国最高法院还有权审理不服邦国法院或帝国城市法院判决

---

① 帝国税,又称作"公共芬尼"(Gemeiner Pfennig),也就是人头税,直接向所有年满 15 岁并有支付能力的人征收。设立此税的最初目的主要是为了维持一支帝国军队,后来在改革派帝国等级的要求下,也被用于帝国最高法院等政府机构的开支了。

的民事案件。[1]　表面上看,帝国最高法院权力很大,甚至可以独立发布帝国放逐令。但在实际上,各选侯国和其他较大的诸侯,因为享有严禁臣民上诉的特权,故不受帝国最高法院约束。而帝国最高法院自身又因为缺乏办公经费,不仅工作效率十分低下,其生存也难以保障。[2]

　　作为回报,参加会议的帝国等级批准了马克西米连一世创建帝国军队和征收帝国税的要求,但最初只同意征收四年。设立帝国执政府一事暂时作罢。一方面马克西米连一世拒绝参加那个主要由选侯控制的委员会,不愿意把自己降格为一名国家行政官员;另一方面部分势力较大的帝国等级反对改革,不愿意使自己屈从于一个拥有广泛权力的执政机构。鉴此,贝特霍尔德等人只好规定帝国等级的集会为"帝国等级会议"(Reichstag),把计划组建的帝国执政府的职权交由帝国等级会议承担,使之成为帝国的最高立法和政治决策机构,每年召开一次会议或召开非常会议,每次会议为期一个月,审议和批准赋税,检查维持国内和平措施,商讨对外政策,决定战争与和平的问题,帝国最高统治者和所有帝国等级都应当服从它的监督。

　　帝国等级会议的基本组织原则是:设立并列的三个等级议事院,通过一种极其复杂和因势利导的保障程序,调解利益冲突,维持帝国等级之间以及帝国等级与国王或皇帝之间的合作。[3]　帝国等级会议分为选侯院、诸侯院和城市院三个院或帝国合议厅,所有协商均在各院中分头进行,按照以多数人表决同意为准的原则形成决定。选侯院以美因兹选侯为主席,其他成员有科伦、特里尔、普法尔茨、萨克森和勃兰登堡五选侯;作为"七大选侯"之一的波希米亚国王只参加国王选举活动,不出席帝国等级会议。每位选侯都有一票表决权。因为若无选侯院赞同,任何帝国决定都无法形成,所以在整个帝国等级会议上,每一位选侯的意见都十

[1] Wolfgang Reinhard, *Probleme deutscher Geschichte 1495—1806. Reichsreform und Reformation 1495—1555*, S. 201.

[2] Ebenda.

[3] Horst Rabe, *Reich und Glaubensspaltung. Deutschland 1500—1600*. S. 77-78.

分重要。帝国等级会议因此首先是选侯的会议。① 选侯对于帝国领导权的掌控由此便得到了一种机构化保障。

诸侯院分为教会席位和世俗席位，由萨尔茨堡大主教和奥地利大公轮流主持。所有参加会议的诸侯都享有表决权，并且每位诸侯选票的多少由其拥有的帝国领地的多少来决定。如果某个世俗诸侯或教会诸侯拥有多个领地，那么他就支配着同样多的票数。此外，在诸侯院中，与在选侯院中的情形不同，神职人员明显占据多数，特别是大批帝国主教都在诸侯院中拥有席位和表决权。这一点在很大程度上是由神圣罗马帝国的"帝国教会"体制所决定的，而神职人员在诸侯院中占据多数的局势，也在很大程度上保证了神圣罗马帝国总体上的天主教性质。在宗教改革期间，尽管有不少选侯和诸侯改信了福音教，帝国等级会议却从未作出支持宗教改革的决定。究其原因，主要在于天主教保守势力始终在帝国等级会议的诸侯院中占据主导地位。

帝国城市院，由举办帝国等级会议的城市领导，但无投票权。帝国等级会议往往是在等到选侯和帝国诸侯意见统一后才形式地（pro forma）询问一下帝国城市的意见。帝国城市院的地位远低于选侯院和诸侯院。

帝国城市是 1489 年美因河畔法兰克福帝国等级会议召开时才首次派遣代表与会的，但在此后的相当长时间里，其在帝国等级会议中的地位并未得以确定，相关争议从未中断。帝国城市参与帝国等级会议也并非自愿的，他们更多的是被帝国君主安排进来的。它们一方面遭到选侯和诸侯的歧视，另一方面却又为帝国承担高额的纳税义务；帝国君主恰恰是为了得到帝国城市的财政支持而安排帝国城市进入帝国等级会议的。这种尴尬局面并没有通过多数帝国城市后来信奉福音教以及与福

---

① Peter Moraw, "Versuch über die Entstehung des Reichstags", in: Hermann Weber (Hrsg.), *Politische Ordnungen und soziale Kräfte im alten Reich* (= Veroeff Inst Eur G Mainz, Abt. Universalgeschichte, Beiheft 8), Wiesbaden: Steiner, 1980, S. 1 - 36, hier S. 24.

音教诸侯结盟而得到根本改变。一些帝国城市更倾向于在帝国等级会议之外单独召开城市会议(Städtetag),商讨对策。但城市之间的关系并不融洽,城市会议也不连续召开,只是间或被加以利用一下。

帝国等级会议的最主要职权是批准帝国税收。与之相连的是帝国立法机构的权力,监督帝国行政管理部门和司法部门的权力,以及制定宗教政治政策的权力。帝国等级会议根据国王或皇帝签发的信函召开,其主要议题也在相应的信函中预先确定,但在会议期间,起领导作用的是美因兹大主教;美因兹大主教作为帝国选侯和帝国首相,负有在各个等级议事院之间协调意见和起草帝国等级会议决议的职责。帝国君主的施政措施,特别是作战经费来源,主要依赖于选侯的支持。在帝国等级会议上,国王或皇帝虽然享有一定的特权,可以提出立法动议,没有他的认可,会议决议即使为全体帝国等级表决通过,也不能生效,但是国王或皇帝又不能违拂选侯院或诸侯院多数人的意见,即使与选侯达成了意见一致,诸侯院也能够予以推翻。

尽管如此,帝国选侯还是在帝国宪政中获得了较为突出的优先政位;除了选举国王的权力,选侯现在又拥有了帝国等级会议这一至关紧要的权力工具。但是依然有某些与帝国等级会议相关的宪法问题,甚至是极其重要的宪法问题悬而未决。除了帝国城市在帝国等级会议上的地位外,还有帝国最高统治者与帝国等级的直接协商问题、等级各院的组成和各院内部的工作程序问题以及帝国等级会议各院内部委员会的工作程序问题,而最主要的则是帝国政体问题。这些问题涉及参加帝国等级会议各方的切身利益,解决起来绝非一朝一夕之事。力图实行君主专制的帝国最高统治者与坚持贵族共和或贵族寡头政治的帝国等级进行了长时间的争斗,结果两败俱伤,致使神圣罗马帝国的无政府状态愈演愈烈,无可挽回。

1495 年的帝国改革并没有达到预期效果。骑士决斗屡禁不止,国内政治和社会秩序依然相当混乱。帝国税的征收也只能得到很小的收益;只有少数几个帝国等级履行其义务,在自己的辖区征收帝国等级会议批准的赋税并上交国家。帝国最高法院因为得不到足够的经费支持,只好在 1497 年迁移到生活费比较低的帝国城市沃姆斯,不久又停止了开庭。只有帝国等级会议开始成为一个比较固定的立法机构,无论帝国君主还是帝国等级都把它当作一种施展政治影响的工具加以利用,他们也利用这一政治平台开展了更加激烈的权力之争。

在法国国王路易十二世吞并了帝国采邑米兰之后,马克西米连一世又于 1500 年 4 月 10 日在奥格斯堡举行帝国等级会议。他一方面继续呼吁建立一支强大的帝国军队以对抗法国,另一方面又不得不迎合反对派,提出了一个他曾在 1495 年沃姆斯帝国等级会议上否定过的成立帝国执政府的提案。出席会议的帝国等级对国王的呼吁作出了积极回应,同意组建帝国军队,由贵族提供骑兵,诸侯向所属非贵族的平民征税以供养一支民兵。至于帝国执政府,则按照贝特霍尔德等人制定的适用于此后 6 年的方案办理。据此,执政府由 21 名成员组成,国王或国王的代表担任主席,奥地利和勃艮第派出 2 名代表,除波希米亚国王之外的 6 位选侯各指派 1 名代表,其余 12 名代表由各等级从市民、骑士和法学家当中选出。执政府每届会议会期 3 个月,必须有一位名选侯亲自参加,首先是投票表决,然后再对决议案副署。新建弗兰肯、巴伐利亚、施瓦本、上莱茵、下莱茵—威斯特法伦和萨克森 6 个帝国行政区(或称帝国大区)为邦国层面上的帝国非集权制行政管理机构,负责实施执政府的全部决议。执政府官署设在纽伦贝格,官员的薪金从经帝国等级会议批准征收的税款中支付。在皇帝外出期间,执政府可以单独处理帝国事务,甚至可以对内对外代表帝国。

这样一来,马克西米连一世虽然可以拥有一支帝国军队,但他为之付出的代价非常巨大。他不再是大权在握的堂堂君主而是帝国执政府虚设的主席了。执政府主要由贝特霍尔德和其他选侯掌控,帝国等级获得了与国王同等的对帝国政策发挥作用的可能性。对于帝国事务,国王既没有否决权,也没有行动的自由权。

鉴此,马克西米连一世转而退守到哈布斯堡家族的世袭领地,期望利用本家族的实力,弥补在帝国层面出现的权力旁落。他于 1498 年在维也纳成立了宫廷首相府(Hofkanzlei),并授权它处理奥地利大公国和神圣罗马帝国事务,不仅提供政治建议,还承担了政府和法院职能。因为同时兼顾帝国事务,所以该机构也被称作"帝国宫廷首相府"(Reichshofkanzlei)或"帝国宫廷参事院"(Reichshofrat)。为了满足各项财政开支需求,马克西米连一世甚至不遗余力地截留本应上缴罗马教廷的出售赎罪券所得款项。

　　1503—1504 年,马克西米连一世在兰茨胡特(Landshut)遗产继承战争中大获全胜①,不仅对违反帝国采邑法、甘心充当法国的附庸、藐视国王权威的普法尔茨选侯之子、伊丽莎白的丈夫鲁普雷希特(Rupprecht,1481—1504)进行了严厉惩罚,夺取了库夫施泰因(Kufstein)要塞,而且重新树立了帝国君主的权威。

　　1504 年 12 月 21 日,贝特霍尔德去世,帝国等级改革派丧失了领头人,其势力锐减。马克西米连一世从屈辱中恢复过来,重新取得了行动的自由,一时成了"帝国真正的皇帝和德意志的统治者"②。

　　1505 年 6 月,马克西米连一世在科伦召开帝国等级会议,着手建立帝国中央政府的各个机构。他提出了一项新的执政府建设方案,据此,执政府应由 12 名成员组成,从 6 个帝国行政区(或称大区,Reichs-Rreisen)选出,拥有帝国等级会议现有的全部权力。国王在任何时候均有权召见执政府成员,执政府也必须认真执行国王的命令。只是在与执政府产生重大意见分歧时,国王才召集选侯和其他诸侯共同做出决定。

---

① 巴伐利亚-兰茨胡特(Bayern-Landshut)公爵格奥尔格(Georg)临死前违反家族条约和帝国采邑权,把他的邦国遗留给了同维特尔斯巴赫家族普法尔茨支系联姻的女儿伊丽莎白。伊丽莎白的丈夫普法尔茨的鲁普雷希特不顾马克西米连的调解,悍然出兵进攻兰茨胡特和布尔格豪森两城市。马克西米连在 1504 年 4 月 23 日对鲁普雷希特宣布放逐令,后又通过《布鲁瓦条约》使之失去法国的支持,最终在施瓦本同盟以及普法尔茨邦国伯爵的许多敌人的支持下打败了鲁普雷希特的雇佣军。

② 引文见[英]G. R. 波特编:《新编剑桥世界近代史》第一卷:文艺复兴(1493—1520 年),中国社会科学院世界历史研究所译,中国社会科学出版社 1991 年版,第 290 页。

马克西米连一世还提议执政府建立一支常备军队,以便在必要时可用武力手段贯彻执政府的法令。在帝国各地分设 4 名司令官,每名司令官指挥 25 名骑士,作为某种形式的帝国警察。对于马克西米连一世的这一改革倡议,帝国各等级反应冷淡,他们不愿意放弃自己的既得利益,更不愿受帝国机构的约束,但为了限制国王的权力,他们又要求恢复帝国最高法院。

1507 年 5 月,帝国等级会议在康斯坦茨召开,马克西米连一世为获得帝国等级对其到罗马加冕一事的支持,同意恢复 1495 年成立的帝国最高法院,只是坚持国王有权任命院长以及代表奥地利和勃艮第的 2 名陪审法官,其余陪审官由选侯和各行政区等级推举:每位选侯推举 1 名,行政区等级推举 8 名。还任命两名诸侯作为视察员,每年检查法院工作,并向帝国等级会议提出报告。法院的判决一旦受到违抗,法院和视察员则将商讨采取适当的措施强制执行,并向国王汇报。作为回报,帝国等级同意国王到罗马加冕,并且许诺予以军事援助;拨给国王 3 000 骑兵,为期 6 个月,以帝国名册为基础拨款 12 万盾供应 9 000 多步兵。如上所述,帝国等级军事援助的许诺最终并没有兑现。

1512 年夏天,马克西米连一世在特里尔—科伦帝国等级会议上再次提出进行有效治理的计划,要求恢复帝国税的征收,并按 1500 年奥格斯堡帝国等级会议的决议,成立一支德意志民兵。各等级原则上表示同意,只是将税额降到相当本金的 0.2%。对于马克西米连一世提出的下列建议,即在等级会议之下设执行委员会,由 8—12 人组成,常驻帝国朝廷,监督方案的执行,处理紧急事务和对外关系,并在两造不愿向帝国最高法院呈诉的案件中充当调解人,帝国等级主张修改为:把 6 个行政区的体制扩大到除波希米亚、瑞士和意大利边缘地带以外的整个帝国,哈布斯堡家族和各选侯的领地也被包括在内,萨克森和勃兰登堡各自与其邻近邦国结成一个区,全国总共设立 10 个行政区。由各行政区的等级会议自行推选指挥官,不受中央控制。执行委员会也只能是一个调解机构。这一方案毫无结果。1513 年,帝国等级会议在沃姆斯召开,参加会议者寥寥,未形成任何决议。此后四年,帝国等级会议未再召开。又过了很多年,10大行政区才得以成立。

马克西米连一世在晚年努力为他的孙子卡尔当选罗马人国王而操劳。为了胜过法国国王弗朗索瓦一世的竞争,他耗费大量金钱贿赂选侯,以至于到最后他已经身无分文,就连他的因斯布鲁克的乡亲们也拒绝收留他的随从了。1519年1月12日,马克西米连一世在韦尔斯病逝。

五、诸侯邦国"国家化建设"的兴起

鉴于帝国的没落已经覆水难收,一些势力较大的帝国等级,特别是选侯和大诸侯便把精力转到自己所管辖的领地上,利用早已获得的土地所有权、司法审判权、军事防御权、对教会的保护权和矿山开采权等诸多政治、经济特权,致力于组建邦国政府,在邦国层面进行国家建设:抑制地方贵族势力,扩大官员队伍,实行中央集权和邦国君主专制统治。

选侯和大诸侯把自己的领地视为一个统一体,以罗马法为蓝本,制定并颁布适用于整个领地的法规,确立领地不可分割和长子继承等原则(符腾姆贝格始于1495年该邦升格为公国之际,巴伐利亚始于1506年领地重新统一之际),严格限制乃至完全废除贵族的武力自卫权。

他们还使国家事务与宫廷事务分离开来,设立各种各样的中央集权制行政管理机构,招募受过高等教育的知识精英或有实际工作经验的商人担任官员,采取更加细致、严格的分工,实行专业化管理。在这方面,奥地利大公先行一步(1498年),萨克森选侯(1499年)、黑森邦国伯爵(1500年)和巴伐利亚公爵(1501年)等纷纷仿效。

绝大多数邦国的行政管理机构都是从宫廷参事院①分化出来的。宫廷参事院定期开会,在首相或其他官员的主持下讨论几乎所有的邦国行政事务和司法事务,本着广泛干预公共生活和私人生活的精神处理公共安全事务。宫廷参事院最初也负责审核账目,制定财务制度,确定货币

---

① 称作 der fürstliche Rat 或 Ratsstube 等。

价值,后来建立了专门的财务部门,如宫廷司库①,再后来又有负责政治事务的枢密院②、负责教会事务的教会参事院③和负责军事事务的战争参事院④等处理专门事务的顾问委员会设立。宫廷参事院的行政管理任务被转让给处理专门事务的顾问委员会;宫廷参事院本身则像帝国宫廷参事院或巴伐利亚宫廷参事院那样,转变为一个纯法院机构。但也有其他的组建特别的邦国高等法院的途径,如以帝国最高法院为榜样,设立宫廷法院。⑤

参事院的设立大都出自诸侯的倡议。诸侯本人往往担任参事院主席,某些事务,如司法和财政,也仅由诸侯的个别顾问而不是由参事院全体会议共同处理。但随着工作范围的扩大,诸侯很难会会必到。这样就有必要委托某个顾问担任独立参事院院长,或者称作最高宫廷大臣或首相了。与此同时,参事院也逐渐从单纯的咨询机构发展成为决策机构。一方面,奥地利1498年的宫廷条例就规定说,宫廷参事院只在具有重大政治意义的事务上或者在参事院成员意见不一时,需要请求诸侯作出决定。另一方面,诸侯对外交和财政等事务特别关注,并且必须亲自过问和作出决定。邦国政府绝不是一个仅仅由参事院组成的政府,而是诸侯个人统治的政府,只是程度不同而已。部分诸侯因为大权在握,形同无冕之王,即邦国君主。

但在一些邦国,邦国等级也发挥着较大作用,尤其是在新任诸侯年幼,或者昏聩无能、管理不善时,设立"可维持秩序的顾问委员会"就是必要的了。在这种情况下,邦国等级掌握了选拔官员的权力,并且也只从本邦人当中选拔官员;一些邦国等级成员本身就成为参事院成员,成为"邦国顾问"。这也意味着邦国等级的影响渗透到了邦国政府,对邦国君

---

① Hofkammer,也称作"财务局"或"财务管理局",是邦国政府部门的最高财政机关,管理钱财。
② 德文写作 Geheimer Rat 或 Geheimer Rat für die Politik 等。
③ 有 Konsistorium, Geistlicher Rat 或 Kirchenrat 等不同名称。
④ 德文写作 Kriegsrat 等。
⑤ 有 Hofkammer 或 Kammergericht 等不同名称。

主的权力形成一种制约。

　　作为正在形成的诸侯国家最重要的权力工具,多数邦国的中央行政管理机构还实行一系列新的招募原则和工作方法。首先是行政管理的专业化。行政管理成为一种职业,并且经常是获得授权的管理人员的唯一职业。因此,他们可以专注于他们负责处理的事务。其次是行政管理人员基于相应教育而掌握的专业技能。法学专业人才构成诸侯行政管理当局中的核心部分,他们受过罗马法培训,能够使传统的统治结构理性化。他们大都出身于市民等级,期望通过大学法学培训提升自己的社会地位。但是诸侯更愿意让其贵族亲戚担任行政管理部门的高级职务。于是,越来越多的贵族开始送他们的儿子到大学读法律,以便与市民出身的法律专业人才进行竞争。

　　一些诸侯还颁布地方法规,在地方上实行划区而治,将多个村社划归一个行政、司法辖区,设立区长、办事员、文书、林务官、管窖人等地方官员。区长大都从贵族中产生,往往既是地方行政长官,也是法官,集行政、司法和警察权于一身。他们不再是采邑主,而是诸侯的、有特定任期的官员。后来还委派区文书协助他工作,区文书大都出身于市民家庭,受过较高级教育,负责日常管理工作和经济事务。但与中央政府相比,基层的行政管理机构建设进度比较缓慢,传统的个人联盟式司法、治安和财政管理体制很少受到触动。不过,各邦国的情况大不相同。在符滕姆贝格公国,公爵早在 15 世纪就在全公国内进行了统一区划,并由中央委派官员治理,就连邦国的城市也概莫能外。勃兰登堡选侯邦(Kurbrandenburg)在 1500 年前后将全邦领土划分为城市邦国区、庄园邦国区和诸侯邦国区三大类,只在诸侯邦国区才设有诸侯官员。[①]

　　诸侯还利用多种多样的手段加强对城市的监控,不仅严格限制邦国城市的自治权,而且尽力使位于本邦内的帝国城市丧失直属帝国地位转而从属于邦国。他们经常派遣宫廷官员亲赴城市干预市政管理和司法

---

① Horst Rabe, *Reich und Glaubensspaltung. Deutschland 1500—1600*, S. 89.

审判,有时也干预市政会的选举,甚或直接任免市长和税务长官,制定商品价格,颁布消防条例,处理市政会与同业公会或普通市民之间的纠纷。例如美因兹大主教阿道夫二世(Adolf Ⅱ.,大约 1423—1475)就剥夺了美因兹市民从前任大主教西格弗里德三世(Siegfrieds Ⅲ.,大约 1194—1249)那里获得的所有自治特权,把大主教辖区由帝国城市变为邦国城市。① 勃兰登堡马克伯爵也迫使柏林(Berlin)、施滕达尔(Stendal)和萨尔茨韦德尔(Salzweder)等城市脱离汉萨同盟,并向它们征税。② 旧的市政会体制虽然没有被完全废除,但整个城市的行政管理日益屈从于诸侯的权威,原先的帝国市民转变为现今的邦国臣民。

然而,从总体上说,诸侯并不完全敌视城市,他们甚至积极创办城市,充分发掘城市税收潜力,增加邦国政府收入。例如萨克森公爵就在采矿业和冶炼业集中的地方建立了阿尔滕贝格(Altenberg)、施内贝格(Schneeberg)、安娜贝格(Annaberg)和布赫霍尔茨(Buchholz)等城市。

诸侯也进一步强化了自己对邦国内教会的管辖权。通过扩大传统的保护权,诸侯加强了对本邦教士的控制,甚至将本邦的修道院院长和大教堂教长改造为邦国行政管理机构的官员或大学教授。不仅如此,诸侯们还千方百计从教皇那里争得对本邦内主教人选的提名权,并且力图使得到任命的主教臣服于诸侯的世俗统治权。

以往,在许多司法纠纷中,教会法官(通常是主教的官员)或者独自作出判决,或者在与世俗法官进行竞争的情况下作出判决。而在选择仲裁者时,人们更倾向于教会法官,因为教会法官作出的判决不受邦国疆界的限制,比较容易得以执行,必要时还可以附加诸如开除教籍之类的教会惩罚。1446 年,萨克森公爵威廉三世(Wilhelm Ⅲ.,1425—1482)颁布法令,禁止教会法庭审理世俗案件,特别是禁止臣民向罗马教廷起诉,并规定世俗当局有权监督教士并巡视各修道院。诸侯的权力已经凌驾

① Horst Rabe, *Reich und Glaubensspaltung. Deutschland 1500—1600*, S. 96.
② Ebenda.

于教会法庭之上,世俗法官的地位越来越高,但要完全掌控主教辖区却并非易事。按照惯例,主教由大教堂教士会选举产生。现在,只有帝国东部和东南部的诸侯能够置教士会的选举权于不顾,直接任命主教。在其他地方,教士会依然把持着选举权不放,并且以此作为继续施展政治影响的重要手段。

对本邦神职人员课税逐渐成为常规,把教会的什一税纳入邦国国库也司空见惯。罗马教皇发放赎罪券必须征得诸侯的许可,而诸侯也只是在确定自己可从中获得丰厚回报时,才会表示准许。世俗官厅也经常将得自买卖赎罪券的收入用于筑桥铺路,尽管此项举措与拯救灵魂毫不相干。

但也不能否认诸侯的个人虔诚和对教会的奉献,例如通过维护本邦的圣地,或者通过举办宗教游行和祈祷弥撒。有的诸侯还意识到了教会改革的必要性。到了宗教改革时期,一些诸侯更是坚决支持福音教,积极推动教会改革事业。16 世纪 20 年代在福音教邦国形成的邦国教会体制实际上只不过是此前早已出现的诸侯干预宗教事务这一发展趋势的加强而已。[1]

为了扩大邦国的影响,提升文化教育水平,培养多方面有用人才,特别是培养本土法学家,一些诸侯还开始整顿学校制度并且大力发展大学教育事业。例如符滕姆贝格伯爵埃伯哈德(Eberhard,1445—1496)在1477 年创办图宾根(Tübingen)大学,并获得了教皇西克斯图斯四世(Sixtus IV.,1414—1484)的特许。图宾根大学影响广泛,从帝国南部一直扩展到内奥地利和克罗地亚(Kroatien)。萨克森选侯智者弗里德里希也致力于发展本邦教育事业,并在 1502 年创办维登贝格大学,广泛聘任奥古斯丁隐修会(Ordo Eremitarum Sancti Augustini)教士担任教职。

诸侯必须借助他的"王室财产",也就是说他的土地所有权和经济特权,维持经营。但当王室收入不能应付邦国人口增加、官僚队伍扩大以

---

[1] Horst Rabe, *Reich und Glaubensspaltung. Deutschland 1500—1600*, S. 92 - 94.

及军队和战争等不断增多的开支需要时,诸侯就必须另辟财源了。方法主要有以下三个。

其一是向地方领主借贷并授予他们地方政府的管辖权作为回报,例如 1476 年,普法尔茨选侯邦筹集到 50 万古尔登;1514 年,巴伐利亚公国筹集到 75 万古尔登。勃兰登堡—安斯巴赫—库尔姆巴赫(Brandenburg-Ansbach-Kulmbach)马克伯爵领地筹集到的款项更是逐年递增:从 1515 年的 25 万古尔登跃至 1542 年的 70 万古尔登。黑森邦国伯爵则在 16 世纪上半叶筹集到了多达 100 万古尔登的钱款。这些钱款中很大一部分来自地方贵族的借贷:在维登贝格占了 80%,在勃兰登堡占了 50%,在普法尔茨占了 24%。作为回报,高级贵族把地产或职位抵押给地方贵族。例如维尔茨堡主教管区在 1540 年几乎把所有的城镇和城堡都抵押给了地方贵族;不久,在科伦大主教管区,为得到一笔 60 万古尔登的贷款,竟把绝大部分地方政府和地方法院的职位都抵押给了贵族。[①]

其二是根据地方地理和资源优势,进行垄断性经营。例如莱茵河流域的诸侯在河岸码头设关卡收税;萨克森选侯通过开采铜矿和银矿增加收入;巴伐利亚和奥地利则依靠食盐专卖。

第三,增加税种,扩大征税范围。长远地看,上列收入来源均不能持久地资助国家任务,因此诸侯便开始实行常规性征税了。这样一来,原先的"领地国家"(Domänenstaat)便经过"财政国家"(Finanzstaat)最终发展成为"税收国家"(Steuerstaat)。税收国家就是一种几乎完全依靠征税来获得经费资助的国家。[②]

但征税需要正当理由,也必须征得纳税人或者更确切地说纳税人的主人的同意,因此,征税经常是极其困难的。为了征税,诸侯经常召开邦国等级会议。诸侯召开等级会议的主要目的几乎总是批准新的税收,邦国等级会议因此也成了筹集经费的会议。邦国等级会议的形式与帝国

---

① 朱孝远:《宗教改革与德国近代化的道路》,第 19 页。
② Wolfgang Reinhard, *Probleme deutscher Geschichte 1495—1806. Reichsreform und Reformation 1495—1555*, S. 208.

等级会议大体相同,只是有的等级会议分为教士院、贵族院和城市院三个院,有的等级会议分为四个院,领主和骑士分开议事,而在蒂罗尔和福拉尔贝格,农民也构成一个独立等级。还有一些邦国不存在贵族等级,如在特里尔选侯邦(Kurtrier)和符滕姆贝格公国;或仅有第三等级的代表,如在巴登和肯普滕(Kempten)等地。

虽然大多数人不愿意掏腰包,但为了使国家的管理能够继续下去,他们必须承担必要的义务。批准税收的权力导致了等级税收机构的产生。邦国等级会议设立一个委员会专门管理头绪甚多的税务。这样一来,除了诸侯的税务管理机构之外又产生了另一个即等级的税务管理机构。邦国税务员的人数往往超过王室的财政官员。邦国等级通过建立自己的财政管理机构和清偿债务活动,为完成财政国家的一项重要任务发挥了积极作用。在帝国东部的勃兰登堡、萨克森、波希米亚诸选侯邦,以及在哈布斯堡世袭领地的东部诸邦,贵族在整个政治等级中占据主导地位。

从根本上说,诸侯邦国的国家建设是神圣罗马帝国迈进近代"机构化的领土国家"(Flächenstaat)①的重要一步,这一进程早在中世纪晚期就已经开始,而在中世纪与近代之交的十余年间迅速发展。进入 16 世纪以后,不少邦国已经具备国家性质了。但并非所有诸侯邦国都发展成为现代国家,在帝国西南部,诸侯邦国领土狭小,势单力薄,邦的国家化进程进展迟缓,有的甚至未完成这一进程,便不复存在了。

第四节　宗教和教会状况

一、罗马教皇和天主教会的腐败

基督教形成于公元 1 世纪中叶,发端于巴勒斯坦地区少数犹太人对

---

① Horst Rabe, *Reich und Glaubensspaltung. Deutschland 1500—1600*, S. 69.

游方布道士"拿撒勒①的耶稣"的信奉和追随。耶稣宣传"天国近了",号召人们"悔改",受到犹太教领袖的反对,被罗马帝国驻犹太总督彼拉多(Pontius Pilatus)钉死在十字架上。耶稣的追随者宣称耶稣是"上帝之子",是犹太教所预言的"弥赛亚"②;他死而复活,升入天堂,坐在上帝的右边,将来还要临世,领导他的信徒与魔鬼(撒旦)进行斗争,并通过"最后的审判",彻底毁灭所有的罪人,建立一个新天新地、空前美好的太平盛世。犹太教领袖(拉比)和虔诚的犹太教徒不承认被处死的那人就是基督③,并把坚持此说的人逐出会堂;后者逐渐形成一个新教派,创建了早期基督教会。④

最初主导教会的只是一些由"圣灵"委派来的"蒙赐恩者",称作使徒、先知或布道者。后来,随着组织的扩大和一些社会上层人士的加入,也出于崇拜、组织和管理的需要,基督教会内部出现了专门主持祈祷会和庶务的领导人员,称作主教、神父和助祭。主教意即观察员或监视员,经管库房、分配施舍物资、采购和储存僧院公用食堂的粮食。他们原本只是教会的首席长老或会长,通过民主选举产生,后来却逐渐成为高踞于俗人和普通教士之上的教会官员,不再经由选举产生,而是由其前任"授予"。主教独揽本教区的全部事务,其决定不容反驳,久而久之,各地方基督教会都由主教全权领导了。因为使徒彼得(Petrus,?—约64)⑤曾在罗马传教和殉道,罗马主教便以彼得的直接传承人自居,要求比其他主教更高一级的权威,甚至试图在一些教会事务中扮演权威的仲裁者的角色。

① "拿撒勒"的希伯来文字义是"持守某些教义教规的人"。
② 希伯来文写作maschiach,意为"救主"。
③ 希伯来文的"救主",希腊文写作Christos,拉丁文写作Christus,按照发音,称作"基督"。
④ 苏联学者约·阿·克雷维列夫反对基督教产生于巴勒斯坦犹太人说,认为在公元1世纪中叶至下半叶的巴勒斯坦犹太人中没有基督教社团,基督教主要是在散居希腊化各国的犹太人中间产生的。参见[苏]约·阿·克雷维列夫:《宗教史》,上卷,王先睿等译,中国社会科学出版社1984年版,第111—113页。
⑤ 也译作伯多禄。根据《圣经·新约》的记载,彼得是耶稣十二门徒之首,早期基督教领袖人物之一。

　　基督教最初只是鼓吹坐等天国降临的一种弥赛亚运动[1]，耶稣发表了一系列训诲、箴言、寓言和布道演说，却没有提出任何新教义，也没有创立一种新宗教。受过希腊教育、拥有罗马市民权的犹太人塔尔苏斯[2]的保罗(Paulus，公元前10—公元60)在皈依了基督教之后，便开始以受上帝召唤、向万民宣讲福音的使徒自居，漫游小亚细亚、希腊、叙利亚和巴勒斯坦等地，向非犹太人传播基督教。他也借助希腊哲学(逻各斯神学，Logostheologie)、波斯的二元论(琐罗亚斯德教，Zoroastrismus)和他本人对《塔纳赫》(Tanach，即《旧约圣经》)的独立解读，写作了大批书信，提出了一套靠耶稣基督得救的神秘观念，把初期基督教的弥赛亚运动改变成一种信仰耶稣死而复活成为救主的神秘宗教。[3]"保罗书信"对于表述基督教教义具有非常重大的意义，以致不少人认为，基督教作为一种宗教教义体系，它的创始人正是保罗而不是耶稣基督。[4]

　　自1054年东西方基督教会大分裂以后，天主教会逐渐成为西方社会唯一"负责救赎"的、使基督的信徒"获得恩典"的宗教组织，担负着拯救基督教徒灵魂的重大使命。与之相应，罗马教皇和教皇以下的各级神职人员也成为上帝在人世间的代表，掌握着解释《圣经》、举行圣礼、听取忏悔等特权，成为基督徒与上帝进行沟通的中介，神圣不可侵犯。不仅如此，教会官方还大肆宣扬天堂、地狱、炼狱、魔鬼、永远的惩罚、"教会以外无救恩"和"善功得救"等教义，极力树立教会和教皇的绝对权威，要求教徒绝对服从。教会还制造各种荒诞离奇的鬼怪观念恐吓群众，同时又利用"可以驱魔治病"的圣徒、天使、玛利亚、圣徒遗物、圣像、圣水、宗教游行、赶鬼符和万灵符来诱惑群众，宣传世上的苦难是上帝降罚，只有靠修行、补赎，祈求上帝回心转意。

　　为了利用神权这根绳索捆绑广大群众，教会还极力强调各种宗教仪

---

[1] 杨真：《基督教史纲》，上册，生活·读书·新知三联书店1979年版，第38—39页。
[2] Tarsus，也译作"大数"。
[3] 参见［美］G. F.穆尔：《基督教简史》，郭舜平等译，商务印书馆1981年版，第22—25页。
[4] 杨真：《基督教史纲》，上册，第35页。

式的重要性,声称神职人员能凭宗教仪式决定谁升天堂,谁下地狱。教徒经常参加弥撒,死后便能升天堂,否则至少要在炼狱中受苦。整个弥撒又以"领圣体"作为中心内容;领圣体既是教徒与非教徒的区分标志,又是教徒的宗教义务和教徒"罪得赦免"的主要途径。教会极力强调弥撒的重要性,鼓吹领圣体的奇妙功效,声称神父念几句祝饼酒成圣的咒语,靠"神的全能",饼酒就变成基督的肉体和血液,教徒吃了就能得到救世主的生命。这里,饼和酒被解释为已变成"基督的肉体和血"。从外表看来,还是同一个东西,而它的实体却已经完全改变了,这就是所谓的"实体转化说"。但在中世纪时,教会规定教徒只能吃饼,不能喝酒;喝"耶稣之血"是教士的特权,以此表明其地位高于普通教徒。

而随着封建制的进一步发展,中、西欧封建王国大都陷入王权衰落、国家分裂状态,以罗马教皇为首统一的、集权的天主教会却不断扩张自己的势力,直至发展成为西方封建制度的巨大国际中心。它利用社会各阶层的慷慨捐赠和巧取豪夺,占有了大量土地和其他财富,成为中、西欧许多国家中的最大财主。它也控制着中、西欧的法庭,垄断了教育、文化和一切舆论机构,动辄以革除教籍惩罚教徒。它还派遣传教士到各地活动,不仅劝人入教,进行精神征服,而且还建立若干新的教堂作为巩固和扩张基督教势力的据点。

教会在有基督徒生活的地方建立了直接隶属于罗马教皇,由大主教、主教和神父分别管辖的省区、主教区和教区,实行金字塔式的封建教阶制:省区系一较大的区域,以一重要城市为中心,受大主教的统辖。主教区系省区的一部分,包括一市镇或一城邑,连带四周的乡村,受主教的统辖。教区则从主教区中划出,通常只有一个教堂和到教堂集会的人们所住的村落,或城邑的一部分。各个教区都有一位神父主持弥撒礼和其他圣礼;在重要的教区,还设立副神父和会吏。大主教、主教、神父、副神父和会吏合在一起,称为教士团。教会管理则依照这一等级层次,逐级对下行使管理权,最后的权力集中于罗马教皇。为了加强教皇对教会的中央集权统治,教会还组建了协助教皇处理整个教会事务的罗马教廷,设立了一个由若干枢机主教(又称枢机神父、枢机辅祭,后因穿红色法衣,通常又称红衣主教)、祭司和副祭司组成的枢机主教团,制定了一系列教会法规和教令。

除此之外,教会还设立了各种各样的修道士教会①,组建了一支庞大的僧侣队伍。包括男、女修道士和托钵僧在内的清修教士或隐修教士,宣誓脱离世俗社会,按照会规过独身的生活,效法基督和使徒进行严格的灵修,将自己以特殊方式奉献给天主。庶务修士或皈依者则在修道院内从事体力劳动和外务,为清修教士或隐修教士提供必要的生活资料。而在 13 世纪成立的方济各会(Ordo Fratrum Minorum)和多明我会(Ordo Dominicanorum)两个修道士团体则是由教皇直辖的镇压异端的"宪兵队"组织。它们起初都标榜赤贫,靠乞食为生,混迹于下层民众之中,以举办慈善救济和传教布道为活动重点,后来又建立异端审判法庭,直属教皇,不受地方主教管辖,成为教皇逮捕异端分子、捉拿女巫、制造恐怖的帮凶,镇压劳动人民反抗斗争的刽子手。②

与此同时,罗马教皇也开始了挑战世俗统治者的权力、争夺"世界之主"地位的斗争。教皇反对皇帝、国王和诸侯任命神职人员、干预教皇选举等行为,直接委派教会的各级神职人员。他也依靠教皇国自身的力量,纵横捭阖,抵抗外来入侵,控制意大利局势。一些教皇还经常煽动贵族造国王的反,挑动各国国内战争,插手各国争夺王位的斗争,或利用开除教籍权等,控制各国君主。他们也利用群众宗教情绪,煽动民族间对立,支持基督徒屠杀穆斯林,组织十字军东征,征服、占领"异教徒"的土地。

不仅如此,为了攫取更大权力,历任教皇还大肆宣扬"教皇权力至上"论,声称"唯有教皇具有任免主教的权力","唯有教皇一人有权制订新法律,决定教区划分、设立新教区",把国王控制的传统权力收归教皇,而且宣称"一切君王应亲吻教皇的脚","教皇有权废黜皇帝","教皇有权

---

① 简称"修会"。
② 杨真:《基督教史纲》,上册,第 244—247 页。

解除人民对邪恶的统治者效忠的誓约",甚至宣布"罗马教会从未犯过错误,也永远不会犯错误","凡不与罗马教会和谐的不得视为基督徒","教皇可以命令臣民控告他们的统治者","教皇永不受审判"等①,迫不及待地要求充当世界霸主。

到中世纪晚期,教会已完全世俗化了。教皇大都靠狡猾的阴谋手段和金钱拉拢攫取教会的最高统治权。上台后便玩弄权术,滥用权力,打击政敌,穷奢极欲,实行专制统治。为了维持教廷的庞大开支,满足自己的奢侈欲望,罗马教皇巧立名目,通过名目繁多而又花样百出的税费制度,向各国教士和教徒搜刮钱财。举凡大小什一税、协助金、授职费、年金、褫夺收入、晋见费和文秘费等,都被定为教廷的经常收入。当教职人士或信徒因违反教规、戒律、教会法、禁令等而犯罪,需要得到赦免以达到赎罪目的时,必须与教皇达成和解,其形式是缴纳一笔和解费(Composition)。除此之外,罗马教皇还经常用出卖圣像、圣物和赎罪券等手段聚敛钱财,对于民众的宗教信仰则疏于关照。②

主教大都是宫廷或教廷显贵的亲戚,他们只吃教会的俸禄,并不真正到职,一个人可以在三五个教堂兼职,享受十几份教会产业的收入。一些主教像伯爵一样,拥有大批侍从,整日享乐,养鹰、养狗、骑马、打猎,随身携带武器,组织暴徒行凶谋杀,鞭打教徒如同鞭打牲畜一样。他们是"不在职"神父,地方教会则委派一些副神父去维持。为了发动战争或挥霍享受,主教们千方百计从教徒和其他附属臣民身上搜刮钱财。出售据称有赎罪功效的圣徒遗物,达到惊人的规模。有的主教搜刮民众钱财还不够其挥霍,便把教产抵押出去或变卖,最后携款潜逃,甚至把值钱的教堂祭品都偷走。还有主教开设妓院,依靠妓女卖淫得来的收入养活自己。

多数神父不学无术,只知道利用认罪、解罪等各种宗教仪式捞钱;教

① 杨真:《基督教史纲》,上册,第 178 页。
② 杨真:《基督教史纲》,上册,第 256—261 页。参见龙秀清:《中古教廷财政收入动态考察》,载《历史研究》2001 年第 1 期,第 87—191 页。

徒的慈善捐款也经常被神父侵吞贪污。有的神父还把教堂出租演戏,甚至利用教会房产开设酒店,既可满足自己的享乐欲求,又可赚取一笔金钱。神父主持宗教仪式,缩短时间敷衍了事,匆忙完成之后,便去看戏、酗酒,过放荡生活。教士蓄妻行为普遍流行,一些女修道院则成为贵族和神职人员的非公开妓院,以至于有人揭露说:在女修道院中,生孩子最多的修女就当上了院长。[①] 对于教士婚姻,教徒们大都能够接受,教会官方也予以容忍,甚至以收税作为外快。

二、反教权主义和大公会议至上主义

罗马教会发展成大财主,其腐化堕落和横征暴敛,已经不再符合基督教的传统道德,早已在欧洲各国引起了强烈不满和坚决反对。自 10 世纪下半叶起,在意大利、法兰西、佛兰德、神圣罗马帝国都有农民、城市市民和平民进行的反抗活动。起初主要针对神职人员的特权和腐败,后来发展为不承认神职人员主持的礼仪,不相信教会宣传的原罪、炼狱等教义,不参加弥撒,不向神父忏悔,不向教会交纳什一税,甚至谋杀主教、修道僧、税吏和其他国王官吏,捣毁教堂和修道院,夺取其中的粮食、牲畜,焚毁地主的劳役和贡赋簿册,瓜分教会财产给穷苦民众,取消等级差别,实行共有共享,直接在现实世界建立《圣经》预言的"千禧年王国"。

一些坚守使徒时代清贫的虔诚基督教徒和教会有识之士也公开批评教会的弊端,极力倡导教会和社会改革,其中一个代表人物便是约翰·威克利夫(John Wyclif,1320 或 1324—1384)。威克利夫在牛津大学教授神学,同时又是一位神父,享受着几处教堂产业的收入,但自 14 世纪 50 年代初开始,他就开始驳斥罗马教皇政治性的权力要求,主张教会应当完全隶属于国家。他也在国王与教皇围绕主教授职权而开展的斗争中,支持世俗统治者的权力意志。

1373 年,英国国王理查二世(Richard Ⅱ.,1367—1400)派他和其他

---

① 杨真:《基督教史纲》,上册,第 293 页。

几位神职人员到布鲁日(Brügge),参加英法百年战争的停战谈判,并与教皇特使磋商英国教会的神职任命权问题,其真正目的是继续延缓已经停缴33年但按照条约规定理应逐年上交罗马的保护金。然而,教皇拒不承认英国国王任命神职人员的权力,威克利夫回国后便开始抨击教皇,倡言宗教改革。作为国王钦定的官方控告人,他自诩为"王家牧师"(Pecularius regis clericus),声称教皇无权向国王征收贡赋,国王的权力来自上帝而不是来自教皇,教会不应当拥有大量地产,王公贵族有权没收教会财产。

　　威克利夫的言论和主张受到英国议会和广大民众的普遍支持。罗马教皇和天主教会的保守分子却大为震怒。1377年,英国教会法庭传讯威克利夫。威克利夫依靠国王、贵族的庇护,拒不出庭。教皇格列高利十一世(Grégoire XI.,1331—1378)连续发了五个通谕,对威克利夫在作品中提出的18条论点进行了严厉谴责并命令坎特布雷(Canterbury)大主教予以逮捕,听候教会法庭审理他的异端罪行。伦敦市民、牛津大学的神学教授以及国王本人都对威克利夫表示支持和保护。受其鼓舞,威克利夫公开斥责教士的政治活动,并将教皇说成是"敌基督者"、《圣经·启示录》预报的在基督第二次降临人间时将出现的"无赖""魔鬼代理人的头目";神父是"强盗""恶毒的狐狸"、只知吃喝的"魔鬼"和"猿猴",牧师是"没有扎根于教会之葡萄树的假枝子";而一些修道院则是"贼窝,蛇窟,魔鬼之屋",很多教士"都和妇人、少女、寡妇和修女有染"。威克利夫还批评天主教会的赎罪券买卖,指出"教士们只是用虚假的赎罪券和特赦来欺骗民众,其目的只是为了掠夺人们的金钱……买这些赎罪券的人实在是愚蠢之极"。在威克利夫看来,"教皇除了以募捐的方式,不能收受国家的财物","教士们应该受到约束,保持基督所要求的那种清贫"。基督的后代与上帝的选民们都不应该拥有财产。教会和神职人员最需要的改革,是完全放弃世上之物。①

---

① [美]蒂莫西·乔治:《改教家的神学思想》,第22页。

1378年,格列高利十一世去世,西欧教会大分裂,两个教皇互相谩骂。威克利夫趁机宣传,教会没有教皇还更好些;英国教会应仿效希腊教会,脱离罗马教廷,成立国王统治下的国家教会;英国大主教不能由外国人担任,英国的钱财不能流往罗马教廷;神职人员不应拥有产业,没收教会财产分给贵族;教会向教徒征收的什一税应改为自愿捐献;违反教规的神职人员所主持的洗礼等仪式无效;等等。威克利夫还组织一批未经教会认可的"穷教士",到市集群众中去讲道,抨击正统教会的信仰,宣传不向教会交纳什一税,要求把教会榨取穷人而积累的财富夺回来,这些人后来发展成为"罗拉德派"(lollards),英国宗教改革的先驱。

1381年,英国农民大起义,起义队伍进入伦敦,处死坎特布雷大主教,要求没收教会的一切财产。英国教会上层、政府高级官员以及大部分议会成员将这次农民起义看作威克利夫宣传鼓动的结果,国王理查二世也开始转变态度,下令驱逐威克利夫和他的追随者。1382年,牛津大学和伦敦主教辖区教务会议作出决议,判定威克利夫的学说为异端,但因担心人民起义,未对威克利夫本人提起公诉。威克利夫被迫幽居,但未停止活动。他组织了一些学者在1383年完成了一部根据杰罗姆拉丁文圣经翻译的英译本《圣经》文集;其中,新约部分是他自己译的。此外,威克利夫还完成了《三人对话录》(*Trialogus*)这一影响广泛的主要神学著作,极力宣扬"双重预定论"(determinatio gemina),强调《圣经》的权威高于教会,号召教徒听从基督而不是听从教皇。[①] 1384年,教皇乌尔班六世(Urban 或 Urbanus Ⅵ.,大约1318—1389)召见威克利夫,要求他前往罗马晋见。但还未动身,威克利夫便在12月28日参加弥撒时中风,3天后去世,后来被安葬在路德维斯(Lutterworth)。1415年5月4日,康斯坦茨宗教会议将威克利夫的学说判为异端,甚至颁布命令,将威克利夫的尸体从坟墓中掘出,扔到河中。但在民间,威克利夫的学说却深受欢迎,甚至通过留学牛津大学的波希米亚青年贵族传入神圣罗马帝国,

---

① 杨真:《基督教史纲》,上册,第271页。

激发了胡斯(Jan Hus,1372 或 1402—1415)的宗教改革和长达 15 年的"胡斯战争"(Hussitenkriege,1419—1434)。

1382 年,波希米亚国王文策尔四世(Wenzel Ⅳ.,1361—1419)的妹妹波希米亚的安娜(Anne von Böhmen,1366—1394)与英国国王理查二世结婚,不少波希米亚贵族开始到牛津大学留学。主要通过布拉格的杰罗姆(Jeroným Pražský,1379—1416)的中介,胡斯熟悉并热情地接受了威克利夫的学说。

胡斯大约自 1390 年起就读于布拉格大学,1396 年获得文科硕士学位并成为大学教师,1398 年开始研究神学,1400 年被祝圣为神父,1401 年被任命为哲学系主任,1402 年成为教授,1409—1410 年担任布拉格大学校长。胡斯赞同威克利夫关于良知自由、《圣经》为信仰问题上的唯一权威的观点,也接受了威克利夫的预定论,强调教会是所有被预选者的集合,所有被预选者都是神圣教会的成员。基督为教会的首领,除他以外,无人能够赋予教会及其成员一种属灵的生命。除此之外,胡斯还主张用本地方言而不是用教廷所规定的拉丁语作祈祷,平信徒也可以在弥撒中领受圣杯。自 1402 年起,胡斯开始在布拉格旧城伯利恒教堂用捷克语布道,也将共同用捷克语咏唱歌曲的仪式引入圣礼之中。[1] 米兰大公会议新选出的教皇亚历山大五世(Alexander Ⅴ.,1340—1410)在 1410 年革除胡斯的教籍,布拉格民众群起抗议,国王文策尔也对胡斯采取了保护措施。胡斯本人更是不畏强暴,继续宣传其宗教改革主张。1412 年,阿维尼翁教皇约翰二十三世(Johannes ⅩⅩⅢ.,1370—1419)派人到波希米亚兜售赎罪券,胡斯严厉谴责这种从普通教民身上榨取钱财的卑鄙做法并且发动布拉格下层居民和贫苦学生举行声势浩大的游行示威。对于胡斯的这一行动,国王文策尔大为不满,从胡斯的支持者转为反对者。

---

[1] Tobias Engelsing, "Ein Widerstandsrecht für jeden Christen", in: *Konstanzer Almanach 2015*, S. 29 - 33.

迫于压力,胡斯离开布拉格,漫游波希米亚中南部,一面布道,一面著述,其影响一时遍及欧洲各国。胡斯还把《圣经》译成了波希米亚文,并由此奠定了波希米亚书面语言的群众基础。

为了平息波希米亚的动乱和神学争论,罗马人国王卢森堡的西吉斯蒙德(Sigismund von Luxemburg,1368—1437)于1414年康斯坦茨大公会议召开之际,传唤胡斯到会上受审。鉴于胡斯已被教皇判为异端,出行极其危险,西吉斯蒙德许诺为胡斯签发一封通关凭证,保证他在往返路程上和居留康斯坦茨期间的人身安全。胡斯应召前往,但在抵达康斯坦茨后不久就被教皇约翰二十三世逮捕,投入修道院的地下暗牢。1415年7月6日,大公会议基于其关于"教会是被预选者不可兼得共同体的学说",判处胡斯为异端,剥夺神职,交付世俗司法机关处以火刑。罗马人国王西吉斯蒙德在胡斯赴会时,曾许诺保证其人身安全,这时却坐视不救。胡斯虽历经监禁和折磨,但至死坚定不渝,在火刑堆上还向周围群众演讲,唱着歌英勇就义。反对派因惧怕拥护胡斯的群众,把胡斯的尸灰投入莱茵河中,甚至连火刑堆下的泥土都掘起运走,以防群众把它携回作为圣物,纪念胡斯。[①]

胡斯的死难激起波希米亚各阶层反对罗马教皇和罗马人皇帝的大起义。从1419年到1434年,以胡斯学说为指导原则的"胡斯派"(Husité)进行了长达15年的"胡斯战争",沉重打击了天主教会和神圣罗马帝国在波希米亚的宗教—政治势力,也极大地促进了邻近各国以及整个欧洲的宗教改革和民族解放运动,并使波希米亚一度脱离神圣罗马帝国而获得独立的政治地位。因为胡斯主张,平信徒也可以在弥撒中领受圣杯,"杯的改革"遂成为胡斯派的表征。

教会侵占大批土地和大量财产,在经济上减少了国王的收入;教会拥有强固的组织和僧侣大军,控制着法庭,在政治上野心勃勃,尾大不掉,由此造成教会上层与国王的利害矛盾。日益走向中央集权的各国封

---

① 杨真:《基督教史纲》,上册,第275—276页。

建君主也渴望摆脱对教皇的臣属关系,获得教职授职权和征税主动权,控制本国教会,提高国王的权威。

1279 年和 1290 年,英国国王爱德华一世(Edward Ⅰ.,1239—1307)两次颁布《永代让渡法》(*Statute of Mortmain*),严禁把属于世俗政权的土地编入教会领地,废除教士的免税特权。1351 年,英国议会又颁布《圣职授职法》(*The Statute of Provisors*),规定国王有权监禁或驱逐教皇任免的教职人士,也有权任命新人出任。而在 1353 年英国议会颁布的《王权侵害罪法》(*Statute of Praemunire*)中,英国臣民上诉罗马教皇的权力也被取消了。① 这些法令极大地削弱了教皇的权威,并相应地树立了国王的权威。1463 年,英王爱德华四世严正警告教皇庇护二世(Pius Ⅱ.,1405—1464)不要向英格兰征税,国王自有义务保护本国教会。②

法国国王腓力四世(Philippe Ⅳ.,1268—1314)也极力争夺教职授职权和征税主动权,严防法国的金银钱币流入罗马教廷。对于反对国王政策的一些法国神职人员和教皇博尼法斯八世(Bonifatius Ⅷ.,大约1235—1303),腓力四世则大打出手,绝不留情。他在 1301 年下令逮捕一些大主教,以叛国罪亲自加以审讯后,将其投入监狱;在 1302 年召开法国历史上第一次三等级会议,反对教皇充当法国的太上皇;在 1303 年派人与博尼法斯八世的政敌一道,攻入教皇住所,凌辱殴打教皇,致使教皇的权威和名望一落千丈。③

博尼法斯八世去世后,腓力四世迫使枢机主教团选举一位法国人为教皇,即克雷芒五世(Clemens Ⅴ.,1250 至 1265 间—1314),1309 年又强迫教皇将教廷从罗马搬到隆河(Rhone)畔的阿维尼翁(Avignon),使教皇成为法国的人质与囚犯,时间长达 68 年之久。自此之后,在一个相当

---

① 参见[美]威尔·杜兰:《马丁·路德时代》,台北幼狮文化公司译,东方出版社 2007 年版,第8 页。

② 参见龙秀清:《中古教廷财政收入动态考察》。

③ Manfred Eder, *Kirchengeschichte. 2000 Jahre im Überblick*, Düsseldorf: Patmos, 2008, S. 111.

长时间内,教皇都要听命于法国国王,中世纪的教皇霸权彻底瓦解。迫于腓力四世的压力,克雷芒五世同意国王向法国教会和神职人员征税,解散拥有大量财产的圣殿骑士团,并通谕承认世俗王国是由上帝直接设立的。在他之后的六任教皇,都是法国人。枢机主教团中法国人亦占大多数。[1]

　　1377 年,在神秘主义者锡耶纳(Siena)的卡塔琳娜(Katharina,1347—1380)[2]和瑞典的比吉塔(Birgitta,1303—1373)等人劝说下,教皇格列高利十一世将教廷从阿维尼翁迁回罗马,教会的"阿维尼翁流亡"暂告结束。次年 3 月,格列高利十一世去世,枢机主教团迫于罗马市民的压力,选出一位意大利人继任教皇。新任教皇乌尔班六世力图消除法国对教廷的影响,引起 13 位枢机主教(其中大多数是法国人)的不满。他们离开罗马,回到阿维尼翁,另选法国人日内瓦的罗伯特(Robert de Genève)为教皇,称克雷芒七世(Clément Ⅶ.,1342—1394);乌尔班六世则在罗马另设枢机主教团与之对抗。两位教皇互相攻讦,互相开除对方教籍,并同时向各国教徒征收贡赋和税金。各国君主分别拥护其中一位教皇,各国教会大都按本国君主的态度行事,西方天主教会顿陷严重的大分裂状态(1378—1417)。

　　鉴此,一部分神职人员和神学家,如枢机主教皮埃尔·德埃利(Pierre d'Ailly,1350 或 1351—1420)、纪尧姆·菲拉特(Guillaume Fillastre,1348—1428)、弗朗切斯科·察巴拉(Francesco Zabarella,1360—1417)和巴黎大学校长吉恩·杰森(Jean Gerson,1363—1429)等,

---

[1] 阿维尼翁教皇因受制于法国王室,历史上有"阿维尼翁流亡"之称,或借用古代以色列人被掳至巴比伦的历史,称之为"巴比伦之囚"。意大利人文主义者弗朗切斯科·彼特拉克(Francesco Petrarca,1304—1374),认为阿维尼翁教皇偏安僻壤,贪得无厌,道德败坏,是教皇史上的黑暗时期,"全世界的臭水沟"。现代西方史学家多认为彼特拉克此说系出于罗马正统观念的偏见,并认为阿维尼翁时期的教廷确曾进行机构调整,提高枢机主教团的权力;继续厘定教会法典,扩大传教范围;兴办大学教育等措施,力图改革。

[2] 锡耶纳的卡塔琳娜是四位得到承认的教会女教师之一。

提出"大公会议至上论"(Konziliarismus)，并发起了一场声势浩大的大公会议运动。他们拥护一个教皇、一个未分裂的教会并要求以早期教会为榜样进行道德改革，宣称普世教会是散布在世界各地的信徒的联合，大公会议在管理和改革教会等事务中拥有高于教皇的权力，可以选举和罢免教皇。对此，不少大学和地方教会奋起响应，就连枢机主教和罗马人国王西吉斯蒙德也表示支持。

1409 年，在法国国王查理六世(Charles Ⅵ., 1368—1422)和巴黎大学的倡议下，两处的枢机主教团在意大利的比萨开会(Konzil von Pisa)，决定同时罢黜现有的罗马教皇格列高利十二世(Gregorius Ⅻ., 大约1326—1417)和阿维尼翁教皇本笃十三世(Benedict XⅢ., 大约1342/43—1423)，另立米兰大主教皮特罗斯·菲拉尔伊(Petros Philargos)为新的教皇，即亚历山大五世(Alexander Ⅴ., 大约 1339—1410)。格列高利和本笃均拒绝退位，并且分别得到一些国王支持，这就导致了"基督的身体"一分为三，三个教皇相互对立的局面的形成。

1414 年，罗马人国王西吉斯蒙德会同巴黎大学教会法学者和若干枢机主教，迫使罗马教皇亚历山大五世的继任者约翰二十三世(Johannes XXⅢ., 1370—1419)在神圣罗马帝国城市康斯坦茨召开大公会议，宣布大公会议拥有高于教皇的权力[1]，废除三个现任教皇，另立新教皇马丁五世(Martinus Ⅴ., 1368—1431)为各方所接受的教皇，延续 40 年的教会大分裂由此告终。[2]

大公会议运动及康斯坦茨大公会议沉重打击了罗马教皇的权威，然而，大公会议至上论者只想将教皇制调整至教会体系中一个合适的位置，并不打算把它完全废除。大公会议也无法解决教会的世俗化结构问

---

[1] 这一权力要求被写入 1415 年 4 月 6 日发布的大公会议法令《神圣教务会议》(Haec sancta synodus)之中。

[2] [美]威利斯顿·沃尔克：《基督教会史》，孙善玲等译，中国社会科学出版社 1991 年版，第351 页。

题。教皇仍能顶着大公会议至上论者的压力,在教会内部有关教会改革的争论中做出有利于自己的决定。

15世纪中期以后,大公会议运动逐渐丧失人心,教皇的独裁统治重新抬头,诸如庇护二世(Pius Ⅱ.,1405—1464)、西克斯图斯四世(Sixtus Ⅳ.,1414—1484)、英诺森八世(Innocentius Ⅷ.,1432—1492)、亚历山大六世、尤里乌斯二世、利奥十世(Leo Ⅹ.,1475—1521)等历任教皇专心致志于尘世事务,追求世俗权力,继续像世俗统治者那样统治着教会国家。

他们大都靠贿赂红衣主教当选教皇(西克斯图斯四世、英诺森八世),上任后就任人唯亲,大搞裙带关系,对于异己者和政敌则不惜采用政治谋杀手段。西克斯图斯四世和他的侄子里亚里奥就曾策划谋杀佛罗伦萨统治者洛伦佐·德·美第奇(Lorenze de'Medici,1449—1492)行动。亚历山大六世和他的博尔贾(Borgia)家族①成员常用家传毒药"坎塔雷拉"(Cantarella)暗杀政敌。他们还经常组织军队,发动战争,致力于用武力扩大领地和权力。西克斯图斯四世在谋杀洛伦佐的阴谋失败后,便公开宣布对佛罗伦萨人作战。亚历山大六世则利用法国征服威尼斯,而后又把瑞士雇佣兵招来对付法国人。尤里乌斯二世是一位名实相符的政治教皇或战神教皇,力图以政治力量来重建教会的领导地位。他在1506年着手组建瑞士卫队;1508年秋天征服了佩鲁贾(Perugia)和波伦纳(Bologna);1509年3月参加康布雷同盟,打败并瓜分了威尼斯,收回教皇国失地;1511年组建神圣同盟,在瑞士军队的支持下,迫使法国退出意大利,把帕尔马(Parma)和皮亚琴察(Piazenza)并入教皇国。

在私生活方面,这些教皇更是放荡不羁,穷奢极欲。英诺森八世私储姘妇,产下了8个无用之子,以及同样多的女儿,被人称作"罗马神父"(Roma patrem)。亚历山大六世长期与卡塔内的瓦诺莎(Vannozza dei Cattanei,1442—1518)保持非法同居关系,生育了凯撒、乔瓦尼、卢克雷

---

① 博尔贾家族(Borgia)是具有意大利和西班牙血统的罗马大贵族家族,可上溯至阿拉贡王室,历代担任西班牙瓦伦西亚大主教区的教职,前后出了三位教皇。

齐娅和杰弗里等私生子。他也"因不曾独睡"而染上了花柳病。[①] 利奥十世也经常过着三日一小宴、五日一大宴的生活,宫内奴仆计有 683 人之多。[②]

而为了冲淡教廷的丑名,一些教皇利用奖掖文学艺术,沽名钓誉,甚至获得了"文艺复兴教皇"之称。尤里乌斯二世制定了庞大的重建圣彼得大教堂计划,任用米开朗琪罗、拉斐尔和布拉曼德等艺术大师从事美化梵蒂冈的工作,他还让人以他本人的形象作为蓝本雕刻摩西像。

教会大分裂造成了属灵收入的锐减,圣俸出缺收入、褫夺收入等被禁止,什一税和协助金很难征得,授职费与年金收入急剧下滑。为了弥补属灵收入的损失,教皇一方面加强对教会国家的财政管理,另一方面又在属灵收入方面采取一系列不得人心的举措,其中最主要的就是大肆贩卖赎罪券。[③]

赎罪券是教会印发的一种赦免罪行的证书,其上表明免罪的种类和价格,"有罪之人"只要照账买单,就可以获得赦免,即使是罪孽深重本应在炼狱和地狱里遭受折磨的亡灵,也可以通过购买赎罪券获得拯救。教会出售赎罪券原为教皇为筹措十字军东征军费而采取的一种临时措施,后来逐渐演变成为一种经常性的敛财举措,并且受到"善功得救"和"善功库"等理论的支撑。按照天主教会的说法,圣徒和殉道者做的善功都被储存在教会之内,其数量和功效之大,足以使其他需要善功的人从中受益。对于教会来说,出卖赎罪券既可以减轻其对教徒进行灵魂关照工作的工作量,也可以获得大笔金钱收入,可谓一箭双雕。至 14 世纪时,赎罪券买卖开始合法化、制度化,其他赎罪方式(如忏悔和祈祷)逐渐被降低到次要地位。出售赎罪券完全成为罗马教廷的敛财手段了。而有了这种简便易行的救赎办法,人们尽可以罄竹难书地作恶多端,而不必

---

① 引文见刘明翰主编,刘新利、陈志强:《欧洲文艺复兴史·宗教卷》,人民出版社 2008 年版,第 98 页。
② 见刘明翰:《罗马教皇列传》,东方出版社 1995 年版,第 129 页。
③ 龙秀清:《中古教廷财政收入动态考察》。

为其死后的前程担忧了。耶稣的救世和代祷功德、教徒的忏悔和告白义务几乎完全被忽略了。

到 15 世纪末 16 世纪初,赎罪券买卖又经历了一项巨大发展。此时,教会已不再坚持有关赎罪券的宗教原理,也不关心赎罪券和以苦行赎罪的宗教仪式之间的联系。只要肯花钱,所有的罪行都可以赦免。1470—1520 年,有一本赎罪券价目汇编广为流行,其中写道:"谁若杀害了父母、兄弟、姊妹、妻子或其他任何一个亲属,只要缴纳 5—7 枚土耳其金币,便可洗净罪恶";"如果一个人同时参与谋杀数人,只要缴纳 131 枚利维尔、14 个苏和 6 个杰尼叶①,就可以免于任何惩罚";"谁若杀害了妻子,并想另娶,要是缴纳 8 枚土耳其金币、两枚杜卡特②,便可获准";"鸡奸罪和兽奸罪赎价定为 131 枚或 219 枚利维尔";"凡血亲相好者,缴纳 4 枚土耳其银币即予以赦宥"。③ 一个人只要有了钱,世间的一切罪恶和羞耻都不存在了。这种赤裸裸的敛财手段最终成为引发马丁·路德宗教改革的直接缘由。

三、帝国教会与大众虔敬

在神圣罗马帝国,从查理大帝(Karl der Große,747 或 748—814)④时代起,教会已有 700 年的历史,并且已经高度组织化。神圣罗马帝国建立后,整个帝国渐次被划分为美因兹、科伦、特里尔、萨尔茨堡、贝藏松、不来梅、马格德堡、布拉格和里加 9 个大主教区,其下各辖若干主教区,例如美因兹下辖 11 个主教区,萨尔茨堡 8 个,科伦 6 个,马格德堡 5 个,特里尔和不来梅各 3 个,贝藏松和布拉格各 2 个。此外,还有 5 个主教区是罗马的直辖区,另有 9 个分散在 5 个大主教管辖区的主教区属于外国教会在帝国之中的"飞地"。各主教区使用的语言五花八门,虽然大

---

① 利维尔是法国旧时的银币,苏和杰尼叶是法国旧时的辅币。
② 杜卡特是古代威尼斯金币。
③ 〔苏〕约·阿·克雷维列夫:《宗教史》,上卷,第 225—226 页。
④ 英语和法语称查理曼(charlemagne)。

多数讲德语,但也有 6 个主教区讲法语、3 个讲意大利语、3 个讲法语和德语、3 个讲意大利语和德语,1 个讲丹麦语和德语、7 个讲斯拉夫语(Slavic)和德语。①

　　与其他欧洲国家不同,教会问题在神圣罗马帝国就是政治问题。形成于奥托时代的帝国教会体制继续存在,高级教士不仅是灵魂之剑的掌握者,同样也是世俗之剑的掌握者。他们都拥有大量的领地。在 15 世纪的神圣罗马帝国,不仅 55 个大主教、主教都拥有着领地,而且其他 75 位帝国修道院长、条顿骑士团和圣约翰骑士团的首领也拥有领地。高级教士占有的土地达到帝国所有土地面积的 15%。像维尔茨堡、班贝格、萨尔茨堡、明斯特、帕德博恩(Paderborn)主教们则统治着广袤的土地,并且拥有中央集权,与最大的世俗领主的统治几乎毫无区别。②

　　在神圣罗马帝国早期,高级教士的官职和领地大都是由国王或皇帝授予的,被授予者也因此成为帝国君主的附庸和帝国教士,要向帝国君主宣誓效忠。11 世纪,罗马教皇为了争夺"主教授职权"与帝国君主进行了长达百余年的激烈斗争,最终在 1122 年签订《沃姆斯宗教协定》,规定主教和修道院长改由教士团选举产生,教皇获得了对帝国教会的监控权;高级教士由此也成为罗马教廷在神圣罗马帝国的代理人。

　　至 15 世纪,与英、法等国王权不断加强进而逐渐控制了本国教会的情形不同,神圣罗马帝国由于政治分裂,罗马天主教会的势力特别强大,罗马教皇依然可以发号施令。帝国教会并非国家教会或民族教会,主教管区也不完全等同于其世俗的统治区。它们没有一个帝国最高首领,其职位也不完全由国王或皇帝控制;对于主教的任免,罗马教皇继续拥有干预权。教皇也以帝国为主要压榨对象,向教徒征收各种名目的租税捐

---

① Thomas A. Brady Jr., *German Histories in the Age of Reformations*,1400—1650,Cambridge,New York,Cambridge University Press,2009,pp. 15 - 16. 参见朱孝远:《宗教改革与德国近代化的道路》,第 30 页。

② Thomas A. Brady Jr., *German Histories in the Age of Reformations*,1400—1650,p. 56. 参见朱孝远:《宗教改革与德国近代化的道路》,第 31 页。

赋,兜售赎罪券。据不完全统计,教皇每年可从中搜刮多达 30 万古尔登的财富,是罗马人国王或皇帝所征国税的 21 倍。[①] 仅高级教士就职一项,罗马教廷就可获得 1 万—2 万古尔登的收益。罗马人国王或皇帝虽然期望限制教皇的干预权和教会的势力,但为了突出皇权的神圣性,维护自己在基督教世界的最高世俗领袖地位,他们又不得不委曲求全,与作为圣彼得代理人的教皇保持合作关系,通过向教皇表达"绝对忠诚"的誓言来换取教皇的加冕。一些帝国诸侯为了对抗帝国君主的权威,不惜与教皇勾结。一些贵族子弟为了谋取圣职,甘愿向教皇行贿,依附于教皇的庇护。

尽管如此,反教权主义也在神圣罗马帝国逐渐兴起,并且一浪高过一浪。1382 年,科伦修道院修士明确表示:"由于罗马教廷之过度榨取,我等修道士已感繁重不堪,故我等将不畏惧一切抗命罗马教皇。"[②]1438 年,有匿名作者在《西吉斯蒙德的改革》(Reformatio Sigismundi)这一文献中陈述了对罗马教廷的诸多不满,其中写道:教皇被冠以神圣之名,是因为他掌管神圣之事。然而,把自己比作基督的教皇们却干尽贪婪之事,由于他们大多出身于修道院,以至于什一税和其他收入都流入修道院,而教区的教堂神父却穷得像乞丐。又如:罗马教廷规定凡官方公文必需盖章才能通行,结果,就出现了盖章收费的现象,成为一种敛财的手段:不仅罗马教廷的各个部门盖章都得付钱,更为严重的是上行下效,各地的主教和高级僧侣也都把加盖印章视为敛财的手段,以此来获取巨额钱财。他们"发动战争,在世界各地制造动乱,他们的所作所为与世俗领主毫无二致"[③]。1452 年,美因兹、科伦、特里尔等地的大主教以皇帝

---

① 朱孝远:《宗教改革与德国近代化的道路》,第 43 页。

② 引文见冯作民编著:《西洋全史(八)宗教改革》,台北燕京文化事业股份有限公司 1980 年版,第 23 页。

③ "The Reformation of the Emperor Sigmund(c. 1438)", in: Gerald Strauss (ed.), *Manifestations of Discontent in Germany on the Eve of the Reformation*, Bloomington: Indiana University Press, 1985, pp. 8 - 9. 转引自朱孝远:《宗教改革与德国近代化的道路》,第 27、31 页。

1414年的《康斯坦茨敕令》为基础,向帝国政府请愿,要求改变对罗马教皇的关系。

自1456年起,在历次帝国等级会议上,教皇的敛财行为都受到了激烈抨击。1457年,美因兹大主教协助管理宗教事务的司祭马丁·迈尔(Martin Mair)致函枢机主教恩尼·西尔维奥·皮克劳米尼(Enea Silvio Piccolomini),即次年担任教皇的庇护二世,坦陈:"神父的俸禄被枢机主教扣留,你自己就占有了神圣罗马帝国三个省的俸禄。候选教士的位置被任意颁布。罗马不中断地征收每年度和半年度的纳款,谁都知道这大大超过我们应当缴纳的额度。教士的位置给了那些不称职的人,只因为他们出价最高。新的赎罪券日复一日地被发明出来,一切只考虑罗马的利润。以讨伐土耳其人为名义的征税现在是无休止地征收。本来应当由我们来审判的案子却被移交罗马审判。有一千种方式被发明了出来,专门从我们这里夺取钱财。"①1493年,帝国等级颁布《美因兹宣言》,宣布没有诸侯的同意,教廷的财政权力不受保护。1502年的帝国等级会议作出决议,不许教皇拿走出售赎罪券所得款项,只能就地交给帝国政府用在对奥斯曼—土耳其的战争上。1510年的帝国等级会议又提出一篇很长的请愿书,数说罗马教皇的暴政和敛财。在16世纪20年代,帝国等级会议更进一步提出了召开本国宗教会议的要求。

但在神圣罗马帝国善男信女的心灵中,天主教的原罪观和救赎论已经根深蒂固,对于死后将要面临的上帝的惩罚和世界末日的最终审判深感恐惧,对于教会的"善功称义说"深信不疑。饥荒、瘟疫和战争的频繁和居高不下的婴儿死亡率,又使死亡成为人们经常要面对的事情。时间将尽、末日即将来临的感觉、对罪与谴责的极度焦虑、对隐秘的未知世界"忧郁的想象"、对炼狱和地狱的恐惧,使得平信徒的宗教感情在力量和深度方面稳步增长。人们惶惑不安,迫切期望求得上帝的宽恕,赦免自

---

① "Martin Mair's Letter", in: Gerald Strauss (ed.), *Manifestations of Discontent in Germany on the Eve of the Reformation*, pp. 37 - 38. 转引自朱孝远:《宗教改革与德国近代化的道路》,第27页。

己的罪过,至少缩短经过炼狱的时间。虔诚的教徒们,无论诸侯还是平民,富人还是穷人,更是积极行动起来,按照教会提供的方法,依靠教士的指导,参加各种各样的宗教活动,借助于各种各样的虔诚行为,向上帝赎罪,追求来世得救。

修建新教堂蔚然成风,每一个村庄都有小教堂,每个市镇都有几座教堂。各种各样的圣礼以及由教会举行的类似圣礼的辅助活动大量增加,如为逝者举行的灵魂超脱弥撒、咏唱圣诗、向玛利亚和圣徒祷告等风靡一时。仅在萨克森选侯智者弗里德里希的宫廷教堂,即维登贝格的万圣祠,自 1508 年以来就有 64 位神父每年举行近 9 000 场弥撒。在与萨克森选侯进行竞争的萨克森公爵的宫廷教堂,即迈森(Meißen)大教堂,自 1480 年起有一个"永久唱诗班"不分昼夜连续咏唱连祷(Litaneien),参加者除了大教堂教士会成员外,还有众多助手。在"神圣的"科伦,同一时期有 11 座大教堂、22 个修道院、19 个教区礼拜堂和大约 100 个小教堂每天举办 1 000 多场弥撒。[1] 在其他主教城市、其他较大的大教堂和教区礼拜堂,人们也如法炮制。

如果一个"罪人"能付得起做场追思弥撒的费用,他死后可办一个追思会,以他的名义举行弥撒。大部分圣礼源于特别的捐助,给予弥撒主持人的报酬也由此而出。捐助者大都同时为举办弥撒建一圣坛。不仅贵族,城市的富裕市民也都乐此不疲。随着圣礼的增多,弥撒主持和圣坛也大量涌现。1450—1517 年,奥地利上层贵族所资助的弥撒数目持续增加,并在 1490 至 1517 年间达到顶点。[2] 在布雷斯劳,16 世纪初仅在伊丽莎白教堂就有 47 座圣坛,122 位弥撒主持;在圣马格达伦有 58 座圣坛,114 位弥撒主持。就连康斯坦茨主教区不足 30 个的上施瓦本城市教堂,在 1500 年前后也拥有 400 多个神父助理、早祷和圣餐主持。[3] 宗教

---

[1] Horst Rabe, *Reich und Glaubensspaltung. Deutschland 1500—1600*, S. 102.

[2] [英]阿利斯特·麦格拉思:《宗教改革运动思潮》,蔡锦图、陈佐人译,中国社会科学出版社 2009 年版,第 25 页。

[3] Horst Rabe, *Reich und Glaubensspaltung. Deutschland 1500—1600*, S. 102.

互助会也大量涌现，目的是让互助会成员逝世之时，可以聘请教士为其举行弥撒。单单在汉堡一地，在宗教改革运动前夕，就有 99 个由富人捐助的互助会，并且大多数是在 1450 年之后才成立的。[①]

　　圣徒和圣徒遗物崇拜普遍流行，朝圣之风大盛。成千上万的人把得救的希望寄托在艰苦跋涉和顶礼膜拜的善功上，成群结队地从一个圣地走到另一个圣地进行朝圣。神圣罗马帝国最重要的朝圣地是亚琛和特里尔；在特里尔，1512 年首次展出耶稣生前穿过的长袍。黑森的马尔堡（Marburg）收藏有圣伊丽莎白（Elisabeth）的遗骨，巴伐利亚的阿尔特廷（Altoetting）和上弗兰肯的十四圣徒也很有名。在瑞士，玛利亚—艾恩西德尔恩（Maria-Einsiedeln）是最重要的朝圣地。在亚琛，15 世纪曾有一天，朝圣者的数量多达 14.2 万人，14 天内便累积捐款 8.5 万古尔登。部分诸侯，特别是萨克森选侯、萨克森公爵和美因兹大主教等，十分热衷收藏圣徒遗物，并且定期向民众展出，使之成为邦国圣物。[②] 美因兹大主教吹嘘说，他有 42 具圣徒的整尸首，有 9 000 件圣物。所谓圣物中，居然有耶稣被钉十字架时流下的汗珠，童贞女圣母玛利亚的奶汁，耶稣睡过的稻草，耶稣进耶路撒冷时所骑驴子的驴腿，耶稣和门徒最后晚餐的餐桌木板，甚至有上帝创造人类始祖亚当时用剩的泥块。[③]

　　人们还普遍认为，耶稣是惩罚恶人的最高审判官，无比严厉，毫不留情，而圣母、圣母的母亲和天使温柔善良，慈祥和蔼，保持了女性的敏感，乐意听取受苦人的哀诉，可替人向上帝求情。于是对圣玛利亚、圣安娜、天使以及与之相关的圣像和圣物的崇拜蔚然成风。在这里，虔诚的强烈内在化与强烈的外在化结合在一起，部分地包含有魔法因素。

　　为了获取功德，成千上万的善男信女踊跃购买赎罪券。赎罪券买卖的红火不仅是教会蛊惑欺骗的结果，也是因为信徒需求量的巨大。在这里，人们经常忽视上帝赦免原罪与教会豁免惩罚这两者的不同。对于上

---

① ［英］阿利斯特·麦格拉思：《宗教改革运动思潮》，第 25 页。
② Horst Rabe, *Reich und Glaubensspaltung. Deutschland 1500—1600*, S. 102.
③ 杨真：《基督教史纲》，上册，第 292 页。

帝恩典的渴望,变成了对教会恩典的依赖。人们争先恐后地倾听赎罪券布道,积极参加教会举办的大型赎罪券买卖活动。1489—1490 年,为了出售赎罪券,有 43 位教廷神父跟随红衣主教雷蒙·佩拉尔(Raimond Pérault,1435—1505)一起来到纽伦贝格,一面听教徒的忏悔,一面向他们贩卖赎罪券。[1] 赎罪券布道的显著特征恰恰在于感人至深地对耶稣受难和玛利亚的痛苦的描述,购买者也大都出于宗教痴迷和幼稚的自私自利心理。

清除自己犯过的所有罪行,包括那些内心隐而未现的、有时甚至觉察不到的罪的压力,给忏悔者造成了无法承受的重担。最极端的人会鞭笞自己,遵守严格的苦行,从一个城镇走到另一个城镇,当众抽打自己。[2]

也有一些与平民百姓有密切接触的神职人员从民众虔诚中获得新的热情,致力于革新道德,恢复修会原创建者所期望过的那种生活,特别在路德参加的埃尔福特奥古斯丁修道院中,"教会精神化"运动生气勃勃,异常活跃。

奥古斯丁隐修会始建于 13 世纪,是与方济各会、多明我会和卡默里会并列的第四大托钵僧团。它以古罗马帝国时期基督教思想家奥里留·奥古斯丁(Aurelius Augustinus,354—430)的名字命名,并同其他奥古斯丁教团一样,遵循奥古斯丁教规。该会在 1244 年由教皇英诺森四世(Innocentius Ⅳ.,大约 1195—1254)倡导建立。其修士本来都是隐居者,以黑色僧袍、黑色僧帽和一条皮带为教团服装,在意大利和德意志山区过着与世隔绝的生活,后来遵从教皇的旨意,接受了一般修道院的教规,放弃隐修生活,并在安德烈亚斯·普罗莱斯(Andreas Proles,1429—1503)的领导下,进行了大规模改革。

作为对抗教团腐败的运动,奥古斯丁会士把"福音的"清贫和"使徒的"博爱视为最高理想,主张谨遵教规,严守戒律。他们忠于罗马教皇,

---

[1] Horst Rabe, *Reich und Glaubensspaltung. Deutschland 1500—1600*,S. 102 - 103.
[2] [美]蒂莫西·乔治:《改教家的神学思想》,第 17 页。

坚决捍卫教皇的权威,坚持"悔悟不彻底"论和"赎罪券等价"论,虔诚地侍奉圣玛利亚和圣安娜,过着比其他修道院修士更严谨克制的生活。他们不是退居偏僻、孤寂的地方,专事沉思祈祷,而是身居闹市,积极从事布道和灵魂关照,热衷于办学和传教事务。他们也十分注重布道艺术,每个大修道院都有一位专职布道士负责招引众多的俗界教徒到修道院来做礼拜。不少人还潜心研究神学,荣获大学中的教职,讲授哲学和神学。在神学方面,奥古斯丁会士坚持以教团保护圣徒奥古斯丁的学说为导向,强调上帝的恩典的重要性。据此,罪人得救完全出于上帝的恩典,与人的善功毫无关系。这一点肯定对于后来的教团兄弟和宗教改革家马丁·路德产生了影响。该教团也十分重视研究圣经,这一点同样使路德获益匪浅。

四、神秘主义和"共同生活兄弟会"

与修道院改革同时,一部分基督教徒和神学家也开始在教会之外寻找灵魂得救的新途径,神秘主义和"现代虔信"遂由此产生并蓬勃发展起来。他们曾经祈求通过教会得到上帝救赎,但始终无法得到充分安慰,于是便想效仿原始基督徒直接转向上帝,并且提出了一系列脱离基督教神学正统、充满个人体验和非理性的神学主张。此类主张通常被称作"神秘主义"。

"神秘主义"一词标志着有关某种神性或绝对现实以及与之相关的经验的报道和陈述,经常被用来表示个人的、与有教会之称和外在施恩手段的宗教团体的宗教生活相对的虔敬及宗教信仰。神秘主义也经常被理解为一种理论,其中心思想是"成空",摆脱欲望和激情,以便让上帝的精神在人身上自动发挥作用。神秘主义还经常被理解为一种实践,其目标是"合一"(unio mystica),也就是说与上帝神秘的爱的统一,而这种合一在现实生活中就可以被经历。

神秘主义者相信上帝是不可思议、不可规定和不可通过理性来证明的精神实体,认为上帝的"奥秘"是自然理性无法把握的,只能通过启示来领受。他们把灵魂与上帝的契合纯粹看作个人的事情,看作人的内心世界的一种活动,认为上帝存在于个人的沉思默想和直接体验之中,个人通过发自内心的信仰可与上帝相融合。神秘主义者轻视外在的善功和圣事,否定教会和教士的中介作用,认为基督教徒可以直接与上帝交往,教会和教士的中介没有多大必要,甚至是多余的。这种观念不仅为同时代的反教权主义者所接受,对于后来的宗教改革家和思辨哲学家也产生了巨大影响。

在讲德语的地区,神秘主义开始于 13 世纪,盛行于 14—15 世纪,而其最重要代表就是有"德意志思辨之父"之称的神学家和哲学家迈斯特尔·埃克哈特(Meister Eckhart,1260—1327 或 1328)。

埃克哈特在青年时代加入了多明我会,后来又在该会中担任了较高级的职务。他对上帝有独特的理解,认为上帝存在于一切事物之中,一切事物都来自上帝,又都回归到上帝。上帝不具有任何定形或固定的表象,他是心灵之言、朝霞之光、花朵之芬芳、清泉之奔涌。虽然世界是上帝创造的,但上帝与世界同时存在,人的灵魂在本性上是按照上帝的模式塑造的。上帝用仁爱浇灌灵魂,使灵魂充溢,并在仁爱中把自己交付给灵魂,从而携灵魂超升,直观到上帝。

人的灵魂得救无须任何教士的中介、外在的善功和圣事,只要通过灵魂返回到自己的原型,返回到神,达到与神合一即可。而要从多样性退出,返回到统一性,灵魂必须摆脱一切被创造的东西,返回自身,聚精会神,力图在自身中,在内心的最深处,达到自己的原型。埃克哈特称这一过程为"隐遁",这种隐遁并不是世俗生活的隐遁,而是心灵的隐遁,是彻底的遗忘,是放弃一切概念认识,最终放弃任何个人意志。一旦灵魂达到了"真正的寂灭"的状态,它就直接汇入了神的本质,从而达到与神契合的境界。在神和人的灵魂之间已经没有任何区别。在神里面,灵魂达到了最高的完满。①

———————————————

① 参见[德]埃克哈特:《埃克哈特大师文集》,荣震华译,商务印书馆 2003 年版。

埃克哈特的"否定神学"为他的学生海因里希·苏索（Heinrich Seuse,1295 或 1297—1366）和布道士约翰内斯·陶勒（Johannes Tauler,1300—1361)所接受和积极传播。

苏索主要在上莱茵和瑞士地区进行活动,并根据埃克哈特的学说编纂了论述"真理"和"永恒智慧"等的著作。陶勒则写作了后来在神圣罗马帝国各地广为流传的《日耳曼神学》(Theologia Germaniae)。马丁·路德曾在埃尔福特奥古斯丁修道院院长约翰·冯·施陶皮茨(Johann von Staupitz,大约 1460—1524)的指导下接触到神秘主义,并在 1516 年和 1518 年先后两次将《日耳曼神学》重新编辑出版(第一次是一个节选本,第二次是一个完整本),尽管他并没有成为一位彻头彻尾的神秘主义者。

在神秘主义的影响下,世俗教士盖尔特·格罗特（Geert Grooote,1340—1384)于 1381 年在故乡创建"共同生活兄弟会"（Broeders des gemeenen levens),发起了非教会的、以伦理道德和实践活动为导向的"现代虔信"(devotio moderna)修道运动。

格罗特出生于乌特勒友省大主教辖区西南角的一个小城德文特（Deventer),早年在巴黎和布拉格攻读医学、神学和教会法,曾有过富裕的浪子生活,后改变了偏好,蔑视财富,一心一意地从事传道,过朴素而有严格规律的生活。他主张个人虔敬,鼓励祈祷,提倡内心的反省,强调人与上帝直接沟通,主张像早期基督教徒所做的那样直接把其愿望和担忧倾诉给上帝,自己制定宗教生活的准则。

参加兄弟会者主要是男人,偶尔也有妇女。他们献出自己的私人财产,在共同的房子里过一种类似修道士的生活,但不发修会誓愿,也不遵从天主教会及其神职人员的指导。他们相信没有誓言的约束也能够像修道士一样进行修道,人人都能用最适宜于他们的办法规划他们的宗教义务而无须求助于教会。他们以基督教原始共同体为榜样,每天都依照规定的时间表进行劳动、祈祷、读经和布道,用本族语举行宗教仪式。他们还成批地抄写例如《上帝的教友》之类的实用神学书籍,并在民间出售,既以此补充维持公共生活的经费,也以此传播兄弟会成员从中找到精神指导的书籍。印刷术发明后,他们立即认识到它的重要性,并且立即成立印刷所,刊行适用于中小学教学的宗教课本、语法、古典的和人文主义的文章。

共同生活兄弟会还积极从事办学活动,大力开展中小学教育。它首先在德文特建立了一所男生寄宿学校,然后又在埃姆斯河(Ems)畔明斯特、阿尔萨斯的施莱特施塔特(Schlettstadt)以及纽伦斯特(Nürnster)、纽伦贝格、埃梅里希(Emmerich)、阿尔特马克(Altmark)和马格德堡等地建立了多所拉丁文学校,并且首创分年级和班组进行教学的制度。至15世纪末,共同生活兄弟会所办的学校遍及全帝国,受到社会各界的普遍赞赏,被许多城市的市政当局邀请去帮助开展教育工作。

共同生活兄弟会兴办学校的目的,用其创始人的话说,就是要"给上帝的神殿树立精神支柱",其教师通常都被称为"命运相连的兄弟"。他们注重圣经和本族语教学,有严密的组织工作,建造并管理与他们的住所相连接的学校学生宿舍,使学生一律寄宿,过严肃的集体生活,并把他们的宗教热忱和严格的纪律贯彻到学生们的生活中去。随着文艺复兴在北欧的影响的扩大,他们也在学校中增加了一些人文主义的因素。除了继续进行基督教教育,还增设古典文学、拉丁文、希腊文和希伯来文课程。学习内容大多限于初等和中等水平,但也学习修辞学、神学等较高级的课程,个别学习科目达到了大学文科的水平。

1483年,著名教育家亚历山大・黑吉乌斯(Alexander Hegius,1433—1498)来到德文特教书,后来又在该校担任校长。黑吉乌斯满腔热情地推行人文主义教育,把希腊文纳入教学计划,还撰写了《论希腊文的益处》一书。他也改革了拉丁文的教学方法,注重透过语法形式着重理解作品的内涵。他的教育工作声名显赫,吸引了各地学生,人数最多时竟达2 000余人。[1] 诸如库萨(Cusa)的尼克劳斯(Nicolaus von cusa,

---

[1] [英]托马斯・马丁・林赛:《宗教改革史》,上册,孔祥民等译,商务印书馆1992年版,第50页。

1401—1464)和鹿特丹的伊拉斯谟（Erasmus von Rotterdam，1465 或
1469—1536)等杰出的人文主义者都出自该校。

共同生活兄弟会成员激发和保持个人生动活泼的宗教信仰，宣扬一
种温和的反教权主义宗教理论，将实行和管理基督教徒兄弟友爱之权从
教士手中夺来交给俗界，为基督教世界的宗教和世俗生活注入了一种新
的活力。天主教会把这些脱离自己控制的宗教派别和组织称为异端，想
方设法对其实施打压，但也有一些城市市政当局为它们提供了有力保
护，其因此得以发展壮大。

第五节　大学教育、经院哲学和人文主义

一、大学教育

自西罗马帝国灭亡以来，希腊、罗马古典文化迅速衰落，其文化教育
机构几乎荡然无存，天主教会成为"日耳曼人的真正教师"，修道院学校、
大主教区学校和教区学校散布于中西欧各地。教会学校以培养教士和
修士为主，俗人教育明显落后，直到 10 世纪末，包括君王和贵族在内的
绝大多数俗人都是文盲，既不能读书或读《圣经》，亦难以明白那些较复
杂深奥的教义。

自 11 世纪起，随着城市的复兴和市民阶层的兴起，世俗教育开始发
展起来。不少城市的市政当局在教会学校之外设置了完全由其资助并
管理的市立学校，甚至掀起了兴建"大学校"（大学的雏形）的运动。受其
影响，教会也加强了举办普通学校工作，1189 年，第三次拉特兰
（Lateran)大教堂会议甚至作出让俗人和教士一起免费接受教育的规定。

14 世纪以降，随着国家建设的大规模开展，欧洲各国君主也开始兴
办学校。学校教育迅速发展，不仅学校数目大幅度增加，学校形式也日
益多样化了。

15 世纪末、16 世纪初，国王、诸侯与市民竞相办学，学校教育，特别

是大学教育出现了新的发展势头。虽然经院哲学仍占主导地位,但新学问和新思潮已蓬勃兴起,人文主义得以广泛传播,成为宗教和社会改革的重要推动力量。

自罗马人国王、卢森堡(Luxemburg)家族的卡尔四世 1348 年创办布拉格大学起,到萨克森选侯智者弗里德里希创办维登贝格大学,150 余年间,神圣罗马帝国境内共有 19 所大学先后诞生,它们是:布拉格大学(建于 1348)、维也纳大学(建于 1365 或 1384)、海德尔贝格(Heidelberg)大学(建于 1386)、科隆大学(建于 1388)、埃尔福特大学(建于 1389)、维尔茨堡大学(建于 1402)、莱比锡大学(建于 1409)、罗斯托克大学(建于 1419)、克拉科夫大学(建于 1420)、鲁汶大学(建于 1425)、格赖夫斯瓦尔德(Greifswald)大学(建于 1456)、布赖斯郜的弗赖堡大学(建于 1457)、巴塞尔大学(建于 1459)、因戈尔施塔特(Ingolstadt)大学(建于 1472)、特里尔大学(建于 1473)、美因兹大学(建于 1476)、图宾根大学(建于 1477)、奥得河畔法兰克福(Frankfurt am Oder)大学(建于 1498)和维登贝格大学(建于 1502)。

这些大学大都按照巴黎大学的模式创办,并且得到了教皇的授权。其创办者包括罗马人国王或皇帝(创办布拉格大学和维也纳大学)、城市市政当局(创办科伦大学、埃尔福特大学、格赖夫斯瓦尔德大学和特里尔大学)和邦国统治者(创办海德尔贝格大学、莱比锡大学、图宾根大学和维登贝格大学等)等,但在许多情况下,是城市市政当局在当地统治者的大力资助下创办和经营的。据统计,1500 年前后,德语区大学(不包括维也纳大学和布拉格大学)的在校生总数约有 3 000—4 000 人。[①] 若按人口比例计算,这个规模可谓是比较大的。

在教学方面,这些大学最初几乎完全由神职人员所垄断,与修道院别无二致;校长一般是由当地教区副主教兼任,教士担任教师。学生大都是在职的或者预备的神职人员,他们同教师一样,都是享受"教士待

---

① [德]F. 鲍尔生:《德国教育史》,滕大春、滕大生译,人民教育出版社 1986 年版,第 21 页。

遇"的人。一般设文、神、法、医四个学院,其中文学院为预科性质,其教学科目主要是大为修改过的古代"七艺"①。神学院长期占主导地位,教会的语言——拉丁语是大学的通用语言,教会的教义——基督教教义是大学教学的主要内容。意大利神学家彼得·伦巴德(Peter Lombard,1100—1160)在 12 世纪上半叶编纂的神学专著《四部语录》(*Libri Quattuor Sententiarum*)②,则是最基本的神学教科书。

上课的时候,教师们一般按照固定的时间表讲课,讲课方式主要是读标准的教材,学生们则忙于做笔记。课本不是人人都有的,因为新印刷术刚刚发明,15 世纪末才发展成主要工业。定期和不定期的辩论是课堂讲授的一种补充,目的在于检验学生是否能够灵活地运用所学的知识。辩论会上,老师先提出某些"论点",论辩人要根据公认的原则,迅速揭发对方逻辑上的谬误,并进行驳斥和反驳斥。实际上,每个学生入学的时候,都会被指派一名文学硕士做他的专任导师,学习 5—7 年后,顺利通过所有考试,才能获得学士、硕士或者博士等学位。起初,学位只在大学内部有用,表示某人具备了教学资格,后来才逐渐被当成担任牧师、官吏、教师等较高级职务的必要条件。不过,许多学生只修完文学院的课程就不再学习,还有很多人连学士学位都没有拿到便离开了大学。

历任教皇和帝国皇帝为了赢得"精英"们支持,大都站在了大学这一边。大学享有相当大的自治权,学校里的师生和其他工作人员可以免除多种税赋和徭役;他们也不受普通法庭的传唤,而由大学自己的司法审判机构独立处置。除此之外,大学也因基督教的普世性而具有较高程度的国际化特征;大学的师生可以在欧洲各国自由地访学和求学。大学的师生还分别组织同乡会等社团,并且得到了当局的支持。一些贫困学生也经常组建漫游队伍,跨城市、跨国家地到各大学学习,"既轻松愉快而无忧无虑,又赤贫如洗而果敢无畏"。

_____

① 即修辞学、辩证法、算术、几何、天文、文法、音乐,又称"自由七艺"(liberal arts),意思是自由人应该具备的全部学识。
② 以辩证方法论证神学信条的著作,内容分为神、创世、道成肉身和救赎、教会等七项圣事。

至 15 世纪 50—60 年代,随着社会上对法学和医学毕业生需求的增加、人文主义教育思想和方法的传入,神学开始衰落,法学和医学的地位大为提升,新学问受到追捧。不少大学开始设立希腊文教授的职位,聘用具有人文主义思想的雄辩家和诗人,将古代作家的诗歌和修辞列为必修科目和考试科目,用古典拉丁文代替中世纪的拉丁文。在部分大学,人文主义者甚至占据了上风。七艺概念逐渐消亡,学科得到了进一步细化:文法分为文法、文学、历史等;几何学分为几何学和地理学;天文学分为天文学和力学。哲学虽然继续以神学为导向,但在大多数大学中唯名论得到了广泛传播。它一方面坚持主要从认识论上加以论证的理性和启示的分离,另一方面则力图把世俗科学与具体经历结合起来,不仅使自然科学逐渐摆脱了神学的桎梏,同时也为近代经验哲学的发展提供了巨大推动力。

二、经院哲学

从基督教神学角度来看,在西方中世纪历史上,奥古斯丁主义与佩拉纠主义是两大主要且相互对立的学说。佩拉纠主义的精神,可以总结为"借功德得救",而奥古斯丁则是主张"借恩典得救"。①

奥里留·奥古斯丁是古罗马帝国时期著名的神学家和哲学家。他强调人类本性的堕落和邪恶以及罪恶的自发性,认为罪恶的产生并非来自上帝的创造,而是在于人滥用了上帝赋予人的自由意志,用"对自己的爱"取代了"对神的爱"。亚当违背上帝的诫命,是代表全人类犯罪。所有的人都生于原罪当中,都受到罪的污染,不能自救。要获得拯救必须靠上帝的恩典。基于对堕落人类的爱,上帝采取主动,展开拯救的过程。上帝在耶稣基督的个人中,进入人类的处境,借此施行拯救。上帝的恩典使人重新获得善良意志,并最终得到拯救。救赎只可能是神圣的礼物。不是人自己可以成就的事情,而是一些为人成就的事情。但是上帝只将他恩

---

① 参见[英]阿利斯特·麦格拉思:《宗教改革运动思潮》,第 70 页。

典作为礼物赠赐给某些人,只有为上帝"预先拣选"的人才可以得救。①

伯拉纠(Pelagius,360—420)是与奥古斯丁同时代的不列颠修道士神学家。他否认基督教的原罪说,认为人性不是在罪中形成的,意志根本不受有罪光景及其喜好的捆绑。亚当仅仅是一个坏榜样,不是人性不纯的源头。亚当之后的耶稣则是一位好榜样,只要跟从耶稣,自由地行善,人性就会得以改良。个别的人是有能力拯救自己的。他们不是为罪所困,而是可以成就一切借此得救的事情。得救并非人的新生而是道德和社会的改良,是借着好行为来赚取的事情。上帝的恩典并不高于人的本性,而是临在于人的本性之中,是人类本性的一种能力,每个人都拥有做对的事、遵守诫命以及赢得拯救的能力。得救是一种奖励,是人类自由地行善的结果。②

奥古斯丁主义和伯拉纠主义都属于极端见解。418年的迦太基(Carthage)大公会议和431年的以弗所(Ephesus)定伯拉纠派为异端,但也没有完全接纳奥古斯丁的教义系统。然而,在人的得救问题上,与充满宿命论特色的"神恩独作论"相比,"善功得救论"似乎更能满足芸芸众生的精神需求。因此,在中世纪相当长的时间里,伯拉纠主义或半伯拉纠主义被人广泛接受。人们普遍相信人的本性为善,有可能得到改良。虽然承认人类承继了亚当的罪,但又相信人的自由意志并没有完全毁坏。虽然承认自由意志是软弱的,若无恩典的帮助不能获得救恩,但又相信人的意志借着留给它的自由,能够逐步接近上帝。在人的拯救方面,上帝的恩典必须与人的自由意志合作。中世纪的教会恰恰是以这种"神人合作论"为依据来论证自己的作用并树立自己的权威的。

而在中世纪的基督教神学家和拉丁语学者当中,经院哲学是普遍流行的思想方法和论证方法。这个方法主要涉及一种从亚里士多德逻辑学著作中产生的、通过理论思考来澄清问题的程序。经院哲学家在考察某个观点时,先把支持和反对的意见一一陈列出来,然后再指出哪种意见正确,并加以论证。如果各种观点相互对立,那就要证明哪种观点是

①② 参见[英]阿利斯特·麦格拉思:《宗教改革运动思潮》,第70页。

逻辑紊乱或者概念不清楚的结果,说明它与显而易见的或者早已被证明了的事实不符。经院哲学家普遍相信,产生于一般原则的理论知识是最可靠的,与一般原则对立的现象仅仅是表面的或者是由误解造成的;普遍适用的原则绝对无误,而观察可能出错,使人上当受骗。

意大利多明我会修士阿奎那(Aquino)的托马斯(Tommaso,大约1225—1274)是欧洲中世纪经院哲学的主要代表,他以维护天主教正统信仰为宗旨,竭力依据理性原则来论证基督教神学信条的正确性,论证神的存在、神的本性及属性问题,反对基督教异端思想。他还极力调和亚里士多德哲学与基督教信仰之间的关系,把亚里士多德关于潜能与现实、形式和质料的学说,改造为基督教神学中的目的论,宣称一切都是神意的安排。同时,阿奎那的托马斯主张温和的实在论,认为共相并非单独潜在的物体,而是存在于个别之中,但共相先于物体。他承认世界的统一性、感官为知识来源,认为理性虽从属于信仰,但有其自身的领域。他还从形而上学角度论述物体本性的相似,认为神按照万物本性一致观念创造出的同一种属的物,在本质上是相同的。宗教仪式直接来自上帝,通过圣仪就能接受上帝的仁慈,这就完成了理性与信仰的调和统一,确保了一种适合于天主教信仰要求的亚里士多德主义的胜利。

以阿奎那的托马斯为主要代表的经院哲学研究方法在13世纪完全成熟,并且在以后相当长的时间里一直在西方教育界和思想界占主导地位。但到14世纪,神学与哲学日益分离,传统的形而上学被归入信仰领域,逻辑与分析成为哲学的主流。阿奎那的托马斯庞大的神学—哲学体系,逐渐被哲学家的专题分析与逻辑论证取代。15世纪时,除了科伦大学和因戈尔施塔特大学等少数保守主义高校,托马斯主义到处都被苏格兰方济格会修士约翰·邓斯·司各脱(John Duns Scotus,1263或1266—1308)和英格兰方济格会修士奥卡姆的威廉(William of Occam,大约1288—1347,另一说:1285—1349)等人反对哲学理性主义的较新观点取代。

司各脱认为思维的基本对象是存在,人的知识有赖于感官经验,而上帝是无限、全智、全能、全善的,人不能够凭借理性来认识上帝,更不能对上帝的存在进行理性论证,只能凭信仰推论而确立。司各脱虽然承认宗教仪式的作用,但更强调上帝的意志的作用;他使理性摆脱了信仰,为信仰和理性的分离铺平了道路。

奥卡姆的威廉进一步强调理性与信仰分离的观点,并且完成了信仰与理性分离之理论的论证。他强调理性和信仰是两个互不联系的领域,世界是由个别物体组成的,对世界的知识只能来自直接观察和对已知真理的演绎;上帝的全能与绝对自由属于信仰范畴,不能用理性加以论证。共相不是客观存在的实体,宗教仪式只在上帝的旨意下才起作用,人的灵魂得救主要依靠的是信仰而不是仪式。每个人都不能确切知道他的灵魂是否能够得救,因为人无从知晓上帝的安排。只有依靠对上帝的信仰,相信上帝会拯救他,才是唯一可行的道路。

奥卡姆的威廉虽与阿奎那的托马斯同样从神学出发,用哲学阐述基督教教义,但他强调经验,贬低形而上学;他的思想成为以后经验主义思潮的先导,也对质疑中世纪基督教信仰的怀疑主义思潮产生了很大促进作用。巴黎大学文学院两次明令取缔奥卡姆的威廉的学说,但传习其学说的人却日益增多。在他的影响下形成的哲学派别,当时被称为"新路派"(via moderna),与全欧各主要大学中主张实在论的旧经院哲学相抗衡,使中世纪经院哲学逐渐瓦解。奥卡姆主义对上帝至高无上的权威的鼓吹,激励着许多思想家以极端的形式重新复活奥古斯丁的先定论,以上帝的权威否定教会的权威。

通过图宾根大学教授加布里埃尔·比尔(Gabriel Biel,1415—1495)的阐释,奥卡姆主义在神圣罗马帝国广泛传播开来,不仅导致怀疑主义和经验主义的形成,也对马丁·路德和让·加尔文等宗教改革家反传统的福音教理论的形成起了巨大推动作用。

三、人文主义

自 15 世纪下半叶起,随着意大利文艺复兴运动的传播,人文主义在神圣罗马帝国各地也普遍兴起,人文主义者大量涌现。

　　人文主义是在 14—15 世纪起源于意大利的一股思潮,它强调人的尊严和价值,要求以普遍的人性取代纯粹的教会属性。人文主义者首先是指那些致力于"人文研究"(studia humanitatis)的人,也就是说那些从事语法、修辞、历史、诗歌和道德哲学这五门学科研究的人。按照人文主义者的理解,这些学科最适宜于完善人格和丰富人性。这种以人文学科(humaniora)为导向并且具有明确宣传目的的观点同时包含有这样一种历史观,即古代人的人文研究堪称典范,现在所要做的仅仅是重新发现这一典范,并使之发扬光大。因此,人文主义者广泛搜集整理原始资料,努力发掘利用可以借鉴的东西。这样一来,古代人生活理想的核心内容逐渐呈现出来,人文主义者的研究和教育工作也逐渐扩展到政治和司法领域,其社会意义和影响也不断扩大。①

　　在神圣罗马帝国,文艺复兴人文主义主要是一场教育运动②,人文主义者特别要求改革完全沉浸在天主教会传统的教育制度。他们试图通过研究古希腊罗马时代的经典作品,复兴古典文化中的人文精神,教化人类,完善道德。

　　较早接触和接受人文主义思想的主要是一些曾到意大利留学或在国内听到意大利学者讲学的大学生。即使是到波伦纳、帕多瓦和帕维亚(Pavia)学习法学和医学的德意志学生,也会附带从事人文研究。而彼得·鲁德尔(Peter Luder,约 1415—1474)是第一位在神圣罗马帝国高等学府宣传人文主义的德意志学者。雅克布·温费林(Jakob Wimpheling,1450—1528)则是热心倡导教育改革的人文主义者。他曾在弗赖堡大学、埃尔福特大学和海德尔贝格大学学习,1471 年在海德尔贝格大学获得硕士学位,同年留校任教,并在 1481—1482 年担任文学院院长。

　　自 1516 年起,人文主义文学研究在德意志大学中迅速发展。在不

① Horst Rabe, *Reich und Glaubensspaltung. Deutschland 1500—1600*, S. 107.
② 伊拉斯谟曾经讲过:"人之为人不是通过出生而是通过教育。"

少大学中,人文主义者拉帮结伙,形成一个个立志"做新学问"的学术圈子。拥有古典名著手稿,并且具有理解和解释能力的学者召集或多或少的"文学"青年簇拥在自己身边,一方面对旧式文法学校和大学极尽嘲讽谩骂之能事,另一方面则对古典作家和古典文学大唱赞歌,认为单凭"新学问"就足以造就诚实高尚的人。诸如经院哲学等"旧事物"即使曾经倍受尊崇也被弃之如敝屣。

新学问也受到国王、皇帝及其他德意志诸侯的欣赏和赞助。他们或者本人就有志献身于文学和艺术,或者出于博得声誉而鼓励学者们的研究。1487 年,皇帝弗里德里希三世曾授予德意志"头号人文主义者"(Erzhumanist)康拉德·策尔蒂斯(Conrad Celtis,1459—1508)"桂冠诗人"(poeta laureatus)称号。根据策尔蒂斯的倡议,罗马人国王马克西米连一世于 1501 年在维也纳大学创办了"诗人和数学家学院"(Collegium poetarum et mathematicorum);策尔蒂斯膺任学院院长,并将该学院建成了堪与原有文学院媲美的维也纳大学"第五学院"。在海德尔贝格,沃姆斯主教约翰·冯·达尔贝格(Johann von Dalberg,1455—1503)同样热心赞助人文主义者各项活动。

正是因为上流社会对人文主义的支持和鼓励,一些出身寒微的知识分子便把人文主义用作社会升迁手段了。诸如库萨的尼克劳斯、鲁德尔和策尔蒂斯等人,都是从社会下层一跃而为著名学者的。人文主义教育成为一个社会流动渠道。一些人文主义者凭借其卓越的素养而荣登国王、皇帝或诸侯行政管理部门的领导层。人文主义者约翰内斯·库斯皮尼安(Johannes Cuspinian,1473—1529)是一位受过全面教育的人,拥有医学博士、历史学家、地理学家、修辞学和诗学教授等多种称号。马克西米连一世不仅封他为"桂冠诗人",还委任他为私人顾问和外交官。

尽管如此,人文主义的"正规场域"还是城市,即市民社会。在早已发家致富的城市上层当中,人文主义最具吸引力。纽伦贝格的威利巴尔德·匹克海默尔(Willibald Pirckheimer,1470—1530)和奥格斯堡的康拉德·波伊廷格(Conrad Peutinger,1465—1547)就是市民上层人文主义者的典型。匹克海默尔曾出任纽伦贝格的首席市政官、外交官和军队首领;波伊廷格则是奥格斯堡市政厅法律顾问,在帝国等级会议上代表奥格斯堡的商业利益,除此之外,他还是当时经济事务的敏锐分析家。与此同时,人文主义者也建立了一些志同道合者的小团体和教育机构,并在他们所在城市的思想文化生活中发挥着重大影响,如在纽伦贝格有以匹克海默尔为首的人文主义者团体,在奥格斯堡有以波伊廷格为首的人文主义者团体。在维也纳,策尔蒂斯去世后,库斯皮尼安便成为当地人文主义者无可争议的首领了。印书商约翰·阿默巴赫则在巴塞尔人文主义者圈子里享有盛誉。比阿图斯·雷纳努斯(Beatus Rhenanus,1485—1547)是阿尔萨斯人文主义者的突出代表。

为了对抗意大利人文主义者对阿尔比斯山以北"野蛮人"的蔑视和法国对神圣罗马帝国领土的蚕食,德意志人文主义者极力强调本民族的历史文化成就,积极鼓吹所谓的"帝国爱国主义"。康拉德·策尔蒂斯发现了一幅年代久远的罗马地图,并视之为古罗马时代地图的一个复本;它以罗马城为中心,描绘了多条从罗马城伸展出来,或者说通向罗马城的道路,展现了条条大路通罗马的寓意。该地图后来为波伊廷格所收藏,成为举世闻名的"波伊廷格古地图"(Tabula Peutingeriana)。策尔蒂斯还于1455年在鲁汶的一个修道院中发现了古罗马历史学家塔西佗所著《日耳曼尼亚志》(Germanis)手稿,并将它付梓出版。他在《四爱书》(Quattuor Libri Amorum)中所写的半自传体诗歌已经包含有描写德意志地理、抒发爱国热情的段落,后来又计划写作一部大型的《日耳曼图说》(Germania illustrata),力图通过描述神圣罗马帝国的地理和历史,强化德意志民族的自我意识,但仅完成了开头部分。雅克布·温费林写作了近百本书,也以饱满的爱国热情创作了大量德意志诗歌,并援引塔西佗的《日耳曼尼亚志》,极力证明阿尔萨斯自古以来就是德意志人的领土。而在另一部历史著作《日耳曼记事》(Epitone Rerum Germanicarum)中,温费林极力声称德意志人在智力上绝不比法兰西人和瑞士人低下。上德意志帝国城市的人文主义者团体从一开始就把历史编纂视为其工作重点之一。比阿图斯·雷纳努斯搜集大量史料,编写了一部名为《日耳曼国家史册》(*Rerum Germanicarum libri tres*,1531)的著作。约翰内斯·阿文提努斯(Johannes Aventinus,1477—1534)先是用拉丁文写作了直至 1460 年的巴伐利亚编年史(*Annales ducum Boiariae*,1516—1522 年写作,1554 年出版),后来又用德文转写此书(*Baierische Chronik*,大约 1526—1533 年写作,1556 年出版)。约翰内斯·特里特缪斯(Johannes Trithemius,1462—1516)是斯蓬海姆(Sponheim)的本笃会修道院院长,为了美化自己所在修会的历史,他甚至不惜伪造史料。

在收藏、研究和翻译古代手稿的过程中,德意志人文主义者在古今之间进行一番对比,并从中发展了一种批判当代教会的态度,要求对教会进行改革。约翰·罗伊希林(Johann Reichlin,1455—1522)在 1496 年用拉丁文写作喜剧《瑟吉乌斯讽喻》(*Satire Sergius*),鞭挞教皇、僧侣的愚昧和宗教的虚伪。鹿特丹的伊拉斯谟在 1519 年发表用拉丁文写作的《愚人颂》(*Encomium Moriæ*),描写一个名为"愚蠢"的女人,她在台上发表演说,竭力夸耀自己的愚蠢,声称,如果所有人的思想、行为、要求,不归结于愚蠢,不是以自私自利、自欺欺人、傲慢虚荣、沽名钓誉的面目出现,那这个世界就根本不会存在。乌尔里希·冯·胡登则写作小册子《瓦迪斯库斯或罗马的三位一体》(*Vadiscus sive Trias Romana*),不仅大胆揭露了教皇的腐化堕落,还坚决反对罗马教皇横征暴敛、肆意剥削压迫德意志人的罪恶行径。

然而,所谓的"反基督教转折"是谈不上的。[1] 没有一位德意志人文主义者从其对教会的批判中引申出改造世界的革命性结论,更不用说形成一种改造世界的共同意识了。每个人都用自己的方式来解决基督教的和古典—异教的教育世界的紧张关系。康拉德·策尔蒂斯的宗教观

---

[1] Horst Rabe, *Reich und Glaubensspaltung. Deutschland 1500—1600*, S. 110.

十分肤浅,几乎是一种不加掩饰的异教思想;温费林堪称一位"经院哲学"人文主义者,过分迷信宗教理性主义;康拉德·穆提安(Konrad Mutian,1470—1526)则更重视现实生活,尽量避免经常与现实生活发生矛盾的思想观念;博学多识的匹克海默尔强调信仰与知识"双重真理"论,同样不愿对宗教问题做深入探究。绝大多数人文主义者未对西方传统的基督教提出质疑;除了极个别的例外,例如胡登激烈的反教会斗争,他们只是希望在人文主义的基础上进行教会改革,将人文主义与基督教综合起来。他们所唤起的批判和改革运动虽然也产生了不小的影响,但与马丁·路德等宗教改革家那种信徒般的领导相比,仍然是十分逊色的。

四、罗伊希林、伊拉斯谟和胡登

约翰·罗伊希林、鹿特丹的伊拉斯谟和乌尔里希·冯·胡登是15—16世纪神圣罗马帝国影响最大的人文主义者。

(一)罗伊希林

罗伊希林是古希腊语和拉丁语研究专家、新拉丁语诗人、对话作家和戏剧家、德意志第一位著名的学习希伯来语语言文字的非犹太人希伯来学者。1455年1月29日,他出生于普福尔茨海姆(Pforzheim)的一个修道院管理员家庭中,父亲为格奥尔格·罗伊希林(Georg Reuchlin),母亲为伊丽萨·艾莉娜·艾克(Elissa Erinna Eck)。在读完普福尔茨海姆圣施泰凡多明我修道院拉丁文学校后,小罗伊希林年仅15岁就进入弗赖堡大学深造,学习语法、哲学和逻辑学。1473年,罗伊希林以教师身份陪同巴登马克伯爵的一个儿子到巴黎上大学,他本人则成为著名天主教神学家约翰内斯·赫尹琳(Johannes Heynlin,大约1430—1496)的学生。1474年,罗伊希林转入巴塞尔大学,学习自由艺术,1477年获得文科硕士学位。他的第一部著作拉丁文词典也得以出版发行。

此后,罗伊希林又在奥尔良(Orléans)学习希腊语和法学,获得法学硕士学位。1481年到斯图加特(Stuttgart)宫廷担任符滕姆贝格伯爵埃伯哈德的顾问和发言人，1483 年又到意大利罗马和佛罗伦萨访学，师从意大利人文主义者和诗人波利蒂安（Politian，1454—1494）等名流，1484年获得法学博士学位。

罗伊希林还特别喜爱希伯来语，曾师从皇帝弗里德里希三世的犹太医生雅克布·本·叶驰尔·罗安斯（Jacob ben Jechiel Loans，？—1506年）学习这一古老的东方语言。他也通过语言研究，把有关圣经的阐释提升到一种学术高度，并在发表于 1494 年的小册子《论奇妙的语言》（De verbo mirifico）中，阐述了一种奇特的神秘通神论："上帝是爱；人则是希望；这两者之间的纽带就是信仰。……上帝与人结合得如此之紧密，以致有人性的上帝和敬上帝的人可看成是同一物。"①

1492 年，罗伊希林被皇帝弗里德里希三世封为贵族。符滕姆贝格公爵乌尔里希杀害汉斯·冯·胡登（Hans von Hutten，1477—1515）一事迫使他离开斯图加特，到海德尔贝格寻求沃姆斯主教约翰·冯·达尔贝格的庇护。1496—1497 年，他在海德尔贝格创作了戏剧《瑟吉乌斯》（Sergius）和《排戏或者汉诺》[Scaenica Progymnasmata（Henno）]；后者是一部类似法兰西闹剧的作品，它讽刺了法官的昏庸。这部戏给作者带来了声誉，成为人文主义戏剧的典范，被纽伦贝格工匠艺人汉斯·萨克斯（Hans Sachs，1494—1576）改编为《狂欢节夜戏》（Fastnachtsspiel）。1498 年，在接受普法尔茨选侯菲利普（Philipp，1448—1508）的委托第三次到意大利出差时，他购置了大量希伯来文和希腊文图书，并与出版商阿尔杜斯·马努蒂乌斯（Aldus Manutius，1449—1515）建立了联系，也对意大利即兴喜剧进行了研究。返回斯图加特后，他一方面以律师和施瓦本同盟法官的身份从事活动，另一方面也积极倡导古典语言研究。他在 1506 年出版《基础希伯来语》（De Rudimentis Hebraicis），把语法和词典合在一起，是这类书中最早的一部。1515 年，罗伊希林在莱比锡大学创设了帝国第一个古希腊语教授席位。自 1516 年起，罗伊希林也与奥

---

① 引文见［英］托马斯·马丁·林赛：《宗教改革史》，上册，第 65 页。

古斯丁修会建立了联系密切,并被祝圣为神父。1520年,为了逃避战争和瘟疫,罗伊希林前往因戈尔施塔特,被聘为因戈尔施塔特大学的首任希腊文和希伯来文教授,只是未过多久他便挂职离去,重返图宾根大学。

罗伊希林深信希伯来语不仅是最古老,而且是最神圣的语言。上帝曾用这一语言讲话。上帝不仅在希伯来文《圣经》中显圣,而且还通过天使和其他神圣使者,将一种曾为亚当、诺亚和基督教"教父"们所理解的深奥智慧,保存在《圣经》以外的古希伯来文著作里。然而,科伦多明我会修士却为了使犹太人改信基督教,力主没收和查禁除《圣经·旧约》以外的所有希伯来文书籍。他们还在1509年从教皇那里争取到了一份严禁传播希伯来文书籍的教令,并委托已经改信基督教的犹太人约翰·普菲费尔科恩(Johann Pfefferkorn,1469—1522)加以执行。罗伊希林遂在1511年发表《眼底镜》(Augenspiegel)一书,公开与积极推行教皇禁令的普菲费尔科恩进行对抗,并由此开始了一场持续多年的论战。

科伦大学和埃尔福特大学的神学家要求查禁《眼底镜》,教皇利奥十世也准备在罗马开始一场异端审讯。对于人文主义者来说,罗伊希林事件并非一个孤立、简单的个案,对罗伊希林的异端审讯实际上涉及整个人文主义运动的生死存亡。如果罗伊希林被判为异教徒,那此后的任何新思想都会以不同的借口被判为异端。于是许多人文主义者联合起来,发表了大量支持罗伊希林抗议教会的书信。罗伊希林在1514年把这些书信、声明汇集成册,冠以《著名人士书简》(Clarorum Virorum)之名出版。1517年又出版《论犹太神秘主义艺术》(De arte cabbalistica),进一步表达了他对犹太思想文化非凡的宽容态度。

罗伊希林的支持者则在1515和1517年编纂出版了上、下两部《蒙昧者书简》(Epistolae obscurorum virorum)。上部的主要作者是克罗图斯·鲁比亚努斯(Crotus Rubianus,大约1480—1539以后),下部的主要作者是乌尔里希·冯·胡登。两部书的作者装扮成不学无术的蒙昧者,以经院学者或教士的身份,用夸张而拙劣的拉丁文和嘲讽的口吻,从神圣罗马帝国和罗马等地给科伦的多明我会修士(Dominikaner)、神学家奥尔特维努斯·格拉蒂乌斯(Ortvinus Gratius,1481—1542)写信,表面上是"指控"新兴的人文主义者对神的不敬和亵渎,实际上是揭露和抨击天主教会的腐败以及经院学者和神学家的思想褊狭。例如有一封信"检举"一个学生在喝酒时竟说圣衣是一块破布,罗马教会的赎罪券只配卖给乡巴佬,僧侣们只能去欺骗妇女和儿童,所有的神学家都是魔鬼,宗教裁判所的法官是大混蛋等。还有一封信讲述道,写信者想当教士,但是爱上了一个女子,害了不治的相思病,不得不向格拉蒂乌斯求教,因为格拉蒂乌斯说过,他写有一本可以博取任何女人欢心的小册子。

《蒙昧者书简》在宗教改革爆发前夕和宗教改革初年得以广泛流传,对于广大民众的反教会斗争发挥了不小的推动作用。

(二)伊拉斯谟

比罗伊希林影响更大的人文主义者是伊拉斯谟,他不仅在神圣罗马帝国而且在整个欧洲都享有盛名;他也不只是一位人文主义者、神学家、哲学家、语言学家和大量作品的作家,而且还是杰出的文本考据家、语法学家、《圣经·新约》和教父著作的编辑出版者。伊拉斯谟对《圣经·新约》的校勘为宗教改革奠定了坚实基础。

伊拉斯谟大约在 1465 至 1469 年间出生于鹿特丹(Rotterdam);父亲是荷兰南部豪达(Gouda)地方的神父罗特格尔·格拉德(Rotger Gerard),母亲是一位医生的女儿,他们未婚先育,伊拉斯谟因此属于私生子。1478—1485 年,伊拉斯谟就读于共同生活兄弟会在德文特创办的寄宿学校,曾受该校校长亚历山大·黑吉乌斯的亲自指导,与现代虔信运动有过密切接触。伊拉斯谟虽然很快就放弃了黑吉乌斯所坚持的许多观点,对神秘主义也漠不关心,但就其对恢复圣经原貌这一点的坚持来说,他并没有完全放弃现代虔信的基本立场。

1484 年,伊拉斯谟的父亲去世,他的监护人把他送到奥古斯丁修道院,希图他自谋其食,省得连累别人。伊拉斯谟天资聪慧,在修道院里阅读了大量古典著作,学识大增,1492 年被祝圣为神父。1493 年,伊拉斯谟离开修道院,供职于康布雷(Cambrai)主教,同时担任来自吕贝克诺特霍夫(Northoff)的海因里希(Heinrich)和克里斯蒂安(Christian)两兄弟的家庭教师。

1499年10月,应好友蒙乔伊(Mountjoy)勋爵之邀,伊拉斯谟赴英国作短暂访问,成为由戴安·科利特(Dean Colet)领导、以托马斯·林纳克(Thomas Linacre)和托马斯·莫尔(Thomas More,1478—1535)等人为成员的人文主义团体的一员。后来,他又游历欧洲,结交达官贵人,研究人文主义新学问,1503年发表《基督教战士手册》(*Enchiridion militis Christiani*),1505年又在巴黎刊印了瓦拉著《圣经新约集注》。

1506—1509年,伊拉斯谟在意大利深造,专事文本研究,在都灵(Turin)获得神学博士学位,后又获得帝国男爵头衔。他在威尼斯认识了出版商阿尔杜斯·马努蒂乌斯,并将自己的部分著作交付后者印刷出版。1510年,伊拉斯谟返回英国,在剑桥大学教授希腊文,次年又获得阿尔丁顿(Aldington)神父之职。在以后的几年里,他继续在英国、勃艮第和巴塞尔三地之间穿梭,也曾在位于鲁汶(Löwen)的勃艮第宫廷做过卡尔(即后来神圣罗马帝国皇帝卡尔五世)的私人教师。1516年,伊拉斯谟刊印附有拉丁文翻译和注释的希腊文《新约圣经》校勘本并称之为《新工具》(*Novum Instrumentum omne*),1518年发表谈论教育和苦修的手册,1519年发表《愚人颂》。晚年,伊拉斯谟旅居巴塞尔,与约翰·佛罗本合作印刷出版他的著作。1536年7月12日在巴塞尔去世。

伊拉斯谟虽然身为天主教神父,但他十分厌恶种种烦琐仪式和陈规陋习,痛恨杂有犹太教和民间宗教观念的"异端邪说",既反对充满巧妙诡辩的经院神学和把宗教仅仅看作仪式的观点,也反对把教会和教士视为人与上帝之间的中介的中世纪思想。他把教皇、主教、神学家、教士和普通教徒都说成是"傻瓜",大张旗鼓地批评教阶制、修士会和民众的宗教生活,嘲笑经常奔走于罗马、康普斯泰拉或耶路撒冷的朝圣者,说他们冒险长途跋涉所浪费的钱不如用来赈济饥民和给赤身露体者做衣服穿更好。他还奚落那些购买赎罪券的人,说他们用滴漏按世纪、年、月和日准确无误地计算出在炼狱涤罪的时间,用虚假的宽恕给自己吃定心丸。

伊拉斯谟重视真正的虔诚,推崇原始的"基督教哲学",坚信基督教首先是某种实际事物,应与人类的普通生活发生关系,基督教意味着救世主在他尘世生活中表现出的仁爱、谦恭、贞洁、尊严等各种美德。他倡导宗教改革,并且认为真正的宗教改革"就是要在抛弃它原有的许多表面形式的同时,重整道德"①,回到真正发自内心的敬重和以基督为榜样的早期基督教徒那种比较纯洁的宗教信仰上去。他也相信,经过讽刺、公众意见的影响和政府当局的措施,政界和教会中的一切突出的弊端即使不能自行消散,也会被铲除殆尽。

伊拉斯谟把瓦拉对《圣经·新约》的评论发展了一步,开创了对于早期基督教作家的批判研究。他把"神圣的文学"(sacrae litterae)当作一种新型语言学神学来经营,按照意大利人文主义者波利蒂安及其门徒提出的刊印古典著作的原则,对圣经文字进行评注,力图去掉所有附加在圣经上的粗野内容而恢复其本来面目,使人读懂基督亲自讲过的和保罗在布道中说过的原话,将"真正的基督教"介绍给人,用早期基督教的精神陶冶人的宗教感情。而伊拉斯谟的真正成就在于他作为一位原文书籍编辑人的工作。他对比由希腊流亡者从伊斯坦布尔带来的比较接近于新约原文的希腊文手稿,发现中世纪天主教会所使用的拉丁文《圣经·新约》与希腊文《圣经·新约》差别很大,无论在内容上还是文字上都错误百出。经过考订、增删、评释,他在 1516 年出版了较为精确的希腊文《圣经·新约》,并附有自己的拉丁文译本。对于伊拉斯谟来说,一旦早期基督教作家,特别是《新约圣经》有了确切无误的定本,一切宗教争论都会烟消云散,因为有了这样一种可靠的、不含有模糊字句和增添篡改之处的真本,所有对基督教真正意义的误解都可以予以避免。

伊拉斯谟创立的基督教人文主义或圣经人文主义在 1500—1520 年广为流行,成为意大利以外人文主义的最重要潮流,为宗教改革运动的兴起开辟了道路。然而伊拉斯谟只满足于培养一小批精神贵族,"完全

---

① 引文见[英]托马斯·马丁·林赛:《宗教改革史》,上册,第 156 页。

和顽固不化地讨厌一切可称为革命的运动",坚决反对与罗马教廷断绝关系,极力维护教会的统一。他强调理性,反对宿命论,最终在自由意志问题上与路德发生激烈争论,虽然继续受到茨温利、加尔文等宗教改革家的尊敬,但是被马丁·路德彻底唾弃了。

(三)胡登

胡登是一位"粗鲁的弗兰肯贵族,他由于命运的捉弄而成为一位学者、一位人文主义者、一位爱国者和一位走自己道路的宗教改革者"[1]。

1488 年 4 月 21 日,胡登出生于图林根富尔达(Fulda)附近施台克尔贝格(Steckelberg)的一个古老的贵族家庭。因为身体孱弱,他 11 岁时就被父亲送进富尔达多明我修道院。然而,胡登憎恶经院神学,一心想当学者和作家。1506 年,他逃出修道院,先在法兰克福大学注册,后来又转入莱比锡大学学习,与一些人文主义者有所接触。1508 年,胡登因生活放浪,染上梅毒,不得不离开莱比锡,没有明确目标地到处漫游。1511 年,他因为发表了一本关于诗艺的小册子而名声大振,被世人誉为杰出的拉丁文作家。1512 年,胡登前往意大利学习法律,但意大利战争的爆发切断了他的来自家乡的经费资助,不得不通过参加雇佣军,借薪饷返回帝国。

1514 年,胡登在美因兹首次见到伊拉斯谟,并将《蒙昧者书简》的手稿交给他审阅,但伊拉斯谟的反应十分冷淡。

1515 年,胡登再次前往意大利,试图继续其学业,但他痛恨教会的腐败堕落及其对德意志人的剥削压迫,发表《瓦迪斯库斯或罗马的三位一体》,激烈攻击罗马教皇的"强力、狡猾和假装神圣",热切呼吁德意志"民族",团结起来,联合开展反罗马的武装斗争,"保护地方教会的权利、牧师主教的自由选举和德意志人的觉醒"。[2] 1517 年,胡登返回帝国,没有取得任何学位,但是被皇帝马克西米连一世封为"诗王"。胡登也把马克

---

① 引文见[英]托马斯·马丁·林赛:《宗教改革史》,上册,第 74 页。
② 引文见刘明翰主编,刘新利、陈志强著:《欧洲文艺复兴史:宗教卷》,第 147—148 页。

西米连看作一位理想的统治者，主张在支持改革的皇帝的领导下建立一个统一、强大的帝国。在《致虚构的意大利皇帝马克西米连》(*Epistola ad Maxilianum Cæsarem Italiæ fictitia*)一文中，胡登明确要求诸侯服从皇帝的领导，建立一支强大的帝国军队并由帝国国库支付费用，军官全由骑士充当，士兵则由农民构成。

　　作为一名骑士人文主义者，胡登具有比较强烈的政治觉悟和民族意识。他敢爱敢恨，也曾积极参加过反对教会诸侯的骑士暴动，但其思想观念仍属于旧时代，他所主张的帝国改革纯属封建浪漫主义的"海市蜃楼"①，是根本无法实现的。

① 引文见［英］托马斯·马丁·林赛：《宗教改革史》，上册，第72—73页。

第二章 宗教改革的兴起

宗教改革可谓德意志近代早期历史的一个最重大事件,不仅规模大,时间长,而且影响深远。

神圣罗马帝国的宗教改革开始于 1517 年马丁·路德对赎罪券功效的质疑,结束于 1648 年欧洲列强签订《威斯特法伦和约》,历时 131 年,除了路德的宗教改革,还包括茨温利的宗教改革、激进派宗教改革、骑士暴动、普通人革命、城市宗教改革、诸侯宗教改革、加尔文宗教改革和天主教的改革等,最终福音教和天主教各派宗教政治势力经过三十年战争,以牺牲神圣罗马帝国为代价,达成相互妥协、各自为政的结局。

而在 1517—1526 年,路德根据其对上帝恩典的顿悟,对罗马教会赎罪券买卖提出了严厉批评,并由此引发了激烈争论,既受到天主教保守势力的坚决反对,也受到众多具有革新思想的神学家和神职人员、人文主义者、贵族和市民以及城乡普通人(Gemeiner Mann)的大力支持。在短短的几年时间里,宗教改革迅速地从教士间的神学争论发展成为一场轰轰烈烈的"福音运动"(Evangelische Bewegung)①,并在这一运动当中,形成了一系列

---

① 参见 Berndt Hamm, Bernd Moeller, Dorothea Wendebourg, *Reformationstheorien：ein kirchenhistorischer Disput über Einheit und Vielfalt der Reformation*, Goerringen：Vandenhoeck & Ruprecht, 1995, S. 277 – 278.

思想观点和行为方式完全不同的派别。以马丁·路德和胡尔德莱希·茨温利(Huldreych Zwingli[1],1484—1531)为代表的主流派宗教改革家,主张在法律准许的范围内,借助于官厅的支持进行改革。[2] 以安德烈亚斯·博登施泰因(Andreas Bodenstein,又称卡尔施塔特,Karlstadt[3],大约 1480 或 1482—1541)、托马斯·闵采尔(Thomas Müntzer[4],1489 或 1490—1525)和众多洗礼派思想家为代表的激进派,却不满足于主流派宗教改革家与官方合作的态度及其对某些教会传统的保留,要求更彻底的改革。而在福音运动蓬勃发展期间,部分帝国骑士和广大城乡中下层居民也开始行动起来,为了捍卫自己的利益进行斗争。以弗兰茨·冯·济金根(Franz von Sickingen,1481—1523)为首的普法尔茨帝国骑士结成联盟,向教会诸侯发起了攻击。帝国西南部、中部和东南部的城乡下层居民则发动了史无前例的"普通人革命",不仅要求改革教会,而且还提出了一系列社会政治主张,堪称德意志民族—民主斗争先驱。

无论激进派的宗教改革还是骑士暴动和普通人革命,它们都不为任何官方所容忍,都受到了严厉迫害和镇压。大批信徒惨遭极刑,成为福音教的殉教者。大批起义农民和平民也惨遭屠杀,以至于农民作为一个政治因素从德意志国家生活中消失了好几个世纪。只有路德和茨温利的宗教改革在官方的保护和支持下,得以继续发展,虽然不复有社会革命的冲动,却也继续坚持反罗马斗争。

第一节　马丁·路德宗教改革的开始

一、生存危机与神学突破

马丁·路德在 1483 年 11 月 10 日出生于隶属图林根地区曼斯费尔

---

① 也写作 Huldrych Zwingli 或 Huldreich Zwingli。
② 参见[美]蒂莫西·乔治:《改教家的神学思想》,导论第 4—6 页。
③ 也称作 Andreas Rudolf Bodenstein / Andreas Rudolff-Bodenstein von Karlstadt.
④ 也写作 Münzer.

德伯爵领地的埃斯勒本镇(Eisleben)。父亲汉斯・路德(Hans Luther)原为农民,后来到矿区打工,通过承租冶铜小熔炉发家,雇佣工人操作,成为小业主,步入市民阶层,后来又当选为市政参议;母亲玛加丽特是萨勒河(Saale)畔诺伊施塔特(Neustadt)的一个市民家庭的女儿。路德的父母都是虔诚的天主教徒,对子女的管教也十分严厉。路德7岁时就近上了教会学校,学习拉丁文、十诫、使徒信经、主祷文和赞美诗等,受到严格的宗教教育,接受了许多正统的天主教观念,对上帝充满敬畏。

1497年,路德离开家庭,进入共同生活兄弟会创办的马格德堡学校学习,对"现代虔信"有所接触。1498年,路德转入埃森纳赫(Eisenach)的方济各学校,修学3年;在这里,他接受了音乐和诗艺训练,成为一名很不错的歌手。他也经常与当地修士交谈,对修道院生活有了比较深入的了解。此时,路德与同时代的大多数人一样,相信人是有罪的,必须通过各种各样的"善功",参加神职人员主持的圣礼,依靠教会的帮助,才能受到上帝的宽恕,得到灵魂的拯救。他也相信修道和苦行是更积极、更有效的得救途径,成为神职人员,则可以优先升入天堂。

1501年春天,路德进入埃尔福特大学文学院,开始学习"七艺",接受经院哲学的思维训练;1502年获得学士学位,1505年获得文科硕士学位,随后便遵从父亲的意愿转入法学院,开始攻读法学。

埃尔福特大学是由当地市政当局创办的大学,与市民生活联系密切,学术气氛也比较活跃,除了唯名论和人文主义广为流行外,还不时有人宣传胡斯的思想。在这里,路德接受了对中世纪神学采取批判态度的奥卡姆派经院哲学,强调信仰和理性的区别,认为只有信仰才能使人认识到真理。他也旁听过人文主义者开设的有关诗艺的课程,阅读了一些古罗马文学作品和新派拉丁语诗歌,但未参与人文主义者组织的课外活动。路德生性纯朴,务实而不崇尚空论。他虽然思维敏锐且富于想象,但更关注现实生活,尤其关注与生命相关的宗教问题。人生反复无常,命运难以把握,这种感受使路德越来越对自己的生存产生了疑惑。他自觉是一位有负于上帝的"罪人",渴望与上帝和解,得到上帝的救赎。但他又对一个"像法官一样"严厉的上帝深怀恐惧,不知道自己究竟怎样做才能得到上帝的宽恕。虽然教会许诺只要做出忏悔和告白,罪过就可得到赦免,但在路德那里,忏悔非但没有带来宽慰,反而加重了本来就已十分沉重的愧疚感。这主要涉及忏悔者的心理问题,与教会的弊端并无直接关系。真正的忏悔要求忏悔者将所有的罪过,包括某些最隐秘的罪过都毫无保留地向上帝坦白出来,追悔前非,醒悟改过,并且要本着爱上帝之心这样做,而不是仅仅出于对上帝惩罚的恐惧。路德不知道自己是否能够满足这个前提条件,也不知道自己是否会因为一种无效的赦免而受到永恒的谴责。他不断地问自己:"我的忏悔是真正的悔过吗?还是因为恐惧我才悔过?"[①],但总是不得要领。路德深感自己的理性不够坚强,难以约束自己的情绪和情感。有的时候,他明知某些欲念不对,却又无法克制,不可避免地发生过失。做人之难,经常使路德深陷绝望的深渊,以致他希望自己"从来没有被生为人"[②]。出家为僧,通过修道途径完善自己人格的想法一直萦绕在他的心头。

1505 年 7 月 2 日,路德在从曼斯费尔德返回埃尔福特的路上,于荒郊野外突遇暴风雨,一道雷电突然在头顶炸响,仿佛世界末日即将来临。路德恐惧万分,匍匐在地,口中念念有词:"救救我,圣安娜,我要做一位修士!"[③]久已有之的修道愿望,加上这个在危急时刻许下的誓愿,最终改变了路德的人生轨迹,从一个学法律、准备跻身上流社会的大学生转变为献身上帝的修道士。1505 年 7 月 17 日,亦即在"雷电事件"发生后不久,路德不顾家人和朋友的劝阻,毅然决然地离开学校,进入了埃尔福特奥古斯丁修道院。

埃尔福特修道院是奥古斯丁修会一个较大的院所,时任院长为约翰·冯·施陶皮茨,住院修士大约有 50 余名。它作为萨克森-图林根改

---

① [美]蒂莫西·乔治:《改教家的神学思想》,第 50 页。
② 同上。
③ 参见 Martin Treu, *Martin Luther in Wittenberg: ein biografischer Rundgang*, Wittenberg: Stiftung Luthergedenkstätten in Sachsen-Anhalt, 2003, S. 9.

革派修道院联合会(sächsisch-thüringische Reformkongregation)的一部分有着特别严格的法规,也十分重视年轻修道士的神学教育。路德决心做一位好修士,故而严于律己,刻苦修炼,不仅天天虔诚地祈祷、禁食、守夜、做善功,甚至鞭打自己的肉体,而且还苦读圣经,深究教义,不到两年就被任命为副主祭,1507 年 5 月 2 日又被祝圣为神父。基于修道院院长施陶皮茨的推荐,路德在 1508 年秋获得了到维登贝格大学学习神学的机会。

维登贝格大学是在六年前由萨克森选侯智者弗里德里希创办,由国王马克西米连一世颁布敕令,予以特许。维登贝格大学也与奥古斯丁修道院有密切联系,一方面它接受奥古斯丁修道院的年轻修士前来进修学习,另一方面也委任道行高深的奥古斯丁派教士担任教职,讲授《圣经》(教授职位)或亚里士多德伦理学(讲师职位);施陶皮茨便自 1502 年起出任该大学的教授和神学系的第一任系主任。在维登贝格大学,路德除了进一步学习奥卡姆神学,还对早期教父,特别是奥古斯丁的经验神学进行了深入钻研。1509 年 3 月,路德获得圣经学学士学位。几个月后,又获得语录学学士学位。在返回埃尔福特之后,路德便开始主讲彼得·伦巴德的《四部语录》了。

在常人看来,路德进入修道院以后是颇有收获的;路德本人也相信,如果有人能够通过修道的途径进入天堂,那他本人当属其中之一。[①] 他竭尽全力想让上帝满意,渴望得到上帝的宽恕、喜爱和启示,然而他郁积在心中的巨大困惑仍无法消解。他担心自己遗漏某些罪过,特别是那些在内心隐而未现、难以觉察的罪过。有许许多多“邪念”瞬间即逝,记都记不清楚,更不用说得到上帝宽恕了。他时常怀疑并对自己说:“你所做的并不完善。你的懊悔不够。你在认罪中遗漏了那事。”[②] 路德试图通过个人的努力,补救自己良心上的不确定、软弱和烦恼,但是无济于事。即使已被告知可获得赦免,心理上也得不到安宁。路德对自己的失败感

---

①② [英]阿利斯特·麦格拉思:《宗教改革运动思潮》,第 103 页。

到绝望，觉得修道生活"毫无裨益"，他"是世界上最痛苦的人，日日夜夜只有悲痛和失望"。路德自觉罪孽深重，对上帝心怀恐惧，对上帝的称义毫无把握。他得不到任何宽慰，开始迁怒于上帝："我的隐修生活不管怎样无可责备，我仍感到在上帝面前（coram Deo）自己是个罪人，良心极度不安，我也不相信上帝对我的苦行赎罪感到满意。对这个惩罚罪人的公义的上帝，我不爱，毋宁说我恨。"①

1511 年 9 月，还是通过施陶皮茨的推举，路德重返维登贝格大学，攻读博士学位。当时，施陶皮茨致力于将奥古斯丁改革派修道院与非改革派修道院联合起来，组建一个全国性机构，以便将改革推广到所有修道院。包括埃尔福特奥古斯丁修道院在内的部分改革派修道院反对这项计划，认为此类联合会使改革流于表面，教皇尤里乌斯二世也不赞成。为了向教皇陈述自己的观点，施陶皮茨委派路德维登贝格前往罗马。②

路德的罗马之行似乎并没有使教皇回心转意，而在以虔诚香客的身份参观了罗马这座"圣城"之后，路德对他所看到的腐化堕落和道德败坏现象深感惊讶和不满。他亲眼看到教皇和红衣主教们的骄奢淫逸：他们住富丽堂皇的豪华府院，奴仆成群，出入则乘高车驷马，前呼后拥。罗马已成为罪恶的渊薮，"这里有买卖、交换、贸易、撒谎、欺骗、偷盗、奢侈、卖淫、奸诈和各种亵渎上帝的事，甚至敌基督者的统治也不能比这更无耻"③。但在当时，路德尚未对天主教会的救赎功能产生任何怀疑。

---

① 引文见［英］G. R. 埃尔顿编：《新编剑桥世界近代史》，第二卷，中国社会科学院世界历史研究所组译，中国社会科学出版社 2003 年版，第 91—92 页。
② 传统的说法是，路德在 1510 年 11 月受埃尔福特奥古斯丁修道院全体成员委托，与另一位修士一起到罗马向教廷呈递抗议书，反对由上级下达的把奥古斯丁会住院派修道院与严规派修道院联合起来的命令。此说现已受到质疑。参见 Hans Schneider, "Martin Luthers Reise nach Rom, neu datiert und neu gedeutet", In: Werner Lehfeldt (Hrsg.), *Studien zur Wissenschafts- und Religionsgeschichte*, *Akademie der Wissenschaften zu Göttingen*, Bd. 10. Berlin [u. a.]: de Gruyter, 2011, S. 1-157, hier S. 146.
③ 引文见［德］路德：《路德选集》，徐庆誉、汤青译，宗教文化出版社 2010 年版，第 123 页。

1512年10月,路德成功地获得神学博士学位,并且很快就继承了施陶皮茨所担任的维登贝格大学圣经学教授职位;他也借此在教会之外的公共领域占据了一个重要岗位。作为神学研究的领导者,路德在维登贝格培养了一大批年轻神职人员,赢得了同事、学生和市民的普遍尊重。除此之外,他还在多个教区担任神父,肩负着向一般教徒传道、讲经和引导灵魂之责。而对于路德个人和神学的发展,施陶皮茨又具有特别重要的意义。作为路德的告解神父和修道院领导,施陶皮茨不仅帮助路德成为神学教授,还将路德引向基督受难的十字架,为路德指出了"最甜蜜的救主的伤痕",给了他"在基督里的生命",使他对福音有了最初的觉悟。[1]施陶皮茨还将神秘主义者陶勒的《日耳曼神学》介绍给路德,使他对埃克哈特的"否定神学"有了比较深入的了解。[2] 而在研读《圣经》、诠释《罗马书》的过程中,路德发现了上帝只通过恩典使人称义的原则,在关于人的得救问题上实现了一个重大突破,彻底从绝望中获得了重生。

在路德研究中,关于路德"神学突破"或者说"宗教改革觉醒"发生的时间问题一直是有争议的。路德本人在事后回忆中只提到他对新的得救教义的发现是一个"始料未及的顿悟",是他在维登贝格教堂塔楼里经历过的一个思想转变,具体时间却未有明言。于是,有些人把这个"塔楼经历"(Turmerlebnis)定在1511—1513年,另有一些人则定在1515年前后或者1518年前后,还有一些人干脆主张一种逐渐发展的宗教改革觉醒的观点。与确定宗教改革觉醒的日期一事紧密相关的是对其具体内容和这些内容对于宗教改革的开始的意义的解释。在这里同样存在着若干不同观点。无论怎样,对于路德来说,这一经历是一个巨大的解放。其中最为关键的是路德对《圣经·罗马书》第1章第17段经文"因为上帝的义,正在这福音上显明出来;这义是本于信,以至于信(按照字面可译为'从信到信');如经上所记,'义人必因信得生'"的顿悟。

---

[1] [美]蒂莫西·乔治:《改教家的神学思想》,第49页。
[2] 同上书,第50页。

　　通过这段经文,路德彻底改变了他对上帝的认识,发现了上帝的恩典,领悟了律法和福音的辩证关系,并由此获得了一种全新的救赎观念。以往,路德只把上帝当作法官看待,对上帝充满恐惧,甚至用一种即使算不上亵渎也是十分不敬的抱怨怨恨上帝;他只看到上帝易怒和好惩罚人的一面,以为上帝是十分严厉的,负有"原罪"之人生前经常会受到上帝的惩罚,死后还要遭到炼狱的折磨。现在,他从耶稣代人赎罪中看到了上帝对人的爱,上帝为了救赎罪人,不惜让他的儿子耶稣蒙受被钉死在十字架上的磨难。通过耶稣代人赎罪,上帝已经与人和解,赦免了人的原罪。耶稣降临人世,完全出自上帝的安排。耶稣也是自愿赴难的,是为解救天下所有的罪人而死的。这样的上帝根本不是凶神恶煞般的法官,而是一位时时刻刻都在关爱着人的善良、仁慈之神。人与上帝之间不是执法官与罪人的关系,而是拯救与被救的关系。上帝的义是一种"被动的义"(iustitia passiva),是一个纯粹的恩典,而这种恩典没有人能够按照自己的意愿,通过自己的努力获得。只有上帝才能救赎罪人,使罪人称义;他的恩典是白白送给信徒的一个礼物。在事关人与上帝的关系问题上,一切都取决于上帝的意志,任何人为的善功都无济于事。对于上帝的仁慈,对于上帝通过他的儿子作出的拯救,人只能通过信仰加以领会,而信仰并不仅仅是理智、感情或意志的气性所进行的活动,而是整个的人在直接面对上帝时应有的态度。信仰不仅是一种认识形式,如相信上帝讲的一切都是正确的,而是指完全而充分地信赖上帝。信心只是接收诚意的器皿,它本身不能使人称义,不能带来恩典,而只能使人意识到一些已经存在的事物,让人接受耶稣基督。信心是圣灵赐予的恩典,不是从自身产生的人的能力。信徒不要把他在上帝面前的地位和他灵魂可以得救的信念归于他实际能做的善功,而要归于耶稣基督在他的使命和功德中显示出来的上帝的恩典。重要的不是人能够做什么,而是上帝已为人做了什么。上帝自上而下降恩于信徒,信徒完全信赖上帝就能得到上帝的宽恕恩典。那些凭借信仰接受了上帝恩典的人"同是罪人与义人"(simul iustas et peccator)。由于人类始祖的堕落,人在一生当中永远是罪人。但对有信仰的人来说,今生已不再怀疑是否被上帝接受。①

　　路德看到人因有原罪和本罪,不能自救,不能在上帝面前称义,上帝借他的儿子耶稣将救恩赐给世人,耶稣受难代人赎罪。因此,拯救的根源来自上帝的恩典。得救的真谛在于相信和接受耶稣基督为主,凭借信心,通过圣灵的工作,使信徒和基督成为一体。由于这种神秘的结合,基督的救赎就在信徒身上生效,使信徒还是作为罪人的时候,就在上帝面前被称为义人了。人不能先行义而后再成为义人,不是通过做好事而成为义人。人必须先成为义人,才能做出真正的善举。因此,路德说:"在今生和律法的义上,我既是亚当的子孙,就真是一个罪人,因而有律法控告我,死亡辖制我,且至终要吞灭我。但是我在今生另有一种义和生命,即上帝的儿子基督,他没有罪,也不被死拘束,倒是公义和永生。靠着他,我这必死的身体也必复活,从律法和罪的挟制中被拯救出来,与心灵一同成圣。"②

　　对于路德来说,这种救赎观的发现是一个巨大的"福音"。它使路德克服了长期怀有的恐惧心理,获得了彻底解脱,也使他对所有人为的事功做出了全盘否定。现在,与人的事功相对立的上帝恩典,具有了不可侵犯的权威。所谓的教会救赎功能、伯拉纠主义或半伯拉纠主义有关意志自由、律法、善功与称义的关系的观点纯属谬论。上帝的恩典、上帝的意志、上帝的旨意以及上帝永恒的拣选和预定,乃是决定人的称义的最主要因素。至晚到1517年,路德就已经开始把这种新认识纳入他的神学理论体系当中了。他在维登贝格大学明确宣讲"我们的神学",并且写作了一份反对经院神学的《驳经院神学论纲》(gegen die scholastische Theologie,1517)③,试图在埃尔福特大学和纽伦贝格大学开展一场辩论,批驳教皇派诡辩家所谓信必须用善行作补充的论调。

---

① 参见"罗马书注释"和"加拉太书注释",载[德]路德:《路德选集》,第494—516页;[美]蒂莫西·乔治:《改教家的神学思想》,第48—55页。

② [德]路德:《路德选集》,第504页。

③ 又称"九十七条论纲",参见雷雨田、伍渭文总主编,路德文集中文版编辑委员会编:《路德文集》,第一卷,《改革运动文献》,伍渭文卷主编,上海三联书店2005年版,第3—11页。

但是不久,赎罪券之争爆发了,这一争论直接引发了轰轰烈烈的宗教改革运动。

二、赎罪券之争

1517 年,多明我会教士约翰·特策尔(Johann Tetzel,大约 1460—1519)受美因兹大主教阿尔布雷希特(Albrecht,1490—1545)和教皇利奥十世的委托,在紧邻维登贝格的马格德堡主教区,大张旗鼓地开始了出售"彼得赎罪券"活动。推销赎罪券的教士们十分卖力地敲钟、游行、发表极具煽动力的布道,鼓吹教皇的赎罪券能使人免除一切惩罚,购买灵魂免受炼狱之苦或购买忏悔特免权者便无悔过之必要,"钱币在钱箱中叮当一击,灵魂就立时飞出炼狱"[1]。

这次赎罪券买卖是与教会内部的一系列秘密交易密切联系在一起的。出自霍亨索伦家族的美因兹大主教阿尔布雷希特早在 1513 年就当上了马格德堡大主教兼哈尔伯施塔特(Halberstadt)主教教区行政长官,但他并不满足,还想成为美因兹大主教并由此成为帝国选侯。尽管这种一身多任的做法有违教会法规,教皇利奥十世还是在 1514 年予以了批准,只是要求阿尔布雷希特缴纳一大笔钱款。而在当时,罗马教廷财政枯竭,利奥十世亟须通过出卖圣职捞一笔外快。阿尔布雷希特遂与教皇达成如下协议:阿尔布雷希特可先向大银行家富格尔借钱支付教皇,教皇则授予阿尔布雷希特为期八年在其所辖区域出售"彼得赎罪券"的权力。所获金钱的一半送交罗马,另一半则为阿尔布雷希特所有,以便他偿还所欠债务。

对于这项秘密交易,路德自然无从知晓。对于赎罪券买卖,他却早就深感不安了。路德认为赎罪券交易在道德上是可耻的,在神学上也是很成问题的;它很不道德地滥用民众对死者的自然感情,而民众为购买

---

[1] 引文见雷雨田、伍渭文总主编,路德文集中文版编辑委员会编:《路德文集》,第一卷,《改革运动文献》,第 18 页。

赎罪券所付出的钱财大都流入罗马,为罗马教皇挥霍浪费掉。他在1516年7月的一次布道中就公开谴责赎罪券是"贪婪者手里惨无人道的牟利工具"[1]。这一谴责最初并没有产生多大效应,许多维登贝格市民依然迷信赎罪券的功效。虽然萨克森选侯智者弗里德里希曾明令禁止特策尔到自己邦国兜售赎罪券,但维登贝格市民仍可到邻近的马格德堡属地于特尔博格(Jüterbogk)购买。他们还向路德展示他们购买的赎罪券,声称无需再做忏悔和告解了。盛怒之下,路德在1517年10月31日万圣节前夕给美因兹大主教写了一封信,力陈赎罪券买卖的弊端,并请求大主教制止特策尔错误的赎罪券布道。[2]随信他寄上了一份用拉丁文撰写的《关于赎罪券效能的辩论》提纲(即《九十五条论纲》),期望进行一次学术性讨论。[3]

在该论纲中,路德着重批评赎罪券叫卖者的贪婪与放肆,指出他们宣称教皇的赎罪券"能使人免除一切刑罚,并且得救","教皇的赦免就是上帝无比的恩赐,能使人与上帝和好","花钱将灵魂赎出炼狱或购买认罪特权者无需存痛悔的心"的观点实属谬误,而那些"遇见贫者扬长而去,却把钱花在赎罪券上"的人"购买的不是教皇的赦免,而是上帝的愤怒"。关于赎罪券,路德指出,赎罪券的恩惠,只及于补赎礼中所科加的惩罚,"就罪债而论,我们认为教皇的赎罪券连最轻微的小罪也不能免

---

[1] 引文见[英]托马斯·马丁·林赛:《宗教改革史》,上册,第198页。

[2] 参见《致美因兹大主教阿尔布莱希特》,载黄保罗、刘新利编译:《路德书信集(1507—1519)》,山东大学出版社2015年版,第37—39页。

[3] 长期以来,人们都认为路德在1517年10月31日万圣节前夕将论纲张贴到维登贝格宫廷教堂的大门上。对于这一"论纲张贴说",德国天主教史学家埃尔温·伊泽洛(Erwin Iserloh)一直持否定态度,他认为此说最早出自路德的同事和战友菲利普·梅兰希通在路德葬礼上的追悼词,而梅兰希通是在宗教改革爆发后才到维登贝格大学任教的,而在当事人和当时人的记载中,人们找不到任何可证实"论纲张贴说"的证据。路德没有将论纲张贴在教堂大门上,而是把它寄给了美因兹大主教。只是在后者置之不理的情况下,路德才把论纲付诸公众。对于宗教改革的发生和后来的教会分裂,天主教会应当承担很大责任,因为路德曾给他们充分的时间,思考赎罪券问题。路德的挑战完全有可能转化为教会改革而不是导致与教会决裂的宗教改革。参见 Erwin Iserloh, *Luther und die Reformation. Beiträge zu einem ökumenischen Lutherverständnis*, Aschaffenburg: Paul Pattloch Verlag, 1974, S. 55—61;孙立新:《天主教路德形象的转变》,载《世界史研究动态》1992年第6期,第11—15页。

除"，赎罪券除了可使人免除教会的惩罚以外，根本不能使人趋于美善，"赎罪券显然不是世俗宝藏"，"也不是基督和圣徒的功德"。教皇"只能宣告或见证罪咎已为上帝所宽赦"，也只能"赦免归他审理的个案"，而"对炼狱中的灵魂来说，教皇并未赦免他们任何按教会法规所定在今生应受的刑罚"。除此之外，路德还强调上帝的恩典和耶稣代人赎罪的功德，指出"罪咎已为上帝所宽赦"，"教会的真正宝藏是彰显上帝荣耀和恩典的至圣福音"，基督徒只要内心悔悟，不买赎罪券也能得救，因为上帝自会赦免其罪过，而"真正痛悔的基督徒甘愿为自己的罪受罚"，应当勉励基督徒努力跟从元首基督，经历刑罚、死亡和地狱。只要经历许多艰难，而不依赖虚假的平安保证，便能对进入天堂充满信心。[①] 可以看到，路德已经开始运用其新发现的神学观念来评论现实的宗教生活了。他虽然无意全面废除赎罪券，也没有彻底否定罗马教皇的权威，但其思想中所蕴含的破坏力却是无比巨大的，足以颠覆所有现行教会体制。宗教改革的序幕由此便拉开了。

　　阿尔布雷希特在他的美因兹夏宫收到了路德的来信和论纲，但未予以答复。为了引起关注，开展广泛的讨论，路德又将论纲分发给维登贝格大学的同事，也寄给了帝国教会的其他高级神职人员以及赎罪券贩子约翰·特策尔。大约在 1517 年圣诞节前夕，纽伦贝格一个名叫卡斯帕·茹策尔(Kasoar Nützel)的市政官员将论纲从拉丁文译为德文，随后又有一些出版商将它印刷成了传单。出乎路德的意料，德文本《九十五条论纲》迅速在神圣罗马帝国各地传播开来，人们争相传阅，纷纷议论，支持者有之，反对者也不在少数。斯特拉斯堡市民激动地把《九十五条论纲》贴在每座教堂和每户人家的大门上，以资庆祝，而特策尔则发表《106 条反论纲》，运用阿奎那的托马斯学说和历代教皇谕令反驳路德的观点。其他一些多明我会士也要求进行反对"新异端"的斗争。

[①] 参见"九十五条论纲"，载雷雨田、伍渭文总主编，路德文集中文版编辑委员会编：《路德文集》，第一卷，《改革运动文献》，第 15—23 页。

在反对九十五条论纲方面,因戈尔施塔特大学教授、神学家约翰内斯·艾克(Johannes Eck,1486 或 1489—1543)尤其卖力;他发表名为《锥标》(*Obelisci*)的小册子,指责路德的主张完全是异端邪说,不仅有害于教皇的权威,也严重危害着天主教的根基。路德则写作《星号》(Asterisci)一文,对艾克的指责进行了严正反驳。

因为赎罪券买卖受到干扰,美因兹大主教阿尔布雷希特在 12 月投书罗马教皇,请求他管一管路德这位"闹事的"教士。与此同时,他也委托美因兹大学对路德的作品作出鉴定。

教皇利奥十世早已习惯了教士间的吵闹,未把"路德事件"(Causa Luthera)看得多么严重,只是把阿尔布雷希特的控告书转给奥古斯丁修会总监、威尼斯(Venezia)的加布里埃尔(Gabriel),要他设法使路德缄言。加布里埃尔又把此项任务交代给施陶皮茨。1518 年 4 月,施陶皮茨传唤路德到海德尔贝格,让他在奥古斯丁教团大会(Ordenskapitel)上陈述自己的观点。路德用 40 个命题第一次把他的神学观点贯穿起来,明确表达了"上帝的话"和记载上帝话的《圣经》是基督教的最高权威、"良知"是人的行为准则、人的得救只来自信仰而不是善功等观点。路德的观点受到大多数奥古斯丁修会弟兄和维登贝格大学同事的支持。符滕姆贝格神学家约翰内斯·布伦兹(Johannes Brenz,1499—1570)和阿尔萨斯神学家马丁·布塞尔(Martin Bucer 或 Butzer,1491—1551)也深表赞同,并很快便在乌尔姆、斯特拉斯堡和科伦等地开始了宗教改革活动。施陶皮茨虽然未表赞同,但也没有提出反对意见,只是要求路德写信向教皇作出解释。

1518 年 5 月,路德写了一份详细的、解释其论纲的长信寄给教皇利奥十世。6 月,教皇根据多明我会修士、书籍审查官西尔维斯特·马佐里尼(Silvester Mazzolini,大约 1456—1523)写的《关于教皇权力的意见》(*De potestate papae dialogus*)的报告,得出这样的结论,所有批评教皇的言论都是异端,必须开启针对路德的异端审讯。7 月,教皇签发传票,勒令路德在 60 天内赶赴罗马受审。8 月 7 日,路德收到教皇的传票,他担心自己会受到罗马教廷的谴责，甚至会被处死，遂通过他的好友、萨克森选侯的顾问和告解神父格奥尔格·施帕拉廷（Georg Spalatin，1484—1545 或 1548），向选侯提出了保护请求。

萨克森选侯智者弗里德里希是一位保守型的"虔诚诸侯"[1]，与奥古斯丁会士交往密切，也深受后者宗教思想的熏陶。他严格按照他所处时代的宗教习俗生活：天天参加弥撒、敬拜玛利亚和圣徒以及他们的遗物。他也十分真诚地相信朝圣、圣物和赎罪券的功效，满怀激情地收集圣徒遗物。1493 年，智者弗里德里希到耶路撒冷朝圣圣墓，被圣墓骑士团（Ordo Equestris Sancti Sepulcri Hierosolymitani，OESSH）册封为骑士，并带回大量遗物。随后他又不断扩大收藏范围，最终建成了一个庞大的圣物收藏库，藏品多达 1.9 万余件，号称可获得 200 万年的赎罪保障。但对罗马教皇聚敛钱财、剥削奴役神圣罗马帝国的行为，萨克森选侯也极表反对，严禁特策尔到他的邦国兜售赎罪券。他意志坚定但又极力避免卷入纠纷，致力于维持帝国国内和平，被后人称为"智者"。萨克森选侯领地拥有丰富的矿产资源，也拥有十分发达的纺织业，其亚麻布产品行销整个欧洲，甚至远输海外，这就使得智者弗里德里希财大气粗，说一不二，以至于教皇不得不对他另眼相看，优待有加。为了引渡路德到罗马受审，教皇利奥十世也在 1518 年以向选侯颁发金玫瑰勋章的方法加以笼络。萨克森选侯却不肯轻易就范。他虽未与路德谋面，但是十分重视路德为他新建的维登贝格大学带来的声誉，准备秘而不宣地提供保护。他以每个德意志人都有权向大公会议上诉，未经公正的审判不得定罪为由，拒绝引渡路德到罗马，坚持在帝国境内审理此案件。萨克森选侯的表态明确表达了一种维护德意志人权利和自由的政治立场，他对马丁·路德的庇护也使得宗教改革从纯粹的宗教神学领域转入了教会政治领域。自此之后，"路德事件"便兼具宗教和政治双重性了。

鉴于弗里德里希的身份地位和政治影响，教皇撤销了传票，同意在

---

① ［英］托马斯·马丁·林赛：《宗教改革史》，上册，第 227 页。

帝国境内审理"路德事件",并指示红衣主教托马斯·德·维奥·卡耶坦(Thomas de Vio Cajetan,1469—1534)以教皇代表的身份出席10月份在奥格斯堡召开的帝国等级会议,主持对路德的审讯。卡耶坦传讯路德10月7日到奥格斯堡进行会谈,路德遵命前往。临行前,萨克森选侯派人送给路德20个金币作为路费,并安排一位法学家担任他的顾问。会谈中,卡耶坦与路德就赎罪券的功效、信仰与圣礼的关系等问题展开了激烈争论。卡耶坦蛮横地要求路德"无条件"地收回他对赎罪券的批评意见,路德却予以坚决拒绝。他不仅不愿意收回自己的立场观点,而且还进一步指出:圣经是唯一的知识源泉。圣经的权威高于阿奎那的托马斯和教皇。只有圣经而不是圣礼(Sakrament)可以使人称义。卡耶坦企图说服帝国等级逮捕路德,但各等级意见不一,无法达成一致意见。通过萨克森选侯的暗中帮助,路德于10月20日逃出奥格斯堡,31日回到维登贝格。

在此期间,萨克森选侯智者弗里德里希在维登贝格大学设立了一个希腊文教席,罗伊希林的侄子、年轻的人文主义者菲利普·梅兰希通(Philipp Melanchthon,1497—1560)应聘担任希腊文教授,并与路德一起参与了大学的教育改革活动。不久,梅兰希通也开始研究神学,成为路德宗教改革最重要、最得力的战友。但在此时,路德对教皇还抱有幻想,他一如既往地相信,可以用出自圣经的证据,让教皇承认他的论纲的正确性。教皇眼见威胁手段不能使路德屈服,也改变手法,派遣教廷司库卡尔·冯·米尔蒂茨(Karl von Miltiz,约1490—1529)出访萨克森选侯邦(Kursachsen),劝说路德顾全大局,不再发表异议并接受特里尔大主教或瑙姆堡(Naumburg)主教的仲裁。在米尔蒂茨的劝告下,路德表示屈服,答应为避免教会分裂而保持沉默。①

但以好斗善辩著称的艾克却不肯罢休,他于1519年6月27日在莱

---

① 参见《致罗马教皇利奥十世》,载黄保罗、刘新利编译:《路德书信集(1507—1519)》,第84—85页。

比锡就"恩典和自由意志"问题与路德的同事、维登贝格大学神学教授安德烈亚斯·博登施泰因·冯·卡尔施塔特（Andreas Bodenstein von Karlstadt，约 1480—1541）和新上任的希腊文教授梅兰希通开始了一场激烈辩论。莱比锡大学将因"路德事件"而刚刚出名的维登贝格大学视为自己的竞争对手，企图通过学术辩论杀杀该大学的威风，故而组织了这一辩论。莱比锡辩论原本与路德无关，艾克却有意要把路德牵扯进来，诱使路德发表直接攻击教皇的言论，以便把路德置于异端的死地，因此，他在辩论过程中，一再提及有关中世纪异端教派和教皇权力的问题。而在看到卡尔施塔特在辩论中陷入被动后，路德和维登贝格大学许多师生都坐不住了，他们决心为捍卫本大学的名誉而战。路德不顾他刚刚对米尔蒂茨做出的保持沉默的许诺，于 7 月 4 日亲临莱比锡辩论现场，维登贝格大学校长亲自出马护送，同行的还有 200 余名教师和学生。在评论受到康斯坦茨大公会议谴责的胡斯学说时，路德声称胡斯派的主张"并非全盘皆错"，即使在那些受到谴责的言论中，也有一些是"好的"和符合基督教宗旨的内容。教会的管辖权"不是神授的权力，而是人的任命或帝王的任命造成的"。一般的宗教会议（大公会议）"也会犯错误"。罗马主教的至高权力在东欧根本得不到承认，在西欧也只有 400 年的历史。东正教是基督教的组成部分，但与教皇毫无关系。早期的基督教徒完全不知教皇至高权力为何物。路德的这番言论，不仅剥夺了教皇在信仰事务上的最高权威，也剥夺了大公会议的最高权威，实际上意味着与天主教会的决裂。① 这些为胡斯进行辩护的言论一出，艾克立即指责路德公开为胡斯翻案，为异端张目，仅仅凭此就完全可以判定路德为异端分子，无需进一步辩论了。

　　莱比锡辩论加深了路德与天主教会的对立，构成宗教改革历史上的一个重要转折点。然而究竟谁是胜利者？这一点至今仍难以断定。艾

---

① Wolfgang Reinhard, *Probleme deutscher Geschichte*, *1495—1806. Reichsreform und Reformation*, *1495—1555*, S. 270；Horst Rabe, *Reich und Glaubensspaltung*, *Deutschland 1500—1600*, S. 146 - 147.

克自称是胜利者,认为自己抓住了把柄,掌握了把路德当作异端来攻击的武器,坚定了罗马教皇将路德判为异端、开除教籍的决心。路德及其支持者也欢呼雀跃,为自己终于说出了早就想说而不敢说的话而畅快淋漓,把被颠倒了的历史重新颠倒过来,使彻底否定罗马教皇和大公会议权威,树立上帝和耶稣基督的权威,成为宗教改革的明确目标了。

1520年5—6月,路德接连发表了《论善功》和《罗马教皇权》两篇长文,进一步阐述了善功的本质及其与信仰的关系,揭露罗马教皇制的黑幕,根据圣经说明教会的性质。在《论善功》中,路德声称信仰高于所有善功,是产生和考验善功的。一般的善功只在乎遵守上帝的戒律,信仰却是对上帝通过基督拯救人类的恩典的信靠,是上帝所吩咐的第一善功。凡凭这种信仰所从事的各种职业和日常生活,都是善功,都是服侍上帝的最美好的场所。[1] 在这里,路德彻底否定了天主教会所宣扬的善功主义和修道主义,提高了一般职业和生活的宗教价值及责任。

在《罗马教皇权》中,路德重申他在莱比锡辩论中对教皇和教会的评论,坚决否定教皇的神权,树立信仰和基督至高无上的权威。对于路德来说,用人的理智来证明信仰是荒谬的,信仰必须以圣经为根据。教会是信仰基督者属灵的合一,也就是《使徒信经》所讲的"圣徒相通"。如果没有这种属灵的合一,任何空间、时间、人物、事工等的合一都不足以构成教会。衡量一个人是不是真正的基督徒,并不看他是否在罗马教会内,而要看他是否有信仰,是不是在真教会当中。真教会的首领并非教皇,而是基督。凡爱基督,并喂养基督羊群的人,都是教皇。基督所赐的钥匙权,并不是给彼得个人的,乃是给全教会的。但在历史上,一些教皇企图统治整个教会,滥用基督所赐的钥匙权,结果不仅达不到目的,还造成了背教、异端、不和、分裂和无信仰等诸般痛苦。更何况有许多教皇本身就是坏人,品行不端,作恶累累。因此,绝不容许将不服从教皇者判为异端,相反,教皇必须跪拜

---

[1] 参见[德]路德:《路德选集》,第13—68页。

在基督之下,接受圣经的裁判。① 路德的教会观高扬信仰和基督的权威,蔑视现行的教会体制,这在当时是极具革命性意义的,也是根本不能为天主教保守势力所容忍的。

1520 年 6 月 15 日,罗马教皇利奥十世发布《主起诏书》(Exsurge Domine),罗列科伦大学和鲁汶大学神学家从路德著作中搜集了 41 条"异端、诽谤和谬误",宣称路德是糟蹋上帝委托给彼得管理的葡萄园的狐狸,勒令所有基督教徒焚毁他的书,而路德和卡尔施塔特等 6 人必须在 60 天的时间内收回自己的观点,否则,就将遭到革出教门的处罚。② 艾克获得了发布这一诏书的授权。

三、路德宗教改革三大檄文与教皇的破门令

面对教皇的威胁,路德不仅没有动摇,反而勇气倍增,甚至设想进行武力抵抗。早在 1520 年 2 月,他就写信向他的朋友倾诉:不能"想象福音事业能够没有骚乱、攻击和暴动而前进。你不能总是把剑铸成笔,也不能总是化干戈为玉帛。上帝之道就是一把剑,就是战争、破坏、攻击、毁灭和毒药"③。5 月,他号召人们"运用百般武器"讨伐教皇、红衣主教等"罗马罪恶城的蛇蝎之群,并且用他们的血来洗我们的手"④。1520 年 8—11 月,路德更以德意志民族代言人的身份进行宣传鼓动,先后发表《致德意志民族的基督教贵族论改善基督教状况书》(*An den christlichen Adel deutscher Nation von des christlichen Standes Besserung*)、《教会被掳于巴比伦》(*De captivitate Babylonica ecclesiae*)和《论基督徒的自由》(*Von der Freiheit eines Christenmenschen*)三大"宗教改革檄文",彻底否定了罗马教皇和天主教会的宗教救赎功能,进一步阐述了基督教

① 参见[德]路德:《路德选集》,第 72—103 页。
② 参见北京师范大学历史系世界古代史教研室编:《世界古代及中古史资料选集》,北京师范大学出版社 1991 年版,第 542—559 页。
③ 孔祥民编著:《德国宗教改革与农民战争》,第 148 页。
④ 同上书,第 149 页。

"真谛",号召"德意志民族的基督教贵族"积极行动起来,开展全方位的改革。

在《致德意志民族的基督教贵族论改善基督教状况书》一文中,路德重点攻击了罗马教廷所宣扬的宗教权力高于世俗权力、只有教会拥有解释圣经的权力、只有教皇拥有召开和确认宗教会议的权力三个基本原则,激烈批判了天主教会所宣扬的教士等级优越论,否定了神职人员是"属灵等级"、其他人则为"属世等级"的观点,提出了全体教徒都是教士的"普遍教士说"(也称作"平信徒皆为祭司说"),声称所有受过洗礼者都可以通过阅读《圣经》直接与上帝交流并从中获得启示和信仰,都可以担任教皇、主教和神父,神职人员并不拥有神圣的特殊身份,所有教徒,除了职务不同以外,其余的一切都是平等的,所谓的教会和教皇永无谬误观点纯属谎言。为了彻底打破教皇的权力垄断,路德重申大公会议权力至上原则,要求召开宗教会议,集中讨论主教授职权、上任年贡、教皇的世俗权力、朝圣、教士独身、斋戒和教会惩罚等问题。鉴于主教顽固不化、抵制革新的情况,路德还要求世俗官厅承担起改革教会的任务,并且主张实行全面的社会政治改革。他号召德意志国王和贵族联合起来,"反对教皇,解放德国",声称"教皇须让我国不再受他们的不堪忍受的劫掠和搜刮,教皇须交还我们的自由、权利、财产、荣誉、身体和灵魂,教皇须让皇权成为名副其实的皇权"。要废除神职人员向罗马缴纳上任年贡和其他收入的规定,取消教皇任命德意志神职人员的权力,驱逐教皇使节,成立帝国教会法院作为本国最高上诉法院,取消皇帝吻教皇脚、为他扶缰引马的污辱性规定,神父可以自由结婚(或不结婚),废除圣职买卖,反对奇装艳服,取消礼拜天以外的所有节日,建立国家教育制度,救济穷人,限制利息,禁止乞讨,等等。[1]

《教会被掳于巴比伦》是用拉丁文写作并面向学院派学者的。在这一檄文中,路德主要讨论了圣礼问题。圣礼是神职人员赖以树立自己的

---

[1] 参见[德]路德:《路德选集》,第 107—158 页。

权威和威望的基础。长期以来天主教会坚持为基督教徒举行洗礼、圣餐礼、忏悔礼、坚振礼、婚姻礼、圣职授予礼和临终敷油礼等七种圣礼,并且声称,神职人员举行的圣礼具有救赎性质。但在路德看来,神职人员举行的圣礼并不能使罪过得到宽恕。根据圣经,只有基督是上帝与人之间的中介,然而教会却篡夺了基督的支配权,把基督的力量和拯救作用据为己有。此外,在圣经中,除了洗礼、圣餐礼和忏悔礼,天主教会所举行的坚振礼、婚姻礼、圣职授予礼和临终敷油礼都没有记载,因此应予废除。路德还否定了天主教会所宣扬的实体转化论,他把圣餐看作信徒与基督之间的一种秘密联合,要求教徒在享用经过祝圣的圣饼时连红葡萄酒也一起喝掉,也就是说要求教徒饼酒同领。[①]

《论基督徒的自由》是路德专门题献给教皇利奥十世的一篇论文,在这里,路德毫不妥协地向教皇表达了福音神学的要旨,强调与所有世俗要求相对立的宗教的良知自由,亦即"属灵的自由"。路德指出,自由就是良知的自由,良知以上帝为依托,不承认任何其他势力的权利要求。属灵的自由具有不受约束、喜乐和创造的性质。然而凡是人都具有"属灵"和"属肉体"的两重性,基督徒也总是过着双重生活的,一是面向上帝(coram Deo)的生活,一是面向世界(coram mundo)的生活。面向上帝的时候,人完全不需要做什么善功,因为人的称义完全是由上帝的恩典所决定的。而在面向世界的时候,人必须保持信仰,并在善功中将这种信仰表达出来,但真正的善功不是教会所规定的种种行为,而是教徒出于爱而对上帝的顺从和对邻人的服务。"基督徒是全然自由的众人之主,不受任何人管辖;基督徒又是全然忠顺的众人之仆,受任何人管辖。"上帝出于对人的爱,已经赦免了人的原罪,与人和解;基督徒皆因信心而被提升高于一切,借属灵的权能毫无例外地成了万有之主,什么都不能伤害他。但完全属灵之人要等到死人复活的末日时刻才能出现,任何人只

---

① 参见[德]路德:《路德选集》,第163—231页;雷雨田、伍渭文总主编,路德文集中文版编辑委员会编:《路德文集》,第一卷,《改革运动文献》,第282—388页。

要仍属肉体,其在未来生活的完美方面就只能是小有进展,在信心和富足方面也只能一天天孕育滋养而成,在此期间,他必须时刻约束自己的肉体,处世交际,做工、禁食、守夜以及遵循其他合理的戒律,心甘情愿地服侍邻人,不计报答或忘恩负义、毁与誉,以及个人得失,直至生命终结,升入天堂。[①] 在这里,路德所强调的虽然只是良知的自由、宗教的自由,不是社会上的自由,但这种自由可以发挥比一般社会革命更强烈的革命性影响。因为这种良知的自由与上帝的应许紧密地联系在一起,上帝至高无上,不容其他任何强权剥夺这一自由。

三大檄文将路德的宗教改革推向了新的高潮,也为后来路德教的创立奠定了坚实基础。

是年9月,教皇的特使将利奥十世的诏书带至帝国发布,紧接着,路德的著作也在一些地方遭到了焚烧(例如10月17日在列日,10月29日在因戈尔施塔特,11月12日在科伦,11月28—29日在美因兹)。维登贝格大学则在10月3日接到诏书,路德称之为"一个不信神的、充满谎言和纯粹艾克式的诏书"。作为对焚烧路德著作行为的一种对抗,路德在许多大学教师和学生的陪同下,于12月10日上午9时在教皇为路德规定的收回"异端邪说"的60天期限即将到期之际,到维登贝格埃尔斯特城门(Elstertor)前当众把教皇的诏书,连同部分经院哲学著作和教会法规一起,投入火中烧毁。维登贝格大多数民众都亲眼见证了这一时刻。这一蔑视教皇命令的大无畏壮举,使路德成为德意志民族的伟大"英雄",但也导致了罗马教皇和天主教保守势力的疯狂攻击。1521年1月3日,教皇利奥十世颁发《宜乎罗马教皇》(Decet Romanum Pontificem)诏书,正式宣布开除路德的教籍。

四、皇帝的惩罚与诸侯的保护

根据当时的帝国法律,一旦罗马教皇宣布开除某人教籍,罗马人国

[①] 参见[德]路德:《路德选集》,第235—268页;雷雨田、伍渭文总主编,路德文集中文版编辑委员会编:《路德文集》,第一卷,《改革运动文献》,第391—429页。

王或皇帝便应紧跟着向此人发布帝国放逐令。新任皇帝卡尔五世却拖延时日，有意利用"路德事件"向在意大利事务上与他作对的教皇施加压力。直到教皇妥协，答应在对法战争和西班牙宗教法庭等事务方面与之合作后，卡尔五世才发布诏令，准备对路德作出有罪宣判并施以惩罚。

1521 年 1 月 27 日，帝国等级会议在帝国城市沃姆斯召开，卡尔五世表示他将谨遵上千年的基督教传统，忠诚于罗马，保护天主教会，对路德实施绝罚。萨克森选侯智者弗里德里希却提醒他不要忘记《选举条款》，未经公正审判，不得放逐帝国任何成员。部分帝国等级还对教皇特使吉罗拉莫·阿莱安德罗（Girolamo Aleandro，1480—1542）敦促会议尽快对路德问题作出决议一事表示强烈抗议，认为这是外来势力对帝国内政的无理干预。因为对法战争需要帝国等级的支持，卡尔五世不能一意孤行，只好作出让步；他在 3 月 6 日发布命令，传唤路德到沃姆斯帝国等级会议陈述自己的立场观点，并许诺保证其人身自由和旅途安全。

路德深知此行凶多吉少，胡斯就是带着皇帝的安全通行证而在宗教会议上被烧死的。但在经过一番激烈的思想斗争后，路德最终下决心前往，路上还高歌他亲自创作的赞美诗。①

4 月 16 日，路德一行抵达沃姆斯，受到许多伯爵、领主及骑士的热情接待。次日下午，在帝国等级会议上，特里尔大主教、帝国选侯里夏德·冯·格赖芬克劳（Richard von Greiffenklau，1467—1531）的全权代表约翰内斯·冯·艾克（Johannes von Eck）首先向路德发难，企图逼迫他承认错误。艾克指着堆放在一处的路德著作，质问路德是否承认这些书是他写的。在路德作出了肯定的答复后，他又质问路德是继续坚持这些书中的观点还是愿意撤回某些观点。路德推说这个问题关系到信仰、灵魂得救和上帝的话等重大问题，需要花点时间加以思考。这一请求得到了准许，审讯暂告结束。

经过一夜思考，在 4 月 18 日下午的会议上，路德拒绝收回自己在已

---

① ［德］亨利希·海涅：《论德国》，薛华、海安译，商务印书馆 1980 年版，第 242 页。

发表著作中所表达的观点,明确表示他将遵从为"上帝之言所吸引"的良心,绝不向任何外在压力屈服。路德还声称,他的著作可分为三类:第一类著作是根据圣经写作的,主要讨论宗教信仰和道德问题,有用无害,明显值得基督徒阅读。这些书不能收回,否则他就必须放弃真理。第二类著作是抨击教皇制度,揭露罗马教皇及其党徒以其理论和邪恶的样例对基督徒灵魂及躯体所造成的危害的,也不应当放弃,否则的话就等于支持暴政。第三类著作是出于论战目的写作的,虽然部分内容和观点过于激烈,其作者也不能保证自己不会犯错,但仍不能收回,除非人们用先知书和福音书的证据将他驳倒。在发表了长篇大论之后,路德总结说:"除非用圣经的明证或清晰的理性说服我(我不能唯独信任教皇和宗教会议的权威,因为众所周知,他们经常犯错误并且彼此矛盾),因我被自己所援引的圣经束缚,我的良心受上帝的话所左右,我不能够也不愿意撤销任何东西;违心之事既不安全,也不适当。我别无选择,这就是我的立场,愿上帝佑助我,阿门。"①

约翰内斯·冯·艾克斥责路德狡辩,要他作出简洁明快的"不"或"是"的回答。路德再次坚决声明他不能违背良心收回己见。大公会议无论通过什么决定,都不会立即成为真理。他能够指出大公会议过去的错误所在,因此他不能从宣告圣经的热情中退却。对于路德的这些话,反对者除了坚持宗教会议没有错误外,几乎是无言以对。夜幕降临之后,会议不欢而散。支持者簇拥路德返回住处,但也有一大群西班牙人在路德背后大声地喊叫,并做出各种各样冷嘲热讽的怪相。②

第二天,卡尔五世向会议提出了一份他亲自起草的公告,号召对已被教皇宣布为异教徒的路德实行惩罚,坚决捍卫天主教信仰、圣礼、教律和传统习惯。对于这一建议,部分帝国等级持保留态度。特里尔大主教

---

① 雷雨田、伍渭文总主编,路德文集中文版编辑委员会编:《路德文集》,第一卷,《改革运动文献》,第597页。引文有改动。
② 同上书,第598—599页。

还组织了一个专门委员会，同路德进行了一次没有皇帝和教皇代表参加的协商，以"善意的兄弟般的劝勉"，要求路德承认康斯坦茨大公会议决议，防止社会动荡和混乱。路德态度坚决，不为所动。特里尔大主教等人又只要求路德作出愿意服从未来的宗教会议裁决表态，其他暂且不论，但也无济于事。路德声称他的良心只服从圣经的真理，无论是帝国等级会议的判决还是大公会议的判决，都不能与圣经的真理相比。他劝慰诸侯们说，"如果他的事工不是出于上帝，那么在三年内，甚至在两年之内，它必会自行灭亡。"① 当前人们可做的只是等待，一切都将由上帝作出最终裁决。

又过了一天，也就是 4 月 20 日，卡尔五世向帝国等级宣布，他已经决定宣布路德为"一个真正的、已被定罪的异端"。这一提议受到帝国等级的坚决反对，他们担心采取强硬措施会激怒民众，导致普遍的动乱。卡尔五世一时无计可施，不得不耐心等待。

4 月 25 日（另一说：4 月 26 日），路德离开沃姆斯。他没有直接回到维登贝格，而是在半途被萨克森选侯派出的骑士"劫持"到了瓦特堡（Wartburg）。萨克森选侯此举意在保护路德，出于政治上的考虑，他不愿公开表明态度，只好取此下策。5 月 25 日，也就是帝国等级会议结束的前一天，卡尔五世签署了由教皇特使阿莱安德罗拟定的《沃姆斯敕令》（Wormser Edikt）。② 此时已有不少帝国等级离会，剩下的人大都是较保守的天主教信徒。敕令宣称："朕罗马人皇帝的职守，不仅是扩大了我日耳曼民族的祖先为保护神圣的罗马和教会，流过许多鲜血，靠上帝的恩宠，用武力征服异教徒而建立起来的神圣罗马帝国的疆界，而且坚持天主教会迄今一直奉行的教规，注意不使任何异端的污垢或嫌疑在罗马帝国内玷污我们的神圣的信仰。如果异端业已出现，就根据形势的需要，

---

① 参见雷雨田、伍渭文总主编，路德文集中文版编辑委员会编：《路德文集》，第一卷，《改革运动文献》，第 606 页。

② 注明日期是 5 月 8 日。在此，阿莱安德罗弄虚作假，故意把敕令公布的日期提前，以便使人相信这是一个在帝国等级会议解散之前由全体与会人员一致通过的文件。

全力以赴地和周密审慎地加以根除；……朕已宣布使大家周知从今以后我们之中的每一个和所有的人都要将马丁·路德作为被砍下脱离上帝教会的枯枝，作为一个顽固不化的裂教者和公然的异端分子。……朕以罗马人皇帝的名义发出谕旨，严令在规定的 20 天期满后，即截止到 5 月 14 日，你们要拒绝向上述马丁·路德提供招待、住所、食物或饮料；任何人不得以语言或行动、秘密的或公开的，以献策或救助应援或支持他；反之，你们不论在什么地方遇到他，要告发他；如果你们有足够的力量，就抓住他，加以严密看管；你们要把他引渡给朕，或使人们把他引渡给朕，或至少告诉朕在哪里抓住他。"[1]对于路德学说的内容，卡尔五世没有发表任何意见。他年纪轻轻，又是新来乍到，对帝国事务和宗教改革事件并没有多少了解。因为同情和支持路德的与会人员大都离去，批准了这一对全体等级都有法律约束力的敕令的仅是参加帝国等级会议的少数代表。因此，该敕令的合法性一直受到争议。萨克森选侯就通过秘密谈判，获得皇帝的下列默许，即不以官方形式把《沃姆斯敕令》送交萨克森选侯邦。这样一来，路德在萨克森选侯邦仍可以进行活动，宗教改革的薪火得以保存，并且不久就狂燃了起来。对此，卡尔五世深感后悔，因为他看到接下来的宗教改革完全超出了他的想象，不仅破坏了教会的统一，而且分裂了帝国。[2]

　　为了应对法国国王的挑战，卡尔五世在签署《沃姆斯敕令》之后就离开帝国，并且一去就是长达九年多的时间。虽然一直通过其顾问大臣进行遥控指挥，但因分身无术，卡尔五世既不能亲自坐镇处理继续发展的宗教改革运动，也没有亲自组织军队镇压骑士暴动和普通人革命。这就使宗教改革获得了另一个较有利的发展机会，其结果虽不是大获全胜却也是部分的成功。

---

[1] 引文见"沃姆斯敕令(1521 年 5 月 8 日)"，载北京师范大学历史系编：《史学选译》，1980—1983 年合订本，第 3 期，第 17—19 页。

[2] Wolfgang Reinhard, *Probleme deutscher Geschichte 1495—1806. Reichsreform und Reformation 1495—1555*, S. 272.

五、路德隐居瓦特堡

从 1521 年 5 月 4 日到 1522 年 3 月 1 日,路德化名"容克·耶尔格"(Junker Jörg),蓄须留发,隐居瓦特堡。他利用这个机会,奋笔疾书,一方面以圣经为尺度对教会的传统进行了严格审查和严厉批判,另一方面也根据他自己对基督教的理解,为福音教社团生活确定了一些基本原则。例如在《论修道的誓愿》(De votis monasticis)一文中,路德指出,修道的誓愿在圣经中并无依据,罗马教会所讲的"圣召"是以善功称义教义为基础的,有违于圣经的要求。超尘脱俗不是基督徒的使命,相反,基督徒应当积极投身现实生活,组建家庭,从事各种世俗工作。结婚建立家庭的教士会发出神圣的光辉,使教士之职更具有令人敬畏的力量。这些观点为福音教徒指明了一种与中世纪天主教徒完全不同的生活态度和生活方式,后来也在福音教地区得到了普遍实施。路德还通过印刷出版的讲道书(Predigtpostillen),为大都未受过较好教育的布道士提供了学习材料,逐渐形成了一种"福音布道文化"。

为了使平信徒拥有一部"真正的"圣经,也为了使德意志平信徒更容易读懂圣经,路德从 1522 年开始到 1532 年用 10 多年的时间,将圣经新旧约全部翻译成德文出版。翻译圣经是路德宗教改革最重要的组成部分,也是路德为德意志民族文化所作出的卓越贡献之一。在此之前,德文圣经已有多个版本,但大都是以中世纪天主教会使用的拉丁文译本为基础的,加上译者德文水平欠佳,粗俗拙劣,佶屈聱牙,文不逮义等问题处处可见。路德以经过伊拉斯谟考订、增删、评释的希腊文圣经为蓝本翻译《圣经·新约》,根据重新发现的希伯来文手稿翻译《圣经·旧约》,并在翻译过程中对德文构词、语法、语句进行了加工和规范,使得他的德译本尽扫以往翻译之积弊,别开生面,不仅有力地推动了宗教改革运动的深入发展,而且也极大地促进了标准的德语书面语言的形成。在德意志国家长期分裂的时代,源自路德的这种统一的德语文字,成为联系德意志各邦国、促进德意志民族融合的重要纽带之一。

　　路德的德译本《圣经·新约》在 1522 年 9 月首次出版,习称"九月圣经"(Septembertestament)。在德译本新约出版之前,路德便已经开始翻译旧约,但因篇幅太大,而且一般人无力一次购买,所以他计划把它分成摩西书(摩西五经)、从约书亚起至以斯帖止各书和先知书三部,陆续翻译出版。第一部书在 1523 年夏完成出版,第二部书于同年圣诞节完成出版,第三部书包括约伯记、诗篇、箴言、传道书等,篇幅最长,翻译难度最大,路德不得不向其他一些学者[如梅兰希通、约翰内斯·布根哈根(Johannes Bugenhagen,1485—1558)、卡 斯 帕 · 克 如 西 格(Caspar Cruciger,1504—1548)、马特乌斯·奥罗迦鲁(Matthäus Aurogallus,大约 1490—1543)、格奥尔格·罗尔(Georg Rörer,1492—1557)等]求助,故而进展缓慢,直到 1532 年方才告竣。路德的全部德文圣经在 1534 年问世,在圣经翻译史上开辟了一个新纪元。借助于新印刷术,路德的德译本圣经迅速传播开来。到 1525 年,已经有 22 个经过路德授权的版本和 110 种翻印本问世,几乎 1/3 能识会读的德意志人都人手一份。①

　　为了使译文"准确无误"、优美生动、合乎民风世情、易于理解传播,路德不耻下问、不辞辛苦地进行调研,向德意志各行各业的人请教,与老妪、儿童交谈,对来自民间的词汇、谚语则反复琢磨,精心造遣,力求创造一种纯粹和清晰的德文,使圣经对德意志人说德语。例如,为了准确翻译圣经中的钱币名称,他曾专门去请教钱币收藏家;为了搞清楚圣经中提到的牛羊内脏名称,他曾去屠宰场考察观摩;他也经常造访菜市场,不是买菜做饭,而是去听小贩们的叫卖。这就使得路德翻译的德文本圣经在相当长的时间里成为德语语言的典范,为民众和作家广泛利用,甚至许多继续信奉天主教的德意志人也深受其影响。路德所创造的一些词汇,如 Blutgeld(血钱,付给凶手的酬金)、friedfertig(和平,避免冲突)和 Nächstenliebe(博爱,邻里之爱)等,至今仍保存在德语语言中。对于德语语言的统一和规范、德意志民族文学的发展以及德意志民族意识的增

---

① Bernd Moeller, *Deutschland im Zeitalter der Reformation*, S. 90.

强，路德的德译本圣经发挥了巨大的促进作用。

路德也不是逐字逐句地进行翻译，而是试图根据字义用德文将圣经的看法转达出来（sensus literalis）。在此，他是根据他自己的理解来解释圣经的。例如他在翻译罗马人书第三章第二十八节时，加上了 allein 或 allein durch（拉丁文写作 sola 或 solum，中文翻译为"仅""只""唯有"等）这个字或词汇，将保罗所写的一段话翻译为，"我们看定了，人称义是仅因着信，不在乎遵行律法"。但在实际上，保罗的原文并没有这个"仅"（solum 或 sola）字。然而路德坚持道，"我要用这个字，我命令用这个字，我的意志就够作为理由"。这不仅是为了要翻译得清楚有力，而且还因为在路德看来，这里涉及基督教教义的主要点，即基督徒因信基督称义，而非因遵行任何律法称义。只有加上这个"仅"，才能将原文本身和保罗的意思真正表达出来。① 因此，尽管引起了一些天主教徒的强烈反对，路德一生也屡次修改他的译本，但始终不取消此"仅"字。在他看来，圣经就是"基督的所作所为"，其中心和目标就是彰扬隐藏在基督身上的上帝的恩典。路德的这种做法不可避免地带有较大主观性，但对于张扬宗教改革主张来说，这样做又是非常有利的。因为通过德译本圣经的广泛传播，路德本人的思想观点也就以旁倚着"神圣的上帝的话"的方式普遍流行开来了。

路德的神学可用"唯有圣经"（sola scriptura, allein durch die Schrift）、"只通过恩典"（sola gratia, allein durch Gnade）、"只通过信仰"（sola fide, allein durch den Glauben）和"唯有基督"（solus Christus, allein Christus）这四个绝对句来概括。

"唯有圣经"是说，圣经为一切有关上帝的信仰和上帝的知识的源泉，也是评判基督徒一切言论和行为的尺度。不是传统而是唯有圣经才是基督教信仰的基础。这就把圣经提高到判断真理的绝对标准的地位，用圣经的权威反对和取代教皇的权威。"只通过恩典"是说，人的称义或

---

① 参见《论翻译》，载［德］路德：《路德选集》，第 379—389 页。

者说得救完全依靠上帝的恩典,无需人的任何协助。上帝的恩典是白白赠送给人的,人只能被动地接受而不能强求。不是因为人的善良品性而是唯有上帝的恩典才为人的得救的保证。上帝的恩典体现了上帝对人的爱,人们无须畏惧上帝,视上帝如凶狠的大法官一样,而是要以爱心回报上帝,按照上帝的吩咐,用爱照拂同类。"只通过信仰"是说,不是通过善功而是仅仅通过信仰人才能称义。只要把基督传达的上帝的话当作礼物来接受,真诚地相信上帝的话,就可以获得心灵上的平静。因为上帝已经通过宽恕,赦免了人的罪过,人类不再背负"原罪"的重压,无须再为这种冒犯上帝的罪行焦虑、忧伤、痛苦,或者向其他方面求助,做无用之功。"唯有基督"是说,耶稣基督是真正的人和真正的神,他的受难是替人赎罪,他的复活意味着人的重生。不是教会而是唯有基督才为信徒的权威。人们只要真心悔悟,与基督同在,就可以获得永生。对于路德的神学来说,基督的受难和复活具有十分特殊的意义,它是上帝的恩典和上帝的拯救的最显著证明,因此,路德神学也经常被称作"十字架神学"。

路德神学产生的前提是对一种新的上帝观的发现。路德原认为上帝是十分严厉的,负有"原罪"之人生前经常会受到上帝的惩罚,死后还要遭受炼狱的折磨。通过钻研圣经和苦思冥想,路德突然醒悟,发现上帝原来是无比仁慈的,他已经通过基督的死亡与人和解,赦免了人的原罪。清白之人已无须惦念原罪,无须依赖教会和善功,只要相信上帝的话,时刻与基督同在,凭良心做事,就可获得永生。从这种对于上帝的新认识出发,路德也对教会、圣职和圣礼作出了新的阐释,得出了所有其他的、不断发生革命性影响的结论,如普遍教士论、两个等级("属灵的等级"和"属世的等级")论和两个王国("宗教的王国"和"世俗的王国")论等等。①

---

① 参见孙立新:《关于马丁·路德的种种神话问题》,载《山东大学学报》1992年第2期;孙立新:《德国当代神学教会史学派的路德研究》,载《文史哲》1994年第1期,第17—24页。

　　路德受到中世纪后期唯名论传统的全面训练。他在埃尔福特大学学习期间,曾大量阅读这场运动主要代表人物(例如奥卡姆的威廉和比尔)的著作,在某些问题上,例如关于共相的问题,路德还是新路派的代表,即使在他成为一位宗教改革家之后情况仍是这样。然而,路德最终突破了以哲学思维来建构神学体系的经院哲学路径。他在讲授四部语录的时候,就对哲学在神学建设中的价值这个问题产生了怀疑,感到在神学和人的"推理"之间存在着一条不可逾越的鸿沟;在他深入研究圣经文本之后,这种感觉就更强烈了。1517 年 9 月,也就是赎罪券之争爆发前的两个月,路德加紧了对经院神学的批判。他指责经院神学将亚里士多德哲学看作基督教教义的前提,用理性的"诡辩"来解释圣经启示,将圣经的伟大主题:恩典、信心和称义等贬低成了烦琐的行话。而在与经院神学决裂后,路德便转向了圣经神学,激进地抛弃了经院神学的标准课程,让神学重新回到圣经的文本当中。[①]

　　路德神学的产生也与神秘主义和人文主义等思潮的影响密不可分,但路德绝不是神秘主义者,也不是真正的人文主义者。路德反对唯灵论,也不赞成人可以成为与神同一的泛神论,而是强调圣经和基督在人与上帝之间的中保作用。在路德看来,人必须通过圣经才能听到上帝的话,才能对上帝有所认识,而人之所以得救,也是与基督的受难不可分的;基督是为人而死的,基督的死表明了上帝与人的和解,表明了上帝对人的原罪的赦免。基督的复活也为人的重生提供了坚实的保证。这种观念与神秘主义者主张的上帝在人心中、人与上帝合二为一等学说是有很大不同的。

　　路德在埃尔福特大学读书时,阅读了不少古典著作,他赞同通过人文主义研究,使古典作家的作品成为新生活和思想的源泉的做法,也赞同约翰·韦塞尔等人文主义者宣扬强烈的反教士学说。在发起宗教改革后,路德与人文主义者梅兰希通通力合作,在维登贝格大学大刀阔斧

_____

[①]　[美]蒂莫西·乔治:《改教家的神学思想》,第 44 页。

地进行人文主义性质的改革。他还遵从梅兰希通的建议,翻译圣经,并在翻译圣经的过程中,采用人文主义者编辑出版的文本和方法。但路德自幼便对宗教问题有着十分敏锐的感受,他所接受的教育也主要是经院哲学,没有参加人文主义者的组织和活动。终其一生,他始终不渝地坚持正统基督教义,如三位一体、处女怀孕、原罪、天堂、地狱等,反对那种强调自我教育运动的人类学乐观主义。对于路德来说,圣徒保罗是最好的神圣真理的解释者。保罗认为人是不完美的和无法自助的,这一学说被路德完全继承了下来。路德还接受了奥古斯丁的神恩独作论,认定人的得救完全出于上帝的恩赐,绝不是出于人的行为。他也重申了奥古斯丁主义的预定论,发扬了贬低自由意志、突出上帝恩典和基督受难的十字架神学。这种深刻的宗教性格最终导致了路德与人文主义大师伊拉斯谟发生争论,并且分道扬镳。

第二节　胡尔德莱希·茨温利的改革

几乎与路德在维登贝格推行宗教改革同时,胡尔德莱希·茨温利也开始在苏黎世宣讲基督教福音了。

按照茨温利本人的说法,他的改革思想完全是独立产生的,并且比路德更早地开始了宗教改革实践。对此,学者们意见不一,毁誉参半。无论怎样,茨温利在苏黎世进行的宗教改革独具特色,却是不争的事实。茨温利从基督的直接统治思想出发,把世俗世界与教会整合在一起,使教会共同体与市民共同体相等同,教会管理与市政管理合一,建立起了带有明显教会管制特色的宗教—政治体制,由世俗官厅通过布道士的指导处理宗教和世俗事务,为宗教改革开辟了一条新路,其影响重大而且深远。

茨温利于 1484 年 1 月 1 日出生在瑞士东部托根堡(Toggenburg)维尔德豪斯(Wildhaus)村的一个富裕农民家庭。父亲(Johann Ulrich Zwingli) 曾任本村村长,叔叔巴托罗缪斯·茨温利(Bartholomäus Zwingli)是瓦伦湖(Walensee)畔韦森(Weesen)主教座堂的首席神父。

茨温利 6 岁时离开家乡,先是跟随叔叔学习拉丁文,后来又到巴塞尔和伯尔尼接受初级教育。1498 年就读于维也纳大学,接触到人文主义思想,成为伊拉斯谟的追随者。1502—1506 年在巴塞尔大学继续深造,获得文科硕士学位,但没有专门研究神学。

1506 年,茨温利出任格拉鲁斯地方神父。为了弥补神学知识的欠缺,他非常自觉地边工作边学习。当时,大批瑞士人以雇佣兵身份参加欧洲大国之间的战争,为不同的外国雇用者卖命,而在战争中经常发生瑞士人打瑞士人的情形,不仅造成了巨大的人员伤亡,也加剧了瑞士联邦内部的矛盾冲突。茨温利至少两次作为随军神父跟随瑞士军队奔赴意大利战场,亲眼看见了战争的惨烈,坚决主张废除雇佣兵制度。1516 年 4 月 14 日,茨温利改任艾恩西德尔恩(Einsiedeln)地方神父,与此同时,他也开始公开抨击天主教会的各种腐败现象,反对赎罪券买卖。

马丁·路德的宗教改革爆发后,茨温利虽然没有明确表态,但也受其影响,转而研究基督教古典作家和教父的著作,特别是《保罗书信》和奥古斯丁的著作,在继续批判天主教会弊端的同时,提出了进行宗教改革的主张。

1519 年 1 月 1 日,茨温利被苏黎世大教堂教士会选为"人民神父"(Praedikant)。他违反传统的布道规则,绕开旧约,直接从新约的"马太福音"篇开讲,将耶稣的生平事迹确立为布道的重点。茨温利的宗教改革由此正式开始。不久,黑死病肆虐苏黎世,1/3 的居民死于瘟疫。茨温利也因探视病人而受到传染,差一点命丧黄泉。患病期间,茨温利深感恐惧和无助,不得不天天向上帝祈祷,把一切生存的希望寄托在上帝的身上。病愈后,他由衷地感激上帝的救治,发誓为侍奉上帝奉献自己的一生。

1522 年 8 月,茨温利发表《食品选择和自由食用》(*Von Erkiesen und Freiheit der Speisen*),这也是他的第一部宗教改革著作。在这里,茨温利批评天主教会的斋戒法规及教会传统与圣经等价论,指出基督教的全部真理都包含在《圣经》之中,灵魂得救是出于上帝的恩赐和对上帝的信仰,不是出于人的善功的积累;圣经是基督教的唯一权威,人人都有阅读圣经和解释圣经的权力。茨温利还以圣经为根据,抨击圣像崇拜和弥撒时的献祭,要求撤除教堂里布置的圣像和图画,取消唱诗和音乐,废除修道制度,准许神职人员结婚。

茨温利的主张受到苏黎世市民的热情支持,但也被多明我会修道士谴责为异端邪说。因为苏黎世教会隶属于康斯坦茨教区,该教区主教遂派专人前来视察,后来又力图制止"违背教规的"拒绝在斋戒期禁食的行为。苏黎世市政当局却作出了与之不同的裁决:关于禁食,《圣经》并无明文规定,不过为了维持秩序,应予遵守。这一裁决虽然带有妥协性,但在实际上否定了主教的管辖权,确立了市政当局的管辖权。与此同时,苏黎世市政当局还申明:只允许宣讲纯真的上帝之道,实际上从官方角度认可了茨温利的宗教改革主张。

但是反对者依然大有人在,并且不仅苏黎世的多明我会修道士,瑞士联邦其他州的天主教保守势力也不断攻击茨温利的学说。苏黎世市政当局决定在1523年1月29日举行一次公开的神学辩论。为此,茨温利把其改革纲领具体化为《六十七条结论》(*Zwinglis 67 Artikel*,1523),开首第一条对福音作了总结,继而抨击了教皇的权威、变体论、圣徒崇拜、善功、斋戒、朝圣、教士独身、告解、赎罪券、苦行、炼狱等不合《圣经》教导的教义,提出了彻底废除这些教义的要求。[①]1月29日,辩论会在苏黎世议会大厅如期举行,各地著名的教俗神学家600余人应邀参加。在辩论的过程中,康斯坦茨主教的代理人约翰·法贝尔(Johann Faber)黔驴技穷,只知道用传统和大公会议的权威来反对茨温利的论纲,并未明确指出具体的错谬。茨温利等宗教改革家则援引圣经,从容不迫地据理反驳各种批评意见。市政会宣布茨温利为获胜者,可以继续布道。[②]

---

① 参见 Ulrich Köpf（Hrsg.）, *Deutsche Geschichte in Quellen und Darstellung*, Band 3: *Reformationszeit 1495—1555*, Stuttgart: Philipp Reclam jun., 2001, S. 237 - 244.

② 参见 Ulrich Köpf（Hrsg.）, *Deutsche Geschichte in Quellen und Darstellung*, Band 3: *Reformationszeit 1495—1555*, S. 244 - 246.

这次辩论史称"苏黎世第一次辩论会",辩论显然是模仿学术论辩的聚会,对于茨温利来说,这自然是一次个人的胜利。不过,更重要的是,市议会从这次辩论之后,便冒升成为有权决定什么才算是符合或不符合圣经教诲的仲裁者,也就是说掌握了宗教决定权。[①] 政教合一,并且政大于、高于教的宗教—政治体系开始初露端倪。

在苏黎世破坏圣像运动大规模爆发后,市政会又在 1523 年 10 月 26—28 日和 1524 年 1 月 13—14 日先后举行了两次辩论,最终正式宣布:终止苏黎世教会对康斯坦茨主教的隶属关系,由市政会直接领导;废除天主教会禁止教士结婚的法规,关闭修道院,将修道院的土地和其他财产转用于慈善事业;取消天主教的弥撒仪式,废除偶像崇拜,烧毁教堂内的祭坛、圣像以及其他各种泥塑木雕,拆除教堂中的彩色玻璃窗户,搬走教堂中的管风琴,把教会改造成一个便于人们学习和讲解《圣经》的朴素场所,把圣餐改变为纪念会餐,实行布道、简易祷告和唱赞美诗等福音教礼拜仪式,洗礼和葬礼不再收费;旧礼教的维护者要么遵从新礼仪,要么流放国外,二者必居其一。在市政会的支持下,也通过市政会决议,宗教改革在苏黎世全面开展起来。在 1524 年 6—7 月,圣像、圣徒遗物、风琴从教堂搬走;12 月修道院财产被没收,大部分修道院被改造成学校。弥撒礼继续到 1525 年,以后不再举行。除此之外,市政会还建立了道德法庭审判案子,没收教会财产以供政府举办慈善福利事业,但也宣布洗礼派为异端,对非政府的,甚至是反政府的宗教改革活动,实施严禁乃至打压政策。这些举措使得市政会成为宗教改革的领导者和推动者。神圣罗马帝国其他城市的宗教改革多有采纳苏黎世模式者。

茨温利虽然没有担任任何政治职务,但作为宗教改革首倡者,他不仅身体力行,努力贯彻自己的主张,而且继续著书立说,进行精神指导。他主张教会当局和市政当局密切合作,认为"没有地方行政官参与的教

---

① ［英］阿利斯特·麦格拉思:《宗教改革运动思潮》,第 157 页。

会是残缺的、不完全的"①。

1524 年 4 月 19 日,茨温利与 33 岁的寡妇安娜·莱因哈特(Anna Reinhart)结婚;此前,他已经与她同居了多年。1525 年,茨温利发表信仰告白《真假宗教诠释》(*De vera et falsa religione*),对他的宗教改革理念和目标进行了详细阐述,揭露并驳斥了天主教会的腐败和谬误,同时也对一些新的洗礼仪式、圣餐仪式和附带祈祷的布道仪式作了明确规定。这一著作通常被视为"归正宗"(reformierte konfession,也称作"改革派"或"改革宗")首部信纲。1524—1529 年,茨温利在神学家和宗教改革家利奥·居德(Leo Jud,1482—1542)帮助下,将《圣经》翻译为具有浓重地方语言特色的瑞士德文本,是为"苏黎世圣经"(Zürcher Bibel),它的出现比路德的圣经全译本早 5 年,可谓福音教第一部全译本圣经。

苏黎世的宗教改革并不仅仅局限于宗教领域。在茨温利的建议和指导下,市政会规定了学校、教会和婚姻制度,编制了有关习俗的法律。茨温利本人则在 1523 年发表名为《简论青年的基督教教育》的拉丁文教育著作,次年,又将此书译成瑞士德语。他提倡学生学习拉丁语、希腊语和希伯来语,系统地由浅入深地学习以《圣经》为核心的宗教课程;也鼓励学生学习自然科学、算术、音乐,积极参加跑、跳、投掷等古希腊竞技运动,掌握多方面的知识,练就健康的体魄。茨温利还十分关心基督教纪律,主张市政当局有义务和责任,以基督的要求为准则,对教会和市民社团进行严密监控。他要求强制性的内部统一,认为真心诚意地虔信上帝的地方行政官可拥有纠正谬误的权力。他也委任了若干"侦探",全面监督礼拜活动和公共道德,使整个城市都受到基督教纪律的约束,并由于坚决贯彻这一措施而成为瑞士和神圣罗马帝国南部城市推行宗教改革的榜样,也为加尔文在瑞士法语区日内瓦(Genève 或 Genf)组建新教会奠定了基础。

与苏黎世临近的瑞士德语区城市如圣加仑、伯尔尼、巴塞尔等,大都

① 引文见[英] G. R. 埃尔顿编:《新编剑桥世界近代史》,第二卷,第 130 页。

接受了茨温利的神学观点。德意志的一些宗教改革家、市政官员和诸侯，如巴特格律恩巴赫（Bad Groenenbach）和赫尔比斯豪芬（Herbishofen）等地的统治者也赞同茨温利的主张。茨温利也对其他地方的宗教改革表示出莫大的关注，并通过他的密友约翰内斯·奥科兰帕迪乌斯（Johannes Oecolampadius，1482—1531）对巴塞尔市政府推行的宗教改革予以慷慨支援。他甚至与在蒂罗尔发动农民起义的米夏埃尔·盖斯迈尔（Michael Gaismair，1490—1532）等人有过交往。但在社会和经济方面比较落后且以出卖雇佣兵闻名的卢塞恩、乌里、施维茨、翁特瓦尔登和楚格等森林州，天主教保守势力十分强大，反对宗教改革者态度坚决。他们不仅继续坚持旧信仰，而且还操纵各州，结成政治同盟，并与哈布斯堡家族的奥地利大公费迪南建立了合作关系，决议手持武器捍卫天主教。

茨温利则在1528年筹划组建了基督教城市同盟，同时也建立了一支比较强大的军队，同样要以武力捍卫宗教改革事业。到1529年，圣加仑、伯尔尼、巴塞尔、康斯坦茨、比尔（Biel）、米尔豪森（Mühlhausen）和沙夫豪森等城市和州都加入了这个同盟。1529年6月24日，森林州在第一次卡佩尔（Kappel）战争中战败，签订《卡佩尔和约》，放弃与哈布斯堡的联盟并承认信仰自由。具有茨温利印记的宗教改革迅速传布开来，沙夫豪森、格拉鲁斯、格劳宾登（Graubünden）、阿彭策尔、斯特拉斯堡和阿尔萨斯的米尔豪森等城市都改宗福音教，茨温利的宗教改革一度取得了巨大胜利。

茨温利的宗教改革是由人文主义所主导的，而在当时，人文主义也是该地区唯一具有影响力的思想力量。瑞士在地理上接近意大利，是文艺复兴运动自南欧向北欧传播的主要通道，诸如弗洛绍尔（Froschauer，苏黎世）、弗罗本（Froben，巴塞尔）和克拉坦德（Cratander，巴塞尔）等闻名全欧的印刷所都集中在这里，人文主义团体（通常称为"宗教社"）也很早就在巴塞尔大学中兴起了。茨温利早年加入过人文主义宗教社，也同瑞士的许多人文主义者一样，尊崇伊拉斯谟"效法基督"（imitatio

Christi)的观点,着力于道德与伦理的更新,教会与社会的改革。他最初只把宗教改革看作一个训练或教育的过程,人为的过程,着重于改进教会的宗教实践活动,例如教会的组织和管理方式、教堂设施和宗教崇拜等。只是后来在路德宗教改革的影响下,茨温利才认识到保罗和奥古斯丁等人学说的重要性,开始将宗教看作属灵的和内在的事物,认为宗教的基本目的是谆谆教诲信徒养成谦卑和甘愿顺服上帝等一系列内在的品质。

同路德一样,茨温利也主张圣经是信仰的基础,上帝的恩典胜过人类的行动,否认教会作为一个中间人和恩典管理者的作用,谴责炼狱、赎罪券和教士独身等教会教义,要求废除圣经没有规定的礼拜仪式,并且主要依靠世俗政权的支持来推行宗教改革。

不同的是,茨温利比路德更重视教会和国家的改革,力图以福音和公共利益取代个人主义和自私自利,从总体上对整个社会生活和政治生活进行彻底更新。在他看来,教会与国家紧密联系在一起,教会生活与国家生活并没有多大分别。"所有关于我们邻人的法律均植根于自然法。"自然法与福音书同出一源。"自然法只不过是圣灵的领导和向导而已。"然而,要使自然法得到遵守,正确理解自然法的信者与自觉遵从上帝意愿的政府都是不可缺少的。教会对国家负责,国家对教会负责。"最和平、最敬神的制度将在上帝之言宣讲得最为纯粹的地方发现。"而最好的政府形式是代议民主制方式的贵族政体。①

但自改革伊始,茨温利就对其处境的政治状况有非常清楚的认识,并且在一定程度上是使自己顺从现实的。他知道,若无市议会的同意和积极参与,苏黎世的宗教改革是难以进行的。反过来,要进行宗教改革必须首先进行政治改革。因此他声称传道者与统治者都是受委托者,是要在苏黎世乃至整个世界上建立上帝的管治的。他们分工不同,但都直

---

① 参见[德]彼得·布瑞克:《1525年革命——对德国农民战争的新透视》,陈海珠等译,广西师范大学出版社2008年版,第176—179页。

接对上帝负责。茨温利希望在苏黎世建立一种神治的政体,也就是说将整个城市群体的生活置于上帝的管治之下;牧师与地方官员都受命宣讲与执行这一管治。但在第一次苏黎世辩论会之后,市议会成为仲裁者,实际掌握了解释圣经的权力,甚至将自己的地位凌驾于上帝的话之上。对此,茨温利心知肚明,但为了使宗教改革得以顺利推行,他不仅容忍而且采取了积极支持的行动;他的人文主义根底使他更容易对可利用的世俗力量采取妥协的实用主义的态度。①

第三节　激进派宗教改革

一、概念解说

路德和茨温利的宗教改革尽管存在较大差异,但都得到了部分官方势力的保护和支持,并且借助于这种保护和支持,逐步贯彻落实。而为了保持社会稳定,防止动乱,他们也有意识地保留了部分传统教义和礼拜仪式,没有完全将那些可从他们的神学中推论出的革命性观念付诸实践。

恰恰因此,路德和茨温利的宗教改革都受到部分思想观念、立场态度、行为方式更为激进的追随者的反对。他们拥护路德和茨温利的宗教改革,但又不满于新的正统教义,主张进行更彻底的改革,剪除教会传统的赘生物,实行教会与国家的严格分离制度,重建以原始基督教为导向、基于各个共同体成员的自愿联合的自由教会或信仰者共同体,实行普遍教士原则和民主选举长老或执事,消除所有等级差别和地位不平等。

路德、茨温利以及后来的加尔文等主流宗教改革家可谓"宪制派宗教改革家"(magisterial reformers),他们的改革属于"宪制派宗教改革"(magisterial reformation)。② 而那些主张将路德和茨温利的宗教改革引

---

① [英]阿利斯特·麦格拉思:《宗教改革运动思潮》,第 220—221 页。
② 参见[美]蒂莫西·乔治:《改教家的神学思想》,导论第 4—6 页。

向深入,实行更彻底、更全面的改革的个人和团体则是宗教改革的激进派,他们的改革属于"激进派宗教改革"(radical Reformation),其代表人物主要有卡尔施塔特、托马斯·闵采尔以及洗礼派思想家,如巴尔塔萨·胡布迈尔(Balthasar Hubmaier,1480 或 1485—1528)、皮尔格拉姆·马柏克(Pilgram Marbeck,1495—1556)与门诺·西蒙斯(Menno Simons,1496—1561)等。① "宪制派宗教改革家"、"宪制派宗教改革"和"激进派宗教改革"等概念均由美国神学家和历史学家乔治·休斯顿·威廉姆斯(George Huntston Williams,1914—2000)率先采用②,现已得到广泛接受。

激进派不承认任何权威和传统,他们相信圣灵存在于人的身体里或者说存在于大自然之中,在信仰问题上,所有外部的东西,例如作为机构的教会、圣礼和信条,在某些情况下甚至包括书写在圣经中的文字,都无关紧要,甚至必须加以抛弃。但是激进派每一个分支都有自己独特的根源,他们彼此之间的思想和行为也不尽完全相同。有的源自中世纪后期的神秘主义(属灵派);有的则源自由圣灵光照和由圣经获得的理性(福音理性派)。有的主张建立庞大的、包括所有"义人"在内的教会;有的则主张遁世隐居,在极其狭小的宗教团体里为世界末日做好准备。在对待官方的态度上,他们意见也很不一致:有的承认政府的强制权力,认为例如发动战争和判处死刑等权力,是某类必须要有的邪恶,基督徒担任地方行政官员无损于他们的正直;有的则拒绝所有公职,不容许向国家或城市政府作出任何妥协,力争恢复原始基督教时期的教会体制,在平均主义的原则基础上,建立摆脱所有社会监控和教会统治的"使徒共同体",使全部生活圣洁化。此外,大部分激进派成员反对暴力,倾向于回避流血的强制,但也有人坚决主张动用刀剑,彻底消灭不敬上帝者,建立

① 参见[美]蒂莫西·乔治:《改教家的神学思想》,导论第 9 页。
② George H. Williams, *The Radical Reformation*, Philadelphia:Wetminster Press, 1962 (3rd ed., Truman State Univ Press, 2000);参见孙立新:《再洗礼派与"激进的宗教改革"》,载《山东大学学报》1994 年第 2 期,第 101—107 页。

人间天国。

在激进派宗教改革运动当中,洗礼派占有一席重要地位。他们特别反对婴儿受洗,主张成年人洗礼和信仰洗礼(Gläubigentaufe),认为洗礼是以主动的个人信仰告白为前提的,婴儿受洗没有圣经依据,婴儿既不懂得忏悔,也不可能有信仰,只有理智健全、信仰坚定的成年人才可以接受洗礼。他们也只给那些亲自要求施洗的人举行洗礼,只接纳那些以信仰者身份接受了洗礼的人加入共同体。

许多史书都把洗礼派称作"再洗礼派",但"再洗礼派"这个概念带有论战性和蔑视性,是为洗礼派的反对者所惯用的一个称谓。在他们看来,洗礼派反对婴儿受洗,主张成年人受洗,但他们早就得到了一次洗礼,后来的洗礼是第二次洗礼。洗礼派及其后继者从一开始就拒绝"再洗礼派"概念。对于他们来说,他们在婴儿时接受的洗礼是不符合《圣经》教导的,因此也是无效的,他们后来接受的洗礼并非第二次受洗而是首次受洗,根本不存在"重新洗礼"或"再洗礼"问题。由此可见,"再洗礼派"概念是不合适的,应当用不含褒贬的、中性的"洗礼派"概念取而代之。[1]

激进派的宗教改革不为主流派宗教改革家所容忍,也受到官方的严厉监控和迫害;大批信徒惨遭极刑,成为福音教的殉教者。路德称其为"狂热分子",加尔文则直言他们是"骗子""没脑子""驴子""恶棍""疯狗"。[2] 统治当局之所以采取严厉措施予以镇压,主要不是因为激进派非同寻常的神学观点,而是因为他们追求自由的行动对教俗官厅的权力要求构成了严重威胁。[3] 1529 年的施佩耶尔帝国等级会议甚至专门颁布《关于再洗礼派的决议》(Wiedertäufermandat),规定对洗礼派实施死刑的处罚。[4] 大多数激进派被迫在官方教会之外发展他们的基督教生活方

---

① Wolfgang Reinhard, *Probleme deutscher Geschichte 1495—1806. Reichsreform und Reformation 1495—1555*, S. 298 - 299.

② [美]蒂莫西·乔治:《改教家的神学思想》,第 236 页。

③ Rainer Wohlfeil, *Einführung in die Geschichte der deutschen Reformaton*, München:Beck, 1982, S. 28.

④ [美]蒂莫西·乔治:《改教家的神学思想》,第 264—265 页。

式,许多人宁愿接受流放、折磨和罚款,也不否定那呼召他们背起十字架,跟随他的救世主。

激进派的宗教改革是 16 世纪福音运动的重要组成部分,虽然一直处于受压制、遭迫害的状态,但就其根本的动力和灵性上的活力来说,激进派宗教改革既不处在边缘,也不处于外围,而是"宗教改革的改革",是"对天主教纠正的纠正",是一场孕育了现代自由教会的伟大革新运动。

二、维登贝格的骚乱

马丁·路德在沃姆斯帝国等级会议上的大无畏表现,尤其在宗教改革的发源地埃尔福特和维登贝格产生了巨大影响。1521 年 4 月和 6 月,埃尔福特大学拥护宗教改革的大学生们开始驱逐神父,甚至多次动用武力。同年 12 月 3 日,维登贝格大学学生也发生同样的暴动,不少神父被从讲坛上拉了下来。许多修士离开了修道院,还俗为民,甚或娶妻生子。而在教会内部,主张废除弥撒,改行符合福音要求的圣礼的呼声也日益高涨。在此情形下,路德的老师和同事、维登贝格大学神学家卡尔施塔特的思想也不断激进,并且果敢地采取了一系列行动。当维登贝格市民强请市政会颁布法律,废除弥撒,将圣餐杯给予平信徒时,卡尔施塔特乘机取得领导地位,开始将路德提出的一些主张付诸实践,决心把"被掳于巴比伦的教会"解放出来。

卡尔施塔特是卡尔施塔特市一位酒窖技师的儿子,1499 年就读埃尔福特大学,后转入科伦大学,并在这里熟悉了托马斯主义。1505 年,卡尔施塔特转入维登贝格大学,专门研究奥卡姆的著作,5 年后获得神学博士学位,不久又成为隶属于大学的万圣教堂神学教授和副主祭。

卡尔施塔特还是路德的老师,曾参加过路德的博士论文答辩。对于路德的神学思想,他最初表示反对,后来却成为热情的支持者,并通过研读奥古斯丁的著作,形成了一套独特的宗教改革纲领,特别是在俗人权能方面,他的观点大大超越了路德和其他宗教改革家。

卡尔施塔特相信朴实无华是最大的智慧,上帝对智者往往虚与委蛇,对普通人却坦诚无欺;《圣经》是一切生活的最高准则,普通人的理解比教士和神学家的理解更纯正,更精准;上帝自驱逐亚当出伊甸园之后就设立了农民等级,但没有设立学者等级;教会为一完全圣洁信徒的团体,神学家却毫无用武之地。基于这样的认识,卡尔施塔特深入市民家庭,请他们解说圣经的疑难章句。他也力主解散学校,奉劝学生回家务农,自食其力,过简单生活。卡尔施塔特尤其反对弥撒、献祭、圣像崇拜、教士独身和修士誓愿等旧礼仪,坚决主张修道士还俗,极力号召捣毁教堂中的所有圣像,用饼和酒两种形式举行圣餐。

1521 年圣诞之夜,卡尔施塔特示威性地身穿世俗服装,用德语在维登贝格大教堂举行了一场没有祭祀祈祷的福音教圣餐:圣餐以教徒饼酒同领的形式举行,献祭和事先忏悔均被废除。大约有 2 000 多名市民(占维登贝格市民总数的 4/5)参加了此次圣礼。

1522 年 1 月 19 日,卡尔施塔特与年仅 15 岁的安娜结婚,并示威性地举行了一场隆重婚礼。

卡尔施塔特还控制了维登贝格市政会,迫使市政当局在 1522 年 1 月 24 日(另一说:1 月 22 日)颁布一份《城市条例》(Stadtordnung),不仅要改革圣礼和废除圣像,还要没收修道院财产,设立公共基金,救助穷人,关闭妓院,铲除社会弊端。[①]

在维登贝格的运动中,圣像问题位于公众兴趣的首位。当时群情激昂,要求废除圣像的呼声一浪高过一浪。卡尔施塔特遂写作了小册子《论废除圣像》(Von abtuhung der Bylder)[②],掀起了一场轰轰烈烈的圣像破坏运动(Bildersturm),许多礼拜堂和修道院的祭坛都被捣毁,圣母玛利亚画像和圣徒雕像被拆除并被投入火中。

尼克劳斯·施托尔希(Nikolaus Storch,卒于 1525 年)、托马斯·德

---

① 参见 Ulrich Köpf（Hrsg.），*Deutsche Geschichte in Quellen und Darstellung*，Band 3：*Reformationszeit 1495—1555*，S. 200 - 203.

② Ebd., S. 205 - 207.

赖克塞尔(Thomas Drechsel)、马库斯·施蒂讷尔(Markus Stübner)等具有神秘主义思想的"茨维考先知"(Zwickauer Propheten)的到来,则为维登贝格的运动提供了新的刺激。对于他们来说,教会的圣礼是毫无用处的,婴儿受洗和教牧制度根本不符合上帝的意愿,是非宗教的、空洞的仪式。每个人的心中都有一种"内在的光",圣灵的直接启示比圣经文本和布道师言辞更重要。不信上帝者要被敬虔者或土耳其人杀戮,千禧年王国马上就要到来。受其影响,卡尔施塔特不再仅仅从《圣经》中寻找依据,而是更多地援用精神召唤了。改革措施日趋激进,局势陷入一片混乱。婴儿受洗受到严厉禁止,教坛里的圣坛被撤除,修道院和妓院全都被关闭了。[①]

面对日益加剧的大动乱,维登贝格市政当局开始感到恐惧,但又束手无策,只好请求路德出面维持秩序。路德因为受到帝国绝罚自身尚且难保,但又感到有责任纠正卡尔施塔特等人对于他的主张的误解,遂不顾萨克森选侯的反对,在1522年3月1日离开瓦特堡重返维登贝格。动身之前,路德就写作了《劝基督徒勿从事叛乱书》(Eine treue Vermahnung zu allen Christen, sich zu hüten vor Aufruhr und Empörung)一文,反复强调叛乱是一种不利的方法,缺乏理智,是由魔鬼建议的,违背上帝的旨意,它所产生的害处常常超过它所达成的改革。基督徒不应当动用武力,而是要宣扬上帝的话,将真理散布于民间,使人心受其感化,自甘接受真信仰。[②]

3月9—16日,路德示威性地穿戴旧僧服,在维登贝格大教堂连续举行了八场"四旬斋布道"(Invokavitpredigten),竭力劝说市民控制自己的情绪,停止过激行动。路德肯定卡尔施塔特宗教改革的意愿是好的,但是批评他没有考虑到普通民众的理解和接受能力,他的激进行为只能使众多"信心软弱者"感到不安和恐慌。路德虽然同大多数激进分子一样,

① Wolfgang Reinhard, *Probleme deutscher Geschichte 1495—1806. Reichsreform und Reformation 1495—1555*, S. 295.
② 参见《劝基督徒勿从事叛乱书》,载[德]路德:《路德选集》,第 260—268 页。

也认为世界末日马上就要来到,因为教皇这个"反基督者"已在教会中占据了中心地位,但他强调上帝会用他的话来摧毁敌基督者的统治的。只有魔鬼才会教唆教徒动用暴力手段。路德指出,要进行值得期待的革新,必须首先形成一种福音意识。对尚不坚定的良知施加压力,是对福音自由的伤害,也是一种新的律法行为。福音是自由的,但不是一种新法律。用暴动的方式进行自救是为上帝所禁止的。即使是出于良好的动机,也只会把事情搞糟了。至于天主教弥撒,其基本错误不在乎仪式,而在乎把仪式与全部礼拜视为一种功德,一种有法术效果的动作,致使异邦人献祭的观念乘机混入了进来,因此,必须废除具有献祭与功德意味的礼拜仪式,将弥撒提高到高尚与合福音的水准。对于旧的礼拜仪式要暂时予以容忍,新的礼拜仪式要等到教徒接受了足够的教导才可运用。应当废除所有不符合《圣经》规定的传统,但有些传统虽然不是以《圣经》为依据的,对于教徒的生活却很有帮助,对于这些传统也应当予以保留。关键的东西是爱,而不是外在的事物。没有爱,上帝必降灾于此,使之变成罪恶之城。废除圣像毫无必要,因为圣像本身是无害的。①

路德的主张得到了市政会的赞同,旧式圣礼得到了恢复,只是祭祀祈祷不再举行。路德本人也重新掌握了运动的领导权,并把改革引向了较为保守的道路。卡尔施塔特坚持己见,公开与路德对抗。对于他来说,如果福音教社团已经决定遵从上帝的意志履行自己的义务了,那么照顾"软弱者"和依靠官厅便是魔鬼的谎言。他脱下了僧服,穿起了农民的衣裳。他也放弃了博士头衔,让人称他为"安德烈兄弟"。路德要求市政会予以惩处。市政会遂发布禁令,没收卡尔施塔特的著述,并强迫他本人离开维登贝格。1523 年,卡尔施塔特去了奥拉明德(Orlamünde),并在当地社团的支持下继续推行激进的宗教改革;他试图借助普通人的

---

① 参见《马丁·路德博士的八篇讲道词》,载[德]路德:《路德选集》,第 272—291 页;《路德讲道词八篇》,载[德]马丁·路德:《马丁·路德文选》,马丁·路德著作翻译小组译,中国社会科学出版社 2003 年版,第 97—122 页;Wolfgang Reinhard, *Probleme deutscher Geschichte 1495—1806. Reichsreform und Reformation 1495—1555*, S. 296.

帮助,实现他的敌视受教育者的思想观念,"在农民当中做农民"。卡尔施塔特还著文反对关于基督的身体和血液真正临在圣餐之中的观点,要求废除婴儿受洗制度,远离风琴和圣像。一段时间,他与具有革命倾向的激进派宗教改革家托马斯·闵采尔有些联系,但不赞成后者"动用刀剑"的主张。就其拒绝武力、超尘脱俗的思想而言,他的立场观点更接近于后来在瑞士出现的洗礼派。

卡尔施塔特关于圣餐礼的观点得到了茨温利的赞成,但是受到路德的坚决反对。1524 年,路德与卡尔施塔特在耶拿(Jena)和奥拉明德进行了两次激烈争论;卡尔施塔特坚持己见,最终被萨克森选侯驱逐出萨克森选侯邦。路德把卡尔施塔特的"清静主义"与闵采尔反教权主义的叛乱计划混为一谈,并在 1524—1525 年专门写作了《在形象和圣礼上反对那些天上的先知》一文,用相当激烈的言辞反击卡尔施塔特之神秘主义的主观意向,坚持以上帝的话作为一切教义的基础和准则的主张,认定信心和理性各有其特定的权威本色。[1]

在被驱逐出萨克森选侯邦之后,卡尔施塔特及其家人长时间处于一种漂泊不定的流浪状态,直到 1534 年才在巴塞尔获得担任布道士和教授的聘任。1541 年圣诞节时,他因感染瘟疫而病逝。[2]

路德继续在维登贝格掌控宗教改革的大方向。他在 1522 年 9 月探访位于弗赖贝格穆尔德河畔的萨克森选侯邦小城镇莱斯尼希(Leisnig),参与制定了该城的《公库条例》(Leisniger Kastenordnung),为当地市民的宗教和道德生活等事作出了新的规定。[3] 莱斯尼希的基督徒会众据此自行选举了牧师和传道人,但是受到对该城拥有保护权的邻近的昔斯妥(Cisteaux 也写作 Cîteaux 或 Zisterz)修道院院长的反对。1523 年初,莱

---

① 参见雷雨田、伍渭文总主编,路德文集中文版编辑委员会编:《路德文集》,第二卷,《改革运动文献》,雷雨田卷主编,上海三联书店 2005 年版,第 131—275 页。

② Wolfgang Reinhard, *Probleme deutscher Geschichte 1495—1806. Reichsreform und Reformation 1495—1555*, S. 296.

③ 参见 Ulrich Köpf (Hrsg.), *Deutsche Geschichte in Quellen und Darstellung*, Band 3: *Reformationszeit 1495—1555*, S. 208 - 211.

斯尼希基督徒会众派遣代表到维登贝格拜访路德，希望他对他们整顿财政机构、改变礼拜制度、聘召牧师和传道人的做法提供圣经依据。路德除了口授之外，还专门写作了《圣经确立和证实：基督徒会众有权能判断一切教训、召请和任免教师》一文，明确指出上帝的话是牧职的理论依据，基督徒会众基于洗礼而共同分享了上帝的话的权威，有权聘召自己的牧师和传道人。在判断教训和任免教师或牧师的事情上，人们根本不应考虑世俗法规、法律、先规成例、习俗等，即使它们是由教皇、皇帝、君主或主教制定的，一半或者整个世界都接受了它们，并且实行了数百年，甚至上千年，而是必须根据圣经和上帝的话来处理。[①] 该文在当年 5 月印行出版，不仅为莱斯尼希，也为其他城市的宗教改革提供了原则性指导。

三、托马斯·闵采尔的宣传鼓动

托马斯·闵采尔是马丁·路德的学生，他同卡尔施塔特一样，最初支持路德，后来又与路德分道扬镳，甚至反目成仇，相互攻击。作为一位激进派宗教改革家，闵采尔在神秘主义的基础上把唯灵论、洗礼论、末世论和社会革命思想结合在一起，提出了立即创建地上天国的主张，并期望借助于农民、矿工、城市平民的起义加以实现。

闵采尔出生于哈尔茨山区施托尔贝格（Stolberg）伯爵领地的一个农民家庭。[②] 童年时，他的父亲惨遭施托尔贝格伯爵杀害，母亲带着他和其他家人迁往克维德林堡。1506 年，闵采尔进入莱比锡大学攻读哲学和神学，1512 年又转入奥得河畔法兰克福大学，不仅深入研究了《圣经》，还学会了拉丁文、希腊文和希伯来文，并能为人治病。他最终获得了文学学士、文学硕士和圣经学士等学位，但无法确定他是在哪所大学获得这些

---

① 参见雷雨田、伍渭文总主编，路德文集中文版编辑委员会编：《路德文集》，第二卷，《改革运动文献》，第 97—106 页。

② 也有人说他出生于市民家庭，见［德］布劳巴赫等：《德意志史》，第二卷，第 75 页。因资料匮乏，闵采尔的家世和出生年代难以确定。

学位的。①

1513 年,闵采尔在哈尔伯施塔特主教管区获得担任教职资格,先在不伦瑞克市的米夏埃尔教堂工作过一段时间,后来又在阿舍斯勒本(Aschersleben)市的弗罗泽修道院任教师和见习神父。1516 年升任弗罗泽修道院长,并在当地创办了一所私人学校,招收一些富裕市民子弟入学。1517—1519 年,闵采尔经常到维登贝格,拜路德为师,对路德反对赎罪券买卖、倡导宗教改革的行动深表敬仰和支持,也有可能参加过莱比锡辩论。

因为思想激进,闵采尔的职业生涯屡遭波折,前后更换了多个岗位,而且多属替补性的。1519 年,他到于特尔博格做代理布道士,后改任韦森费尔斯(Weißenfels)波伊蒂茨(Beuditz)修道院做昔斯妥修女的告解神父,次年又到茨维考(Zwickau)做代理布道士和布道士。

茨维考位于从纽伦贝格到莱比锡和北方的商道上,工商业发达,盛产啤酒、呢绒、亚麻布,附近不远处有大型银矿,被誉为"萨克森的珍珠"。在这里,埃克哈特派的宗教神秘主义流传甚广,以尼克劳斯·施托尔希、托马斯·德赖克塞尔、马库斯·施蒂讷尔等人为代表的"茨维考先知"经常举行秘密集会。受其影响,闵采尔的思想发生了重大转变。他认为路德在宗教改革的道路上只走了一半就止步不前了。路德虽然推翻了外表的教皇权威,但又树立了外表的《圣经》的权威。闵采尔相信"上帝的话"并不存在书本的字句中,而是隐藏在人们心中。与个人内心神秘的经验和纯粹灵性相比,《圣经》也是次要的。即使没有《圣经》的帮助,人也可以通过内心悟解来接受上帝的启示,加入被预选者、圣民的团体。圣民应当与世界上的其他人分别开来,正如麦子要与秕糠分别一样。圣民应当过一种全新的社团生活,因为上帝希望他的王国变为现实。对于这些观点,路德并不认同,他批评闵采尔不加批判地接受了中世纪异象

---

① 有人说他曾在维登堡大学读博士学位,但并无充足的资料证明。参见孔祥民编著:《德国宗教改革与农民战争》,第 227 页。

宗教和神秘主义的观念,没有正确理解人与上帝、启示与个人思想的关系,抹杀或淡化了人在上帝面前有罪的感觉与责任。闵采尔不顾路德的劝阻,继续与"茨维考先知"们密切交往。茨维考市政当局怀疑他们密谋造反,便在1521年4月将他们全部驱逐出了本市。

　　1521年6月,闵采尔一行到达布拉格。他们试图与波希米亚胡斯教派中的激进派塔波尔派①建立联系,促进宗教改革运动全面发展。11月,闵采尔发表《布拉格宣言》,声称"要继基督的卓越战士约翰·胡斯之后,使响亮的号角发出新的歌声",消灭"不敬上帝的家伙",创建"革新使徒的教会",并将其"扩展到全世界"。他号召上帝的"特选子民",不要"一味死背圣经""祈祷哑巴上帝",而是"依据理性加以确证""祈祷活的、会说话的上帝"。② 闵采尔强调人的理性,要求遵从活的、会说话的上帝,声称"信仰无非是理性在人身上的复苏,因此非基督徒同样可以有信仰。通过这种信仰,通过这种复苏的理性,人人可以有神性,人人可以升天堂。因此天堂并不是什么彼岸世界的事物,天堂须在此生中寻找,信徒的使命就是要把天堂即天国在现世上建立起来"③。在普通人掌权的国家里,"根据基督爱的要求,谁也不能高于别人,每人都是自由的,一切财产应当公有";"一切应是公有的,每人应按需分配"。④ 在这里,闵采尔第一次公开阐明了他的宗教政治观点,提出了比路德宗教改革更为激进的奋斗目标。闵采尔还公开号召暴力革命,声称"上帝以日工资一戈罗什把我雇了来,我正在磨快镰刀,准备收割"⑤。布拉格市政当局把他看作扰乱秩序的危险分子,下令予以驱逐。

---

① 塔波尔派与胡斯教派中的正统温和的圣杯派对立,曾在杰士卡等人的领导下,多次打败教皇和神圣罗马帝国皇帝的军队。
② 引文见[德]威廉·戚美尔曼:《伟大的德国农民战争》,上册,北京编译社译,商务印书馆1982年版,第204—205页;又见孔祥民编著:《德国宗教改革与农民战争》,第231—232页。
③《马克思恩格斯全集》,第10卷,中共中央马克思恩格斯列宁斯大林著作编译局编译,人民出版社1998年版,第494页。
④ 引文见孔祥民编著:《德国宗教改革与农民战争》,第233页。
⑤ [德]威廉·戚美尔曼:《伟大的德国农民战争》,上册,第205页。

闵采尔并不气馁,继续奔走于图林根和萨克森各地,积极宣传革命思想,大大阔斧地改革教会礼仪。他在 1523 年成为萨克森选侯邦阿尔施泰特(Allstedt)镇的神父之后,立即发表《阿尔施泰特教会礼仪》(*Allstedter Kirchenampt*)和《德语福音弥撒》(*Deutzsch-Euangelisch Mesze*)等书册,用德语而不用拉丁语做弥撒,举行圣餐不分僧人和俗人都可领取饼和酒,宣讲整本圣经而不只是选讲福音书和使徒书。他还与逃离韦德施泰特(Wiederstedt)修道院修女、戈伊骚的奥蒂莉厄(Ottilie von Geusau)结婚生子,以实际行动向天主教会的禁欲主义挑战。他也从阿尔施泰特及其周边地区的市民、贵族地主的臣仆和矿工中组织了一批人,建立了他的教会革命的"选民"同盟,向四面八方派出密使广泛吸收"真基督徒"入盟。曼斯费尔德、埃斯勒本、哈勒(Halle)、阿舍斯勒本等地的矿工和下层群众,经常像朝圣一样来阿尔施泰特听他布道。

1524 年 3 月,深受闵采尔影响的群众放火烧毁了阿尔施泰特附近著名的朝圣中心梅伦巴赫的礼拜堂,打碎了里面的神像。萨克森—魏玛(Sachsen-Weimar)公爵约翰(Johann,1468—1532)传讯肇事者,闵采尔挺身而出,为他们的行为进行辩护。约翰和他的儿子约翰·弗里德里希(Johann Friedrich,1503—1554)为查明真相,亲自来阿尔施泰特听闵采尔布道。闵采尔试图说服他们拥护改革,遂在 7 月 13 日做了一场《诸侯布道》(Fürstenpredigt),以十足的勇气向诸侯们提出了"取消偶像崇拜""强制实行福音""杀掉那些不敬上帝的统治者、特别要杀掉那些把神圣的福音弄成异端邪说的教士和修道士"等等要求。闵采尔还强调指出,"贵族就是重利盘剥偷盗抢劫的祸首:他们把一切造物,水中的鱼,空中的鸟,地上的植物,统统攫归私有……对贫苦农民、手工业工人和所有活着的人都想方设法进行盘剥搜刮",因此,穷人仇恨贵族,完全是由贵族们造成的。而路德是一位说谎者,他对贵族的暴行,除了祈祷一声"阿门",不采取任何行动。①

---

① 引文见[德]威廉·戚美尔曼:《伟大的德国农民战争》,上册,第 210—211 页。

　　路德抱着恼怒和猜疑的心情观察闵采尔的行动,当他看到闵采尔不仅宣说"邪恶教义"而且还鼓吹暴动并以暴力反抗官厅时,便致函萨克森公爵,声称闵采尔是"叛逆之灵",企图"使用刀剑来达到他们的目的","推翻政府,以自己来主宰这个世界",敦促诸侯采取坚决的行动,"严肃处理这样的动乱和放肆的言行"。① 闵采尔则直截了当地指责路德向诸侯献媚,虎头蛇尾,支持反动派。②

　　萨克森公爵准备在 8 月 1 日审讯闵采尔,判他图谋叛乱罪。闵采尔闻讯后急忙逃离阿尔施泰特,前往米尔豪森。在这里,他与原先的昔斯妥会修士海因里希·普法伊费尔(Heinrich Pfeiffer,1500 以前—1525)一起从事活动,试图建立神权统治,但未过多久就双双遭到驱逐。

　　10 月,闵采尔漫游到纽伦贝格,继续进行宣传鼓动。路德公开发表《在形象上和圣礼上反对那些天上的先知》③,闵采尔则付印《答路德书》,一针见血地指出:路德"用一种错误的信仰把基督教世界弄得一片混乱"。闵采尔对路德说:"当危急临近时,你不能正确地作出解释。因此你就向诸侯献媚,反而说情况变好了,你就是这样骗取了盛名。你助长了不敬上帝的歹徒的权势,……你的处境将如被擒之狐。人民将获得解放。"④纽伦贝格市政当局下令没收该书,并勒令闵采尔离开本市。这时的闵采尔一文不名,经常忍饥受饿,但为"制裁不敬上帝的人",他不畏艰难,忘我奋斗,他要"在天上同上帝一起雷击他们,他们早已恶贯满盈了"。⑤

　　闵采尔前往施瓦本,与正在形成的苏黎世洗礼派共同体建立了通信联系,但未取得意见一致。苏黎世的洗礼派劝告闵采尔放弃用武力实现

_____

① 参见雷雨田、伍渭文总主编,路德文集中文版编辑委员会编:《路德文集》,第二卷,《改革运动文献》,第 109—120 页。
②《马克思恩格斯全集》,第 10 卷,第 500 页。
③ 参见雷雨田、伍渭文总主编,路德文集中文版编辑委员会编:《路德文集》第二卷《改革运动文献》,第 131—275 页。
④ 〔德〕威廉·戚美尔曼:《伟大的德国农民战争》,上册,第 236 页。
⑤ 同上书,第 237 页。

上帝的秩序的计划,闵采尔却不为所动,坚持进行暴力斗争的立场观点,最终在施瓦本农民当中赢得了不少支持者,也对非苏黎世起源的洗礼派领袖路德维希·海策尔(Ludwig Hätzer,1500 之前—1529)、汉斯·邓克(Hans Denck,1495—1527)、塞巴斯蒂安·弗兰克(Sebastian Franck,1499—1542 或 1543)、卡斯帕·冯·施温克菲尔德(Kaspar von Schwenckfeld,1490—1561)、大卫·约里斯(David Joris,1501 或 1502—1556)和海因里希·尼可拉斯(Heinrich Niclaes,1501—1580)等产生了深刻影响。闵采尔在施瓦本的革命宣传活动"对于人民派的组成,对于这个派的要求获得明确提法,对于起义最后在 1525 年 4 月全面爆发",都"起了极其重要的作用"。①

四、洗礼派运动的兴起

洗礼派运动的兴起与茨温利在苏黎世进行的宗教改革有密切联系。最初的洗礼派教徒大都是茨温利的追随者,也大都是受过人文主义教育的苏黎世市民。他们支持宗教改革,尊重《圣经》的权威,但在有关教会组织、圣礼和对于世俗政权的立场态度等问题上,逐渐产生了与茨温利不同的观点。他们认为茨温利只是在现有的强制性教会之旁建立了一个新的强制性教会,没有按照《圣经》的指示,恢复基督教早期社团。茨温利的宗教改革具有明显的官方色彩,而真正的基督教徒即使没有取得当局的同意也有权废除弥撒和圣像;在农村还有权废除教会什一税。在1523 年秋举行的第二次苏黎世辩论期间,赫翁(Höngg)地方牧师西门·施特鲁姆普夫(Simon Strumpf)和市政委员的儿子康拉德·格雷贝尔(Konrad Grebel,大约 1498—1526)等人与茨温利发生了激烈争论。他们主张更加严格地恢复《圣经·新约》所规定的制度,要求立即废除弥撒,远离圣像。施图鲁姆普夫还对市政会的教会主权提出质疑,要求立即按照《圣经·新约》的指示,建立不受国家控制的福音教会,自由选举

---

① 《马克思恩格斯全集》第 10 卷,第 500 页。

牧师。争论没有取得什么结果，因为茨温利主张将何时采取这样的措施和如何实行新制度的问题交由市政会裁决。

但是没过多久，在一些农村共同体中，部分代理牧师开始拒绝给婴儿施洗。1524 年 8 月 11 日，苏黎世市政会发布命令：恢复婴儿洗礼，放逐反对者。这个命令受到了格雷贝尔和菲利克斯·曼茨（Felix Manz，大约 1498—1527）等人的抵制。在苏黎世及其近郊地区，也有一些人无视市政会命令，不让自己的孩子受洗。格雷贝尔和曼茨等人的立场观点得到了卡尔施塔特和闵采尔的支持，他们通过书信往来，相互激励，建立了十分友好的关系。茨温利虽然承认婴儿受洗制度缺乏《圣经》依据，但又认为该制度无伤大雅，不主张将其废除。洗礼问题遂成为格雷贝尔和曼茨等人与茨温利争论的焦点。1524 年底，在所谓的"星期二会谈"中，他们进行了最后一次商讨，结果还是不欢而散。曼茨向市政会递交了《抗议和保护书》，以《圣经》为依据，对婴儿受洗制度提出了严厉批评。

在农村，教会的什一税问题尤为突出。既然教会的救赎功能已经受到了质疑，原本作为对教会恩典的回报而向教会缴纳什一税的做法也就丧失了神学依据。村社自治和村民自由选举牧师开始成为普遍要求，其目标自然不仅仅是获得正确的宗教信仰，还包括相应的经济和政治利益。在这方面，西门·施特鲁姆普夫、汉斯·布吕特利（Hans Brötli）、威廉·罗伊博林（Wihelm Reublin，大约 1484—1559）堪称先驱者。他们绝不是要遁世索居，远离政治，而是要按照共同体原则，改革教会和生活，建立新的宗教团体。

1525 年 1 月 21 日，市政会作出决议，禁止格雷贝尔和曼茨公开发表言论，驱逐汉斯·布吕特利、威廉·罗伊博林、路德维希·海策尔和安德里亚斯·卡斯特贝格尔（Andereas Castelberger，大约 1500—1531 以后）等非苏黎世人，取消反对婴儿施洗者举行集会的权力。但在当天晚上，格雷贝尔就在曼茨家中为来自格劳宾登的世俗教士耶尔格·布劳罗克（Jörg Blaurock，大约 1492—1529），举行了洗礼。随后，布劳罗克又为在场的其他人施洗,大约有 15 人。这是第一次有案可稽的"成年人洗礼"。紧接着,他们一道举行了简单的圣餐礼,认为这是纪念基督所受苦难和受死的"团契餐",只有信徒才有资格分享。而在当时的苏黎世,天主教的弥撒礼尚未被废除。这样一来,以卡亚科布为中心,在措里孔(Zollikon)形成了一个独立于茨温利和市政会的洗礼派社团。在他们已经通过他们的洗礼对官厅的决议做出对抗以后,他们现在又以他们的"福音"圣餐第二次拒绝了政府在宗教事务上的决定权。

1525 年 1 月 30 日,苏黎世市政会派遣城市雇佣兵前往措里孔,逮捕了一些洗礼派教徒。苏黎世政府当局试图通过司法手段维护自己的权威,但是无法压制群众性的信仰复兴运动。格雷贝尔、布劳罗克、布吕特利、罗伊博林和措里孔农民很快就被释放了,只有曼茨一直被关押到这一年的秋天。罗伊博林前往瓦尔茨胡特(Waldshut),他在那里赢得了已经皈依路德教的原茨温利教布道士巴尔塔萨·胡布迈尔的支持;胡布迈尔连同他所建立的福音教社团全都转向了洗礼派运动。布吕特利前往沙夫豪森州的哈劳(Hallau),并在那里建立了一个洗礼派社团。布劳罗克和格雷贝尔前往苏黎世高地,他们的布道同样赢得了大批追随者。曼茨在获释后也开始了富有成效的传教工作,进一步促进了洗礼派运动的发展。

路德维希·海策尔则在阿尔鄙、埃蒙塔尔(Emmental)和奥格斯堡等地组建了一些宗教团体,只是未举行成年人洗礼。更为引人瞩目的是1524 和 1526 年在圣加仑和阿彭策尔开展的运动,在这些运动中,部分人断章取义地选择和解说圣经文字,倡导讲方言和纵欲等惊世骇俗的行为。而汉斯·布吕特利和巴尔塔萨·胡布迈尔等人则在普通人革命爆发后,领导洗礼派分子与起义者并肩作战,相互支援。但绝大多数洗礼派分子生活严谨,作风正派,不仅反对纵欲,也不赞成"运用刀剑"的手段来贯彻自己的主张。

格雷贝尔及其同道们很少有机会详细拟定完整的教会制度。然而,他们说明了主要原则,这些原则后来也出现在别的地方。他们主张某种

"内在的、使徒式的圣经主义",断言他们的所做所为只不过是把茨温利以圣经为依据的原则推进到其符合逻辑的结果而已。

茨温利不否认苏黎世的洗礼派运动起源于他的宗教改革,他也赞成洗礼派的部分观点,如废除弥撒、教会主权和教会什一税;实行社区自治,自由选举牧师;按照社区原则对教会和生活进行公理会式的调整;组建符合圣经要求的完美社团等,但他更强调统一、秩序和保护已经取得的成果。出于现实政治的考量,茨温利不仅与洗礼派分道扬镳,而且强烈要求政府当局采取严厉镇压措施。1527 年初,苏黎世市政会决定用监禁、放逐、鞭笞和淹死在利马特河(Limmat)等手段惩罚洗礼派分子。在茨温利知道并同意的情况下,菲利克斯·曼茨被淹死在苏黎世的利马特河,成为瑞士洗礼派的第一个殉教者。

洗礼派分子把遭受迫害看作上帝对他们所选择的道路的认证,使命意识陡然加强,更加积极地开展起传教活动,其足迹逐渐遍及神圣罗马帝国各地了。

第四节　骑士暴动

骑士暴动,也被称作"普法尔茨骑士起义"(Pfälzischer Ritteraufstand)、"骑士战争"(Ritterkrieg)或"特里尔决斗"(Trierer Fehde)等等,是发生在宗教改革期间的著名事件之一。从根本上说,骑士暴动是日趋没落的骑士等级早已开始的救亡图存的斗争的继续,只是因为发生在宗教改革的大背景下,受其影响,也具有了一定的宗教动机和维度。部分骑士从路德的学说中引申出了反对不公正的官厅的抵抗权,也试图通过支持宗教改革使他们抢占教会财产的行为合法化。

骑士暴动的领导者是普法尔茨帝国骑士弗兰茨·冯·济金根(Franz von Sickingen,1481—1523)。

济金根出生在下纳赫(Unternahe),他的祖父莱因哈德(Reinhard)早已在此定居。他的母亲是下阿尔萨斯(Unterelsass)霍恩堡的玛加丽

特（Margarethe von der Hohenburg）。他的父亲施韦克哈特
（Schweickhardt）死于1505年3月,留下大片地产和大量财产;地产除了
作为祖传宅第的埃伯恩堡(Ebernburg)外,还有散布于纳赫(Nahe)、下阿
尔萨斯和克赖赫部(Kraichgau)之间的大片土地,财产则有现金、银矿和
铜矿投资以及对一些诸侯的债权。1500年,济金根娶出自弗勒斯海默尔
(Flersheimer)贵族世家的海德维希（Hedwig）为妻,生有6个孩子。
1515年1月9日,他的妻子在生第7个孩子时不幸死亡。

　　济金根以其好勇斗狠和恪守骑士"理想"而闻名于莱茵河中游地区。
他最初效力于帝国君主,试图通过加强帝国君主的地位、限制诸侯的权
力来重振骑士等级的辉煌,改善骑士等级的境况,但因攻击帝国城市沃
姆斯,在1515年受到神圣罗马帝国皇帝马克西米连一世发布的帝国放
逐令的惩罚。济金根转而效力于法国国王弗朗索瓦一世,在攻击沃姆
斯、洛林、梅茨、黑森邦国伯爵领地和美因河畔法兰克福等一系列战斗中
取得的辉煌战绩,大大提高了他在帝国政治中的重要性,也赢得了丰厚
的财富。1518年,马克西米连一世把这位雇佣兵首领重新拉到自己身
边。1519年,在法国国王和西班牙国王为争夺神圣罗马帝国的最高统治
权而进行激烈竞争时,济金根率领军队承担了保护选侯会议的任务,他
本人也乘机对选举施加影响,为西班牙国王卡洛斯一世（Carlos Ⅰ.,
1516—1556年在位)的当选立下了汗马功劳。之后又参与了施瓦本同盟
驱逐符滕姆贝格公爵乌尔里希的军事行动,帮助皇帝卡尔五世夺取了符
滕姆贝格公国。

　　1520年,胡登因为支持路德的宗教改革,受到教皇开除教籍的威
胁,前来投奔济金根。通过胡登,济金根对"从头到脚全面改造教会"
宗教改革思想有了一定程度的了解,对胡登反对罗马,敌视教士,张扬
德意志自由的思想观念也深表赞同。尽管并不完全懂得路德的深奥思
想,但在胡登的影响下,济金根渴望行动的迫切心情,开始有了比较明
确的目标。

　　在胡登之后,一些因为宣讲福音而遭到迫害的流亡宗教改革家,如

马丁·布塞尔、约翰·厄科拉姆帕德（Johann Oekolampad，1482—1531）、约翰·施韦贝尔（Johann Schwebel）、卡斯帕·阿奎拉（Kaspar Aquila）和卡斯帕·黑迪欧（Kaspar Hedio）等人，也先后来到埃伯恩堡，受到济金根的友好接待，埃伯恩堡由此获得了"正义客栈"的美誉。而这些流亡宗教改革家也在埃伯恩堡将其宗教改革主张付诸实践，在弥撒中用德语而不是用拉丁语朗诵福音书和使徒书，用饼酒同领形式庆祝圣餐等，这比路德的同类做法要早许多年。

1521 年，在获悉路德准备前往沃姆斯接受皇帝和帝国等级的审讯的消息后，济金根专门派人向路德转达了他的保护之意，路德没有接受，他声称："我不愿意靠暴力和流血来维护福音。世界是靠语言来征服的，教会是靠语言来维持的，也还是要靠语言来复兴。"①路德还劝告济金根放弃进攻教会诸侯的计划，声称向神职人员发动战争就是向妇女和儿童发动战争。济金根深感失望，但在皇帝卡尔五世颁布了《沃姆斯敕令》之后，他仍决心采取积极行动，打击天主教势力，支持宗教改革并从中捞取一些经济、政治实惠。

1522 年 8 月，济金根在兰道（Landau）召集来自莱茵河流域、施瓦本、弗兰肯等地的 600 余名骑士开会，结成为期 6 年的"兰道同盟"（Landauer Einung），自任盟主，准备按照宗教改革的精神，开展反对教会诸侯的斗争。8 月 27 日，济金根发表檄文，声讨特里尔大主教、帝国选侯里夏德·冯·格赖芬克劳是基督真理的破坏者、德意志民族的敌人（他曾在 1519 年国王选举中支持法国候选人），号召人们向特里尔进军，进行"反教士战争"，维护基督的荣誉，为"福音书打开一个口子"。实际上，济金根与格赖芬克劳结仇已久，他的此次战争首先是要消除自己的宿敌，也是要通过抢占教会财产，获取物质利益。

9 月初，济金根率领由 1 500 名骑士和 5 000 名步兵组成的军队，携带大炮从埃伯恩堡出发，进攻特里尔选侯邦。起初战事进行得十分顺

---

① ［德］威廉·戚美尔曼：《伟大的德国农民战争》上册，第 176 页。

利,不仅攻占了邦国城市布利斯卡斯泰尔(Blieskastel)和圣温德尔(St. Wendel),而且还对特里尔城实行了严密包围。但特里尔大主教得到了莱茵普法尔茨伯爵路德维希五世(Ludwig Ⅴ.,1478—1544)和黑森邦国伯爵菲利普一世(Philipp Ⅰ.,1504—1567)由3万名士兵联合组成的军队的援助,而在济金根方面,参加了"兰道同盟"的大多数骑士贵族都持观望态度,很少有人响应济金根的号召,全帝国性的大起义更无从谈起。皇帝卡尔五世不仅不支持济金根的行动,反而迎合诸侯,宣布放逐参与暴动的骑士。

起事骑士陷于孤立,五次猛攻特里尔城不下,只好撤围,退守兰德施图尔(Landstuhl)。其他"兰道同盟"骑士慑于诸侯迅速集中的强大力量,不敢相救。1523年5月,诸侯联军开始反攻,很快就占领了兰德施图尔。济金根身负重伤,不得不宣布投降,但因伤势严重,没过几天就一命呜呼了。他的27个城堡,被几个赢得战争胜利的诸侯瓜分一空。胡登逃往巴塞尔,原打算投靠住在那里的伊拉斯谟,但伊拉斯谟借口火炉不够暖和,拒绝收留胡登。伊拉斯谟原本与胡登有过密切交往,只因胡登曾批评他对宗教改革态度冷漠,便耿耿于怀,甚至见死不救。胡登又转道苏黎世,受到该地宗教改革家茨温利的接待。胡登在气愤之余,写下《忠告》一文,指责伊拉斯谟为胆小的变节者。伊拉斯谟则写了《伊拉斯谟对胡登诽谤的反驳》一文作答,并致书苏黎世议会,要求把胡登驱逐出境。8月29日,伤病缠身的胡登死于苏黎世湖(Zürichsee)的乌芬瑙岛(Ufenau)。其他避难于埃伯恩堡的宗教改革家也分散四方,另谋出路。大多数人后来得到了牧师之职,继续从事改革活动。

骑士暴动以失败告终。它没有像预期的那样改善骑士的状况,相反,却为骑士招来了更大的灾难,许多参加过暴动的骑士家族丧失了原有的领地,至少是不再掌握自主权了;其他骑士也被迫屈服于诸侯的权威。诸侯的权力垄断,至少是权力垄断的要求,得到了贯彻。而骑士在帝国范围内的联盟彻底瓦解了,其生存陷入了更严重的困境。

第五节 普通人革命

一、概念辨析

1524—1526 年,在神圣罗马帝国的施瓦本、弗兰肯、图林根、萨克森、阿尔萨斯、萨尔茨堡和蒂罗尔等地,大批农民、城市平民和矿山工人,揭竿而起,发动了大规模的反抗教、俗贵族剥削压迫的武装起义,他们攻城略地,捣毁天主教堂和修道院、贵族的城堡和宫殿,与前来镇压起义的诸侯雇佣军进行了浴血奋战。部分起义军还一度控制或新建了地方政权,发布了多个具有革命性意义的纲领性文件,沉重打击了天主教会和封建领主的残酷统治。尽管最后失败了,但其大无畏的反抗精神永垂史册,激励了一代又一代仁人志士的反封建斗争。

长期以来,许多记述这次起义的历史文献,大都毫无例外地称之为"农民战争"。在同时代的贵族和高级教士看来,起义是农民破坏公共和平的一场暴动;城市当局后来也重申这一观点,以免惹上纵容甚至是支持暴动的嫌疑。至晚自编年史家彼得·哈勒(Peter Harer,1480 至 1490之间—大约 1555)起,将"农民战争"概念运用于历史编纂的做法就普遍流行开来了。资产阶级民主主义史学家威廉·戚美尔曼(Wilhelm Zimmermann,1807—1878)甚至把此次农民战争视为纯德意志事件;他在发表于 1841—1843 年间的《伟大的德意志农民战争》一书中,着重描述了发生在德意志地区的事件,对于瑞士和奥地利的起义,仅仅附带提及。[①] 在以后的相当长时间里,"德意志农民战争"概念为绝大多数历史学家所接受,形成了一种比较固定的历史编纂模式,无论是资产阶级史学家还是马克思主义史学家,都自觉或不自觉地承袭了这一模式。

20 世纪 70 年代以来,瑞士伯尔尼大学历史学家彼得·布里克勒(Peter Blickle)对农民战争概念提出质疑,并且试图用"普通人革命"

---

① 参见[德]威廉·戚美尔曼:《伟大的德国农民战争》。

(Revolution des Gemeinen Manns)概念取而代之。在布里克勒看来,农民战争概念不足以包容所有参与者,也与事件的性质不完全相符。实际上,起义只是在第一阶段具有明显的农民运动特征。在后来的起义中,起义者并不把他们的斗争仅仅看作是农民们的起义,而是普通人的起义。普通人这一概念在关于 16 世纪的史料中经常出现,尽管没有总的清楚的界定,但通常是指"一家之主",也就是"旧式家长制等级体系中有政治权力的家族首领",属于国家最底层的权威。而参与起义的普通人包括农民、矿工、邦国城市的居民和帝国城市中无权担任公职的人,他们构成了与领主相对立的反对派。"当复杂的主人及其属民的关系转换成复杂的政府和臣民关系时,是他们为了保卫或扩大他们世袭的政治权力而互相展开斗争。"①

　　而从起义者提出的一系列纲领中,可以看到普通人起义是颇具革命性的。起义者他们不仅要求减少税务负担、废除人身依附关系,而且也追求一种独特的宗教关照,要求宣讲纯正的福音,建立独立的教会,自由选举牧师,举行免除手续费的圣礼庆典,对教会什一税实行自我管理。在上施瓦本的《十二条款》中,起义者要求彻底废除农奴制,主张把《圣经》确立为社会和政治的标准,"他们反对的是整个封建的、社会的以及政治的秩序"②。上施瓦本的基督教联盟谋求建立一个以合作为基础的联邦性质的同盟,试图以基于合作性同盟的立宪政权取代基于家长制的和权威主义的结构的小政权,以可以与瑞士联邦相媲美的更大的政治同盟的组建终结小领主之间的纷争。同施瓦本的起义者一样,萨尔茨堡起义者也果断地争取迄今一直为贵族和教士保留的政治权利,坚决主张私利应当服从公共利益,世界应当变得更加和平和公正。③

　　普通人的革命目标与苏黎世宗教改革家茨温利的思想体系有着非常广泛的一致性。"普通人革命"也是一种"共同体宗教改革"

---

① 参见［德］彼得·布瑞克:《1525 年革命——对德国农民战争的新透视》,第 133—135 页。
② 同上书,第 4 页。
③ 同上书,第 136—137 页。

(Gemeindereformation)，它致力于国家的基督教化，试图以"神法"的形式使自然法规范化，将社区制度确立为国家的组织或者是外部的原则。布里克勒指出："一旦人们确定茨温利和南德意志的'基督教人文主义者'是独立的宗教改革者——这是毫无疑问的——那么就必须承认1525年革命本身也是宗教改革的一种表现。"[1]因为"这场运动明显地从改革者对人的观点中获得了支持，该观点强调个人的自觉，并因此培育一个建立在社区原则基础上的社会。宗教改革的神学宣称基督教徒即将成年，因此建议人类的普遍平等，或者至少是在同上帝的关系上大家一律平等。因为神圣恩典的赐予变成上帝与个人之间的私事，作为得救和恩典中间人的教会将被废弃不用了。因此共同体宗教改革在城市和乡村之间创造出一些共同利益领域。当教会团体转向政治时，它就具有革命性了，因为基督教徒在上帝面前的平等已经变成人们之间的平等。教会的'理性存在'的丧失使得教士存在成为一种多余，并且至少在原则上使已经建立的社会等级制度瓦解了。因此，宗教改革对社区的依赖消除了城市与农村公社之间、市民与农民之间的障碍"[2]。共同体宗教改革在神学—伦理学上意味着宣示纯粹福音的意愿和根据福音调解生活的行为，在组织上意味着将教会建立在共同体中，在政治上意味着将官厅的合法性与福音和共同体联系起来。它是中世纪晚期"普通人"的"社团化"（Kommunalisierung）和"基督教化"（Christianisierung）运动的最终结果，也是近代民主政治发展的基础。

　　布里克勒试图解释宗教改革广泛传播开来的原因和方式，他也成功地超越思想史或结构史观念，将关注点转移到共同体上，更确切地说转移到"普通人"上，并且借此将研究重点转移到同时代人上。鉴于宗教改革运动的多样性，这种做法意义重大，不仅丰富而且深化了宗教改革研

---

① ［德］彼得·布瑞克：《1525年革命——对德国农民战争的新透视》，第180页。
② 同上书，第211—212页。

究。虽然还有一些问题需要澄清,但"普通人革命"的命题现在已为大多数研究者所接受。

二、1524—1526 年的普通人革命

普通人革命开始于 1524 年夏天上施瓦本施蒂林根(Stühlingen)伯爵领地农民的反抗斗争。起义者要求恢复被破坏的"旧法",废除死亡税、劳役及其他义务,并推举当过雇佣兵的汉斯·米勒(Hans Müller,1500 以前—1525)为首领。8 月 24 日,米勒率领大约有 1 000 多人的起义队伍开往瓦尔茨胡特,与当地市民联合成立了"福音教兄弟会",按帝国国旗的颜色做成黑、红、黄三色旗为盟旗,宣称除皇帝一人,不承认任何其他君主。9 月底,米勒起义军穿过黑森林向富特万根(Furtwangen)推进。至 10 月中旬,起义军已达 3 500 余人(另一说为 5 000 余人),据守埃瓦廷根(Ewattingen)。米勒还向施瓦本、弗兰肯、图林根和阿尔萨斯各地派遣密使,计划联合农民成立全德兄弟会。康斯坦茨主教派遣大臣前往埃瓦廷根与农民谈判,结果达成停战协议,起义者旋即解散。

然而,领主们根本无意顺从农民的要求。农民刚一回家,领主就照旧要他们交纳租税、服劳役、履行一切有争议的义务。农民重新集合起来进行斗争。与此同时,闵采尔来到了施瓦本。他到处进行宣传鼓动,吸引了一大批追随者和支持者,播下了蓄势待发的革命火种,直到次年 2 月方才离去。

1525 年 2 月 9 日,在乌尔姆附近,有 1.2 万多名农民成立巴尔特林根起义军(Baltringer Haufen),组建兄弟会,比贝腊赫(Biberach)市的居民也踊跃加入。不久,阿尔邾起义军(Allgäuer Haufen)和巴登湖军(Seehaufen)也相继成立。到 3 月初,施瓦本各地起义军大约有 3 万—4 万人。[①]原符滕姆贝格公爵乌尔里希也招募雇佣兵 6 000 余人加入起义行列中来。他企图利用普通人革命,占领斯图加特,收复被哈布斯堡家

————————
① 数字见孔祥民编著:《德国宗教改革与农民战争》,第 244—245 页。

族夺占的领地。①

这些起义军明显地受到闵采尔思想的影响,它以"书简"的形式提出一份纲领,宣称领主压迫城乡民众是违背上帝意愿的,贫苦人要团结起来,加入"基督教同盟",与其他"兄弟同盟"一起,把自己和子孙后代从苦难世界中解救出来。如有可能,尽量采用和平手段;迫不得已,就动用武力。对叛徒和拒不投降的僧侣及贵族实行"世俗斥革",断绝与他们的一切关系,使之虽生犹死。②

面对日益壮大的起义队伍,统治者惊恐万分。此时,皇帝卡尔五世正陷入意大利战争,无法分身,以神圣罗马帝国总督、奥地利大公费迪南为首的执政府既无强大的军队,又无充裕的财政,只能向施瓦本同盟和奥格斯堡富商求助,借兵借钱。施瓦本同盟临时组建了一支由 9 000 名步兵、1 500 名骑兵组成的雇佣军,并任命军事贵族格奥尔格·特鲁赫泽斯·冯·瓦尔德堡(Georg Truchsess von Waldburg,1488—1531)担任总指挥。特鲁赫泽斯计划先集中兵力迎击乌尔里希,得手后再回击农民,遂在 2 月 26 日派人与起义军谈判。起义者盲目轻信,同意暂时停战,参加约定在 4 月 2 日举行的和平谈判。之后,施瓦本同盟军队兵分两路,一路追击乌尔里希,一路攻占斯图加特。乌尔里希战败,仓皇出逃瑞士。

起义者严格遵守停战协议,认真准备和平谈判。3 月中旬,巴尔特林

---

① 哈布斯堡家族和符滕堡家族自 14 世纪起就围绕着符滕堡的统治权多次发生冲突。哈布斯堡家族力图在其上施瓦本和阿尔萨斯地区的领地之间建立一条东西走向的通道,而符滕堡家族却想在其位于勃艮第和阿尔萨斯的领地的西南面建立一条连线。施瓦本同盟试图通过外交途径解决这一冲突。1512 年,乌尔里希退出施瓦本同盟,与巴登马克伯爵、莱茵普法尔茨伯爵、维尔茨堡主教和萨克森公爵们一起,建立了一个"对立同盟"。1519 年,施瓦本同盟打败乌尔里希,并将其驱逐出符滕堡。为了补偿战争费用,施瓦本同盟将符滕堡卖给了神圣罗马帝国皇帝卡尔五世。卡尔五世使之成为哈布斯堡家族的地产,并把它转让给他的弟弟费迪南。参见 Brigitte Vacha (Hrsg.), Walter Pohl und Karl Vocelka (Verf.), *Die Habsburger. Eine europäische Familiengeschichte*, 2. Aufl., Graz [u. a.]: Verl. Styria, 1993, S. 109 - 154
② 孔祥民编著:《德国宗教改革与农民战争》,第 247 页。

根、阿尔郜和巴登湖三支起义军的 50 名代表齐聚梅明根(Memmingen)，由毛皮工匠塞巴斯蒂安・洛策尔(Sebastian Lotzer)起草，传教士克里斯托弗・夏普勒(Christoph Schappeler)协助，联合制定了一份融"怨情陈述、改革提纲和政治宣言"于一体的《十二条款》(Zwölf Artikel)，提出了自由选举牧师、取消小什一税、废除农奴制、狩猎和捕鱼自由、归还林地和草地给村社、减轻徭役、重新确定向领主缴纳的赋税、制订确定的而不是任意的惩罚办法和取消继承税等要求，并强调圣经是农民全部要求的基础，不仅要求恢复"旧法"，还要求遵从"上帝的话"。① 在这里，农民的要求首次得到了统一表述并形成文字。《十二条款》在成文之后的短短两个月中，至少印发了 25 版、2.5 万份，传播到神圣罗马帝国的大部分地区，凡是加入起义军者，都要宣誓拥护该条款中的各项内容。② 起义者还按照瑞士联盟的样板，建立了"上施瓦本联邦"(Oberschwäbische Eidgenossenschaft)，制定了联邦条例，要求各支起义军相互支援，团结一致地与官厅进行对抗。

在打败乌尔里希以后，哈布斯堡家族再次占有了符滕姆贝格，特鲁赫泽斯则率领施瓦本同盟军队回师讨伐起义军了。对于施瓦本同盟背信弃义的行径，起义者深感愤怒，他们决定主动出击，没收教产，摧毁庄园。巴尔特林根起义军率先行动，攻占特鲁赫泽斯的宫城，抢走全部粮食、酒和家具，然后放火烧掉房屋。莱普海姆(Leipheim)起义军开进魏森霍恩(Weissenhorn)城郊的一个修道院，捣毁神龛和大风琴，撕掉记载地租和债务的文契，把祭服和旗帜扯成条做裤带，并找来鱼、肉、酒等美味食品，大吃大喝了一通。阿尔郜起义军则攻占了肯普滕修道院，打翻了圣像和神龛，捣毁契约和文件。

3 月底，特鲁赫泽斯率军渡过多瑙河，向巴尔特林根起义军发起了进

---

① 《十二条款》各条款见 Ulrich Köpf（Hrsg.），*Deutsche Geschichte in Quellen und Darstellung*，Band 3：*Reformationszeit 1495—1555*，S. 254 - 260；参见［德］彼得・布瑞克：《1525 年革命——对德国农民战争的新透视》，第 1—7 页。
② ［德］彼得・布瑞克：《1525 年革命——对德国农民战争的新透视》，第 12 页。

攻,起义军不敌,暂时撤退到深山密林之中。4月4日,特鲁赫泽斯的军队攻击莱普海姆起义军,起义军领导人、布道士雅克布·魏(Jakob Wehe)被俘身亡,曾经支持过起义者的莱普海姆市政当局也被处以巨额罚金。4月14日,施瓦本同盟在乌尔扎赫(Wurzach)再次打败巴尔特林根起义军,起义者伤亡惨重,幸免于难的也必须缴纳很高的罚款。巴登湖军在得知特鲁赫泽斯来犯的消息后,立即进行了军事动员,并与阿尔郜起义军一起利用有利地形迎击敌人。特鲁赫泽斯自觉难以制胜,故伎重演,再次玩弄起和谈把戏。他说服起义军在4月17日签订《魏因加滕协定》(Vertrag von Weingarten),规定起义者对地主的控诉交由六个中立城市裁决,签约起义军不得与其他起义军结盟。随后,特鲁赫泽斯率军赶往赫郜(Hegau),以便解救被赫郜和南黑森林起义军包围在拉多尔夫策尔(Radolfzell)的贵族。特鲁赫泽斯想与赫郜和南黑森林起义军达成一项类似《魏因加滕协定》的协定。谈判尚未成功,他便接到施瓦本同盟的三道命令,火速班师救援受到起义者激烈攻击的符滕姆贝格。符滕姆贝格起义军向赫郜和南黑森林起义军求援未果,被施瓦本同盟军队打败。

在弗兰肯,各地民众也从1525年3月起相继起事。3月22日,罗腾堡郊区的民众组建黑军,发动起义,推举见多识广的贵族弗洛里安·盖尔(Florian Geyer,大约1490—1525)担任领袖。盖尔颁布条例,规定由"学识高深的圣经学者"来领导邦国未来的"宗教改革",在农民和市民联合的基础上进行帝国改革,首先是以福音为道德基础,消除教士和贵族的特权。盖尔成功地说服几个小城市加入起义队伍,并与维尔茨堡及勃兰登堡-安斯巴赫-拜罗伊特(Brandenburg-Ansbach-Bayreuth)马克伯爵卡西米尔(Kasimir)进行谈判。谈判无果,盖尔便率领起义军大规模摧毁贵族宫殿,力图迫使教士和俗人、贵族和非贵族接受通用市民法和乡村公约,善待市民和农民。

3月26日,奥登瓦尔德(Odenwald)的山地民众在旅店主格奥尔格·梅茨勒(Georg Metzler)的领导下举行起义,组建"基督教农军",宣布实行圣经和圣保罗的教诲,遵从《十二条款》。3 月 27 日,在罗伊特林根(Reutlingen)也有数千民众起事。耐卡河谷(Neckartal)的民众则在 4 月 1 日夜由小酒店店主耶克莱因·罗尔巴赫(Jäcklein Rohrbach)挑头举行起义,并提出废除徭役和高额地租、没收和平分教产等主张。4 月 2 日,贵族出身的文德尔·希普勒(Wendel Hipler,大约 1465—1526)又领导厄林根(Öhringen)民众起义。希普勒曾在霍亨洛赫(Hohenlohe)的伯爵宫廷担任总务大臣 20 余年,因痛恨诸侯的飞扬跋扈,同情普通民众的苦难,离职到海尔布琅(Heilbronn)做律师,在当地居民中颇有影响。普通人革命兴起后,希普勒立即带领部分民众予以响应。4 月 11 日,班贝格城市居民发动武装起义,赶走主教,邀请农民军开进城内,协助城市居民守护城市。4 月 16 日(复活节),弗洛里安·盖尔率领的黑军攻克魏因斯贝格(Weinsberg),活捉了凶狠残暴、捉到起义农民不分青红皂白一律勒死的赫尔芬施泰因(Helfenstein)伯爵路德维希(Ludwig)。军法会议判处赫尔芬施泰因伯爵等人死刑,起义者一边击鼓,一边用梭镖将他们乱刺而死,是为"魏因斯贝格血案",此一较为血腥的事件使起义者背上了"杀人越货"的恶名。

　　盖尔、梅茨勒、罗尔巴赫和希普勒等人领导的起义军联合成立"奥登瓦尔德-耐卡河谷华美军",总兵力约 8 万人,共推梅茨勒为领导人,后来又推希普勒为总监。希普勒推举帝国骑士戈茨·冯·贝利欣根(Götz von Berli-chingen,大约 1480—1562)为军事领袖。盖尔和罗尔巴赫与希普勒意见不合,各率自己的队伍离去。贝利欣根说服斯特拉斯堡的主教威廉加入农民同盟并对《十二条款》承担义务。

　　三四月间,在施韦比施哈尔、施韦比施格明德(Schwäbisch Gmünd)、克赖赫郜和奥尔滕瑙(Ortenau)等地,也有一些民众成群结帮,抢劫修道院和城堡,特别是将古皇城霍亨施陶芬(Hohenstaufen)付之一炬,烧毁殆尽。4 月 16 日,在符腾姆贝格有 8 000 多名民众组建了"华美基督教农军",推举波特瓦(Bottwar)市政参事、市民反对派首领马特恩·费尔巴哈(Matern Feuerbach)为首领。4 月 25 日,在城市居民的帮助下,华美基督教农军与耶克莱因·罗尔巴赫率领的 200 名兄弟兵不血刃地占领了斯图加特,不久又占领了朔恩多夫(Schorndorf)、格平根(Göppingen)、基尔希海姆(Kirchheim)和尼尔廷根(Nürtingen)等城市。4 月底,民众起义波及普法尔茨所属的莱茵河两岸地区,施佩耶尔主教逃跑,帝国选侯、普法尔茨伯爵路德维希五世(Ludwig Ⅴ.,1478—1544)接受宗教改革家梅兰希通的建议,与起义军达成如下协议:由邦国等级会议研究处理民众的申诉;起义军撤出所占领的城市和城堡,然后就地解散。

5 月初,希普勒和贝利欣根等人召集部分起义军领导人到海尔布琅开会,共商建立农民议会(Bauernparlament),制定下一步行动计划事宜。会议通过了由美因兹税务官弗里德里希·魏甘德(Friedrich Weigand)起草、经文德尔·希普勒修订的《给一切基督教国家谋福利的制度和改革》(又称《海尔布琅纲领》),该纲领共计 14 条款,其主要内容是:没收教会财产用于"公益"事业,村社自由任免牧师,限制世俗领主的权利和收入,取消一切地租,实行政教分离,统一法律,在法律面前人人平等,不服判决者可以上诉,除"皇帝赋税"外,废除一切关税和杂税,条条大路均可自由通行,统一全国币值和度量衡,限制放债取息,解除贵族对教会采邑的义务,取消诸侯的一切同盟,各地只由帝国君主负责保护,建立一个中央集权的君主国。① 与《十二条款》相比,这一纲领要保守得多,主要代表了市民和小贵族的利益,未在普通人革命中占主导地位。

5 月 9 日,特鲁赫泽斯率领的施瓦本同盟军队在伯布林根(Böblingen)附近与华美基督教农军对峙。5 月 12 日晨,同盟军队发动突然袭击,起义军伤亡惨重,四处逃散。费尔巴哈和罗尔巴赫双双被捕,惨遭杀害。5 月 23 日,普法尔茨选侯路德维希五世装备了一支拥有4 500 名步兵、1 800 名骑兵和多门大炮的军队,背信弃义地袭击了驻扎

---

① 〔德〕威廉·戚美尔曼:《伟大的德国农民战争》,下册,北京编译社译,商务印书馆 1982 年版,第 770—771 页。

在布鲁赫赖茵(Bruchrain)和布鲁赫萨尔(Bruchsal)的起义军,放火烧毁了许多村庄。特鲁赫泽斯遥相呼应,发动对埃平根(Eppingen)的突然袭击。28 日,双方组成联军,共同进击奥登瓦尔德。贝利欣根临阵脱逃,群龙无首的华美军在柯尼斯贝格被打败。盖尔率领黑军在因戈尔施塔特进行了顽强抵抗,在给敌人以沉重打击后,又成功突围,但在维尔茨堡附近的森林里被人暗杀。6 月 7 日,特鲁赫泽斯进抵维尔茨堡,该城市政会与其暗中勾结,答应解除武装,交出起义军首领。第二天,施瓦本同盟军队不费一枪一弹即占领了维尔茨堡,弗兰肯的民众起义大都被镇压了下去。紧接着,特鲁赫泽斯率部经班贝克、纽伦贝格和内特林根返回施瓦本,力图彻底消灭继续坚持战斗的起义军余部。7 月末,他同帕维亚之战的胜利者格奥尔格·冯·弗隆茨贝格一起在位于祖尔茨贝格(Sulzberg)附近的卡伦山(Kallenberg)战胜了阿尔邵起义军。赫邵起义军在被打败后,经瑞士调停,与奥地利大公缔结了和约。汉斯·米勒被捕身亡。

普通人革命的另一个中心是图林根和萨克森,也是托马斯·闵采尔及其追随者的主要活动区域。1524 年底,曾经陪同闵采尔漫游施瓦本的海因里希·普法伊费尔回到了自己的故乡米尔豪森,他在这里同闵采尔的其他追随者一起,为迎接闵采尔的归来做了大量准备工作。1525 年 2 月末,闵采尔重返米尔豪森并被选举为玛利亚教堂牧师。他接连在城里和郊外布道,攻击诸侯和贵族,号召人们参加基督教同盟,虽遭到市政会的禁止,但深受广大农民、矿工和城市下层居民的欢迎。3 月 17 日,米尔豪森的平民和矿工发动武装起义,推翻旧市政会,成立新的"永久市政会"(因为它不像旧市政会那样由四个团体轮流执政,而由一个团体永久执政)。闵采尔虽然不是新政权的负责人,但经常以牧师身份出席市政会议,在对外联系上发挥重要作用。

"永久市政会"依靠革命派实行基督教民主,废除了一切教堂和修道院,将其财产改为"公用",大批庄园和宫殿受到冲击,贵族如果没有逃走就被迫加入起义军。革命的烈火,以米尔豪森为中心向四方蔓延。在富尔达教区的瓦哈(Vacha)和黑林根(Heringen),出现一支上万人的起义军队伍。他们攻城略地，焚烧庄园，捣毁教堂和修道院，吓得富尔达副主教急忙宣布接受《十二条款》，参加农民的兄弟会。在路德曾经隐居过的瓦特堡，也活跃着一支8 000人的起义军。他们捣毁修道院，攻占施马尔卡尔登（Schmalkalden）、萨尔聪根（Salzungen），直逼埃尔福特。阿恩施塔特（Arnstadt）城附近的民众也揭竿而起，迫使施瓦茨堡（Schwarzburg）的伯爵接受《十二条款》。在茨维考、安娜贝格和马林贝格一带，有一支1 500多人的矿工、农民武装，其中有许多人是来自曼斯费尔德的矿工。

闵采尔则在米尔豪森和弗兰肯豪森（Frankenhausen）等地积极发展信徒，铸造大炮，同时与图林根、萨克森以及施瓦本和弗兰肯的起义军保持密切联系，积极积蓄和发展革命力量，主动迎接即将来临的战斗。

5月3日，黑森邦国伯爵菲利普一世率军进抵帝国修道院（Reichsabteien）赫斯费尔德（Hersfeld）和富尔达，攻占安扎在弗劳恩山（Frauen-Berg）的起义军营寨，俘虏并杀害了多位起义军领导人，其余的人大都溃散。5月11日，菲利普与不伦瑞克－沃尔芬比特尔（Braunschweig-Wolfenbüttel）公爵海因里希二世（Heinrich Ⅱ.，1489—1568）的援军会师，联合攻占了埃森纳赫，接着又追击起义军到达朗根萨尔察（Langensalza）。5月15日，黑森邦国伯爵、不伦瑞克公爵和萨克森公爵格奥尔格（Georg，1471—1539）纠集军队，一起进逼弗兰肯豪森。萨克森新选侯约翰（Johann，1468—1532）也率领一支由3 000多士兵组成的武装力量赶来增援。闵采尔组织8 000人，在俯瞰弗兰肯豪森的山丘上以车垒和壕沟据守，但由于缺乏军事斗争的经验，未能抵挡住诸侯军队的进攻。诸侯军用大炮击溃起义军，突破车垒，攻入城里。3 000多起义者战死，闵采尔受伤被俘。5月19日，诸侯军转而进攻米尔豪森，普法伊费尔率领1 000多名武装民众英勇抵抗，但最终失利，他本人也被处死。5月25日，米尔豪森投降。敌人入城后，下令居民交出武器，缴纳罚款，取消永久市政会，并入萨克森，从自由城市降为诸侯城市。5月27日，闵采尔在遭到严刑拷打之后，被斩首示众。其他地方的起义军也遭到了残酷镇压。

闵采尔被俘之后,他的一些著作和信件落入贵族之手,路德从别人那儿得到部分抄本,阅后加上自己的按语,编成文集出版,名为《一个恐怖的故事和上帝对托马斯·闵采尔的审判》,其对闵采尔的仇恨由此可见一斑。

在阿尔萨斯、萨尔茨堡和蒂罗尔等地,农民、手工业者和矿工也组建了多支武装部队,开展了大规模反对教、俗诸侯和贵族的斗争。

下阿尔萨斯的农民、手工业者和矿工在 1525 年 4 月行动起来,反对大主教的残暴统治。他们组建阿尔特多夫(Altdorf)起义军,推举手工业者魏特莫泽尔(Weitmooser)和当过兵的卡斯帕·普拉斯勒(Kaspar Prassler)为首领,在攻占萨尔茨堡后,提出了比施瓦本《十二条款》更简练、更激进的《新十二条款》(又称《阿尔萨斯十二条款》),要求"正确宣讲福音",替"贫苦农民"说话,取消大小什一税,废除利息和杂税,将领主强占的公地,包括耕地和牧场,收归共有,除皇帝外,不承认任何诸侯和领主,民众有权"另选"官员等①。该条款替贫苦农民说话,对他们的要求规定得很仔细,较多地保留了闵采尔的思想。4 月底,上阿尔萨斯人也行动了起来,迫使祖尔茨(Sulz)和格布魏勒两城归顺起义者。到 5 月中旬,起义军先后攻占了贝尔肯(Bercken)、拉波尔茨魏勒(Rappoltsweiler)、赖兴魏尔(Reichenweier)、扎伯尔(Zabern)等城,几乎控制整个阿尔萨斯。洛林公爵安东二世(Anton Ⅱ.,1489—1544)组织了一支由当地武装和意大利、阿尔巴尼亚人雇佣兵组成的兵力达 30 000 多人的军队,从南希出发镇压起义军,沿途烧杀抢掠,奸淫妇女,无恶不作,被杀者竟达 1.6 万—1.8 万人,妇女儿童也不能幸免。起义军奋力抵抗,致使洛林公爵虽然最终获胜,但也损失了 3 000 多名士兵。②

在蒂罗尔(Tirol)地区,布里克森(Brixen)的民众于 1525 年 5 月自

---

① [德]威廉·戚美尔曼:《伟大的德国农民战争》,下册,第 560、561 页。
② 数字见孔祥民编著:《德国宗教改革与农民战争》,第 275—276 页。

行武装起来,推举出身于施特尔青(Sterzing)矿工家庭、时为大主教秘书的米夏埃尔·盖斯迈尔(Michael Gaismair,1490—1532)为总指挥。盖斯迈尔率领起义军袭击庄园、修道院和宫殿,扩展势力到阿迪杰河(Adige)畔的波尔查诺(Bolzano),设司令部于梅朗(Meran),把起义军营寨安置在特伦托近郊。

1526年初,盖斯迈尔提出《新的邦国制度》(又称《蒂罗尔地方条例》),号召人们彻底消除"损害永生的圣经、压榨穷苦百姓和妨碍公共利益的不敬上帝的人","消除人间尊卑贵贱的区别,实现完全的平等";废除弥撒、圣像和礼拜堂;"成立由本邦各区选举的中央政府";"废除不合理的贡赋和关税";取缔高利贷,矿山国有,巩固国防等。① 这是企求建立一个在一切事情上都依据圣经的基督教民主主义农民共和国最宏伟但也是纯属空想的尝试。

奥地利大公、巴伐利亚公爵和施瓦本同盟军队首领特鲁赫泽斯领兵镇压,但屡遭失败。7月,敌人凭借优势兵力再次发起进攻,盖斯迈尔率部杀出重围,退往威尼斯继续坚持斗争。1532年,盖斯迈尔在帕多瓦被奥地利大公收买的两个刺客暗杀于住宅里。

盖斯迈尔死后,蒂罗尔的部分起义军依然坚持战斗,有些被剥夺公权的民众直到数十年后还在深山老林中当强盗,只是没有再爆发大规模起义。一些人失望地退回到旧的信仰,但也有人为了信仰的神圣性之故,转而加入了"与世隔绝"的洗礼派。

1524—1526年的普通人革命最终失败了,大批人死于战乱②,幸免

① 条例全文内容参见 Ulrich Köpf (Hrsg.), *Deutsche Geschichte in Quellen und Darstellung*, Band 3: *Reformationszeit 1495—1555*, S. 273 - 280;引文见[德]威廉·戚美尔曼:《伟大的德国农民战争》,下册,第 950—951 页。
② 关于死亡人数,各种史料记载不详,也不一致。过分夸大的说法在 1975 年得到了纠正。现在,比较一致的看法是,大约有 7 万—7.5 万人死于战乱,这一数字在发生起义的地区大约占总人口的 2.5%到 3.0%;在全帝国范围内,只占当时总人口的 0.5%。参见 Thomas Klein, "Die Folgen des Bauernkrieges von 1525. Thesen und Antithesen zu einem vernachlässigten Thema", in: *Hessisches Jahrbuch für Landesgeschichte*, Band 25 (1975), S. 73 - 79.

遇难的起义者也遭到了挖眼、截肢、断指等酷刑折磨。参加者和支持者同样遭到帝国放逐令和诸侯法律的制裁，丧失了所有权利。还有一些人被判交高额罚金。曾经支持过起义者的城镇也丧失了法权，节庆被禁止，城墙被拆除，武器被没收，酒店不许晚上营业等等。

在普通人革命期间，大约总共有 1 000 座城堡和修道院部分地或全部地被摧毁，仅在班贝克一地，也仅在 5 月份当中的某个 10 天内，就有多达 200 座城堡被摧毁或者被破坏。在图林根、哈尔伯施塔特和韦尔尼格罗德等地，也有 300 多座修道院被摧毁。对于相关地区的人文景观来说，这种大破坏不啻一场灾难，以至于至今仍有人将 1524—1526 年普通人革命称作"城堡破坏运动"。然而，破坏城堡的既有起义军，也有诸侯军，不应当把罪过全都加到起义者头上。后来，大部分城堡得到重建，但也有不少永远消失了。

镇压普通人革命的贵族军事首领大发横财，不仅夺取了大量财产，还获得了更多的特权，加强了对民众的统治和剥削。格奥尔格·特鲁赫泽斯·冯·瓦尔德堡成为上施瓦本大地主。不少诸侯也从镇压普通人革命行动中获得了好处。他们利用镇压革命的机会，接管了许多教会财产和原先享有自治权的自由城市，极大地扩充了自己的势力。

尽管如此，在某些地方，特别是在帝国南部的部分地区，普通人革命还是产生了一定的积极作用。起义者的要求得到了重视，教会的一些弊端被克服了，官厅的任意妄为受到了一定限制，普通人的处境也有了些许改善。萨克森选侯智者弗里德里希是当时少有的反对镇压农民起义的诸侯之一，他认为应当满足农民的要求。黑森邦国伯爵菲利普一世虽然参与镇压了帝国修道院赫斯费尔德和富尔达的农民起义以及托马斯·闵采尔领导的弗兰肯豪森起义军，但也派人到其统治区内发生暴动的地方进行调查，力图消除种种弊端。普法尔茨选侯路德维希五世同样镇压过起义，但也颁布法令，要求宽待农民，尽快恢复遭到破坏的秩序。在部分邦国，农民不再向地主而是直接向诸侯交税了。农民和市民也获得了直接上诉帝国法院的许可。但是总的说来，民众的负担不是减轻而是加重了。农民作为一个政治因素被从国家的重大活动中排除出去了数世纪,直到1848—1849年"三月革命"期间,起义者在《十二条款》中提出的要求才在全德国范围内得到实现。

三、路德与普通人革命的关系

长期以来,普通人革命经常被看作路德倡导宗教改革的后果,而路德后来号召诸侯反对起义者,则被看作对"革命事业"的背叛。起义者斥责路德为"谎言博士"和"谄媚王侯者",苏联、民主德国和"改革开放"以前中国的史学家也批判路德"背叛了市民阶级的要求""寡廉鲜耻",成为"叛徒",沦为"诸侯的奴仆"。这些观点过于武断和片面。实际上,路德从一开始就明确反对暴力斗争,他本人也从未参与其中。所谓的"背叛"说既不符合历史事实,在论证逻辑方面也难以成立。①

在普通人革命爆发之初,路德曾"劝告和平",极力争取冲突双方和解。1525年4月17日,巴登湖军与施瓦本同盟订立《魏因加滕条款》,路德赞誉这个条款是和平解决冲突的典范。他还让人重印文件,连同自己写的按语一起四处散发。1525年4月底,在收到起义者呈送的上施瓦本地区《十二条款》后,路德写了《对施瓦本农民十二条款的劝告书》一文,一方面承认《十二条款》中有许多要求是正当合理的,指责教皇、主教、教士、诸侯、领主的恶行"激怒了上帝",引起了"上帝本人"的惩罚,另一方面也不原谅暴动者,谴责他们把暴力和谋杀当作"基督教革命"加以炫耀的做法是"狂热"和"罪过",强调基督徒的义务是服从,受难也是上帝所注定的,不能运用《圣经》来论证世俗的制度,要论证世俗的制度只能求助于法学家,基督徒唯一可行的反抗就是移居异国他乡。②

---

① 参见王瑞聚:《论德国宗教改革中路德与萨克森选侯的联盟关系——路德"投靠"诸侯、"背叛"改革说质疑》,载《齐鲁学刊》1988年第1期,第59—65页;金志霖:《试论马丁·路德与德国农民战争》,载《历史教学问题》2012年第11期,第10—14页。

② 参见 Ulrich Köpf (Hrsg.), *Deutsche Geschichte in Quellen und Darstellung*, Band 3: *Reformationszeit 1495—1555*, S. 260 - 267.

路德本人还亲自到埃斯勒本、施托尔堡、诺德豪森(Nordhausen)、埃尔福特、沃尔豪森和魏玛(Weimar)等地,布道传教,劝说民众保持平静,极力阻止新的起义和暴动发生。

只是在魏因斯贝格血案发生后,路德才在 1525 年 5 月 6 日重新刊印的《对施瓦本农民十二条款的劝告书》一文中增加了"反对杀人越货的农民暴徒"(Wider die räuberischen und mörderischen Rotten der Bauern)一节,诅咒《十二条款》是"虚伪的骗局","叛乱带来遍地屠杀,血流成河,制造孤寡,并且像一场大灾那样把万事折腾得乱七八糟"。农民像疯狗一样抢掠,起义农民犯了三重大罪,死有余辜:一是破坏忠于领主的誓言,用暴力反对上司;二是叛乱,抢劫并非属于他们的修道院和城堡;三是给他们的恐怖罪行披上福音的外衣。因此,"无论谁只要力所能及,无论是暗地还是公开,都应该把他戳碎、扼死、刺杀,就像必须打死疯狗一样"。① 但在诸侯疯狂镇压起义者的时候,路德又写作《上帝对公侯的审判》,指责公侯"抢劫、暴戾、疯狂",是"受他们主人魔鬼引导着的恶狗",要求"宽待已被征服的俘虏",力图制止公侯的暴行。②

可以想象,路德的宗教改革倡议确实鼓舞了普通人的革命斗志。他的圣经主义增强了普通人以"神法"为基督教秩序的观念。他对罗马教皇和天主教会的严厉谴责以及他坚决捍卫自己的立场观点的大无畏精神也为普通人的反抗斗争树立了榜样。但是路德的宗教改革与普通人革命在性质和目标上是有很大差别的。路德所关心的主要是人的拯救问题,也就是人如何摆脱原罪,获得上帝救赎的问题。从"因信称义"(或"唯信称义")的观点出发,他无情地谴责教皇和教皇党徒的谬论,极力树立上帝的话的权威,大力宣扬上帝的恩典,努力培养人的信

---

① 参见 Ulrich Köpf (Hrsg.), *Deutsche Geschichte in Quellen und Darstellung*, Band 3: *Reformationszeit 1495—1555*, S. 267-271;[德]威廉·戚美尔曼:《伟大的德国农民战争》,下册,第 773 页。

② 引文见[瑞典]何礼魁:《马丁·路德传》,陈建勋、戴怀仁译,香港:道声出版社 1983 年版,第 120—121 页;[美]罗伦·培登:《这是我的立场:改教先导马丁·路德传记》,古乐人、陆中石译,上海三联书店 2013 年版,第 179—185 页。

心和爱心,其目的在于帮助人克服"良心的不安",得享安慰、喜乐、平安和"永生"。

在路德看来,真正相信基督的人都属于"上帝的国",他们凭借圣灵和信仰,自然能彻底行善守法,爱人而不加害于人,不需要君王、贵族、刀剑和法律。然而,没有一个人生来就是基督徒或生来就虔敬,相反,人人都是有罪的,而在罪人当中,相信上帝的恩典、不与恶人作对而且自己不作恶的真基督徒如凤毛麟角。所有的非基督徒都属于"世界的国",他们虽然都受过洗,但只是挂名的基督徒。假如没有刀剑和法律,他们就将互相吞噬,无人能以保存妻室儿女,维持自己,事奉上帝。为维持治安,防止恶行,上帝设立了两种政府:一种是"属灵的政府",它借着圣灵在基督之下使人成为基督徒和虔敬的人;一种是"世俗的政府",它控制非基督徒和恶人,使他们虽不甘愿,也不得不遵守治安。

基督徒在他们自己中间,为他们自己,并不需要法律和刀剑。不过一个基督徒在世上活着和工作,既不是为自己,乃是为邻舍,所以他整个生命的精神,驱使他做一些对邻舍有益和必需的事。因为刀剑在维持治安,惩罚并预防罪恶上,对于世界是很有益处的,也是必需的,所以基督徒很愿意服从刀剑的统治,缴纳税款,尊敬长官,并尽他一切所能,服侍政府,帮助政府,以维持政府的荣誉和尊严。他这样做不是为了自己而是为了邻舍和全世界,是帮助国家,服侍国家,为国家谋利益。面对非基督徒时,基督徒要尽量用身体、灵魂、荣誉和财产来使用刀剑。基督徒只要合格,就应当担任绞刑吏、法庭差役、审判官、公卿或诸侯等职务,承担维护政府的存在和尊严的义务。基督徒凡事忍耐,甘心情愿忍受任何人所加的不公道,甚至死亡,但是他为别人应该报仇,寻求正义,保障和援助,而且要尽力去做。

属世界的政府的所有法律,只及于生命、财产和世界上外表之事。至于灵魂,只受上帝统治。上帝不能也不愿让人来统治它。如果世俗的政权要擅自为灵魂制订法律,它就侵犯了上帝的统治,只足以将灵魂引入迷途,加以毁灭。没有人应该或能够指挥灵魂,也没有人能够给灵魂指出进天国的道路,这是只有上帝能够做到的事情。没有人能够看见、知道、审判、惩罚并改变人的内心。没有人能使灵魂毁灭或活着,也没有人能使灵魂上天堂或下地狱。凡是涉及灵魂得救的事,人们只能听从上帝的话,不应该接受和宣扬其他说教。灵魂仅为上帝的权力所控制,不在任何人的手中。一个人心里的思想和倾向,除上帝外,没有人知道,所以要用暴力命令或强迫某人信这信那,不仅无义,而且是不可能的。所有想控制灵魂、强迫人相信不属于上帝的话的种种说教的诸侯和主教,都是最愚蠢的人,盲目的可怜虫。

路德相信"思想是自由的",世俗的政权应该准许人按着自己的能力和意志信这信那,绝不要用暴力强迫人。信仰是自由的工作,没有人能因受强迫而生信仰。信仰甚至是神的工作,在圣灵里做成的,绝不是外面的权力所能强迫或创造的。即使"异端",也是一个心灵的问题,不是通过火烧、水淹、屠杀等暴力手段所能克服的。只有上帝的道才是有效的。即令用世俗的政权,使整个世界充满血腥,也不能达到目的。

路德承认君主及其意志、规则、惩罚乃由上帝设立,是合法的世俗统治者。而且,除世俗功用外,它们还有第二种甚至更为重要的"神学"或"属灵"功用。君主应当依照上帝的公义施行统治,充分发挥保护宗教信仰、维护道德、保障社会福祉的作用。信仰上帝的话而称义的基督徒自愿臣服于依靠剑和布道进行管理的官厅,并以这种方式为邻居服务,也就是说为所有人,包括无信仰者,在世俗的世界中维持和平。他不属于世俗的世界,仅仅是上帝国家的公民。臣民有义务服从合法权威,但也有义务不服从违背良心的法律。然而路德并没有偏袒统治者,也不惧怕教皇和诸侯,甚至痛斥当下治理德意志国家的诸侯是"教皇的走狗""无赖""瞎子"和"愚人",严厉挞伐迫害宗教改革运动的教皇、皇帝和诸侯,抗议不义的统治,但他只赞成非暴力的抵抗,反对武装革命,不愿看见秩序破坏后所带来的更大灾难。路德深深相信,上帝公义的手仍在掌权,他会按他的方式解决问题。属灵或属世的治理权都是蒙召的职分与应尽的服侍,而非权柄或权势。无论是臣民还是诸侯,只要他们越份或未忠于职守,路德都竭力予以劝诫。①

路德关于两个国和两种政府的言论被后人归纳为"两个王国学说"(Lehre von den Zwei Reichen 或 Zwei-Reiche-Lehre)或"两种政府学说"(Zwei-Regimenten-Lehre),路德本人却从未使用过这样的概念,他对上帝的国和世界的国区分也不同于现代的政教分离原则。对于路德来说,这两个国都是上帝创立的,世俗君主有权行使"刀剑",世俗之人必须完全服从。当然,世俗政权也有义务保证信仰的"纯洁",不应当强迫任何人的信仰,不得干预教徒良心的自由。实际上,路德对人和国家的看法都是非常消极的,不对世俗境况的改善抱有希望,不认为国家是上帝拯救人类的代理人。国家充其量只能修补旧秩序,抑制无政府状态的蔓延,直到上帝进行最终的审判。② 这种末世论观点不是静态的而是动态的,它意味着,路德并非要为现存事物进行辩护,而是强调改革的必要性。

路德主要是一位神学家,不是一位政治思想家。他没有明确的国家观念,不分大一统国家还是民族国家,也没有明确的政府观念,不分君主制还是共和制。他在政治上的表态,大都是从宗教神学中推论出来的,而他的政治神学又具有突出的时事性和实用性特征,因此很容易与其坚持不懈的宗教神学发生矛盾和对立。路德知道自己处在一种十分险恶的政治环境之中,必须依靠诸侯的支持才能使宗教改革得以进行下去,因此,他便借着将他们的权柄建基在神圣的护理上,以强化他们的政治的合法性。路德显然准备把宗教的尊严给予这些统治者,借此换取他们的支持,进一步推行宗教改革。这样就开展了教会最终由国家主导的道路,而这差不多是信义宗教会的普遍特色。对于诸侯反抗皇帝,路德一度也表示反对,因为反抗上司和主人,等于与上帝设立的秩序作对,是决

---

① 参见《论俗世的权力》,[德]路德:《路德选集》,第 295—321 页。
② 参见[美]蒂莫西·乔治:《改教家的神学思想》,第 80—81 页。

不容许的。但为了宗教改革事业,他最终还是认可了诸侯的反抗权力,声称诸侯为了福音和个人良知的缘故,可以武力与皇帝进行斗争。目的把手段合法化了。①

---

① 参见[英]阿利斯特·麦格拉思:《宗教改革运动思潮》,第 219—220 页。

第二编

信仰的分裂

第三章　宗教改革与帝国宪政的斗争

　　1519年，出身于哈布斯堡家族的西班牙国王卡洛斯一世当选罗马人国王，号称卡尔五世。这样一来，哈布斯堡家族不仅继续拥有奥地利、西班牙及其附属领地，而且还掌握了神圣罗马帝国的大片国土，其势力达到了巅峰，成为欧洲第一大王朝。面对哈布斯堡家族势力的急剧扩张，罗马教皇、法国国王以及意大利诸邦国和城市的统治者都惶恐不安，奋起抵制。奥斯曼—土耳其人也乘机入侵，力图征服东南欧，用新月取代十字架。为了捍卫和巩固哈布斯堡家族的利益，也为了保护天主教教会和基督教国家，卡尔五世穷兵黩武，连年征战，虽然屡获战果，但也消耗了大量人力物力，以至于无暇也无力整治神圣罗马帝国国内事务。面对宗教改革引发的宗教—政治变革，卡尔五世只好委曲求全，妥协退让。这也在很大程度上便利了福音教宗教—政治势力的发展。

　　从君权神圣和君权至上的观念出发，卡尔五世力图在神圣罗马帝国加强君主权力，实行个人专制统治。然而，这一君主制原则不可避免地与现行的帝国等级制原则发生冲突。势力日渐强大的帝国等级坚决维护"传统的自由"，绝不容许皇帝的权力过大，并且力图通过参与帝国政治决策，对皇帝的权力加以限制。迫于压力，卡尔五世不得不做出让步，同意设立帝国执政府，恢复帝国最高法院，甚至把奥地利的统治权让给其皇弟费迪南。然而执政府只是名义上的中央权力机构,只在皇帝外出期间代理皇帝行使行政管理权,在帝国采邑和对外政策方面,皇帝仍保留最终决定权。由此而形成的皇帝与帝国等级的二元体制,严重制约了帝国中央政权的办事效率。

1524—1526年,在宗教改革运动的影响下,普通人革命席卷帝国南部和中部大部分地区,沉重打击了现行的政治和社会制度。因为不在帝国,卡尔五世没有直接参与镇压起义行动。帝国执政府无军队,也无钱招募雇佣军,不得不借重于施瓦本同盟和各地诸侯的力量。而在镇压了普通人革命之后,诸侯集团内部又发生了两极分化,大多数诸侯依然坚持天主教信仰,部分诸侯却改宗了福音教,并成为宗教改革的主要支柱。福音教诸侯力图通过宗教改革扩大自己的宗教政治势力。天主教诸侯虽未改变信仰,却也开始驱逐罗马教皇势力,控制本邦教会财政税收和行政管理。诸侯总体实力加强,帝国分裂割据日益加剧。

神圣罗马帝国皇帝与帝国等级之间、诸侯与诸侯之间的政治斗争因为宗教改革而变得异常复杂和激烈。为了对抗天主教保守势力,福音教诸侯不仅在帝国等级会议上联合支持宗教改革的城市提出抗议,而且还缔结保护性军事同盟,力图通过武力捍卫和扩大宗教改革成果。而长年不断的外战争,又迫使卡尔五世多次改变政策,基本停止了《沃姆斯敕令》的实施,这就使得抗议宗摆脱了帝国法律限制,获得了更大发展空间。与此同时,路德、茨温利等宗教改革家也在帝国各地开展了福音教会的组建工作,为福音教的传播奠定组织基础。但在福音教阵营内部,路德与茨温利有关圣餐礼教义的争论,又严重阻碍了福音教徒大联合的形成,限制了福音教集团总体势力的发展壮大。

第一节　卡尔五世执政初年的内政外交

一、当选罗马人国王

1519年1月,马克西米连一世在没有指定继位者的情况下去世了。

英国国王亨利八世（Heinrich Ⅷ.,1491—1547）、法国国王弗朗索瓦一世和西班牙国王卡洛斯一世都试图继承罗马人国王的王位并进而获得对神圣罗马帝国的统治权。卡洛斯一世的弟弟费迪南一度也有意参加竞选。但最终的竞争主要在法国国王弗朗索瓦一世和西班牙国王卡洛斯一世之间进行，而其激烈程度可谓空前绝后。为了赢得选举，双方都不惜重金，大肆贿赂帝国选侯。

罗马教皇利奥十世力图阻止卡洛斯当选，他不想让已经控制了那不勒斯和西西里等地、对教会国家构成严重威胁的西班牙国王再接管神圣罗马帝国。最初，他支持法国国王参加竞选，并得到出自霍亨索伦家族的帝国选侯、勃兰登堡马克伯爵约阿希姆一世（Joachim Ⅰ.,1484—1535）以及同样出自霍亨索伦家族的帝国选侯、美因兹大主教阿尔布雷希特的附和。但在看到弗朗索瓦一世并不太受德意志人欢迎的情况后，利奥十世又力劝萨克森选侯智者弗里德里希出山。为了笼络这位德高望重的选侯，利奥十世不仅表示要赠送他金玫瑰勋章，还暂时中止了对路德的审讯。智者弗里德里希却深知自己的家族势力有限，拒绝参加竞选，他宁愿作为调解人在选侯集团中积极活动，极力说服其他选侯选举"德意志候选人"为国王。在智者弗里德里希的劝说下，约阿希姆一世与其弟阿尔布雷希特都改变了态度，将其选票投给西班牙国王。此时，霍亨索伦家族在帝国选侯集团中占据两个席位，拥有两票表决权，并且美因兹选侯作为帝国大首相还在帝国统治集团中占有一个特别突出的地位。约阿希姆一世与其弟阿尔布雷希特的立场转变对于西班牙国王的当选无疑具有决定性意义。另外，卡洛斯一世的成功还与其德意志家世有很大关系，他是以"德意志候选人"的身份参加竞选的。而在符滕姆贝格公爵乌尔里希攻占帝国城市罗伊特林根之后，施瓦本同盟依靠哈布斯堡家族的支持，将乌尔里希驱逐出了上德意志，哈布斯堡家族占有符滕姆贝格，并成为施瓦本同盟的首领，可以利用施瓦本的军事力量对竞选施加压力。最为重要的还是哈布斯堡家族对选侯们的重金贿赂，为此，它向当时帝国的首富大银行家富格尔大举借贷。总共花费了 85.2

万古尔登(Gulden),其中,富格尔出资高达 50 万古尔登。

1519 年 6 月 28 日,帝国选侯在美因河畔法兰克福选举西班牙国王卡洛斯一世为罗马人国王,号称卡尔五世(Karl Ⅴ.,1519—1556 年在位)。在获悉自己当选罗马人国王的消息后,卡尔五世立即从巴塞罗那(Barcelona)行宫启程,经英格兰和尼德兰抵达神圣罗马帝国。1520 年 10 月 23 日,皇帝加冕仪式在亚琛皇帝大教堂(Kaiserdom)举行,由科伦大主教赫尔曼·冯·维德(Hermann von Wied,1477—1552)主持;卡尔五世效法马克西米连一世自命为"当选的罗马皇帝"。[1] 但他必须签署主要由智者弗里德里希主持起草、公开反对皇帝中央集权、要求进一步扩大帝国等级政治参与权的《选举条款》,许诺承担一系列义务:保护教皇和教会,"按照选侯的建议"执行帝国法律;所有重要的帝国官职均由德意志人担任;若无正当程序,不对任何人宣布任何帝国禁令;外国军队不得驻扎在帝国土地上;限制罗马教廷过度的金钱要求,取缔垄断性大贸易公司。除此之外,卡尔五世还同意,成立一个"帝国执政府"管理帝国事务,邀请选侯参与治国理政。[2]《选举条款》是帝国等级约束皇帝权力的一个新举措。从内容上看,该文件具有帝国基本法性质,如同 1356 年的《金玺诏书》一般。

卡尔五世是神圣罗马帝国皇帝马克西米连一世的长孙、阿拉贡国王费兰多二世的外孙、勃艮第公爵"美男子"菲利普的长子。甫一出生,就被授予卢森堡伯爵称号。尔后,凭借哈布斯堡家族势力和家族前辈巧妙构架的王朝网络,并在多种纯属偶然的正常遗产继承顺序中断之后,他在 1506 年父亲("美男子"菲利普)去世后,成为尼德兰大公,继承了勃艮第公国北部,包括皮卡迪(Picardie)、比利时(Belgien)和尼德兰在内的大片土地;1516 年在外公(阿拉贡国王费兰多二世)去世后又成为阿拉贡、卡斯蒂利亚、纳瓦拉(Navarra)、那不勒斯(Neapel)、西西里(Sizilien)、撒

---

① 教皇利奥十世事后批准了这一称号的使用。

② 《选举条款》共计 36 款,参见 Ulrich Köpf (Hrsg.), *Deutsche Geschichte in Quellen und Darstellung*, *Band 3*:*Reformationszeit 1495—1555*, S. 75 - 84.

丁岛(Sardinien)诸王国以及西班牙在美洲的殖民地的统治者。因为他首次将阿拉贡和卡斯蒂利亚的王位集于一身，所以也是西班牙的第一任国王。1519年，在祖父(神圣罗马帝国皇帝马克西米连一世)去世后，卡尔又继承了以奥地利为核心的神圣罗马帝国境内哈布斯堡世袭领地。而在当选罗马人国王后，他所统治的地盘又得到了进一步扩大，几乎囊括大半个世界，堪称"日不落帝国"。

与之相应，卡尔五世一统宇内的野心陡然膨胀。他自视为"世界君主"(dominum mundi)[1]，拥有上帝赋予的、独一无二的崇高地位，不仅高于基督教世界其他国家和地区的统治者，而且担负着维持基督教世界的秩序与和平、保护但也要改革天主教会、抵御异教徒侵犯的神圣使命。他把"领导一个团结的基督教世界反对外部敌人奥斯曼—土耳其，后来还要反对内部敌人路德派异端分子"，看作现"上帝指派给自己的"任务[2]，力图重建在皇帝和教皇领导下的基督教世界大一统，并且借此扩大哈布斯堡家族的势力和统治范围，建立哈布斯堡家族的家天下。

对于宗教和教会事务，卡尔五世完全按照天主教正统观念行事。虽然在伊拉斯谟等人的影响下，他也认识到了教会改革的必要性，但对于路德等宗教改革家"背离"教会教义和教会法规的言行，他还是不能容忍的，坚决主张严厉镇压。只是出于某些政治考虑，例如拉拢利用帝国等级应对迫在眉睫的对外战争，在必要的时候，卡尔五世也会做出一定的妥协，建议和举行宗教对话，用和平的政治协商手段维持西方基督教宗教和教会的统一。

卡尔五世的登基给许多德意志人带来了巨大希望。马丁·路德写道："上帝赐予我们一位有高贵血统的年轻人担任君主，在许多人心中唤起了莫大的美好希望。"[3]然而，尽管有许多德意志祖先和德意志血统，并

---

① Horst Rabe, *Reich und Glaubensspaltung. Deutschland 1500—1600*, S. 151.
② 引文见[英]G. R. 埃尔顿编:《新编剑桥世界近代史》,第二卷,第391页。
③ zit. nach Brigitte Vacha (Hrsg.), Walter Pohl und Karl Vocelka (Verf.), *Die Habsburger. Eine europäische Familiengeschichte*, 2. Aufl., Graz [u. a.]: Verl. Styria, 1993, S. 117.

且是以"德意志候选人"身份参加王位竞选的,卡尔五世却并非真正的德意志人;甚至连德语都不会讲。他出生于根特,成长于勃艮第和尼德兰。对于德意志民族和国家,卡尔五世并没有多少真情实感。他所关心和热衷于追求的主要是个人荣誉和哈布斯堡家族的王朝利益。

在神圣罗马帝国,卡尔五世致力于加强君主权力,实行个人专制统治。帝国等级的态度却十分暧昧。一方面他们需要有一个比较强大的帝国首领,对内维持国内和平,对外抵御外来侵略;另一方面他们又不愿意帝国君主的权力过分强大,限制和削弱自己传统的"自由"和"自主"。为了约束皇权,他们极力要求卡尔五世遵守帝国宪法,承认帝国等级的政治参与权。卡尔五世虽然极不情愿,但因对外战争(主要是应对法国和奥斯曼帝国的不断挑衅)需要帝国等级的支持,不得不经常做出妥协让步。不仅如此,帝国政治也因为宗教改革而变得异常混乱、复杂。因为随着宗教改革运动的深入发展,帝国等级内部也发生了严重分化,一部分帝国等级坚持天主教信仰,极力扼杀宗教改革;另一部分帝国等级则支持宗教改革,皈依了新的福音教信仰。这两派政治势力相互对抗,激烈斗争。一方面,虽然在宗教信仰上,皇帝与天主教帝国等级态度一致,但他又不能完全忽视福音教诸侯的宗教诉求,而对外战争的牵制,又使他无力采取断然镇压的措施。另一方面,天主教诸侯和福音教诸侯又都从宗教改革当中获得了不少好处,他们都通过控制本邦内的教会,扩大了自己的经济实力和政治势力。而当皇帝后来在战胜福音教诸侯的军事同盟,准备实行专制统治的时候,天主教诸侯和福音教诸侯又联合起来对抗皇帝,致使卡尔五世在帝国的强权统治彻底落空。

二、皇帝与帝国等级在帝国层面的权力争夺

1521 年的沃姆斯帝国等级会议因为路德的出庭受审而闻名于世,但在实际上,对于"路德事件"的处理,只是此次会议的一个小小插曲。与之相比,更为重要的是,帝国等级在此次帝国等级会议上迫使皇帝批准了重建帝国执政府、帝国最高法院、帝国行政区等机构,并对这些机构的

建制和运作作出了新的、更加明确的规定。

按照 1521 年 5 月 26 日颁布的《执政府条例》(Regimentsordnung)，帝国执政府设在纽伦贝格，由 22 名出自各等级的成员担任执政府官员，其中两名由皇帝任命，20 名由帝国等级任命。卡尔五世的弟弟费迪南(Ferdinand,1503—1564)出任总督和执政府首领，皇帝的亲信、皮埃蒙特人梅尔库里诺·阿尔波里奥·迪·加蒂纳拉(Mercurino Arborio di Gattinara,1465—1530)为帝国副首相，监控政局。卡尔五世坚持执政府只在皇帝外出期间代理皇帝行使行政管理权，其所有重要决议，特别是关于封邑和对外事务的决议仍需要在皇帝批准后才可以实施。卡尔的意见也在很大程度上得到了贯彻。帝国执政府只是名义上的中央政权机构，只是代理皇帝行使行政管理权。这样一来，不仅费迪南无权擅自做主，而且作为帝国大首相的美因兹大主教的部分权限也被皇帝的亲信加蒂纳拉所掌握。皇帝即使不在帝国也可以发挥较大的影响力。卡尔五世通过书信下达指令。然而，路途遥远、交通不便和通讯落后等因素经常阻碍着决策的迅速及时形成。

帝国最高法院(Reichskammergericht)同样设在纽伦贝格，但陪审员人数增加到 18 人，其中一半是法律专家，另一半是骑士。帝国最高法院是一个诉讼法庭，负责处罚抗拒、触犯帝国法律，特别是破坏国家和平的罪犯。然而，帝国选侯和诸侯继续享有禁诉特权(其臣民无权向帝国最高法院申诉)，基本不受该法院的约束。

执行帝国执政府决议和帝国最高法院判决的任务交由帝国行政区承担。帝国大区由此从原先只被用作选举执政府成员的选举区，转变成为一个跨邦国和等级的职能部门了。行政区首脑有权惩处破坏禁止复仇条例者。在战争的情况下，各个帝国行政区也应按照"帝国名册"如数提供军队，募集经费。与之相应，按照登记册缴纳税费的制度也得到了实行。帝国财政获得了较可靠的保障。

一方面，帝国等级会议依然是神圣罗马帝国的最高决策机关，帝国等级有权讨论决定国家整体事务，制订和颁布相关法律。此时，帝国等级包括 7 位选侯、4 位大主教、46 位主教、24 位世俗诸侯、79 位修道院长和大教堂教长、4 位骑士团首领、145 位伯爵和领主以及 85 个帝国城市和自由城市,共计 394 个①。由于高级教士(修道院院长和大教堂教长、骑士团团长等)和高级贵族(伯爵和领主)也升级为帝国诸侯,帝国诸侯的总数由此大增,据此,参加 1521 年沃姆斯帝国等级会议的教会诸侯为 133 人,世俗诸侯为 169 人。此外,沃姆斯帝国等级会议还首创了自由城市参加帝国等级会议的先例。在参加 1521 年沃姆斯帝国等级会议的城市代表团中,有 65 个来自帝国城市,20 个来自自由城市。帝国城市是帝国的直辖市,其特许状(Freibrief)由神圣罗马帝国皇帝亲自颁发。自由城市从诸侯或主教那里获得特许状,拥有城市自治权。因为上述两种城市拥有政治、经济、宗教和司法上的自主权,经常被统称为帝国自由城市(Freie Reichsstaedte)。另一方面,帝国等级会议定期自动开会的原则,没有得到贯彻,在以后的时间里,帝国等级会议依然是由皇帝根据需要,在征得选侯同意的情况下召开的。帝国选侯、帝国诸侯和帝国城市分三院,分别议事。皇帝虽然有权宣布开幕和闭幕,偶尔也主持一下全体会议,但他完全被排除在各种各样的协商之外,所有交涉均由作为帝国大首相的美因兹大主教来处理。皇帝仅可以非正式地或者以奥地利大公身份发挥影响。

上德意志的大财团坚决抗议《选举条款》中取缔大贸易公司的规定。迫于压力,卡尔五世在 1525 年签署了一份新贸易法,基本顺应了这些财团的要求,满足了他们的经济利益。

因为要处理同样受其管辖的尼德兰和西班牙等地的事务,也因为要应对法国和奥斯曼帝国的不断挑衅,卡尔五世无法常驻神圣罗马帝国。

---

① 此为 1521 年帝国名册上所列帝国等级的数目,参见[德]布劳巴赫等:《德意志史》第二卷:从宗教改革至专制主义结束(1500—1800),帝国等级一览表,第 1000—1023 页。实际上,当时已有许多帝国城市丧失了直属帝国资格,不再参加帝国等级会议了,因此,有学者估计 1521 年帝国等级总数为 384 个。这一数字恐怕也不准确,特别是帝国城市参加帝国等级会议的资格及其在会议中的地位很不稳定,帝国等级的总数目因此难以确知。

他也是最后一位未在帝国境内设立固定官署的皇帝。他的拥有1 000—2 000人的宫廷因此经常迁来迁去,而这个宫廷国家又是多民族的,成员和语言都非常多元。军队也是这样。因为皇帝的权力重心是在西班牙,西班牙人(主要是西班牙籍的官员和军人)在神圣罗马帝国自视为统治者民族,经常是趾高气扬,骄横放肆,所以特别不受欢迎。

卡尔五世还把他继承的奥地利土地转让给了费迪南,其中包括下奥地利诸邦国(施泰尔马克、克恩滕、克赖因等)和上奥地利诸邦国(蒂罗尔和前奥地利)在内的奥地利大公国。因为在帝国并无实权,费迪南遂把重点放在对哈布斯堡世袭领地的经营上。

在马克西米连一世去世后,哈布斯堡世袭领地实际上已经破产了。这位风流倜傥、好大喜功的"文艺复兴君主",出手阔绰,但也负债累累,债台高筑。在接管奥地利之后,费迪南承担了马克西米连一世遗留下的一大半债务。他重用财政专员加布里尔·德·萨拉曼卡(Gabriel de Salamanca,1489—1539),大力开源节流,努力清偿债务,但他在蒂罗尔等地征收高额赋税的措施,也引起了当地居民的极大愤慨。

对于这位初来乍到、德语讲得十分生硬、身边又尽是外国顾问的陌生统治者,奥地利臣民们很不满意。部分邦国等级在维也纳市长和法官马丁·西本彪格尔(Martin Siebenbürger,大约1475—1522)的领导下组建了一个新执政府,并擅自派遣使团,直接向皇帝卡尔五世提出保留原有特权的请求。

对于这一越级上访,蔑视当局的"非法举动",费迪南大公恼羞成怒。他在1522年6月召集新、旧执政府代表到维也纳新城对簿公堂,而该法庭主要是由外国人组成的。西本彪格尔及其7位同党被处以绞刑。这一审判遂以"维也纳新城血腥审判"而在历史上留名。

在镇压了反叛后,费迪南制定新的城市条例,大幅削减邦国等级的权力,将一向拥有众多特权的维也纳市纳入自己的管辖范围:市政会参事和市长由被指定的有财产、有威望的市民选举产生;市法官不再通过选举产生,而是由大公直接任命;普通市民的选举权被剥夺,手工业者也被排除在市政机构之外。外国顾问从占领被剥夺的起义者的财产中获得了奖赏。

1523年，费迪南在上、下奥地利各建立了一个宫廷参事院；在前奥地利则设立了一个号称"执政府"的中央管理机构。1527年又颁布了对哈布斯堡家族整个世袭领地都有效的《宫廷国家条例》，向建立高效率官僚体制迈出了重要一步。据此，有四个中央机构，即宫廷参事院、枢密院、宫廷司库和宫廷首相府——得以建立。1556年又增加了一个宫廷战争委员会，设在维也纳，即使在1564年领地分割之后也继续存在。中央当局自此时起便成了一个强有力的夹子，将哈布斯堡东方世袭领地原本相当分散的各地牢牢地集中了起来，长远地看也使它们得到了共同发展。

三、卡尔五世的对外战争与哈布斯堡家族势力的东扩

哈布斯堡家族势力的扩大使法国受到了重重包围。为了摆脱这一困境，也为了实现对那不勒斯王国(Königreich Neapel)和1512年为西班牙所占领的纳瓦拉王国(Königreich Navarra)部分领土的权力要求，法国国王弗朗索瓦一世在1521年4月22日再次出兵意大利，并向卡尔五世提出了挑战。卡尔五世早就计划与法国进行决战，不仅要控制上意大利，确保均为哈布斯堡家族所掌控的神圣罗马帝国和西班牙王国之间的联络通道，还要收复1477年被法国吞并的勃艮第公国(Herzogtum Burgund，包括第绒，Dijon)，解除法国国王对佛兰德和阿图瓦的采邑权，从法国那里夺回先前属于阿拉贡国王采邑的朗格多克(Languedoc)，把普罗旺斯(Provence)变为帝国采邑以供自己支配，夺取欧洲的霸权，实现世界君主的梦想。为了实现这一战争计划，卡尔五世早在1520年就与英国国王亨利八世(Heinrichs Ⅷ.)达成了协议。现在，他又把教皇利奥十世拉入反法联盟。利奥十世原本对卡尔五世充满敌意，但在阻止卡尔五世当选罗马人国王一事未果之后，他又改变了态度，愿意与之合作了，这在很大程度上是由于"路德事件"的不断发酵，教皇需要皇帝帮助消灭异端。现在，教皇虽然同意与皇帝联手对抗法国，但其主要目的还

是希望通过与皇帝合作,维护教会的统一,扼杀宗教改革运动。

1521年下半年,英国开始从海上进攻法国,卡尔五世和利奥十世的军队则在意大利与法国军队直接对垒。11月19日,卡尔五世和利奥十世的军队联合进攻被法军占领的米兰,并在获胜后重新把被放逐的米兰前公爵弗朗切斯科二世·斯福扎(Francesco Ⅱ. Sforza,1495—1535)扶上台。年底,教皇利奥十世去世。次年1月,曾任卡尔五世御师的乌特勒支的安德里安(Adrian von Utrecht)当选为教皇,称作哈德里安六世(Hadrian Ⅵ.,1459—1523)。卡尔五世又与哈德里安六世联手,在1522年5月30日攻占了热那亚。然而,新任教皇在1523年9月14日便突然去世,亲法国的朱利奥·德·美第奇(Giulio de' Medici)继位,成为克雷芒七世(Clemens Ⅶ.,1478—1534),一股反皇帝的浪潮又在意大利迅速兴起。克雷芒七世以及威尼斯和佛罗伦萨市政当局对卡尔五世的战功深感惊慌,担心其势力强大后,会威胁到自己的安全,遂在1524年12月12日秘密同法国结盟。

法国人开始在军事上占优势了。入侵法国的英国军队和进攻普罗旺斯的皇帝军队均遭到了失败。相反,法国军队重新征服了米兰并且包围了帕维亚。1525年2月24日,卡尔五世派兵解救被法军围困的帕维亚,在兵力较弱的情况下,充分发挥火枪的优势,打败敌军,俘虏法国国王弗朗索瓦一世。为了争取法国参与抗击奥斯曼土耳其人入侵的战争,卡尔五世没有采纳加蒂纳拉所主张的处死弗朗索瓦一世的建议,而是在1526年1月14日与之签订《马德里条约》(Vertrag von Madrid)。除了要求法国归还勃艮第公国,放弃佛兰德和阿图瓦的采邑权以及对意大利北部的领土要求外,卡尔五世没有过度强迫弗朗索瓦一世,也很快就将他释放了。

弗朗索瓦一世却在获释后以被迫签订为由,宣布《马德里条约》无效。他还联络教皇克雷芒七世、巴伐利亚公爵威廉四世(Wilhelm Ⅳ.,1493—1550)和路德维希十世(Ludwig Ⅹ.,1495—1545)以及威尼斯、佛罗伦萨等意大利城市共和国和米兰公国的"反皇派",于1526年5月24

日缔结"科尼亚克神圣同盟"(Heilige Liga von Cognac),继续同卡尔五世作对。为了报复教皇的反叛,卡尔五世怂恿自己招募的雇佣兵于1527年5月6日攻占并焚掠了被他们称作"巴比伦大淫妇"(Hure Babylon)的罗马。教皇克雷芒七世逃入圣安杰洛城堡(Engelsburg),卑躬屈膝地向皇帝表示悔罪。然而,反对势力依然十分强大,热那亚也被法军国占有。卡尔五世的军队一度深陷困境,只是在得到了热那亚海盗安德里亚·多里亚(Andrea Doria,1468—1560)的救援后,才转危为安。1529年6月29日,卡尔五世与教皇缔结《巴塞罗那和约》(Frieden von Barcelona),约定建立一个防御联盟,尽快召开宗教会议,实行教会改革。通过卡尔五世的姑妈、尼德兰总督玛加丽特(Margarete von Oesterreich)与弗朗索瓦一世的母亲萨沃伊的露易丝(Louise von Savoyen)两人的磋商,皇帝与法国国王在8月3日签订《康布雷夫人和约》(Damenfriede von Cambrai)。卡尔五世不再坚持对勃艮第的主权要求,弗朗索瓦一世则再次声明放弃对佛兰德和阿图瓦的采邑权以及对意大利的领土要求。[①] 1530年2月,教皇克雷芒七世在波伦纳(Bologna)为卡尔五世举行了皇帝加冕礼,神圣罗马帝国皇帝在意大利的统治权由此得到了确认。但这也是最后一次的教皇加冕,此后的罗马人国王再无一人得此"殊荣"。他们虽然可自封为"当选的皇帝",其在意大利的统治权要求却不复拥有经过教皇认可的宗教合法性了。

但是,费迪南却也非常意外地获得了波希米亚和匈牙利的王位,使得哈布斯堡家族的势力大大地东扩了。此事与土耳其的入侵有密切关系。

1521年,土耳其苏丹苏莱曼一世(Süleymān I.,1495—1566)率领大军进攻匈牙利,并且迅速征服了贝尔格莱德(Belgrad)。匈牙利举国震惊,国王拉约什二世(II. Lajos,1506—1526)仓促御驾亲征,率领25 000

---

① 条约全文见 Ulrich Köpf (Hrsg.), *Deutsche Geschichte in Quellen und Darstellung*, Band 3: *Reformationszeit 1495—1555*, S. 335 - 342.

人的军队迎战奥斯曼-土耳其为数 10 余万的大军,1526 年 8 月 29 日阵亡于莫哈奇(Mohács)战役。苏莱曼一世乘胜追击,其铁骑踏遍了匈牙利东部诸省,除了烧杀抢掠,班师回国时还带走了 10 万基督徒俘虏。

拉约什二世年轻无后,他的阵亡,使得波希米亚王国和匈牙利王国王位突然出现空缺。费迪南依靠其祖父、前任神圣罗马帝国君主马克西米连一世与原波希米亚国王弗拉第斯拉夫二世和波兰国王齐格蒙特一世签署的遗产继承条约,以及哈布斯堡家族比较强大的实力,无比荣耀地戴上了波希米亚和匈牙利两顶王冠。12 月 16 日,匈牙利和波希米亚的部分贵族选举神圣罗马帝国总督和奥地利大公费迪南为波希米亚国王和匈牙利国王,以求得当时已经出现的哈布斯堡大帝国的救助。克罗地亚贵族也在 1527 年选举费迪南为克罗地亚国王。除此之外,费迪南还获得了自称为塞尔维亚沙皇的约翰·奈纳德(Johann Nenad,卒于1527 年)的支持。然而同样参与了竞选波希米亚王位的巴伐利亚公爵路德维希十世,却因失败而与费迪南结下了仇怨。费迪南虽然掌控了奥地利,登上了波希米亚和匈牙利的王位,却未赢得波希米亚和匈牙利两国等级的全体支持。一部分匈牙利等级拥戴西本彪根侯爵扎波利亚·亚诺什为对立国王,并与费迪南兵戎相见。出于报复,巴伐利亚公爵威廉和路德维希兄弟俩转而支持扎波利亚,力图挫败哈布斯堡家族的锐气。扎波利亚在战败后投靠奥斯曼帝国,成为受到苏丹庇护的傀儡国王,长期占据匈牙利部分地区(直至 1540 年)。巴伐利亚公爵也一直与哈布斯堡家族不和,时刻伺机报复打击。

第二节　诸侯阵营的分化

一、天主教诸侯

1521 年沃姆斯帝国等级会议结束之后,帝国皇帝卡尔五世因为应对战争和处理其他事务,离开帝国长达九年之久。帝国执政府代理皇帝执政,但处处受皇帝指令的制约。部分帝国等级要求皇帝出让更多的权力。迫于压力,卡尔五世在 1522 年签署《布鲁塞尔条约》(Vertrag von Brüssel),承认帝国总督费迪南(Ferdinand)拥有一定的自主权,并且承诺要帮他竞选罗马人国王,使之成为自己可能的后继者。1522—1529年,费迪南以皇帝代理人的身份主持了三届在纽伦贝格召开的帝国等级会议(1522—1524)、两届在施佩耶尔召开的帝国等级会议(1526 和1529)。然而,为了维护自己在帝国中的地位,卡尔五世并未真正出让统治权,他也把费迪南当选国王问题长时间地搁置了起来。皇帝本人依然掌握着对帝国等级会议决议(Reichstagsbeschlüsse)的审批权,实际控制着国家政权。帝国等级也不愿为帝国执政府提供实质性资助,拥有武装部队的施瓦本同盟更是自行其是。帝国执政府捉襟见肘,效率低下,根本无法发挥国家管理机构应有的作用。

1524—1526 年,在宗教改革运动的影响下,普通人革命席卷帝国南部和中部大部分地区,沉重打击了封建领主的统治。因为不在帝国,卡尔五世没有直接参与镇压起义行动。帝国执政府自身没有军队,也无钱招募雇佣军,不得不向施瓦本同盟和各地诸侯求助。费迪南只将发生在自己管辖的奥地利大公国内的农民起义镇压了下去。

而在镇压了图林根、弗兰肯豪森普通人革命之后,帝国北部的一些天主教诸侯为了阻止福音教的进一步传播和革命的再次爆发,于 1525年 7 月 19 日缔结"德骚同盟"(Dessauer Bund 或 Dessauer Bündnis),建立了第一个"反宗教改革"(Gegenreformation)的天主教利益集团。

建立该同盟的倡议者是安哈尔特(Anhalt)侯爵恩斯特(Ernst,1454—1516)的遗孀、极端虔敬的天主教徒玛加丽特(Margarethe,1473—1530)。她在丈夫去世后,以尚未成年的儿子们的监护人身份,执掌统治权。因为担心农民起义会在其邦国内重新爆发,她先是与其表哥、帝国选侯和美因兹大主教阿尔布雷希特结盟,其后又将这一联盟扩大为天主教诸侯联盟。

德骚同盟的积极参加者除了美因兹大主教阿尔布雷希特,还有阿尔布雷希特的兄长、帝国选侯和勃兰登堡马克伯爵约阿希姆一世,萨克森公爵格奥尔格,不伦瑞克-卡伦贝格-哥廷根(Braunschweig-Kahlenberg-Göttingen)公爵埃里希一世(Erich Ⅰ.,1470—1540)及其侄子不伦瑞克—沃尔芬比特尔公爵海因里希二世。

美因兹大主教阿尔布雷希特因为与教皇勾结出售赎罪券而受到马丁·路德严厉指责,从一开始就是宗教改革的坚决反对者。勃兰登堡马克伯爵约阿希姆一世也是一位顽固的天主教徒,坚决反对宗教改革,无论在1521年的沃姆斯帝国等级会议上还是在1529年施佩耶尔帝国等级会议上,他都力主对路德和福音教徒采取强硬措施。他也在奥得河畔法兰克福建立了一所天主教大学,极力扩张天主教势力,甚至在临死前还立下遗嘱,要求其子女们永远保持天主教信仰。他的妻子、丹麦公主伊丽莎白(Elisabeth von Dänemark)倾向于路德的学说,但是不敢公开参加福音教礼拜,不得不在1528年逃亡到维登贝格。

萨克森公爵格奥尔格出自韦廷(Wettin)家族阿尔伯丁(Albertin)支系,与出自韦廷家族恩斯特(Ernst)支系的萨克森选侯智者弗里德里希虽属同族兄弟但是截然对立。格奥尔格也受过很好的教育,谙习拉丁文,亲自参加同时代的神学争论,但是坚决反对胡斯和路德的学说,曾在1523年下令将其邦国内的所有路德翻译的德文本圣经悉数没收、销毁,也在1525年与黑森邦国伯爵菲利普一世和不伦瑞克—沃尔芬比特尔公爵海因里希二世一起,出兵镇压了弗兰肯豪森的农民起义。

不伦瑞克-卡伦贝格-哥廷根公爵埃里希一世及其侄子不伦瑞克-沃尔芬比特尔公爵海因里希二世出自韦尔夫(Welfen)家族,都是下萨克森地区顽固坚守天主教信仰的天主教诸侯。他们在1519—1523年的"希尔德斯海姆主教区决斗"(Hildesheimer Stiftsfehde)中,借助于新当选的罗马人国王和皇帝卡尔五世的干预,转败为胜。为了报答卡尔五世,他们坚守天主教信仰,即使在所有其他韦尔夫家族统治者以及不伦瑞克(Braunschweig)和戈斯拉尔(Goslar)两城市都转向了宗教改革以后,也是如此。

　　天主教诸侯巴伐利亚公爵威廉四世和他的弟弟、同为巴伐利亚公爵的路德维希十世虽然没有加入德骚同盟,却也是宗教改革的坚决反对者。1521 年 5 月 25 日,兄弟两人分别在慕尼黑(München)和兰茨胡特公示《沃姆斯敕令》,大肆逮捕路德的追随者,并将他们驱逐出境。为了彻底收买巴伐利亚公爵,教皇克雷芒七世在 1524 年作出决定,将巴伐利亚主教的任命权和教会收入管理权统统转让给巴伐利亚公爵。这样一来,巴伐利亚公爵不费吹灰之力就得到了类似于福音教诸侯通过宗教改革才拥有的邦国教会控制权,成为本邦教会的最高领袖。作为回报,威廉四世和路德维希十世一度成为宗教改革的最狂热反对者,1525 年 5 月曾派兵解救遭到重重包围的萨尔茨堡大主教马特霍伊斯·朗格。1526 年以后,虽然因路德维希十世竞选波希米亚王位失败而与哈布斯堡家族结怨,但在反对宗教改革方面,他们的立场与国王和皇帝完全一致。

　　帝国总督和奥地利大公费迪南没有加入德骚同盟,但同样狂热地反对宗教改革。特别是在镇压洗礼派方面,费迪南可谓不遗余力,血债累累。他在 1527 年发布《奥芬指令》(Mandate von Ofen),针对宗教改革,在奥地利发起了一场"大屠杀"(Vernichtungsfeldzug)[1];1528 年在维也纳烧死了洗礼派神学家巴尔塔萨·胡布迈尔;1536 年在因斯布鲁克烧死了雅克布·胡特尔(Jakob Hutter,大约 1500—1536)。1530 年前后,奥地利政府当局总共杀害洗礼派分子 600 余名。[2]

二、福音教诸侯

　　也有一些德意志诸侯皈依了福音教。作为路德的邦国君主,萨克森选侯智者弗里德里希(Friedrich der Weise,1463—1525)虽然对路德多

---

① Gustav Reingrabner, "Die Verfolgung der österreichischen Protestanten während der Gegenreformation", in: Erich Zöllner (Hrsg.), *Wellen der Verfolgung in der österreichischen Geschichte*, Wien: ÖBV, 1986, S. 52 - 69, hier S. 55.

② Gustav Reingrabner, *Protestanten in Österreich. Geschichte und Dokumentation*, Wien, Köln, Graz: Böhlau, 1981, S. 30f.

有支持和保护,但出于政治原因,他从未召见路德,直到 1525 年病危之际才皈依福音教。他的弟弟"坚定者"约翰(Johann der Beständelige,1468—1532)却在继任选侯后,公开宣布支持路德的宗教改革,并把福音教视为"正义的政治裁决"的基础。

黑森邦国伯爵菲利普一世早年曾经参与镇压骑士暴动和普通人革命、驱逐路德教布道士等一系列反宗教改革行动,到 1524 年却颁布治安条例,公开拥护福音教,拒绝绞死洗礼派分子,他也因此而成为第一个福音教诸侯。

安哈尔特—科滕(Anhalt-Köthen)侯爵沃尔夫冈(Wolfgang,1492—1566)早在 1521 年沃姆斯帝国等级会议上就与路德相识,并成为路德学说的积极拥护者。依靠路德的帮助,沃尔夫冈在 1525 年将宗教改革引入自己管辖的邦国,1526 年又引入安哈尔特—博恩堡(Anhalt-Bernburg)侯国。

安斯巴赫(Ansbach)马克伯爵、"在普鲁士的"德意志骑士团首领阿尔布雷希特(Albrecht,1490—1568)则在 1522 年纽伦贝格宗教斗争期间被神学家和宗教改革家安德里亚斯·奥西安德尔(Andreas Osiander,1498—1552)说服,开始支持宗教改革。1525 年 5 月 26 日,阿尔布雷希特辞掉骑士团团长职务,在承认波兰国王的宗主权的情况下,将德意志骑士团国家世俗化为一个信奉路德教的普鲁士公国。波兰国王齐格蒙特一世"敕封"他为拥有作为波兰国王采邑的普鲁士公国的世袭公爵,称作阿尔布雷希特一世(Albrecht Ⅰ.,1525—1568 年在位);其兄长卡西米尔和格奥尔格也都获得了普鲁士公爵爵位的继承权。①

阿尔布雷希特的兄长、安斯巴赫马克伯爵格奥尔格(Georg,1484—1543)也较早成为马丁·路德的追随者,并将福音教引入其统治区(最初是引入他在西里西亚的管辖区)。他支持布道士卡斯帕·吕讷(Kaspar Löner,1493 或 1495—1546)和施泰凡·阿格里科拉(Stephan Agricola,

---

① Horst Rabe, *Reich und Glaubensspaltung*, *Deutschland 1500—1600*, S. 16 - 17.

大约 1491—1547)宣讲福音,并在利奥博舒茨(Leobschütz)用暴力驱逐
方济各修道士,将其修道院改为粮仓。

　　出自韦尔夫(Welfen)家族的不伦瑞克-吕内堡(Braunschweig-
Lüneburg)公爵恩斯特一世(Ernst Ⅰ.,1497—1546)曾在 1512 年到维登
贝格大学学习。虽然不是学习神学,但是听过路德的讲座,也亲历了宗
教改革的爆发。他在 1525 年公开承认赞同路德的学说,1527 年再次会
见路德,并就宗教信仰和教会新规等问题向他请教。恩斯特一世的弟
弟、同为不伦瑞克—吕内堡公爵的弗兰茨(Franz,1508—1549)也在兄长
的影响下,接受了福音教。其他出自韦尔夫家族的德意志诸侯,如不伦
瑞克—格鲁本哈根(Braunschweig-Grubenhagen)公爵菲利普一世
(Philipp Ⅰ.,1476—1551)、曼斯费尔德(Mansfeld)伯爵阿尔布雷希特七
世(Albrecht Ⅶ.,1480—1560)也先后转向了宗教改革。

　　在梅克伦堡公国,自 1523 年起就有人公开布道福音学说了。梅克
伦堡-什未林(Mecklenburg-Schwerin)公爵海因里希五世(Heinrich Ⅴ.,
1479—1552)也十分倾向于新学说,自 1524 年起就与路德有通信来往;
路德则派遣教师和布道士到其邦国。海因里希五世的弟弟、梅克伦堡-
居斯特罗夫(Mecklenburg-Güstrow)公爵阿尔布雷希特七世(Albrecht
Ⅶ.,1486—1567)稍晚也改宗了福音教。只是海因里希五世做事非常谨
慎,直到 1530 年奥格斯堡帝国等级会议召开之后才公开坦诚其立场,并
按照福音教义进行教会建设。

　　为了与天主教德骚同盟相对抗,萨克森选侯约翰(Johann,1468—
1532)和黑森邦国伯爵菲利普一世等福音教诸侯还在 1526 年 2 月 27
日[1]成立了"托尔郜同盟"(Torgauer Bund,也称作 Gotha-Torgauisches
Bündnis 或 Torgauer Bündnis),安哈尔特-科滕侯爵沃尔夫冈、"在普鲁
士的"公爵阿尔布雷希特一世、梅克伦堡-什未林公爵海因里希五世、梅
克伦堡-居斯特罗夫公爵阿尔布雷希特七世、不伦瑞克-格鲁本哈根公爵

————————————————

[1] 另一说为 1526 年 3 月 5 日或 1526 年 5 月 6 日。

菲利普一世、不伦瑞克-吕内堡公爵恩斯特一世、不伦瑞克-吕内堡公爵弗兰茨、曼斯费尔德伯爵阿尔布雷希特七世和下萨克森城市马格德堡先后加入。他们发誓相互支持,共同推进宗教改革,必要时甚至不惜动用武力,进行武装斗争。[1]　随着托尔郜同盟的成立,福音教诸侯首次联合了起来,而在下萨克森城市马格德堡宣布加入后,福音教诸侯也首次实现了与城市的联盟。

诸侯之所以支持宗教改革,原因多种多样,不可一概而论。有些诸侯原本就是十分虔诚的基督教徒,非常关注灵魂得救问题,看不惯天主教教会的腐败堕落。对于路德的学说,他们深表认同,乐意支持。安斯巴赫马克伯爵格奥尔格甚至因其坚定的福音教信仰而获得"虔诚者"(die Fromme)和"忏悔者"(der Bekenner)等美名。他曾在 1530 年奥格斯堡帝国等级会议期间,当众拒绝皇帝卡尔五世要他参加基督圣体节队伍游行的命令,声称宁愿人头落地也绝不放弃自己的信仰。[2]　作为基督教统治者,这些诸侯们自以为有责任捍卫"正确的"信仰,改革教会,消除弊端,光大上帝的荣耀,为自己的臣民谋求"永久福利"。

诸侯支持宗教改革也在一定程度上出于他们反对外来剥削压迫的民族情感。16 世纪的神圣罗马帝国,因为政治上四分五裂,备遭罗马教皇经济盘剥和政治干预之苦。面对这种局势,德意志社会各界早就滋生了强烈的民族情感,为捍卫民族利益而反对罗马教皇,已成为一种较普遍要求。马丁·路德与教皇的对抗,在很大程度上顺应了这种要求,也赢得了不少德意志诸侯的赞赏。

但更重要的还是出于诸侯整合邦国领土、加强个人权力、深入推行国家化建设的政治需要。宗教改革爆发之际,恰逢诸侯领地的国家化建设蓬勃兴起之时,特别是一些大邦诸侯正在思谋如何扩张版图、集中管理等问题。而罗马教会设立的大大小小教区穿插在诸侯邦国之中,由直

---

[1] Horst Rabe, *Reich und Glaubensspaltung. Deutschland 1500—1600*, S. 223 – 227.
[2] [美]蒂莫西·乔治:《改教家的神学思想》,第 6 页。

接隶属于教皇的主教和修道院长统治着,形成一个个散居各地、大小不等但自成体系的"国中之国",严重阻碍着诸侯邦国的领土统一和权力集中。宗教改革家倡导的由世俗政权管理教会的主张,很合诸侯之意。他们希望通过宗教改革,取消罗马教会设立的教区,霸占其土地,扩大并统一邦国领土。他们也希望通过宗教改革,没收教会和修道院财产,充实个人腰包和国家金库,加强自己的经济实力。最后,通过宗教改革,诸侯还可以掌握原先被罗马教会侵占的宗教大权,加强和巩固自己的统治地位,并通过建立一种新的宗教、社会秩序,对臣民进行彻底的精神和社会驯化。

诸侯宗教改革也不是单纯的宗教和教会革新运动,它更多地涉及国际国内的政治斗争,其主要表现是:在邦国层面,诸侯以邦国教会首领身份,对宗教改革家组建福音教会的举措予以支持,甚至从国家建设的大局出发,组织动员社会各界,遵循福音学说,服从教会指导;在帝国层面,福音教诸侯相互串联,甚至缔结军事同盟,一方面积极推动宗教改革运动向纵深发展,力争使整个帝国全面福音教化,另一方面则时刻准备与皇帝和天主教诸侯等反宗教改革势力进行战斗,以武力捍卫宗教改革的各项成果;在国际层面,福音教诸侯同样以宗教—政治联盟和战争手段与一切反宗教改革势力相抗衡,彻底摆脱罗马教皇和天主教会的控制,至少使福音教成为与天主教并列的合法宗教,如有可能,还要以福音教取代天主教和其他宗教,使福音教成为唯一普世宗教。

这一进程漫长而又艰难,从 16 世纪 20 年代中期福音教诸侯开始出现时起,一直持续到 1648 年三十年战争结束、《威斯特法伦和约》正式确定路德教和加尔文教的合法地位。在这一进程中,福音教诸侯成为宗教改革的主要保护和推动力量,路德以及其他宗教改革家也越来越多地倚重于世俗政权的支持,希望在福音教诸侯的"开明"领导下,整顿旧制度,建立新秩序。诸侯左右了宗教改革的历史,诸侯宗教改革取代民众运动,成为神圣罗马帝国后期宗教改革的主流,而其最终结果则是成功地制止了罗马教皇对神圣罗马帝国的经济剥削和政治控制,废除了教会凌驾于国家和民众之上的特权,形成了由诸侯和邦国政府决定邦国的宗教信仰、管理和处理宗教事务的制度,促进了邦国君主专制统治的形成和德意志邦国的国家化建设进程。

第三节　邦国教会的建立

一、路德教邦国教会的形成

　　路德虽然反对激进派运动、骑士暴动和普通人革命,但是没有放弃宗教改革主张。即使在普通人革命如火如荼地进行期间,他也继续按照其原则进行宗教改革。然而,路德也认识到,宗教改革家的力量是有限的,要开展更大规模的改革,必须依靠当局的支持。而随着宗教改革的深入进行,组建福音教会越来越成为迫切之事了。

　　对于福音教会的性质、组织原则、礼拜仪式、教牧制度等等,路德也早有思考和论述。首先是否定罗马教皇对于教会的统治,要求树立基督的权威。路德指出,真正的教会是"世上一切基督信徒的集会",是无形的,它"包括那些生活在真正信、望、爱里面的人,……是一个在同一信仰里属灵的集会",其首领也是属灵的。只有在天上的基督才能统治这个属灵的世界。然而,在现实生活中,基督徒不能不有教堂,也要隆重举行对上帝的礼拜,只是这一切须有一个限度。礼拜的设备只宜尚清洁,不宜尚华贵。路德也剥掉了教士等级的神圣外衣,强调教士职业的服务性质,认为被授予圣职者不是高于君主、贵族、农民、工匠等一般教徒的特权等级,执行"圣礼"的教会神职人员也不拥有为信徒赦罪的能力。他们只是教会的"仆人""执事""管家",应由全体信徒选举产生并受后者的监督。信徒享有选举和罢免自己的牧师的权力。任何人未经全体教徒同意和选举,不得执行属于大家权力范围以内的事。[①]

　　福音教会外在的最主要标志是有上帝的话;上帝的话记录在《圣经》

---

① 参见《论善功》和《罗马教皇权》,载[德]路德:《路德选集》,第 13—68、72—103 页。

之中,由教士传讲于世,由教徒虔诚地信服,公开在世人面前承认。"上帝的道是在一切之先,有道然后有信,有信然后有爱,有爱行出的善事,因爱是不加害于人的,所以爱就完全有了律法。"[1]属基督的圣民是由他们有上帝的道而识别,"何处以上帝的话纯正教导人,何处就有正直真正的教会"[2]。路德并没有发明讲道,但他把讲道提升到了基督教崇拜的一个新高度。讲道的中心必须是耶稣基督,讲道的主要目的是使人以信接受基督。忠实的讲道人应该只讲上帝的道,并只寻求他的荣耀和赞美。同样,听众也应该只相信救世主基督而不是牧师。讲道人必须精通圣经,不应该使用艰深的神学词汇,而应该使用普通大众那种清晰又干脆的语言。最重要的是,讲道必须忠于其适当的内容,即基督。只有这样,讲道才能成为所有圣礼中的主要部分。

路德还强调礼拜的意义是信仰和感恩,不是为功德,乃是为礼拜上帝,不是行善功,乃是承认人的罪过,坚固信心,更深切地体认救赎之道,用祷告诗歌颂赞感谢上帝。圣礼不是向信徒赐予恩典的仪式,而是基督所指定的"蒙恩工具",是坚定"罪得赦免"的福音,使人得救的不是记号,而是应许和对应许所发的信仰。路德还反对在仪式中讲拉丁语,主张代以全会众都能听懂的本国语,以便会众可自行得到造就。唱德文诗不但可以推翻神父为人神之间的中保的优越地位,也可以使礼拜成为一大颂扬之歌。

路德攻击中世纪天主教的圣礼体系,认为只有洗礼和圣餐礼两项圣礼是真实的。有一段时间,他还保留了补赎礼,但后来却将其抛弃了,因为补赎礼虽然由基督设立,却没有与之相随的必要的记号。洗礼和圣餐礼是上帝之道的扩展和个例,表明上帝不会违背他的应许。它们都宣布罪被宽恕了,但举行这些仪式并不能使其发挥效力,只有相信了才有效。洗礼和圣餐礼是上帝应许的保证,与接受者的表现完全无关,其有效性

---

[1] 引文见[德]路德:《路德选集》,第178页。
[2] 同上书,第535页。

在于基督而不在于主持仪式的牧师。教徒必须把圣礼与坚定的信心联系在一起,就像祖先雅各过约旦河时手里拿的杖,它指向基督和他的形象,使信徒在面临死亡、罪恶和地狱时,牢记上帝拯救的应许,内心充满安慰和喜悦。至于神职人员,他们应该与民众接近。为避免引诱和犯罪起见,他们应当有结婚的自由。上帝没有束缚他们,天使和教皇更不能加以阻碍。结婚建立家庭的教士会发出神圣的光辉,使教士之职更具有令人敬畏的力量。

为了"传道,施行圣礼,和牧养教会",必须建立基督教学校,让那些有天才,有希望成为优秀的师傅、教士和担任其他圣职的学生,在学校里多读几年,甚至终身做研究工作。教育可以培养知识广博的教师,造就"真基督教徒",人人均须受教育。教会本身就应当负起教育和教化的职责,要恢复小礼拜堂和修道院的教育功用,各城市市长和参议员要负责创办学校,并不惜以政府的权威,实行强迫教育。①

路德的改革建议不仅仅限于宗教和教育领域,对于经济和社会,路德也提出了种种主张。他痛恨商业上的诡计,反对唯利是图、抽收重利的手段,建议君主和诸侯以法律限制富人,保护穷人。他也号召民众把经济生活建立在"爱人如己"的原则上,按照基督教的精神,本着良心从事各种各样的世俗工作。路德认为工作是获利的唯一正当方法,而且从工作获利只是为养生,济助别人,而非为致富,决不容忍闲懒不工作的修道士和乞丐。人人都当工作,凡不能工作的,方可由社会提供救助。贷款给人,不可取息,并且不可指望偿还,唯有老弱妇孺,才是例外。营业贷款,利息高低宜以营业的成败而定,但绝对不得有重利盘剥的勾当。金钱是为养生的,是从上帝受托的,绝非为积攒的。②

而在教士结婚方面,路德不仅大肆鼓吹,而且还身体力行。他曾亲自帮助托尔部城的几位修女逃离修道院,并把她们介绍给各个家庭,或

---

① 参见《为设立与维持基督教学校致德意志各城参议员书》,[德]路德:《路德选集》,第324—340页。
② 参见《论贸易与重利盘剥》,载[德]路德:《路德选集》,第344—376页。

者当妻子,或者当女仆。他本人则在 1525 年 6 月 13 日与出逃修女波拉的卡塔琳娜(Katharina von Bora,1499—1552)结婚。当时路德已经 42 岁,波拉只有 26 岁,虽然年龄有差距,但他们夫妇二人相濡以沫,互敬互爱,过着十分美满的世俗生活,生育了六个活泼可爱的孩子,以实际行动向天主教会宣扬的禁欲主义挑战,并为福音教牧师家庭树立了一个美好的典范。

至于创建新教会,这原本不是路德的初衷。路德是改革者而不是创新者,从来都认为自己是唯一、神圣、大公和使徒性的教会中真正而忠实的一员,只是希望消除该教会现有的弊端,恢复其圣洁的本真。他也未放弃中世纪的主教制原则,只是试图剥夺主教原先所享有的神权,设立福音教主教取代天主教主教。然而,在当时的现任主教当中,没有一位是支持宗教改革的。鉴于主教们顽固不化、抵制革新的情况,路德只好请求世俗官厅出面改革教会。1525 年 11 月 30 日,路德上书萨克森选侯约翰,建议恢复久已废弛的由主教派遣神职人员定期视察各主教区教会的古法,也建议选侯以"紧急主教"(Notbischöfe)的身份,组织人员对其辖区内各处教堂和学校进行一次彻底检查。选侯很重视此事,遂选定两名神学家和两名法学家充当视察员,并在 1527 年 6 月 16 日签署《给视察员下达的指示和命令》,授予视察员以全权,分赴各地考问教士对教理的熟悉程度,检验教士的信仰坚定程度,审察教士履行职务情况,登记教会财产。视察工作由路德的朋友兼助手、维登贝格大学教授菲利普·梅兰希通主持进行。视察员们在两个月内走访了 38 个教区,发现了大量糟不可言的现象:乡村教区神父愚昧无知,大量的教士几乎是毫无训练,更不适合传教,有的人甚至连主祷文都不知道,但是以赶鬼为能事。平民百姓对于天主教、福音教两种宗教的差异所知甚少,许多礼拜堂全无聚会,学校也无人照料,教育废弛,道德宗教观念普遍低下,酗酒之风却十分盛行。还有一些神职人员对路德的学说持反对态度,或者是从天主教的立场观点出发,或者是从激进派宗教改革的立场观点出发。

对于发现的问题,视察员们进行了严肃处理,凡是不合格的神职人员都被解除职务,凡是反对路德宗教改革观点的神职人员,不论是天主教派还是闵采尔派的人,都被勒令离开萨克森选侯邦。梅兰希通还在1528 年根据其经历,写作《对萨克森选侯邦教区牧师的巡视教程》(*Unterricht der Visitation an die Pfarrherrn im Kurfuerstentum zu Sachsen*),就教会的训诫和圣礼、教徒参谒教堂的方式以及教徒的婚姻、教育和争执等事项作出了详细规定。路德随后为此文题写"前言",与教程一起公开发行。①

路德还通过编写大、小教义问答的方式,进一步论述了福音教有关十诫、信仰告白、主祷文、洗礼和圣餐礼的教义,为牧师布道和一般教徒的日常宗教生活提供指导。②

教会视察仅仅是临时采用的一种特殊措施,其本身尚不具备重新组建教会的目的。但是,随着教会管理和组织工作的开展,一种与天主教会大相迥异的新的教会便逐渐成形了。特别是萨克森选侯将教会事务完全纳入了政府管辖范围。他撤销了原有的主教辖区,将萨克森选侯邦重新划分为若干新区,每个区设"督察"1 人,总揽宗教事务,直接对选侯负责,但不能干预区长的行政权。萨克森选侯还在本邦的一些城市中设立负责跨地区事务的"督察",任命维登贝格大学神学家、城市教堂牧师约翰内斯·布根哈根(Johannes Bugenhagen,1485—1558)担任总督察,负责委派教士、监督礼拜等事宜;教会经济事务则由选侯直接处理,选侯甚至有权决定教会教义和礼拜仪式。

对于选侯的任性,路德并没有提出严正抗议。他只是坚持由教会处理婚姻和家庭纠纷事务的主张,也劝告选侯把没收而来的天主教会财产用于创办教育事业上,举办神学院或其他宗教学校(主日学、查经班、学道班等),培养专职教牧人员,并对一般信徒进行宗教教育。后来,在

---

① 路德写的前言见 Ulrich Köpf(Hrsg.),*Deutsche Geschichte in Quellen und Darstellung*,Band 3:*Reformationszeit 1495—1555*,S. 356 - 361.

② 参见《基督教大教义问答》和《基督教小教义问答》,[德]马丁路德、菲利普·梅兰希顿:《协同书》,第一册,逯耘译,译林出版社 2003 年版,第 11—184 页。

1539—1542年,仿效苏黎世的婚姻法庭,萨克森选侯约翰·弗里德里希一世(Johann Friedrich Ⅰ.,1503—1554[1])设立了一个由法学家和神学家组成的专门处理教徒婚姻和家庭纠纷事务的教会监理会(Konsistorium),逐渐地,该监理会也接管了原先由主教管辖的其他事务。[2]

　　萨克森选侯邦的教会体制后来被若干福音教邦国和城市采纳,黑森(1528)、不伦瑞克(1528)、汉堡(1529)、吕贝克(1531)、勃兰登堡—安斯巴赫(1533)、波莫瑞(1534)、赫尔施泰因(1542)、不伦瑞克—沃尔芬比特尔(1543)和希尔德斯海姆(Hildesheim,1544)等邦国和城市还聘请布根哈根指导福音教会建设工作,布根哈根则为他们制订了《教会条例》,并通过这些条例在帝国北部多个地区行使监督、检查职责。各地的世俗统治者分别接管自己邦国中的教会,建立一种新的宗教—政治—社会秩序,其中,诸侯不仅是一个世俗的统治者,也是一个邦国内最高的宗教的统治者,是邦国中的真正主人。臣民则跟随诸侯改变宗教信仰,按照福音教会的规章制度,参加集会,做礼拜,唱圣诗,圣餐时饼酒同领,家庭和社会生活也一律按照邦国教会的要求进行。路德教会的邦国化迅速发展起来。

二、城市福音教共同体的建立

　　城市是宗教改革的发祥地,路德、卡尔施塔特、闵采尔、茨温利以及其他宗教改革家最初都是在城市开展活动的;在维登贝格和苏黎世等城市,福音教也较早地成为占据主导地位的宗教。普通人革命爆发后,不少城市也做出了积极回应,诸如罗腾堡、梅明根、海尔布琅、美因河畔法兰克福、米尔豪森、埃尔福特、明纳施塔特(Münnerstadt)和施洛伊辛根

---

[1] 1547年被皇帝卡尔五世剥夺选侯爵位,此后直至1554年去世仅保有恩斯特萨克森公爵爵位。

[2] Wolfgang Reinhard, *Probleme deutscher Geschichte 1495—1806. Reichsreform und Reformation 1495—1555*, S. 316.

(Schleusingen)等城市都发生了市民和平民起义,迫使市政当局推行宗教改革。① 普通人革命失败后,城市的宗教改革一度受挫,但未过多久又蓬勃兴起。到16世纪30年代,帝国北部的重要城市如马格德堡、施特拉尔松、策勒(Celle)、戈斯拉尔、不伦瑞克、阿尔特维克(Altewiek)、阿尔施泰特、哈根(Hagen)、诺伊施塔特、萨克(Sack)、哥廷根(Göttingen)、汉堡、吕贝克、汉诺威、不来梅、罗斯托克、但泽、多尔帕特(Dorpat)、里加、雷瓦尔等城市都皈依了福音教。在帝国南部城市纽伦贝格、巴塞尔、圣加仑、斯特拉斯堡、依斯尼、肯普滕、罗伊特林根、威森堡、温德斯海姆(Weißenburg)、林道(Lindau)、梅明根、乌尔姆、奥格斯堡、乌尔姆和康斯坦茨中,福音教也获得了胜利。据不完全统计,至少有51个帝国城市信奉了福音教,或者在城市内建立了合法的福音教社团。② 在信奉福音教的邦国中,城市也经常在诸侯之前接受福音教,然后再被邦国宗教管理部门纳入统一监管、领导体系。德国当代著名神学教会史家伯恩德·默勒(Bernd Moeller)因此提出了"城市宗教改革"(Stadtreformation)③概念,并在学界得到了广泛使用。

城市之所以特别倾向于宗教改革,主要是因为城市共同体自成立以来就自视为"基督身体"(corpus christianum)的一部分,是一个神圣共同体;它们大都选择一位圣徒作为自己的保护者,也力图通过举行共同的宗教仪式强化市民对于上帝的集体责任感,维持城市内部的和平和秩序。城市也是全体市民为实现"公共利益"而结合起来的合作社,全体市民理应承担相同的义务,同时享有平等的权利。作为合作社和基督教救赎共同体,城市得到永恒拯救的前提条件是正确的教会制度和正确的市民共同体。

---

① 据不完全统计,在1518—1525年共有180多个城市发生动乱。参见侯树栋:《德意志中古史——政治、经济社会及其他》,第202页。
② Wolfgang Reinhard, *Probleme deutscher Geschichte 1495—1806. Reichsreform und Reformation 1495—1555*, S. 319.
③ 参见Bernd Moeller, *Reichsstadt und Reformation (zuerst 1962)*, Tübingen: Mohr-Siebeck, 2011.

　　但在以往,天主教神职人员在城市中享有不纳税、不受城市法律约束、不履行市民轮值工作等特权,严重妨碍着城市共同体的建设。不仅如此,城市中的教会组织还大肆掠夺社会资源,占有众多财富,与市民形成激烈的竞争。它们自己经常从事工商业经营,但在说教中却反对盈利,并以打击非法盈利为借口,干预市民的商务活动,限制商人的资本积累。尤其是教会法庭经常通过罚款和实施禁令等手段,惩治"信仰不正"、违反教规者,但是不能给人以宗教慰藉,不能帮助人获得永恒拯救。凡此种种,市民们早已心怀不满,愤懑至极。市政管理当局也早就想对这个位居城市之上的"神物"加以管束。无论是市政当局还是普通市民都要求摆脱主教的控制,取缔城市教士的特权,甚至要求将教会市民化,将教士改造成为普通市民中的一员。①

　　宗教改革家宣传的新的称义教义和圣经神学否定了天主教会在信徒和上帝之间的中介作用,剥夺了教士特权的合法性。而"平信徒皆为祭祀""基督教兄弟之爱"等观念与强调"公共利益"和"神圣共同体"的城市共同体思想一经结合,就奠定了市民支持宗教改革运动的基础。除此之外,城市市民,特别是在经济、政治和文化上发挥引领作用的帝国城市的市民,受教育水平较高,对新思想、新观点的理解和接受能力也比较强。不少帝国城市还是帝国等级会议的召开之地,经常接待皇帝、诸侯和其他政要,其市民的政治意识较高,政治嗅觉也比较敏感。因此,宗教改革兴起后,许多市民立即就成为它的最得力的支持者。不少人认为,皈依福音教可让自己获利。任何人,只要披上福音教徒外衣,便可享受许多好处,如不向罗马教廷纳税,不受罗马教廷管辖,分润天主教教会财产等。

　　但真正推动城市宗教改革的还是城市中的中下层居民。他们不满城市内部的市政寡头,不仅要求得到上帝的道,而且要求更多的政治参

---

① Wolfgang Reinhard, *Probleme deutscher Geschichte 1495—1806. Reichsreform und Reformation 1495—1555*, S. 291 - 292.

与权。"平信徒皆为祭祀"便是他们反对城市寡头政治的最重要思想武器。在城市宗教改革中,宗教动机往往与政治、经济和社会动机相互混杂,福音运动与社会抗议运动相辅相成。①

城市宗教改革有多种类型,其中既有帝国城市宗教改革与邦国城市宗教改革的区别,也有城市民众宗教改革与城市官厅宗教改革的不同。帝国城市享有自治权,可自行做出选择和决定,但也可能受到诸侯的干预,甚至被后者纳入自己的控制范围之中。更多的情况则是信奉福音教的诸侯与城市联盟,共同为捍卫新的宗教信仰进行斗争。邦国城市完全受制于诸侯,其宗教取向必须与诸侯保持一致。福音教诸侯也经常采取强制措施,迫使自己治下的邦国城市的居民改信新宗教。

在大多数城市中,特别是在大多数帝国城市中,宗教改革运动都是从福音布道士宣讲福音开始的。宗教改革爆发后,一大批本地的和外来的、正式的布道士和自发的布道士,甚至是一些俗人,在教堂和私人聚会中,积极开展活动,宣讲福音,散发宣传品。他们获得了来自社会各阶层的广泛支持,并且很快就转向改造教会生活方面,不少人还提出了各种各样的政治和社会要求。接受新信仰者组成福音教社团,或者向市政当局提出反天主教教权主义的陈情条款,或者直接冲击和废除旧礼拜仪式,采用新法,如废除弥撒、捣毁圣像、限制列队游行等。在这里,起领导作用的大都是一些新建的市民委员会;在汉堡,此类市民委员会后来成了一个常设机构。如果市政当局意欲镇压,这些福音教徒就会联合起来进行斗争,经常也有行会组织参与领导。他们会在市政会选举时,把大批信奉福音的市民推举为参事。然后再由福音教徒占据多数席位的市政会组织宗教会谈和辩论,作出决议,宣誓皈依福音教,使本市成为福音教城市,并通过制定城市教会章程等措施使宗教改革转入机构化建设轨道,解散修道院,驱逐坚持旧信仰的教士,没收教会财产,组建福音教会,

---

① R. W. Scribner, *The German Reformation*, London: Macmillan, 1986, pp. 38 – 39. 参见朱孝远:《宗教改革与德国近代化的道路》,第 53 页。

允许教士结婚,举行普通教徒饼酒同领的圣餐礼,创办学校教育机构并把天主教会的财产转用于福音教会和社会公益事业,例如供养牧师、济贫和教育事业等等。[①]

苏黎世运用宗教争论作为论证"官方措施"的合法性的工具,这一做法也经常为其他城市所效仿。即使决定早已在幕后做出,上帝福音的说服力还是可以通过会谈得以展示。在纽伦贝格,市政会在 1525 年宗教会谈结束后立即取消了弥撒,并确立了城市的教会主权。1533 年,纽伦贝格市政当局同勃兰登堡-安斯巴赫马克伯爵邦一起,颁布了一个新的教会条例,进一步巩固了城市的教会主权。斯特拉斯堡在 1529 年禁止弥撒,在 1534 年教务会议(Synode)结束后同样颁布了一个新教会条例。乌尔姆在 1530 年通过市民表决转向了福音教;奥格斯堡也在 1534—1537 年通过比较广泛的意见一致而成为福音教城市。

一方面,多数城市的市政当局乐意顺应民意,接受福音教,部分市政会主动选择福音教,邀请宗教改革家到本市进行指导。但也有些市政官员态度暧昧,言行矜持。他们虽然是改革的受益者,但是担心诸侯的干预,特别是皇帝的惩罚。另一方面,他们又无法回避来自下面的压力,况且他们自己也对福音学说有好感,更希望通过新学说对城市里的教会、学校和慈善事业加以有效控制。宗教改革极大地强化了市民的自我意识和自治要求,面对市政当局的犹豫不决,不少人也想通过一些激进手段,迫使市政当局尽快做出决定。此类激进行动,甚至是"暴乱",在奥格斯堡、汉堡、不伦瑞克及施特拉尔松都有发生;洗礼派甚至在明斯特建立了一个"锡安王国"(1534 年)。因此,在不少城市,市政当局在接受福音教义,开展宗教改革的同时,也利用其新获得的普遍管辖权,颁布法律法规,对市民和平民加以驯化和约束;在奥格斯堡等城市中,市政当局不仅

---

① Wolfgang Reinhard, *Probleme deutscher Geschichte 1495—1806. Reichsreform und Reformation 1495—1555*, S. 319.

制定了教会条例,也制定了监护和治安条例。① 严格地说,城市宗教改革既不是纯粹的"人民宗教改革"(Volksreformation),也不是单一的"市政会宗教改革"(Ratsreformation),在许多情况下是两种因素的紧密结合,只是在不同时间和不同地点,重点有别。②

宗教改革加强了通过"教会的公共化"、城市司法审判的统一、教士与市民的平等、自由选举牧师、由城市管理教会财产、把迄今为止的教会功能交给市政当局而形成的城市自治。在一些独立自主的城市中,市政会也越来越严密地控制了事态。市政会有权决定布道士的任免和与之相关的教义,也可利用新获得的权能对城市居民进行管教和驯化。但并非所有城市和共同体都信仰路德教。路德的学说更多地以个人得救而不是共同体利益为导向,茨温利和布塞尔等宗教改革家则比较关心共同体事务。因此,在帝国南部城市中,茨温利和布塞尔享有比路德还要大的声誉。茨温利和路德后来因为圣餐教义的分歧(但不是社团神学的分歧)而分道扬镳,这一事件进一步加剧了帝国南部福音教城市与帝国北部福音教城市的隔阂。直到茨温利去世后,帝国南部城市才出现了一种受到政治推动的转向路德教的"立场转折",并且与福音教诸侯的宗教改革有了更加密切的联系。

三、抗议宗的诞生

1521 年《沃姆斯敕令》颁布后,路德派教徒一度受到严惩。1523 年 7 月 1 日,安特卫普奥古斯丁修道院修士亨德里克·福斯(Hendrik Vos(Voes))和约翰·范登埃申(Johann van den Esschen)在布鲁塞尔被宗教裁判所判为异端并被处以火刑。福斯和范登埃申都是路德宗教改革的追随者,他们为了信仰的缘故甘愿受死,成为福音教最早的两位殉道

---

① Wolfgang Reinhard, *Probleme deutscher Geschichte 1495—1806. Reichsreform und Reformation 1495—1555*, S. 318 - 319.

② Ebd., S. 290.

者。路德闻讯后,悲愤万状,以殉教史风格,疾书《亨德里克弟兄火刑殉道》,沉痛悼念这两位信仰坚定、矢志不移的同道。[①]

为了避免教会分裂,教皇哈德里安六世邀请鹿特丹的伊拉斯谟到罗马,想争取到这位著名的人文主义者和教会批评者的支持。他也企图通过教会自身的改革,抵消宗教改革的影响。哈德里安六世大力压缩教廷的开支,减少赎罪券买卖和教会俸禄的发放。1523 年 1 月 3 日,哈德里安六世通过他的使节在纽伦贝格帝国等级会议上宣读认罪书(Schuldbekenntnis),声称上帝因为"人的,特别是牧师和主教的罪过"而让这些混乱发生。但教皇克雷芒七世继位后,一反哈德里安六世的温和政策,积极从事反宗教改革活动。1523 年 3 月,克雷芒七世派老练的外交家洛伦佐·卡姆佩吉(Lorenzo Campeggi,1474—1539)出使神圣罗马帝国,游说皇帝卡尔五世切实推行《沃姆斯敕令》,加强镇压"异端"措施。卡尔五世因为与教皇克雷芒七世有矛盾,故而并不马上接受卡姆佩吉的建议,直到 1524 年 1 月帝国等级会议在纽伦贝格召开时,卡尔五世才从西班牙发出指令,要求立即检查《沃姆斯敕令》执行情况,务必阻止路德教义的传播,并且声称:"每个统治者务必使其臣民按照皇帝陛下的敕令行事。"[②]而在 1524 年雷根斯堡会议(Regensburger Konvent)召开期间,卡姆佩吉又巧妙说服一些天主教诸侯,加强与教皇的合作。诸侯镇压普通人革命、建立"德骚同盟"等行动,都与卡姆佩吉的敦促不无关系。巴伐利亚公爵因为深受教皇的恩惠,更不遗余力地积极推行反宗教改革政策。但是,随着部分诸侯改信福音教,神圣罗马帝国的政治形势也发生了重大变化,皇帝的统治和政策也越来越受到宗教问题的掣肘了。

1526 年 6 月,帝国等级会议在施佩耶尔召开(会期从 6 月 25 日至 8 月 27 日)。帝国总督、奥地利大公费迪南代表皇帝卡尔五世主持会议,呼吁帝国等级们援助匈牙利抵抗奥斯曼土耳其人入侵的战争。匈牙利

---

① 参见雷雨田、伍渭文总主编,路德文集中文版编辑委员会编:《路德文集》,第二卷《改革运动文献》,第 277—296 页。

② 周施廷:《信仰与生活——16 世纪德国纽伦堡的改革》,北京大学出版社 2015 年版,第 4 页。

国王拉约什二世的一位特使也提出了同样的请求。部分福音教帝国等级，尤其是黑森邦国伯爵菲利普和萨克森选侯约翰，却坚持要求首先澄清宗教政治问题，要求不受干扰地宣讲圣经，允许教士结婚，用德语礼拜，举行教徒饼酒同领的圣餐仪式，减少宗教节日等。他们还敦促皇帝和教皇召开宗教会议，进行教会改革；在此之前，各等级保留是否推行《沃姆斯敕令》的自主权。费迪南因为土耳其战争的爆发，想要得到帝国等级的财政和军事援助而不想与福音教诸侯闹翻。卡尔五世也因教皇克雷芒七世与法国国王弗朗索瓦一世缔结科尼亚克神圣同盟，撤销了不久前发布的严格执行《沃姆斯敕令》的命令，同意帝国等级或邦国诸侯各自凭良心行事。

由于对普通人革命的记忆犹新，基督教两派信仰的追随者详细讨论了起义农民在 1525 年向施瓦本同盟提出的《十二条款》，并且试图在政治上通过妥协道路达成谅解。许多人认为宗教分裂是导致普通人革命的一个重要原因，因此期望通过召开一个自由的和一般的宗教会议，消除爆发新的革命的隐患。会议最终通过了一项法令，其中规定，在新的大公会议召开之前，各等级有权本着对上帝和皇帝负责的精神，自行管理各自邦国内的教会，"同他们的臣民一起生活、治理和维持下去"[1]。这就意味着《沃姆斯敕令》暂时搁浅了。除此之外，此次帝国等级会议还决定将执政府和帝国最高法院迁往施佩耶尔。作为回报，帝国等级在 1526 年 8 月 27 日帝国等级会议结束时，应允派出 2.4 万名士兵帮助匈牙利抵抗奥斯曼土耳其人的进攻。但在两天后，匈牙利国王拉约什二世阵亡于莫哈奇战役，派兵援助一事遂不了了之。

1526 年施佩耶尔帝国等级会议的决定为帝国等级自由选择宗教信仰行为奠定了法律基础，也为邦国教会体制的建立和发展开辟了道路。其后，随着萨克森选侯邦教会视察的举行，许多路德教诸侯建立起了邦

---

[1] 引文见[英]G. R. 埃尔顿编：《新编剑桥世界近代史》，第二卷，第 117 页；又见[德]布劳巴赫等：《德意志史》第二卷，第 96 页。

国教会,除了世俗权力,他们也在自己的领地内掌握了最高宗教权。

　　然而,天主教的势力依然十分强大,大多数教俗诸侯都坚决维护天主教信仰,要求效忠教皇和皇帝。在帝国北部有萨克森公爵格奥尔格、不伦瑞克-卡伦贝格-哥廷根公爵埃里希一世、不伦瑞克-沃尔芬比特尔公爵海因里希二世和勃兰登堡选侯约阿希姆一世;在帝国西部有美因茨、特里尔及科伦三个最有权势的大主教以及普法尔茨选侯弗里德里希二世(Friedrich Ⅱ.,1482—1556);在帝国东南部则有巴伐利亚公爵威廉四世和路德维希十世以及帝国总督、奥地利大公费迪南。费迪南在 1527 年 8 月 20 日为奥地利各邦国颁布了一项反对福音教"头号异端"(hauptkaetzer)路德、卡尔施塔特、茨温利、厄科拉姆帕德及其追随者的命令,印制 2 000 余份,到处张贴。①

　　1529 年,当帝国等级会议再次在施佩耶尔召开时(会期从 3 月 15 日至 4 月 22 日),天主教帝国等级占据了多数席位。卡尔五世在与教皇克雷芒七世和解后,又开始对宗教改革持强硬反对态度,只是因为与法国国王的战事未停,没有亲自与会,而是通过其代理人、帝国总督费迪南宣布如下决定,即废除 1526 年施佩耶尔帝国等级会议决议,因为它引起了"许多错误和误解"。路德教派虽然可以继续存在,但不允许它在其他地区排斥天主教;在天主教地区,实行《沃姆斯敕令》,即绝对禁止路德教派在其中传播。茨温利派和洗礼派均被视为非法教派。参加会议的天主教帝国等级支持皇帝的这一决定,并且凭借其人多势众的优势,在 4 月 19 日使这一决定得到了表决通过。

　　福音教帝国等级在 4 月 20 日提交了一份抗议书,声称在信仰问题上不可能存在多数决定,已经得到认可的决议不能被随意取消,在大公会议召开之前,帝国等级会议无权宣布某一教义为非基督教的。因为费迪南拒绝接受,该抗议书未能在帝国等级会议上公开宣读,但是以印刷

----

① 法令内容摘要见 Ulrich Köpf (Hrsg.), *Deutsche Geschichte in Quellen und Darstellung*, *Band 3: Reformationszeit 1495—1555*, S. 319 - 331.

品的形式付诸舆论。在抗议书上签字的有黑森邦国伯爵菲利普一世、萨克森选侯约翰、安斯巴赫马克伯爵格奥尔格、不伦瑞克-吕内堡公爵恩斯特一世和安哈尔特-科滕侯爵沃尔夫冈五位诸侯。

无视这一异议,帝国等级会议在 4 月 24 日颁布决议,规定停止一切革新,继续贯彻《沃姆斯敕令》,严禁剥夺天主教会的权力和财产,恢复已被废除的弥撒;在路德教各邦,天主教徒享有充分的宗教自由,但在天主教各邦,要严禁散布路德派、茨温利派和洗礼派的学说。除此之外,此次帝国等级会议还颁布了一项法令,从帝国法律上肯定了处死洗礼派分子的刑罚,并将这一法律的执行权授予帝国各地官厅。对于福音教帝国等级的抗议,该决议只字不提。4 月 25 日,福音教诸侯的顾问们同 14 个福音教城市的全权代表聚会,起草了一份《控告书》(Instrumentum Appellationis),再次对帝国告示提出抗议,并保留向皇帝、未来的大公会议或相应的德意志民族会议进一步申诉之权。[①] 在《控告书》上签字的有黑森邦国伯爵菲利普一世、萨克森选侯约翰、安斯巴赫马克伯爵格奥尔格、不伦瑞克-吕内堡公爵恩斯特一世、不伦瑞克-吕内堡公爵弗兰茨、安哈尔特-科滕侯爵沃尔夫冈等 6 位诸侯,以及海尔布琅、依斯尼、肯普滕、康斯坦茨、林道、梅明根、罗伊特林根、纽伦贝格、圣加仑、斯特拉斯堡、乌尔姆、威森堡(Weißenburg)、温德斯海姆等 14 个城市的代表。福音教诸侯与城市再次联合起来,从政治上为争取福音教的合法地位进行斗争。《控告书》由一特使直接上呈皇帝。这一抗议行动通常被认为是基督教福音教正式诞生的标志。此后,天主教徒便称福音教徒为"抗议者"(Protestant,复数为 Protestanten),福音教为"抗议宗"(Protestantismus)。[②]

在这一关联中,他们拒绝向费迪南一世提供任何军事援助。西本彪

---

① 抗议书内容摘要见 Ulrich Köpf (Hrsg.)，*Deutsche Geschichte in Quellen und Darstellung*，Band 3：*Reformationszeit 1495—1555*，S. 349 - 353. 参见[英]托马斯·马丁·林赛：《宗教改革史》,上册,第 300 页;[德]布劳巴赫等:《德意志史》第二卷,第 114 页。

② [美]威尔·杜兰:《马丁·路德时代》,第 202 页。

根侯爵扎波利亚·亚诺什正伙同奥斯曼帝国苏丹苏莱曼一世向奥地利发起攻势；巴伐利亚公爵威廉四世及路德维希十世兄弟俩也趁火打劫，与哈布斯堡家族势不两立。

对于洗礼派，路德曾倡导过宽容，主张用《圣经》而不是用火来对待他们，充其量也只可将其首脑分子驱逐出境。但在帝国等级会议决议一出，路德便不再反对处死洗礼派分子的刑罚了，他甚至在1531年同梅兰希通一起签署了一份明确要求判处洗礼派分子死刑的决定。现在，路德已把洗礼派分子视为犯上作乱者和亵渎神明者了，强调国家政权有理由因为他们的叛乱行为而不是他们的错误信仰，采取强硬措施，予以坚决镇压。

四、宗教改革阵营内部的冲突

(一)路德与伊拉斯谟的决裂

对于宗教改革，人文主义者的反应比较复杂，并且随着事态的发展而不断变化。在宗教改革开始之际，大多数人文主义者都表示支持；他们钦佩路德发自内心的虔诚和不畏教皇强权的英雄气概，称赞路德有创见，是"最忠于上帝的博士"，相信路德的事业就是"上帝的事业"。但也有人，如罗伊希林从一开始就表示拒绝，抱怨路德的反教皇态度太过火了。在1520年路德与教皇决裂后，不少人文主义者脱离宗教改革运动，重新回到天主教会，有的人甚至成了路德的反对者；他们发现，福音运动所要达到的目标，远非基督教人文主义所要求的。只有一少部分人文主义者继续同情、支持和参与宗教改革。

北欧人文主义泰斗、鹿特丹的伊拉斯谟虽然主张教会改革，但反对"强硬"路线，不赞成宗教改革家激烈的言论、不宽容的独断、宿命论哲学、对世俗学术的漠视、对魔鬼和地狱的重新强调以及集中精神于个人来生得救的做法，要求远离宗派对立和仇恨、民众叛乱，保护宗教艺术。他坚持他那小心谨慎的中立立场，力争和解，避免教会的永久分裂。伊拉斯谟尤其不赞成路德根据预定论及定数论所发展出来的理论，认为它有损人的价值与尊严，会使人对自己的罪孽不负责任，从而引起道德败坏。

围绕着"自由意志"问题，路德伊与拉斯谟展开了一场激烈争论，最终导致两人关系破裂，分道扬镳。

争论始于 1521 年路德发表《受到罗马教皇诏书不正当谴责的马丁路德博士著所有文章的理由和原因》(assertio omnium articulorum M. Lutheri per Bullam Leonis X novissiman damnatorum)一文。在这篇文章中，路德对自由意志和理性进行了猛烈的抨击。他声称，理性只能应用于日常现实生活，在所有其他领域中，理性无非是"为恶魔效劳的妓女"，是"神的死敌"，是"一切邪恶的源头"。针对此文，也在教皇克雷芒七世的敦促下，伊拉斯谟在 1524 年发表《论自由意志》(De libero arbitrio)，与路德进行公开辩论，并对宗教改革家的一个核心学说提出了挑战。

伊拉斯谟从圣经中找出了若干段落，将肯定和否定人在获得或者放弃永恒救赎的自我决定方面的自由的论述，分门别类地集中在一起，作为讨论的依据。因为在圣经中反映意志自由与反映意志不自由的见证都有，并且都是受到圣灵启示的，所以伊拉斯谟认为只有一种中间立场是对的。在拯救开始和结束时，上帝的恩典是决定性的，在中间阶段，人的意愿也发挥一定的作用。人的这种自由意志不是为了限制上帝恩典的意义或怀疑它，而是为了强调人的行为对上帝的责任。上帝赋予人在好事和坏事之间进行选择的自由意志，而这种意志必须与上帝的恩典一起发挥作用。伊拉斯谟没有讲两者的共同作用，他建议人们谨慎小心，不要轻易做出评判。①

---

① 参见雷雨田、伍渭文总主编，路德文集中文版编辑委员会编：《路德文集》，第二卷，《改革运动文献》，第 572—607 页；[美]威尔·杜兰：《世界文明史》，第六卷，幼狮文化公司译，东方出版社 1998 年版，第 330 页；[英]汤姆凌：《真理的教师：马丁路德和他的世界》，张之璐译，北京大学出版社 2004 年版，第 117—119 页；Wolfgang Reinhard, Probleme deutscher Geschichte, 1495—1806. Reichsreform und Reformation，S. 288‑289。

伊拉斯谟坚持相对的宗教自由,既反对天主教的教条主义也反对路德教的教条主义,但在实际上他的理论有利于天主教会的救赎论,即行善得救,在实践上也帮助了以罗马教廷为中心的反对营垒对路德宗教改革运动的围剿。

1525年12月,路德发表《论意志的捆绑》(De Servo arbitrio)一文,直接回答了伊拉斯谟的抨击。在路德看来,预定论不容置疑,必须坚持到底。但这只涉及人与上帝的关系,并非否认人在日常生活中的自由选择和自理能力。路德强调人的原罪和上帝的全能,指出人的任何行为都是被预先决定好了的。他还把人的意志比作"搬运货物用的动物",或者由魔鬼骑着或者由上帝驾驭着,走上帝之路还是走魔鬼之路,全由骑手来决定,人根本没有可能自行选择。上帝无所不能,是万事万物发生的原因;基于这种缘故,他又是人获救的决定者;人的获救,与人的行为毫无关系。上帝的爱是永恒的和不可动摇的,人得救完全取决于上帝的意志。与作为语言学家的伊拉斯谟不同,对于宗教改革家路德来说,圣经不仅仅是个文本,它还是上帝精神的体现,具有一种内在的清晰,不能按照人的世俗理性来理解。对于理性本身的能力,路德并没有完全否定。他承认人在认识和管理社会方面需要理性判断。他也指出经过修正的理性在研究神学过程中可发挥重要作用。作为神学家,他所反对的主要是理性的傲慢,是其对"启示"的僭越。①

作为回答,伊拉斯谟又写了两篇题为《辩护者》(Hyperaspistes)的长篇论文,反复强调其宗教自由相对论,主张从伦理方面解释宗教,人既有自由决定归向上帝,又有必要接受恩典。② 对于伊拉斯谟煞费苦心的辩

---

① 参见雷雨田、伍渭文总主编,路德文集中文版编辑委员会编:《路德文集》,第二卷,《改革运动文献》,第297—571页;[美]威尔·杜兰:《世界文明史》第六卷,第331页;[英]汤姆凌:《真理的教师:马丁路德和他的世界》,第119—120页;Wolfgang Reinhard, *Probleme deutscher Geschichte*, *1495—1806. Reichsreform und Reformation*, S. 289。
② [美]威尔·杜兰:《世界文明史》,第六卷,第331—332页。

解,路德不再理会,仅写了一封公开信作答,偶尔也在晚餐桌上发表一些尖刻评论。他强调说,人在上帝面前是完全无能为力的,更没有任何东西值得炫耀,人应该在基督受难的十字架面前保持绝对的谦卑。人在上帝面前称义完完全全是靠着基督在十字架上的受难,靠着上帝"白白"赐予的恩典,与人的自由意志和善功完全无关。

路德著《论意志的捆绑》篇幅宏大,内涵极深,若无深厚的宗教体验,断难理解。与之不同,伊拉斯谟的主张比较合乎"常理",因此受到福音教和天主教两方面许多人的赞同。天主教方面有教皇、皇帝、红衣主教、尤里乌斯·冯·普夫卢格(Julius von Pflug,1499—1564)、约翰内斯·格罗珀(Johannes Gropper,1503—1559)和萨克森公爵的顾问卡尔罗维特(Carlowit)等人;福音教方面有宗教改革家茨温利、厄科拉姆帕德、布塞尔和梅兰希通等人。梅兰希通甚至写作了《第一篇有系统的教徒神学之说明》一文,颇有放弃预定论之意。

实际上,路德关于意志不自由的思想具有彻底否定天主教会善功得救论的深刻含义,就宗教改革来说,这一思想至关紧要,舍此,福音教就难以与天主教彻底划清界限,也难以在天主教之外立足。伊拉斯谟强调人的理性的重要性,固然有助于张扬人的能力,突出人的责任,但对宗教改革,其潜在的危害十分巨大。一旦承认人在得救方面需要人的主动配合,天主教会的"善功得救"论就会死灰复燃。路德对自由意志的彻底否定,不仅有效地维护了宗教改革核心观念,因(唯)信称义非靠善功,而且也为创立福音教义奠定了坚实基础。若非如此,宗教改革很有可能半途而废。

(二)路德与茨温利的决裂

各派宗教改革家一致抨击天主教的弥撒教义,拒绝实体转化论,但在用《圣经》而不是用经院哲学的范畴来阐述基督教教义时,他们却对圣餐作出了不同的解说。

圣餐的设立源于耶稣与门徒共进最后晚餐。耶稣先是掰饼给门徒,说"这是我的身体";然后又分酒给门徒,说"这是我的血"。他要求门徒将来在聚餐时吃面饼、喝红葡萄酒,以示对他的纪念。中世纪天主教会将这一圣事称为圣体礼仪;在做完弥撒后举行,由神父向信徒分发无酵饼,并且声称这一无酵饼经过神父祝圣已转变为圣体,信徒吃饼便是分享基督的身体,与基督融为一体,是为"圣体转化论"。但是为了区别"属灵的等级"和"属世的等级",强调教士高于一般教徒的神圣性,天主教会规定只有神职人员可饮经过祝圣的红葡萄酒,一般信徒无权领受"圣血"。

路德反对"圣体转化论",认为它突出了神职人员的作用,贬低了基督的地位;强调了神职人员的特权,否定了一般信徒的平等。他在1520年与天主教教士进行辩论时就阐述了一种主张基督的身体和血真正存在于圣餐之中的观点。对于路德来说,基督的身体和血从一开始就真实地存在于圣餐之中,根本无需神职人员的转化,况且神职人员也没有资格进行转化。基督无所不在,无所不能,非人所能驾驭。路德的学说可被称作"圣体共在论"(Consubstantiation),或"同体论""合质说"。

激进派宗教改革家卡尔施塔特同样反对天主教会的圣体礼仪,但又不赞成路德所说基督的血和肉真实地临在圣餐中的观点。他在1524年提出了一种带有神秘主义色彩的象征论解释,认为饼和酒仅仅是基督的肉和血的代表,教徒领圣餐时并不是在吃基督的肉,喝基督的血。茨温利的观点与卡尔施塔特有些类似,也强调圣餐只是一个"精神"盛宴,是为纪念被钉死在十字架上的耶稣基督的一次性蒙难牺牲而设的纪念会餐,是一种纪念、象征性的行动,基督并未真正临到圣餐的饼和酒里面,只在精神上发挥作用。

茨温利深受人文主义的影响,反对迷信和传奇,注重灵性与精神活动,认为基督教大都属理智的事。他也始终没有放弃政治兴趣,企图拉拢黑森和其他地方的福音教徒脱离在政治上居被动地位的维登贝格,建立一个以苏黎世为首的反对哈布斯堡王朝的沿北海和亚得里亚海国家联盟。[1]

---

[1] Wolfgang Reinhard, *Probleme deutscher Geschichte*, 1495—1806. *Reichsreform und Reformation 1495—1555*, S. 285 - 286.

茨温利对路德圣餐学说的否定也包含有打击路德在宗教改革运动中的领袖地位，树立自己的权威的政治意图。

路德则把茨温利视作与卡尔施塔特、闵采尔、洗礼派一样的"狂热"信仰者和"圣礼形式论者"，力图与他们划清界限。他在 1528 年发表《关于主晚餐的大表白》一文，再一次详细阐述了他的圣餐教义。他坚持真正临在说，认为有罪之人与上帝交流必须通过一种为信仰所领会的可感知的媒介做中介，基督就是这一中介，其位格具有不可分解的统一性，不仅以其神性而且也以其人性临在于圣餐中，即使人们不可能用空间概念来解释他的真正临在的方式。①

黑森邦国伯爵菲利普一世对福音教各派因为教义分歧而相互指责深感不安，力图从中调停，以便使福音教各派能够在政治上联合起来，扩大自己的整体实力，更有效地对抗皇帝和教皇。于是他出面邀请争论各方到马尔堡进行宗教会谈，希望争论各方能够通过友好协商，消弭意见分歧，实现和解。

路德并未过多考虑政治问题，他原本不想参加这类明显带有政治意图的会谈，但碍于黑森邦国伯爵的面子，只好勉为其难。马尔堡圣餐辩论遂在 1529 年 10 月 1 日如期举行。

会谈地点被安排在菲利普的城堡之中。与会者都是些大名鼎鼎的宗教改革家，路德和梅兰希通代表萨克森，茨温利来自苏黎世，布塞尔来自斯特拉斯堡，约翰·厄科拉姆帕德来自巴塞尔。路德和茨温利首次谋面。他根据《圣经》记载的基督在规定圣餐礼时所说的"这是我的身体"（Hoc est corpus meum）一语，强调基督的身体和血液真的存在于行圣餐礼的饼酒之中，圣餐"可以通过本身的力量使良心从罪孽中解放出来"。在圣餐的仪式中，当中的每一位基督徒都要清楚地表明自己是基督身体的一分子，彼此互为肢体。茨温利则认为所谓的 est，应该被解释为一种比喻，意味着"象征"。他反对感性的东西能够传送属灵的恩典的观点，

① ［英］G. R. 埃尔顿编：《新编剑桥世界近代史》，第二卷，第 115—116 页。

认为把饼和酒看作基督的肉和血的观点不符合健全的理智,是有法术意味的迷信,必须加以拒绝。圣礼并不是不可见的上帝借以会见堕落了的人类的手段,它主要是誓约和象征,是上帝和选民之间所立之约的标记。圣餐礼也只是一种象征的纪念仪式,只是愉快和感激地纪念基督殉道的宴会,舍此之外,别无他种能力。基督的身体在天国,只可从上帝的统一性观念出发,认为它临到在圣餐里。

路德把 est 置于一种与救赎信仰密切相关的语境中,认为基督的这一句话,是他代人赎罪的明证,不容有任何质疑。如若不信,上帝的称义教义就难以成立了。因此他坚决拒绝茨温利的解说。布塞尔和厄科拉姆帕德的居间调停非但无效,反而加深了路德的反感。但是路德改变了他原有的认为茨温利等人属于狂热派的印象,承认他属于福音派,只是为"另一种精神的子女"。因此,路德准备谋一种友好的解决,他将福音教的基本观点列为 15 条,其中 14 条为双方接受了,只有第 15 条,也就是圣餐这一条上,双方互不相让,无法达成共识,最终不欢而散。路德与茨温利在圣餐教义上的争辩最终导致福音教内部信义宗与归正宗的对立和互不调和。

斯特拉斯堡宗教改革家马丁·布塞尔起初反对路德,但在阅读了《关于主晚餐的大表白》之后,发现自己原先误解了路德的思想,路德的意思不是指局部临在,与茨温利的观点并非不可调解。布塞尔因此主张使用教父的、更切合实际的语言来代替所谓真正临在的灵性解释套语,认为借此就可以消除分歧,实现福音派的大团结。

茨温利不愿把福音教领袖地位让给路德,为了掌握政治主导权,他坚持在圣餐上走一条与路德不同的道路。他不把圣礼看得像路德认为的那么重要,但也不能做出让步,如果硬要使苏黎世人成为"路德派",那么苏黎世就根本不可能在福音教集团中充当盟主,发挥领导作用了。①

---

① 参见[美]威尔·杜兰:《世界文明史》,第六卷,第 314 页;[英]托马斯·马丁·林赛:《宗教改革史》,上册,第 304—310 页;[英]汤姆凌:《真理的教师:马丁路德和他的世界》,第 123—128 页。

　　马尔堡宗教会谈谈崩后,黑森邦国伯爵菲利普一世又安排神圣罗马帝国南部福音教诸侯和城市的代表于 1529 年 10 月 16 日在施瓦巴赫与路德会晤,但也没有达到消弭教义分歧的目的。另一方面,菲利普继续同茨温利商谈采取一种积极的新政策的可能性,最终于 1530 年 7 月 30 日同苏黎世结盟,11 月 18 日又同巴塞尔结盟。但是,拉拢萨克森—弗兰肯集团参与一事暂时未有进展,在这里,路德的学说以及路德在宗教改革中的宗教领袖地位得到了更为普遍的认同,而在这种认同中,除了情感上的原因外,也有政治上的企图。无论如何,萨克森选侯是不会轻易放弃他已经拥有的在福音教诸侯集团中的准政治领袖地位的。

　　茨温利的政治野心不久就使他丢掉了性命。1531 年 5 月 15 日,苏黎世的一群民众及其同盟票决迫使瑞士天主教各州允许他们在境内传教。在遭到拒绝后,茨温利建议一战,但其同盟宁愿采取经济封锁措施。天主教各州转而宣战。10 月 11 日,茨温利在第二次卡佩尔战争中阵亡。路德不把茨温利的去世看作福音教的损失,反而宣称这是对异端的天罚,以及"我们的胜利"。[①] 就如 1521 年在沃姆斯那样,他全然不愿意为了教会的团结而放弃自己的信仰。

　　海因里希·布林格尔(Heinrich Bullinger,1504—1575)成为茨温利在苏黎世事业的继承者。但他避开政治,只满足于做一名模范牧师和教师,监督城里各学校,庇护逃难的福音教徒,不分教派地施舍贫穷者。他在讲道和辩论方面虽然缺乏深度和创新,但是能够比较巧妙地协调各派意见,致力于争取福音教徒的团结和联合,最终成为"归正宗"("归正"一词意为经过改革而复归正确)或"改革派"的真正创建者。

第四节　施马尔卡尔登同盟的成立

　　1529 年 5 月 10 日,苏莱曼一世率军越过布达(Buda),沿多瑙河直逼

---

① [美]威尔·杜兰:《世界文明史》,第六卷,第 314 页。

维也纳。为了筹措同土耳其人作战的军费,卡尔五世从罗马返回帝国,并在 1530 年 6 月 20 日亲自主持在奥格斯堡举行帝国等级会议。① 但在这时,帝国等级已分成福音教和天主教两大派,并且相互敌对,根本无法达成共识。鉴此,卡尔五世不得不首先处理宗教纠纷,调解帝国等级间的意见分歧。他提出了一份教会统一的纲领,声称要放弃《沃姆斯敕令》。这一主张赢得了介于旧信仰者和福音教徒之间的一个中间党派的支持,但是受到了天主教帝国等级和教皇的强烈反对。福音教帝国等级没有认真考虑卡尔五世的谈判建议,来奥格斯堡之前未做任何准备。卡尔五世因此要求福音教帝国等级提交信仰声明,并且以此为基础,进行一次公开讨论。福音教帝国等级和宗教改革家因为在圣餐问题上的分歧无法达成一致意见,只好分别向皇帝提交信仰声明。萨克森选侯约翰代表 1529 年的抗议派以及纽伦贝格和罗特林根两帝国城市提交了《奥格斯堡信纲》(Confessio Augustana 或 Augsburger Bekenntnis),上德意志斯特拉斯堡(Strassburg)、康斯坦茨、梅明根和林道四城市提交了《四城市信纲》(Confessio Tetrapolitana),茨温利提交了《忠诚论纲》(Ratio Fidei)。路德因为受到帝国放逐令的约束,不能亲赴奥格斯堡参加会议,只好委托他的朋友和战友梅兰希通作为代表,他本人则待在萨克森选侯邦的边界小镇科堡(Coburg)旁观会议进程,为其战友提供建议和支持。

四城市和茨温利的信纲均被皇帝拒收,只有《奥格斯堡信纲》得以宣读和讨论。

《奥格斯堡信纲》是由梅兰希通依据路德在马尔堡制订的 14 条起草、由路德加以审定的。梅兰希通一方面慑于皇帝和教皇联合镇压宗教改革之势,一方面由于他本性趋向中庸与和平,因此,他的言辞非常温和,极力缩小新旧两教观点之差异,维持教会和信仰的一致性,争取和解。即使在为实行饼酒同领的圣餐仪式、取消修道誓愿、允许教士结婚等福音教规做辩护时,态度也极为谦恭温和,反复强调天主教会、现行国

---

① 此次会议召开的日期屡有变动:最初定在 4 月 8 日,后来延迟到 5 月 1 日,最后才改为 6 月 20 日。

家和社会制度都符合上帝的意志,应当予以尊敬和服从。没有提及引发宗教改革的、涉及炼狱和赎罪券等问题的教义,也没有谈论曾经轰动一时的、否定教皇世俗统治权和教士特权的观点。为了使皇帝更清楚地了解他们的真意,在上呈《奥格斯堡信纲》时,路德派神学家还附加了一封书信,声称他们拥护基督教各教派相互协商,以便"生活在一个基督教教会里",他们所反对的只是一些弊端,路德教的教义和仪式并没有违反《圣经》和大公会议决议。①

然而,天主教极端派的态度十分强硬。他们发表《辩驳书》(Confutatio pontificia)②,推翻了所有改革主张,要求人们严格遵行天主教会的传统教义,遵行圣体转化论、七圣礼、圣徒祈祷、教士独身、信徒只领圣体和用拉丁语做弥撒等教规。皇帝根据《辩驳书》的观点,宣布《奥格斯堡信纲》为错谬,并且宣称要以武力手段迫使福音教徒接受天主教神学家的意见。梅兰希通上交了一份辩护书(Apologia Confessionis Augustanea),但是未被接受。

天主教温和派深感事态严重,于是出面调停。他们想以允许饼酒同领圣餐仪式这一让步,换取福音教徒对天主教其他教义和礼仪的遵行。梅兰希通认为可以接受秘密忏悔、斋戒和主教裁判权等项。其他宗教改革家却不愿作如此大的妥协。路德也不同意这样做,特别是不能承认主教裁判权力,因为在他看来,一旦承认了这项权利,福音教传教士就会面临被全部清除的危险。③

因为卡尔五世有求于帝国等级,希望他们为抵抗土耳其人入侵提供援助,所以他忍声吞气,耐着性子与帝国等级进行了长时间谈判。他也与教皇克雷芒七世就召开一次新的宗教会议问题进行了反复磋商。

---

① 《奥格斯堡信纲》全文见[德]马丁·路德:《马丁·路德文选》,第 53—82 页。参见[英]托马斯·马丁·林赛:《宗教改革史》,上册,第 315 页;孔祥民编著:《德国宗教改革与农民战争》,第 313 页。
② 《辩驳书》前言见 Ulrich Köpf(Hrsg.), *Deutsche Geschichte in Quellen und Darstellung*, *Band 3:Reformationszeit 1495—1555*, S. 380-381.
③ [美]威尔·杜兰:《世界文明史》,第六卷,第 337 页。

1530 年 11 月 19 日,在福音教帝国等级陆续离会后,卡尔五世颁布了一份只有天主教帝国等级投票通过的《奥格斯堡敕令》,宣称拒绝《奥格斯堡信纲》,所有福音教举措,都该受到谴责;《沃姆斯敕令》应予严格执行,侵占教产之人,应遭到法律制裁;宗教信仰问题应由大公会议予以解决;半年之后,所有不遵守《奥格斯堡敕令》者,都要受到惩罚。① 这不啻是对福音教徒所下的哀的美敦书。

卡尔五世还将波莫瑞公国赐予出自格莱芬家族(Greifen)的格奥尔格(Georg,1493—1531)及其弟弟巴尼姆(Barnim,1501—1573)作为帝国采邑,将符滕姆贝格公国(Herzogtum Württemberg)转交给他的弟弟费迪南作为世袭采邑,并说服帝国选侯选举费迪南为罗马人国王。

在普鲁士,一部分德意志骑士团成员反对前骑士团首领阿尔布雷希特的还俗政策,另选瓦尔特·冯·克隆贝格(Walther von Cronberg)担任团长。卡尔五世确认瓦尔特·冯·克隆贝格的团长资格,并将不属于帝国的普鲁士土地分封给他作为采邑。与此同时,位于波罗的海沿岸的利沃尼亚众邦国,里加大主教区以及多尔帕特、奥瑟尔-维克(Ösel-Wiek)、库尔兰、雷瓦尔(Reval)等主教管区也被宣布为神圣罗马帝国的领地,尽管并无实际效果。

1531 年 1 月 5 日,费迪南在科伦成功当选罗马人国王,称作费迪南一世(Ferdinand Ⅰ.,1531—1564 年在位)。除了信奉福音教的萨克森选侯约翰表示反对外,其他五位依然信奉天主教的选侯都投票赞成(波希米亚国王即是费迪南本人,故未参加投票)。科伦大主教赫尔曼·冯·维德在亚琛为新国王涂圣油,行加冕礼。费迪南不再是他兄长的总督,而是自主的统治者了,这就使他拥有了更大的权威和权力。但卡尔五世作为神圣罗马帝国皇帝,继续拥有决定权。这一点也在他与费迪南签署

---

① 《奥格斯堡敕令》摘录见 Ulrich Köpf (Hrsg.), *Deutsche Geschichte in Quellen und Darstellung*, Band 3: *Reformationszeit 1495—1555*, S. 381 - 383. 参见[德]布劳巴赫等:《德意志史》,第二卷,第 121—122 页;Horst Rabe, *Reich und Glaubensspaltung. Deutschland 1500—1600*, S. 216.

的一份私密条约中有明确规定。

　　福音教帝国等级担心皇帝动用武力镇压宗教改革,遂在 1530 年 12 月 22 日前往施马尔卡尔登(Schmalkalden)会商对策。部分与会者还在 12 月 31 日通过了联盟倡议,决定进行武装自卫。1531 年 2 月 27 日,"施马尔卡尔登同盟"(Schmalkaldischer Bund)正式成立[①],在盟约上签字的诸侯有:黑森邦国伯爵菲利普一世、萨克森选侯约翰、萨克森公爵约翰·弗里德里希、不伦瑞克-格鲁本哈根公爵菲利普一世、不伦瑞克-吕内堡公爵恩斯特一世、不伦瑞克-吕内堡公爵弗兰茨、安哈尔特-科滕侯爵沃尔夫冈、曼斯费尔德伯爵格布哈特和曼斯费尔德伯爵阿尔布雷希特七世[②],以及 11 个城市,即帝国城市:斯特拉斯堡、乌尔姆、康斯坦茨、罗伊特林根、梅明根、林道、比贝腊赫、伊斯尼(Isny);下萨克森城市:马格德堡;汉萨城市:不来梅和吕贝克(1536 年退出)。[③] 由于路德和茨温利在圣餐性质上有争论,施马尔卡尔登同盟排斥了茨温利派。

　　施马尔卡尔登同盟是福音教诸侯和城市的第三次大联合。它自诩为一个防御性的军事联盟,"只是为了坚持基督教的真理,保证神圣罗马帝国的和平"。一旦遭遇天主教方面的进攻,各个成员有义务相互支援。但在实际上,福音教帝国等级已发展成为一股独立的政治力量,福音是否有效成为一个由权力来决定的问题。路德也改变不了不抵抗的思想,主张把诸侯动用武力抵抗皇帝是否合法的问题交由法学家解答。萨克森选侯约翰和黑森邦国伯爵菲利普一世出任同盟的首领,他们也是当时最著名的福音教诸侯。

　　施马尔卡尔登同盟也以哈布斯堡家族为敌,因此,至少在开始的时候,也受到同样仇视哈布斯堡家族的巴伐利亚公爵的支持。巴伐利亚公

---

① [德]布劳巴赫等:《德意志史》,第二卷,第 123 页。也有人把 1530 年 12 月 31 日定为施马尔卡尔登同盟的创建日。

② 参见 Ulrich Köpf (Hrsg.), *Deutsche Geschichte in Quellen und Darstellung*, Band 3: *Reformationszeit 1495—1555*, S. 394.

③ Ebenda.

爵虽然继续信奉天主教,但同萨克森选侯一样,坚决反对费迪南当选罗马人国王。1531 年 10 月 24 日,萨克森选侯约翰、黑森邦国伯爵菲利普一世与巴伐利亚公爵威廉四世和路德维希十世缔结盟约,建立了"萨尔菲尔德同盟"(Saalfelder Bund),实现了一种反哈布斯堡家族的跨教派联合,并受到法国国王弗朗索瓦一世的支持。弗朗索瓦一世同巴伐利亚公爵们一样,也是坚定的天主教徒,他之所以支持福音教诸侯,也是为了反对哈布斯堡王朝的政治目的。只是"萨尔菲尔德同盟"仅存在三年多一点的时间,未有什么建树。在巴伐利亚公爵路德维希十世承认了费迪南当选罗马人国王的选举结果之后,该同盟就无疾而终了。

福音教帝国等级对《奥格斯堡敕令》的强烈反应,使得已被奥斯曼土耳其人大规模入侵搞得狼狈不堪的哈布斯堡皇帝和国王更加一筹莫展,他们不仅无力镇压施马尔卡尔登同盟及其盟友,反而急需后者提供财政和军事援助,以抗击外来入侵。迫于压力,卡尔五世决定暂缓执行《奥格斯堡敕令》,并在 1532 年 7 月 23 日与福音教帝国等级签订《纽伦贝格宗教和约》(Nürnberger Anstand,也称作 Nürnberger Religionsfrieden),宣告终止帝国最高法院因为教会财产世俗化的控告而对福音教徒进行的审讯;在大公会议对宗教纠纷作出澄清之前,各教派不以武力相对抗。这就意味着教派停战。它在法律上以皇帝与福音教帝国等级(从帝国教会法上说也是与异教徒)签订条约的方式出现,而不是作为帝国等级会议告示的一部分。尽管有很大的保留,但该条约的缔结依然意味着皇帝首次表现出背离他一向坚持的反宗教改革路线,承认了福音教的合法性。①

皇帝态度的转变,使得福音教徒"忠君爱国"之心大为增加。在 1532 年新的土耳其战争开始之后,大批福音教徒纷纷组建或加入"勤王"军,浩浩荡荡地向维也纳出发,迫使苏莱曼将进攻维也纳的军队全部撤回伊斯坦布尔。而在 1532 年 7 月 27 日召开的雷根斯堡帝国等级会议(从宪

---

① Horst Rabe, *Reich und Glaubensspaltung. Deutschland 1500—1600*, S. 220.

政角度来说实际是一个宫廷会议)也批准了卡尔五世早在 1530 年奥格斯堡帝国等级会议上就提出的《卡罗利纳刑事法规》(Constitutio Criminalis Carolina)。该法规是首个适用于全帝国的刑事法规,它的制定和批准标志着德意志刑法从中世纪习惯法向现代成文法的转变;统治者开始通过立法,介入原来被视为属于私人跟私人间的纠纷私斗! 但在实际上,该法规在神圣罗马帝国各地仅具次级规范的效力,未被各邦国普遍接受。各邦国的统治者更乐意自行制订法律法规,只在有限的程度上参照帝国的立法。

其后,卡尔五世再次离开帝国长达十年之久,帝国事务又被搁置在一边。而在此期间,施马尔卡尔登同盟继续扩大,并且采取了一系列军事行动。

第五节 明斯特洗礼派王国

洗礼派运动在苏黎世兴起后,迅速向外扩展,神圣罗马帝国各地无处不受其影响,神秘主义作家、编年史家和洗礼派领袖之一塞巴斯蒂安·弗兰克甚至将它看作与路德和茨温利宗教改革派并列的"第三种宗教改革"。参加这一运动的主要是社会下层民众:在城市是无产业、无权利的破产手工业者和帮工,在农村则是起义失败后情绪沮丧的农民。贵族、名门望族和行会市民较少参加,但也不是完全没有。

1527 年 2 月 24 日,在米夏埃尔·萨特勒(Michael Sattler,大约 1490—1527)的领导下,一部分洗礼派教徒在沙夫豪森州附近的施莱特海姆(Schleitheim)举行"洗礼派宗教会议",结成"基督教联合会",并制订了洗礼派第一个表述完备的纲领性信条《上帝之儿女关于七条信纲之兄弟联合声明》,简称《施莱特海姆信纲》(Schleitheimer Artikeln 或 Schleitheimer Bekenntnis)。在这一信纲中,洗礼派的最重要原则被归纳为七条:(1)拒绝婴儿洗礼,采用信仰洗礼。(2)实行教会管教,以开除教籍惩罚失误。(3)以分食面饼圣餐礼作为社团的标志。圣餐只应由已经受洗者领食,圣餐主要具有纪念性质。(4)远离现实世界。(5)自由选举教牧。(6)拒服兵役。(7)拒绝宣誓。[①]该信纲一方面要为分散在各地的各个洗礼派团体规定统一的信条,另一方面也要与主流教会或"大教会"划清界限,而其主要宗旨是建立和平的、严格遵守圣经规定的与世隔离的社团。这样一来,与宗教改革家倡建"邦国教会"的同时,"自由教会"也开始形成了。

《施莱特海姆信纲》出台后,传播非常迅速,在斯特拉斯堡、施瓦本的格明德、埃斯林根(Esslingen)、梅明根、奥格斯堡、慕尼黑、纽伦堡、埃尔朗根(Erlangen)和雷根斯堡等地,洗礼派社团纷纷建立。斯特拉斯堡甚至成了洗礼派分子的周转站;1530年时,该城接纳的洗礼派分子多达2 000余人。

洗礼派社团也出现在蒂罗尔的茵河河谷、下奥地利和上奥地利。在黑森邦的佐尔伽(Sorga)甚至出现了一种洗礼主义奋兴运动,其影响一直蔓延到路德派宗教改革的核心地区。1526年4月,巴尔塔萨·胡布迈尔与茨温利决裂。之后,他离开苏黎世,经过康斯坦茨和奥格斯堡到达摩拉维亚,并在这里为2 000多位追随者举行了洗礼。

然而迫害仍未停止。1527年5月20日,萨特勒被官府绞杀。另一位洗礼派领袖汉斯·胡特(Hans Hut,1490—1527)预言基督将在1528年的圣灵降临节回到地上,并打算召集14.4万名被拣选的圣徒,以十字符号在他们前额上施洗,以此作为"封印"。1527年8月,他前往奥格斯堡,参加在这里举行的洗礼派宗教大会,但是被官府逮捕,与其他许多洗礼派分子一样惨遭屠戮,此次宗教大会因此也被称作"奥格斯堡殉道者教务会议"(Augsburger Märtyrersynode)。年底,当洗礼派在蒂罗尔落下脚的时候,帝国总督、奥地利大公费迪南立即命令当地官府坚决扑灭这些"已经燃烧起来的火苗"。刚刚从摩拉维亚到达这里的胡布迈尔被

---

① 《施莱特海姆信纲》内容摘要见 Ulrich Köpf (Hrsg.), *Deutsche Geschichte in Quellen und Darstellung*, Band 3: *Reformationszeit 1495—1555*, S. 290 - 297. 参见[英]G. R. 埃尔顿编:《新编剑桥世界近代史》,第二卷,第 161 页。

捕入狱。他拒绝收回自己观点，在 1528 年 3 月 10 日被处以火刑。

1529 年的施佩耶尔帝国等级会议也针对洗礼派运动恢复了查士丁尼法典，重新规定"所有根据基督教法令受过一次洗的人都不能再受洗或第二次受洗，一个人也不能为想重洗的人施洗，这些都是帝国法律所禁止的，如此做的人将被判死刑"[①]，这就从帝国法律上肯定了处死洗礼派分子的刑罚，并将这一法律的执行权授予帝国各地官厅。此后，无论天主教政府当局还是路德教或加尔文教政府当局，大都将洗礼派视为危险分子，不分青红皂白地一律严厉镇压。在一些邦国，洗礼派分子可在留下其财产的情况下离开，而在另一些诸侯国，他们却惨遭监禁和刑讯，在极端的情况下甚至会被当作异端而烧死或溺死。只有黑森伯爵菲利普的行动要温和一些，他希望洗礼派分子放弃谬误，重新回归正宗教会。

日益增加的外部压力和内部混乱迫使部分洗礼派领袖进行自我反省，有些人如汉斯·邓克等重新回到了官方教会的立场观点，也有一些人走上了"与世隔绝"之路，还有人继续坚持末世论观点，力图采取行动，迎接基督再次降临人世。

施瓦本毛皮加工匠梅尔希奥·霍夫曼（Melchior Hofmann，1495—1543）原为路德派信使，曾在波罗的海沿岸、斯堪的纳维亚半岛、尼德兰和石勒苏益格—荷尔施泰因地区活动。加入洗礼派后，他积极宣扬圣经约翰启示录的末世论说教，赢得了大批信徒，被称为"梅尔希奥派"（Melchioriten）。依然忠于罗马的教会和世俗政权当局，动用火刑加以镇压，但霍夫曼不仅没有被吓到，反而更加相信世界末日即将到来。他宣布斯特拉斯堡已被上帝挑选为"新耶路撒冷"；真正的福音和真正的洗礼将由 14.4 万个义人从这儿传遍整个世界；1533 年将是一个新纪元的开始；信徒们无需动用暴力手段，只要静待"新耶路撒冷"的出现即可。但到 1533 年时，这一预言并没有兑现。由于相信他是以利亚，就是耶稣说的要为他的再临铺平道路的那位先知，霍夫曼回到斯特拉斯堡，自动

---

① ［美］蒂莫西·乔治:《改教家的神学思想》，第 264—265 页。

投入监狱,要在那里等待"基督的第二次降临"(Parousia)。但是直到生命终结,他的预言也未兑现。

霍夫曼的失败并未熄灭已经被煽动起来的宗教狂热的火焰。在尼德兰,霍夫曼的门徒、哈勒姆的面包师扬·马蒂斯(Jan Matthys,大约1500—1534)取代霍夫曼掌握了洗礼派运动的领导权。他自称是一位新"以诺",即《圣经·启示录》第11章预言的两位世界末日见证人中的第二位,阿姆斯特丹是新耶路撒冷,上帝之国将由此诞生。他还一反霍夫曼的和平主义观点,积极号召以暴抗暴,同样赢得了大批信徒的支持。数以千计遭到官府迫害、饱受折磨的洗礼派教徒决定前往明斯特避难。

与其他由主教管辖的城市一样,明斯特也在为争取城市自由而斗争。在福音布道士伯恩德·罗特曼(Bernd Rothmann,1495—1535以后)和激烈反对天主教教权主义的布匹商伯恩德·克尼佩多灵(Bernd Knipperdolling,大约1495—1536)的领导下,许多行会成员接受了福音教。市政会犹豫彷徨,福音教徒却通过绑架人质等手段,迫使主教在1533年2月14日签订了《迪尔门条约》(Vertrag von Dülmen),在保留天主教和主教权力的前提下,允许福音教在明斯特传播。

自1533年夏天起,福音布道士伯恩德·罗特曼逐渐背离路德的路线,越来越多地宣讲反对婴儿受洗的主张,致使明斯特城内的洗礼派运动不断高涨。1534年1月,马蒂斯派遣他的追随者裁缝扬·博克尔松(Jan Bockelson 或 Beuckelszoon,1509—1536)以"使徒"身份前往明斯特,并在这里建立了一个洗礼派社团。不久,大批洗礼派教徒蜂拥而入。

1534年2月23日,明斯特举行市政会选举,克尼佩多灵当选市长,洗礼派的声势明显壮大。24日,马蒂斯入城,他以先知自居,把明斯特说成是新耶路撒冷。新市政会控制不住洗礼派的行动,圣像破坏运动遂在市内大规模开展起来:几乎所有的教堂和修道院都被拆除,《圣经》之外的所有书籍也惨遭焚烧。马蒂斯还要求明斯特的民众都接受他的洗礼,所有拒绝者都将被驱逐出城。

被驱逐出城的明斯特主教弗兰茨·冯·瓦尔戴克(Franz von

Waldeck，大约 1491—1553)借助于黑森邦国伯爵菲利普一世的邦国雇佣军于 2 月 28 日对明斯特城实施了包围。4 月 5 日(复活节)，马蒂斯在市场广场举行布道，宣布自己为新"基甸"(Gideon)，即《旧约圣经·士师记》记载的大能的勇士，当日便是世界的末日。紧接着，他未带任何武器就率领数位亲信冲到城外，结果被围城的雇佣军大卸八块。博克尔松凭借其杰出的演讲才能成了新先知，并且创立了一个由他本人以新大卫身份领导的作为最后王国的预备阶段的"锡安王国"，但当围城军队日益增多，形势岌岌可危之际，这位新"锡安"失去了常态，开始采取毫无节制的恐怖统治。他解散市政会，宣布自己为国王约翰一世(Johann Ⅰ.)，招募了 12 位"使徒"，任命克尼佩多灵为他的总督和大法官，另一位洗礼派激进分子海因里希·克莱希廷(Heinrich Krechting，1501—1580)为他的首相，并颁布了一系列镇压反对者的血腥政策，所有违背十戒者都被处以死刑。为了迅速增加"圣徒"数量，他还援引《旧约圣经》，建议实行男子多妻制。他本人就娶了 17 个老婆，其中包括马蒂斯的遗孀。

　　围城军队截断了所有外来援助。1535 年 6 月 25 日，洗礼派弹尽粮绝，诸侯军队杀入城内，洗礼派王国灭亡，反叛者受到了严厉惩罚。1536 年 1 月 22 日，博克尔松、克尼佩多灵以及其他数人被炽热的钳子折磨致死，他们的头颅被挂在教区教堂的塔楼上示众。尽管黑森邦国伯爵并不主张恢复天主教信仰，但民意难违，福音教的名誉因为博克尔松等人的丑行而遭到严重玷污。①

　　对于洗礼派运动来说，明斯特事件无疑是一场灾难的源头。此后，洗礼派大都被视为无可救药的反叛者，到处都受到无情的镇压。无数洗礼派分子为其信仰献出了生命。更多的人则被剥夺财产，驱逐出国，甚至被当作奴隶加以出卖。瑞士洗礼派分子所遭受的迫害尤其长久。鉴

---

① 参见 Ulrich Köpf (Hrsg.)，*Deutsche Geschichte in Quellen und Darstellung*，*Band 3*：*Reformationszeit 1495—1555*，S. 298 - 304；Wolfgang Reinhard，*Probleme deutscher Geschichte*，*1495—1806. Reichsreform und Reformation*，*1495—1555*，S. 323 - 325；Horst Rabe，*Reich und Glaubensspaltung. Deutschland 1500—1600*，S. 234 - 236.

于殉道者的众多，洗礼派研究专家沃尔夫冈·克劳斯（Wolfgang Krauss）提出了与"种族屠杀"并行的"教会屠杀"（Ekklesiozid）之说。[①]

但洗礼派以宁死不屈的信仰勇气和忍受痛苦的决心经受了种种迫害。他们在门诺·西蒙斯、大卫·约里斯和海因里希·尼可拉斯等人的领导下，追随耶稣基督，沿着十字架之路跋涉，绝不退缩。他们对基督勇敢、坚定、真诚的信仰，他们"兄弟般的友爱"，他们对穷人的同情以及他们自觉自愿的殉教不断给他们带来新的信奉者；他们的歌曲属于当时宗教诗中最激动人心的作品。对于大多数洗礼派分子来说，"跟随基督"才是基督徒生活的关键所在。真正的基督徒无法逃避十字架，不产生跟随的信心实际上是贫乏而虚假的。他们逐字逐句地仿效基督，实行成人的、信徒的洗礼，拒绝发誓和从军，接待可怜之人，甘愿受苦和殉道。[②] 而他们所能指望的无非是贫困和痛苦，即使夜间在森林里和偏僻地区的秘密集会也很难躲过暗探和捕快。只是后来其社会抗议成分大大减少，宗教因素越来越突出。久而久之，洗礼派运动也从大众教会运动蜕变为少数派自由教会运动了，虽然分散地、秘密地继续到以后相当长的时间，但已不再对当局构成严重的威胁。

---

① Wolfgang Krauss, *Niemanden zu sich hereinlassen. Kündigen wir die Mennistenkonzession nach 350 Jahren?* (PDF；94 kB)，S. 3；eingesehen am 22. Februar 2009.
② ［美］蒂莫西·乔治：《改教家的神学思想》，第 279 页。

第四章　反宗教改革与第二次宗教改革

　　宗教改革的发展和福音教的传播,使长期在西方基督教世界占据垄断地位的罗马天主教教会面临巨大挑战和严重危机。为了克服危机,收复失地,罗马教皇和其他顽固坚持天主教信仰的宗教政治势力一方面采取强硬的反宗教改革政策,另一方面也开始在天主教会内部进行较大规模的调整和改革,"反宗教改革—天主教改革"(Gegenreformation-katholische Reform)由此而兴。西班牙贵族伊纳爵·罗佩兹·德·罗耀拉(Íñigo López de Loyola,1491—1556)及其在巴黎创建的耶稣会(1534)可谓反宗教改革的急先锋,1545年召开的特伦托大公会议则是反宗教改革—天主教改革的主要平台。与此同时,福音教宗教改革也在继续进行,不仅福音教诸侯组建的施马尔卡尔登同盟不断发展壮大,法国宗教改革家让·加尔文在瑞士法语区日内瓦开展的改革也搞得风生水起,蒸蒸日上。以建立政教合一的社团教会和把宗教改革与"生活改革"结合起来进行为突出特点的"第二次宗教改革"(Zweite Reformation)蔚然成风,在神圣罗马帝国内部和外部,特别是在尼德兰、苏格兰和法国等地,产生了很大影响。福音教宗教改革进入了一个全新阶段。

　　面对复杂多变的宗教政治局势,神圣罗马帝国皇帝卡尔五世一筹莫展。作为神圣帝国的最高首领和君临天下的"世界君主",他感到有义务维护天主教会的统一,尽力消除有害于这一统一的种种隐患,不仅要消灭福音教"异端",也要推进天主教改革,重振天主教的声望。但是,连绵不断的对外战争又牵制了卡尔五世的绝大部分精力,根本无暇认真处理帝国事务;他在 16 世纪 30—40 年代采取的一系列宗教调解政策,均未达到预期目的,直到对外战争基本平息,他才利用福音教集团的内部矛盾和丑闻,分化瓦解,各个击破,成功地战胜了施马尔卡尔登同盟,并使皇帝的权威达到了顶峰。然而,卡尔五世的胜利只是暂时的。面对皇权的加强,天主教诸侯与福音教诸侯不顾宗教信仰的分歧,联手反叛,甚至不惜以出卖帝国领土为代价,乞求法国天主教国王的援助。在帝国内外反对势力的打击下,卡尔五世一败涂地,不得不在 1555 年签署《奥格斯堡宗教和约》(Augsburger Religionsfrieden)①,从帝国法律上承认帝国等级在各自管辖范围内的宗教信仰决定权,路德教拥有与天主教平等的合法地位。《奥格斯堡宗教和约》暂时恢复了帝国的国内和平,但是没有彻底解决宗教改革问题,因此也不能阻止宗教改革的继续进行。

第一节　卡尔五世的对外战争

1532 年底,在打败苏莱曼一世的进攻后,卡尔五世返回西班牙,准备从那里开启对奥斯曼土耳其人的"十字军东征"(圣战,Kreuzzug)。战争尚未开始,法国国王弗朗索瓦一世便在 1534 年与柏柏尔人(Barbaresken)和土耳其人结盟,从东西两向、海陆两面向哈布斯堡王朝发起了进攻。罗马教皇克雷芒七世乘机串通法国,暗中打击皇帝在意大利的势力。英国国王亨利八世因为正在与阿拉贡的卡塔琳娜(Catalina de Aragón)闹离婚,故而转向了法国一边。

1535 年 6 月 15 日,卡尔五世亲自统帅军队从西班牙出发登陆北非,攻占拉古莱特(La Goletta 或 La Goulatte)和突尼斯(Tunes 或 Tunis),

---

① 更准确的名称是《奥格斯堡帝国和宗教和约》(Augsburger Reichs-und Religionsfrieden)。

取得了轰动全欧洲的胜利。克雷芒七世早在 1534 年 9 月 25 日就去世（大概是被毒死的）了，卡尔五世凯旋罗马，受到新任教皇保罗三世（Paul Ⅲ.，1468—1549）的隆重接待。只是柏柏尔人的势力并没有被全部消灭。

　　1535 年 11 月 1 日，米兰公爵弗朗切斯科·斯福扎去世，斯福扎家族绝嗣。卡尔五世将米兰变为帝国采邑，并将它授予自己的儿子腓力（Felipe，1527—1598）。法国国王弗朗索瓦一世重整军备，再次进军意大利，并在 1536 年 4 月 2 日以突然袭击的方式夺取了萨伏伊和都灵公国。4 月 17 日[①]，卡尔五世亲赴梵蒂冈向教皇和枢机主教控诉弗朗索瓦一世屡次毁约的不义之举，要求与他进行骑士式决斗。为了迎合枢机主教集团中的改革派，他也提出了通过召开大公会议解决宗教纠纷的主张。[②]但在随后的普罗旺斯和尼德兰战争中，卡尔五世并没有取得重大成果。弗朗索瓦一世也未实现修正《康布雷条约》的目标。

　　卡尔五世固执地坚持从海陆两面对土耳其人发动大规模征伐计划。为此，他在 1538 年 2 月 8 日同教皇和威尼斯结成反土耳其的攻守同盟。但未过多久，威尼斯就单独与土耳其人媾和，卡尔五世构建的同盟瓦解，其征伐计划也未付诸实施。6 月 18 日，在教皇保罗三世的调解下，卡尔五世与弗朗索瓦一世在尼斯（Nizza）签订了为期 10 年的停战协议，规定在意大利维持现状（Status quo）。弗朗索瓦一世虽然签署了停战协议，却未中断与土耳其人的勾结。不仅如此，他还积极与神圣罗马帝国的福音教等级进行联系，力图建立广泛的反哈布斯堡联盟。

　　在匈牙利，费迪南也只能保有一小部分国土。鉴于土耳其人入侵的危险，他在 1538 年与扎波利亚缔结《格罗斯瓦尔戴因条约》（Vertrag von Großwardein），承认扎波利亚为他所统治地区的匈牙利国王，只是在扎波利亚去世后，费迪南才有权接管这一地区。哈布斯堡家族的东扩计划面临种种困难，而要克服这些困难，费迪南必须倾其所有力量。这样一

---

① 另一说为 4 月 3 日。

② 卡尔五世的讲话摘要见 Ulrich Köpf（Hrsg.），*Deutsche Geschichte in Quellen und Darstellung*，Band 3：*Reformationszeit 1495—1555*，S. 402 - 406.

来,他在处理神圣罗马帝国事务方面,也是心有余而力不足了。

鉴于法国和土耳其的威胁,卡尔五世不得不在宗教问题上继续采取调停政策。他在 1539 年 4 月 10 日[①]与施马尔卡尔登同盟缔结《法兰克福宗教和约》(Frankfurter Anstand),重申《纽伦贝格宗教和约》的各项规定,确保福音教徒的财产占有状况。他也在福音教帝国等级作出不再没收教会财产、不再扩大施马尔卡尔登同盟的承诺的前提下,放弃了接受新成员加入天主教纽伦贝格同盟的要求。除此之外,卡尔五世还按照对各种信纲持中立态度的勃兰登堡选侯约阿希姆二世(Joachim Ⅱ.,1505—1571)的建议,举行宗教会谈,调解各方矛盾。1540 年,福音教和天主教神学家及世俗官员在哈格瑙(Hagenau)和沃姆斯(Worms)举行宗教对话,虽未取得重大成果,但也在一些神学争论点上达成了妥协性表述。

1541 年 4 月 5 日,帝国等级会议在雷根斯堡召开。卡尔五世亲临现场进行斡旋。新旧两教有名望的神学家在沃姆斯宗教对话的基础上,就教会统一问题进行了热烈讨论。会谈起初还比较顺利,双方对于因信称义教义的看法基本接近,在幕后活动中的教皇使节、改革派枢机主教集团首领加斯帕罗·孔塔里尼(Gasparo Contarini,1483—1542)也准备认可教士结婚主张和教徒饼酒同领的圣餐仪式。但到最后,在有关教皇的宗教权威、实体转化等问题上双方仍各执一端,虽然签署了《雷根斯堡文书》,但遭到福音教和天主教帝国等级的普遍反对;路德和罗马教皇也予以拒绝。卡尔五世忙于出征,无暇他顾,只给福音教徒一道临时敕令,再一次延长《纽伦贝格宗教和约》的有效期。[②]

1542 年,科伦大主教赫尔曼·冯·维德公然宣称放弃天主教,改信福音教,并在布塞尔和梅兰希通的帮助下实施了福音教制度,将科伦大主教辖区改变为世俗的福音教公国。因为科伦大主教的改宗将使选侯

---

① 另一说为 4 月 19 日。

② [美]威尔·杜兰:《马丁·路德时代》,第 206—207 页;Horst Rabe, *Reich und Glaubensspaltung. Deutschland 1500—1600*, S. 251 - 252.

集团内部的教派比例发生不利于天主教方面的变化,所以教皇、皇帝和其他天主教势力都不能容忍,决心倾力干预。罗马教皇保罗三世宣布开除维德教籍、褫夺其科伦大主教职位,皇帝卡尔五世也宣布了帝国放逐令。施马尔卡尔登同盟内部意见不一,未能给予任何支持。迫于压力,维德不得不在1547年2月25日辞职还乡,以务农为生,直至1552年8月15日去世。

与此同时,法国国王弗朗索瓦一世又开始进行密集的外交活动、为新的战争做准备了。而出使伊斯坦布尔(İstanbul)的法国公使在返途被西班牙士兵杀害一事发生后,形势遽然紧张起来。卡尔五世虽然极力否认他与此事有关,但他事先知情的事实却难以遮掩。当奥斯曼土耳其人对费迪南统治下的匈牙利发起新一轮进攻时,卡尔五世没有派军队直接到前线增援,而是在1541年10月派遣舰队远征阿尔及尔(Algier),结果遭到秋季风暴,无功而返。次年,费迪南进军匈牙利,但在抵达奥芬城时,军队哗变,军事行动半途而废。

1543年,弗朗索瓦一世联合奥斯曼、丹麦、瑞典、苏格兰诸国以及神圣罗马帝国的于利希—克累弗—贝格公国等多方势力一起对卡尔五世宣战,但因丹麦、瑞典和苏格兰中途退出联盟,故而未对皇帝造成多大威胁。卡尔五世却乘机对克累弗(Kleve)公国发起攻击,摧毁迪伦(Düren),占领楚特芬(Zutphen)和格尔德恩(Geldern)两公国,并迫使于利希—克累弗—贝格公爵威廉五世(Weilhelm V.,1516—1592)签署《芬洛条约》(Vertrag von Venlo),把楚特芬和格尔德恩两邦土地从帝国中分割出来归并入尼德兰,亦即皇帝本人的领地。威廉公爵还被迫向皇帝作出不实行宗教改革的保证。

在1544年的施佩耶尔帝国等级会议上,卡尔五世呼吁帝国等级联合起来抗击法国入侵,后者第一次,也是唯一一次全体响应皇帝的号召,参加对法国的战争,但也向皇帝提出了很高的要求:停止帝国最高法院审理宗教诉讼案件,从帝国法律上承认《奥格斯堡信纲》。卡尔五世坚持由下一届宗教会议或帝国等级会议作出决定,届时,允许路德派充分阐述自己的意见。教皇对皇帝的妥协提出了严厉批评,他不希望路德和加尔文获得皇帝的保护。在帝国等级军队的协助下,卡尔五世迅速侵入法国,虽未能突破坚固的防线,但还是在 9 月 18 日迫使弗朗索瓦一世签订《克雷皮和约》(Vertrag von Crepy),重申以往的停战协议,责令弗朗索瓦一世放弃对那不勒斯、佛兰德和阿图瓦的领土要求以及与神圣罗马帝国福音教等级的结盟。弗朗索瓦一世还被迫答应出兵 1 万人,协助卡尔五世对土耳其人的战争,承诺派代表参加即将在特伦托召开的大公会议。[①]

第二节 耶稣会的成立与特伦托大公会议的召开

一、耶稣会的成立

耶稣会,又名"耶稣连队",是一个强调虔修生活和社会服务的天主教修会组织,创建于 1534 年,其首倡者和早期领导人为西班牙贵族伊纳爵·罗佩兹·德·罗耀拉。

罗耀拉出身于西班牙吉普斯夸省(Guipúzcoa)罗耀拉城堡一个贵族家庭。青年时代曾在军队服役,1521 年参战时负伤。养伤期间,阅读了《耶稣生平》和《圣徒传》等书,深受感动,决心抛弃世俗欲念,把自己的一生献给上帝。此后,罗耀拉脱下华贵服装,效仿圣徒苦行,过乞丐生活。为了弥补自己知识的不足,罗耀拉不顾年龄已大,在 32 岁时,前往巴塞罗那拉丁文法学校,从头开始学习,其后又进阿拉卡拉(Alcala)大学深造,最后就读于巴黎大学,学识大增。1530—1534 年,罗耀拉编写了《神操》一书,并联合几位志趣相投的同学创办了"耶稣会",宣誓过贫穷、贞洁的生活,绝对忠诚地为教皇服务,听教皇差遣。

1539 年 10 月,罗耀拉等人到达罗马,其改进教会的计划和效忠教皇的诚心受到教皇保罗三世的欣赏。1540 年 9 月 27 日,保罗三世正式批

---

① Horst Rabe, *Reich und Glaubensspaltung. Deutschland 1500—1600*, S. 206 - 207.

准"耶稣会"成立,并且使该会直接隶属于教皇管理、服从教皇命令。1541 年 4 月,罗耀拉出任耶稣会首任"总管"(或称"将军")。

耶稣会初建时的目的是到耶路撒冷朝圣,后逐渐扩大计划,提出"一切为了上帝更大的荣耀"(ad majorem dei gloriam)口号,并以反对"异端",传播天主教义,重树教皇的绝对权威,重振罗马教会为宗旨,广招会士,严加培训,积极进行反宗教改革活动。

耶稣会仿效军队编制,组织严密,纪律森严,但又机动灵活,知所变通。它把全世界划分为许多教省,省下设传教区,一个省区可以包括几个国家。最高领导是"总管",中间是教省会长,其下设会长和院长。"总管"为终身制,常驻罗马,有权指挥所有成员的活动,决定每个成员的升迁,权力巨大,故有"黑衣教皇"之称。教省会长任期三年,领导当地的耶稣会活动。各省会士外出传教,即在当地建立归该省管辖之传教区。会内实行层层控制,会士之间相互监督,并强调绝对服从长上。会长的下属每周汇报一次组织活动情况和成员思想动态,会长每月向"总管"作一次书面汇报。此外,总管还向各地派出巡阅使,直接监控各地会士的行踪。会士除应遵守会规外,尚须按照罗耀拉所著《神操》的要求,完全听凭长上以天主的名义随意调遣,不得违命。《耶稣会章程》第六部分第一章第一节要求:"每一个成员应勉励自己完全顺服天主通过他的长上实行的统治,听从长上的指挥,如同自己是一具死尸那样,可以任意摆布。"

耶稣会的成员都是神父,非神父不能成为成员。耶稣会在选择成员时要求非常高,审查也非常严格。申请人不但要有神学的毕业证书,而且还要有另一项课程的大学毕业文凭。在入会之前需经过多年的考验,正式入会时,除了发绝财、绝色、绝意三大誓愿外,还要发第四愿,即无条件地绝对效忠教皇。按照耶稣会的教导,教皇高踞一切世俗君主之上;教皇是牧人,世俗君主只是牧人用来守护羊群的牧羊狗。教会必须顺服教皇的判断,遵照教皇的指示办事。凡教皇指示的便是善,凡教皇禁止的便是恶。除此之外,会士还应仿效福音书所载耶稣在旷野中苦修 40

天的事迹,每年独自潜修 40 天"大避静"。在这 40 天中,无论居何职位者均须摆脱会务,根据《神操》内容默思祈祷。另有"小避静",期限为 3 天或 7—8 天不等;按月行者则称"月省"。

为了发展组织,耶稣会专门在罗马设立训练中心,物色 14、15 岁的少年接受长达 17—19 年的宗教灌输,切实养成"为别人生活"的人生理想和生活态度,为了主的荣耀,随时准备到世界各地传教。

会士不穿统一的制服,但一般在自己的名字后面加上 SJ 的字母。他们出入宫廷,结交权贵,做政界要人的忏悔神父。他们也积极从事办学施教等工作,掌握知识分子,吸引广大青年。按照会规,只要是为了天主教会的利益,任何手段,甚至暗杀、放毒、收买、背信弃义等都可采用,任何丑恶罪行都可赦免。

正是通过上列卓有成效的组织和教育工作,耶稣会得到了迅速发展,到 1556 年圣罗耀拉去世时,其会士已遍布全世界。①

在神圣罗马帝国境内,耶稣会士的一项重要任务便是进行反宗教改革活动。而此项运动的首脑和灵魂则是德意志耶稣会士彼得·卡尼西乌斯(Peter Canisius,1521—1597)。

卡尼西乌斯出生于科伦大主教辖区内的尼姆韦根,是该市市长的儿子,他的生日恰好为皇帝卡尔五世发布对马丁·路德的帝国放逐令那一天。1543 年 5 月 8 日,也就是在他 22 岁生日的那一天,卡尼西乌斯加入了耶稣会,他是该会的第八名成员,也是该会第一位德意志人。在以后的岁月里,彼得·卡尼西乌斯几乎徒步走遍了神圣罗马帝国全境,广设学院,悉心培养年轻一代的耶稣会士,积极向帝国统治者宣传天主教的好处,甚至怂恿巴伐利亚公爵阿尔布雷希特五世以武力消灭巴伐利亚境内福音教势力。

自 1551 年起,卡尼西乌斯迁居维也纳并以此地为其活动中心。他在 1554 至 1555 年间担任维也纳主教管区行政长官。1556 年 2 月,卡尼

① Horst Rabe, *Reich und Glaubensspaltung. Deutschland 1500—1600*, S. 334 - 335.

西乌斯在施泰凡大教堂布道，听众甚多。其后，路德教礼拜仪式在维也纳市民私人家庭和市政厅被厉行废止。

作为耶稣会德意志教团的最高首领，卡尼西乌斯为天主教在神圣罗马帝国多地的复辟，亦即所谓的"重新天主教化"，立下了汗马功劳。

卡尼西乌斯写作的教义问答是对马丁路德著作的回应，属于第一部天主教的同类著作，1555 年以《基督教教义大全》(Summa doctrinae christianae)的书名出版，到其去世之时已再版 200 余次，并在 1591 年被奥格斯堡主教、戈明根(Gemmingen)的约翰·奥托(Johann Otto，1545—1598)用作学校教科书。

卡尼西乌斯虽然坚决反对宗教改革，但他对于宗教改革家和宗教改革主张极表尊重之意，从不妄言指责他们是异教徒，也不污蔑其学说为邪说，而是口口声声称道"福音教师"和"新学说"，对于天主教会的弊端他则予以大胆揭露和抨击，这就使他赢得了广泛的尊敬和声誉。无论皇帝费迪南一世还是教皇格列高利十三世(Gregorius XⅢ.，1502—1585)都对他信赖有加。[①]

二、特伦托大公会议的召开

特伦托大公会议(Konzil von Trient)即第 19 届全体基督教徒代表会议，于 1545 年 3 月 15 日正式召开，中经两次休会，于 1563 年 12 月闭幕，历时 18 年，实际开会时间约为 4 年 3 个月。

自 16 世纪 30 年代起，与反宗教改革运动同时，在天主教会内部也生成了一股自我更新的力量，不断敦促教皇召开宗教会议，纠正教会弊病，消除教义上的争议。教皇哈德里安六世是第一位认真倾听教会改革要求的天主教会高层领导，他对先前教皇的政策提出了批评，认为教会的弊端已经严重到这样的程度，即受其玷污者已经"嗅不出原罪的臭味了"。只是因为在位时间很短，并未采取具体改革措施。教皇克雷芒七

① Horst Rabe, *Reich und Glaubensspaltung. Deutschland 1500—1600*, S. 339 - 341.

世与神圣罗马帝国皇帝卡尔五世关系较差,虽在卡尔五世的敦促下屡次
口头答应召开宗教会议,但是迟迟不予以兑现。与克雷芒七世不同,教
皇保罗三世比较重视与皇帝的合作关系,也具有改革思想,故在上台后
不久就宣布将于 1537 年 5 月 23 日在曼图亚(Mantua)召开宗教会议。
神圣罗马帝国的福音教诸侯虽然支持召开大公会议,但是主张在帝国境
内开会。他们担心在境外受到天主教势力的攻击,甚至会被当作异端而
受到严惩。法国国王弗朗索瓦一世希望从皇帝与福音教信徒的冲突中
牟利,千方百计阻挠开会。由于开会地点不能确定,也由于意大利战争
重新爆发,召开大公会议一事遂一拖再拖。直到 1544 年 1 月《克雷皮和
约》签订后,卡尔五世才与保罗三世商定,在阿尔卑斯山以南意大利境内
的帝国城市特伦托(Trient)召开大公会议。

　　皇帝和教皇期望通过特伦托大公会议,在天主教会内部实施一些
必要的改革,并在福音教派和天主教派之间进行一次自由讨论,消除
教义上的分歧,达成共识,但在开始的时候却遭到多方面的反对。神
圣罗马帝国绝大多数福音教诸侯拒绝参加会议。他们认为福音教徒在
此次大公会议上肯定会遭到谴责,皇帝也肯定会采取对福音教徒不利
的行动。福音教徒只听从上帝之道,不接受现存教会法规的裁决,也
不承认任何宗教法庭,哪怕是基督教的最高法庭,同意参加会议就等
于承认教皇是信仰问题的法官,也会导致对信仰的否定。他们声称,
他们所期盼的大公会议应当是由《圣经》决定的、"基督教"的、"自由"
的,不应当是承袭"教会习惯做法"的、由教皇主宰的。只有少数人对
皇帝抱有幻想,希望在他的帮助下,通过大公会议,对福音教作出公正
合理的评价。

　　而在参加会议的绝大多数天主教高级神职人员中,反对宗教改革的
倾向也十分突出。他们不想对天主教会的教义和礼拜仪式作任何变动,
反而重申这些教义的正确性,谴责一切与之相违背的言行。他们拒绝福
音教徒宣扬的"圣经原则"和"因(唯)信称义"学说,继续捍卫天主教会传
统的权威和"人神合作"(Cooperatio hominis cum deo)说,强调信仰和善

功两相结合的重要性。他们也反对教徒饼酒同领的圣餐礼、普遍教士论和准许教士结婚的主张,反对在举行礼拜仪式时使用民族语言的做法,坚持七种圣礼和实体转化论等礼拜仪式及天主教传统教义。拉丁文圣经被提升为圣经传世本中的正式文本,解说这部圣经也必须完全按照天主教会的传统进行,不能掺杂一丝一毫福音教的内容,这就排除了任何妥协的可能性。①

由于天主教保守势力在会议中占据了主导地位,特伦托大公会议的第一阶段(1545—1547,1547—1549)呈现明显的反宗教改革态势。

在这一阶段,大约有 100 位有投票资格的高级教士(Prälaten)和同样多的神学家(Theologen)参加了会议,来自除波兰和匈牙利之外的所有其他欧洲天主教国家,但大多数来自意大利。神圣罗马帝国的主教们也没有参加,他们同福音教诸侯一样控制了自己辖区的教会,不再承认教皇对于教会的普遍统治权。只有个别仍然效忠于教皇的帝国教会诸侯,例如特里尔大主教约翰·路德维希·冯·哈根(Johann Ludwig von Hagen,1492—1547)和奥格斯堡主教奥托·特鲁赫泽斯·冯·瓦尔德堡(Otto Truchsess von Waldburg,1514—1573)派遣了代表参加,但仅有建议权,也只参加了第一阶段的会议。

会议进行期间,卡尔五世伙同萨克森公爵莫里斯在米尔堡全歼福音教徒军队,权势陡然提升。罗马教皇保罗三世大为恐慌,遂以特伦托暴发瘟疫为理由,执意在 1547 年将会议南迁到波伦纳进行,但为了避免触怒皇帝,参加会议人员在波伦纳只讨论问题,不作官方决议。即使如此,卡尔五世还是向教皇提出了严正抗议,鉴此,大公会议在继续举行了两次后,便于 1549 年 9 月宣布中止。在波伦纳召开的两次会议虽然规模较小,时间较短,但对整个大公会议来说是具有指导意义的;从后来的许多决议来看,基本问题已在这里得到详细讨论了。

---

① 参见[美]G. F. 穆尔:《基督教简史》,第 269—270 页。

第三节 加尔文的宗教改革

加尔文(Jean Cauvin[1],1509—1564)的宗教改革也被称作"第二次宗教改革"。这一概念是由德国当代福音教神学家于尔根·莫尔特曼(Jürgen Moltmann)在1958年提出的,现在已得到越来越广泛的使用。按照莫尔特曼的见解,"第二次宗教改革"有以下两个突出特点:一是通过官厅加以贯彻或者是建立长老制的社团教会,二是把福音教的礼拜仪式和教会纪律与"生活改革"紧密联系起来,将宗教改革从比较单纯的宗教—教会领域,扩展到政治—社会领域。第二次宗教改革并非仅指加尔文的宗教改革,但是加尔文教的兴起,意味着宗教改革进入了一个全新阶段。[2] 实际上,加尔文宗教改革具有典型的城市宗教改革特征,但因加尔文教的创立,这一改革又超越了一般城市宗教改革范畴,获得了创立教派的意义。加尔文教也为神圣罗马帝国部分诸侯所接受,成为他们推行宗教改革的宗教标的,而其合法地位则是通过相当长时间的宗教—政治斗争获得的。

1509年7月10日,加尔文出生在法国北方皮卡迪的努瓦荣(Noyon),他的父亲杰拉德·加尔文(Gerard Cauvin)是当地主教的财政秘书;母亲珍妮·勒·弗兰克(Jeanne Le Franc)是一位旅店主的女儿。在读完家乡的拉丁文学校之后,加尔文于1523年进入巴黎拉马什学院,学习"七艺",未过多久又转到索邦(Sorbonne)蒙泰居学院。1528年获文科硕士学位。紧接着,加尔文遵从父亲的劝告,放弃学神学的初衷,到奥尔良研习罗马法,但在希腊文教师和路德教信徒梅尔希奥·弗尔马尔(Melchior Volmar,1497—1560)的指导下,他对人文主义和德语也产生了浓厚兴趣,在成为法学硕士后,便不想继续深造,而是完全投身于人文

---

① 德文写作 Johann 或 Johannes Calvin。

② 参见 Jürgen Moltmann, *Christoph Pezel(1539—1604)und der Calvinismus in Bremen*, Bremen: Verl. Einkehr, 1958.

主义研究了。

1531 年 5 月,父亲去世,加尔文在职业选择方面获得了自由。在基督教人文主义思潮的影响下,他重返巴黎,进入法国国王弗朗索瓦一世在 1530 年建立的"三语学院"(Collège des trois langues)学习古典语言,1532 年出版了一部关于塞涅卡(Lucius Annaeus Seneca,约公元前 4—65)[①]的评论,只是未引起多大注意。在经历了一种"心灵变化"之后,加尔文改信路德教,参加了由其房东秘密组织的福音教徒团体。1533 年,加尔文同他的朋友、新任大学校长尼克劳斯·科普(Nikolaus Kop)一起公开批判经院哲学,赞扬路德神学,宣传"福音",遭到巴黎法院的通缉,被迫离开巴黎。

流亡期间,加尔文曾在法王弗朗索瓦一世的姐姐、纳瓦拉王后、倾向福音教的玛加丽特(Marguerite de Navarre,1492—1549)位于内拉克(Nérac)的小宫廷待过一段时间。经过研究、谈话和深入思考,他更加坚定了支持宗教改革的立场,也开始对他的思想进行系统化整理,酝酿写作《基督教要义》(Institutio Christianae Religionis)一书。

科普事件平息后,加尔文返回巴黎,在克罗泰勒斯(Crotelles)第一次举行圣餐,并且是以教徒饼酒同领的新形式举行的。此时,路德福音教在法国流传甚广,1534 年 10 月 8 日在巴黎出现了反对天主教、支持路德的宣传牌。法国国王弗朗索瓦一世震怒,发布迫害福音教徒的敕令,许多人被活活烧死,加尔文不得不再次离开巴黎,化名"马提阿努斯·卢西阿努斯"(Martianus Lucianus),隐居巴塞尔,埋头写作《基督教要义》;1535 年 8 月 23 日完成初稿,次年 3 月,由巴塞尔图书印刷商托马斯·普拉特尔(Thomas Platter,1499—1582)印刷出版。这是第一部全面阐述福音义理的大作,初为四卷,分别以圣父、圣子、圣灵和教会命名,正文设有六章,附加写给法王弗朗索瓦一世的"信仰告白"书。后来,在经过 1539 年、1543 年、1550 年和 1559 年的多次重新修订后,加尔文著《基督

[①] 塞涅卡是古罗马政治家、哲学家、悲剧作家、雄辩家、新斯多葛主义的代表。

教要义》最终扩大为 80 章。

　　1536 年初,加尔文到巴黎处理家庭事务,归途为弗朗索瓦一世和卡尔五世已经布好阵式准备交战的军队所阻,只好绕道而行,路过日内瓦。当地的宗教改革家纪尧姆·法莱尔(Guillaume Farel,1489—1565)盛请加尔文担任大教堂的读经师。这一偶然事件竟成了加尔文宗教改革事业的开端。

　　日内瓦地处帝国西南部,属于瑞士联邦。福音教早在 1532 年就传入该城,但是未被市民普遍接受。加尔文先是在该城的保罗派教堂讲解《圣经》,1537 年 1 月又向日内瓦市政会提出了一个新的改组教会计划,要求整顿教会风纪和公众道德,强迫日内瓦自由市民逐个宣誓,公开接受他所拟定的教义,遵守"福音教十戒";拒绝宣誓者,将被驱逐出城。加尔文还力图使市政会成为只执行他的命令和法令的机构,把一个民主的共和国转变成为神权的专政。日内瓦市政会不愿意接受新的"福音教教权主义",日内瓦市民也拒绝宣誓,但加尔文坚持己见,不予妥协,并以拒绝举行圣餐进行对抗。第二年,日内瓦举行市政会大选,一些敌视加尔文的人当选。在这些人的操纵下,市政会颁布命令,采用伯尔尼的教会仪式,不再采用当地的仪式制度。加尔文称此届市政会为"魔鬼的委员会",并和法莱尔一起反对市政会干涉宗教事务,结果在 4 月 23 日双双遭到放逐。

　　加尔文流亡斯特拉斯堡,出任圣经教授,附带照料着一个法国流亡者社团,在圣尼科劳斯教堂、圣马格达莱纳(St. Magdalena)教堂和多明我会士教堂布道和举行圣礼。通过与当地宗教改革家马丁·布塞尔的交流,加尔文的神学思想得到了极大的丰富,对预定论、圣餐教义和圣经里规定的牧师、教师、长老、执事四种神职说等有了更深刻的认识。布塞尔拥有卓越的教会管理才能,强调教会纪律,认为上帝拯救的教义是教会的心脏和灵魂,纪律则是教会的经络。布塞尔对教会纪律的强调在加尔文的心灵中引起了共鸣,布塞尔在斯特拉斯堡设立的礼拜仪式也被加尔文视为值得借鉴的样板。加尔文还在 1540 年与在斯特拉斯堡避难,且已生育了两个孩子的寡妇伊德蕾特·德·布尔(Idelette de Bure)结婚,建立了一个十分和谐的福音牧师家庭。

在此期间,日内瓦的宗教改革陷于停滞,市民们在信仰方面茫然不知所措。伯尔尼企图把日内瓦置于自己控制之下,已遭唾弃的天主教又有卷土重来之势。面对这种混乱局面,越来越多的人开始认识到加尔文的主张的正确性,期望重新召回加尔文,由他来主持该城的宗教改革,稳定教会和政治秩序。在与加尔文进行长时间谈判的过程中,市政委员们宣誓接受"忏悔",同意按照加尔文的意志制定必要的"教规"。日内瓦的教会也接受了市政会的安排。

1541 年,加尔文返回日内瓦。他雷厉风行地在 11 月 20 日颁布《日内瓦教会条例》(Ordonnances Ecclessiastiques,又译为《教会宪章》);次年又发表了《日内瓦教义问答》。据此,他废除天主教的主教制,建立了一种具有共和主义特色的政教合一政权:教会由神职人员(牧师)组成的数名执事和由俗人组成的数名长老共同管理,长老由教徒直接选举产生,牧师则由长老聘任;设立长老会议,由各教区民主选举的 12 名代表组成,归市政会直辖,市政会则由长老、牧师和上层市民组成,是最高的行政机构,拥有司法权;设立宗教法庭,由长老会议成员和 6 名牧师组成,由该城 4 个地方行政官之一做主席。由长老、牧师和行政官员组成的宗教法庭成为教会中最有权力的部门,可以行使一般的道德监督,可以颁布纪律,可以经过地方行政官的同意,开除教徒教籍。宗教法庭的法官同时又是市政会委员,一旦开除出教仍然不足以惩罚罪行的话,就可以通过城市行政部门对已被开除出教的人予以进一步的惩罚。市政会仍牢固控制着任命教师、管理婚姻和审理公民犯罪的权力。除此之外,加尔文还将日内瓦划分为数个教区,建立市和地方教区两级牧师团体。市级牧师团体由各教区首脑组成,负责统辖各教区牧师团体。从 1542 年至逝世前,加尔文一直是这个团体的主席。虽然作为法国国民,加尔文无权担任任何政治职务,但他经常出席各类委员会会议,参与政治决策,在实际上掌握了宗教政治大权。宗教法庭每星期四举行例会,称"星期四晨会"。加尔文经常出席这一例会,是宗教法庭的实际负责人。

加尔文还宣布《圣经》是信仰的唯一依据,废除弥撒,只举行在《圣经》有明确记载的、为耶稣亲自设立的洗礼和圣餐礼这两种礼拜仪式。在举行礼拜时,以布道为中心。加尔文曾经建议每个星期天举行一次圣餐,每周举行一次教徒集会,但这一建议未得到贯彻。取而代之,日内瓦每年举行四次圣餐,每季度举行一次教徒集会,由布道士进行"兄弟般的忠告"。大小礼拜堂内以洁净为要,去除一切的异端和拜偶像的记号,只剩讲台、座椅。除此之外,加尔文还以福音为生活准则,整顿公共道德和教堂纪律。政府和教会制订严格的规章制度,按照上帝之道,对市民生活进行严厉管理和监督,不参加宗教崇拜将会受到惩罚,但也严禁一切浮华享乐的行为,即使是唱世俗的歌曲、跳舞和打牌,也将受到惩罚。在所有人生乐趣中,只有家庭生活得到了肯定和鼓励。经商致富,蓄有私产,贷钱取利,以及做官执政,则被说成是受命于上帝。

在一个接一个的布告中,加尔文试图借助于严格的教会管制,密切监视人们的思想和行动,力图使"堕落的"民众养成良好的道德习惯,把日内瓦创建成为一个新型宗教社团的典范。这些措施触及生活的每一方面,管制措施则根据情节的严重程度从警告到驱逐甚至处以绞刑不等。执行时无论地位高低皆不得幸免,而被管制者不应当把它看作惩罚,而是应当看作帮助。每逢礼拜四,12 个长老和 6 名牧师,聚会一次,在加尔文的指导下审理各种案件。凡被人控告,其言语、行为对于上帝和基督教的《信经》有失敬之处的教徒,一律都招来加以斥责;对加尔文揭示的任何基督教教理表示怀疑者,一经发现即行驱逐甚或处死。对异端教派和洗礼派更不宽容,经常动用火刑加以处死。这种管制是如此严厉,以至于许多人纷纷逃离日内瓦。如果不是胡格诺教徒的大量涌入,日内瓦恐怕早就人去室空了。加尔文热情接纳这些来自法国的福音教流亡者,让他们成为日内瓦市民和他的最得力的社会基础。①

---

① 参见[美]道格拉斯·F.凯利:《自由的崛起:16—18 世纪加尔文主义和五个政府的形成》,王怡、李玉臻译,江西人民出版社 2008 年版,第 4—21 页。

　　加尔文的目标是将人类各种社会生活全部基督教化,即使官厅也要受到教会监控,而教会自身是民主的,不受国家制约。在加尔文的影响下,日内瓦一度成了一个组织严密的"基督教共和国"和福音教大本营。然而,"加尔文的日内瓦"的说法并不准确。加尔文绝非大独裁者,他甚至连日内瓦市民都不是,并不掌握法定的权力。作为一位牧师,他也没有力量左右政局。事实上,那些掌权者到最后仍然保留将加尔文免职的权力,只是他们没有运用这一权力而已。作为宗教法庭的成员,加尔文自然可以代表牧师向地方官员提出温和的抗议,然而这抗议却经常受到忽视。1553 年,日内瓦市政当局逮捕了因否定三位一体教义而受到天主教会通缉的西班牙医生米贵尔·塞尔维特(Miguel Servet,1509 或 1511—1553),并判处以焚刑。加尔文要求将火刑改为"较温和的"绞刑,但未被市政会接受,塞维图斯最终还是被捆绑在干柴堆上烧死了。加尔文对日内瓦的影响力,不是基于正式的法律地位,而是基于他作为传道者与牧者相当大的个人权威。[1]

　　1539 年至 1541 年,加尔文和天主教神学家们一道举行会议,他与他们一道分享而他本人从未停止抱这样一个大胆的希望:建立一个也许能把所有分裂的教会联合起来的自由的、基督教徒的议会。只是在特伦托大公会议对宗教改革采取了坚决反对态度之后,加尔文才放弃与天主教会和解的幻想,只考虑把各地福音教会统一起来的目标了。

第四节　路德晚年

　　1530 年奥格斯堡帝国等级会议闭幕之后,路德年事已高,身体欠佳,不再参加任何重大活动,也不能直接决定宗教改革进程了。尽管如此,他继续在维登贝格举办讲座,主持福音教徒的婚姻,调解家庭纠纷。他

---

[1] [英]阿利斯特·麦格拉思:《宗教改革运动思潮》,第 225—226 页;[英]阿利斯特·麦格拉斯:《加尔文传——现代西方文化的塑造者》,甘霖译,中国社会科学出版社 2009 年版,第 110—121 页。

也笔耕不辍,努力通过书信和著作,发表时政评论,指导福音教牧师和布道士的工作。

路德晚年的作品主要有:《施马尔卡尔登信条》(1537年)、《就反对受安息日者致好友书》和《论犹太人及其谎言》(1538年)、《论大公会议和教会》(1539年)、《论不可说的名》(1543年)、《论基督的家族》(1544年)以及《反对由魔鬼创立的罗马教皇统治》(1545年)等。在这些著述中,路德再一次总结了他的教义和神学主张,并对犹太人、宗教会议和罗马教皇制度等问题进行了比较全面的讨论。

路德继续反对教皇,拥戴世俗统治者。他要求严惩"罗马暴君",把他的教令烧个一干二净,希望皇帝主持宗教会议,解决宗教争端。[1] 特别是在1545年发表的最后一篇论战性文章《反对由魔鬼创立的罗马教皇统治》(Wider das Papsttum zu Rom,vom Teufel gestiftet)中,路德把罗马教皇和红衣主教们骂得狗血喷头,其用语之恶毒达到了无以复加的程度。教皇有时被称为"老魔头",有时被称为"罗马阴阳人",有时被称为"老屁精"。而红衣主教则是"魔鬼的遗孽……无知的笨驴……世人应该咒骂他们,让他们被雷打,被火烧,害瘟疫,害梅毒,害癫痫,害坏血病,害麻风病,害痈疔,害种种无法医治的恶疮毒症"。路德还向神圣罗马帝国的"皇帝、君主、诸侯、领主及一切有权采取行动的人"大声疾呼,要他们兼并教皇领土,"夺取教皇、红衣主教及所有跟从他们一群狗男女的一切"。路德写道:"动手吧,皇帝、君主、诸侯、领主及一切有权采取行动的人。动手吧,上帝为你的行动会赐福于你。首先当从罗马教皇手里,将罗马涅(Romagna)、乌尔比诺(Urbino)、波伦纳以及他所有的一切抢过来。因为,他之拥有这些,全系出之撒谎及运用一切卑劣手段。这些本来属于皇帝的东西。由于他运用偶像及其他不正当的方法偷了来,所以大家不知道。自从这些东西落在他手里,他便据以自大,用以作恶……现在,由于他具有了这些东西,已有数不清的人受他的引诱坠入地狱之

---

① 《论会议与教会》,参见[美]威尔·杜兰:《世界文明史》,第六卷,第341页。

火……因此,先夺去他——教皇、红衣主教及所有跟从他们一群狗男女的一切,然后,从颈后拔出他们的舌头,把他们一起牵上绞刑台。这样做,可说是千该万该的。"①路德对罗马教皇和天主教会的仇恨由此可见一斑,在这种仇恨中,宗教因素和经济、政治因素兼而有之。

路德在晚年还一改早年反对动用暴力镇压犹太人和争取犹太人皈依"正确的信仰"的主张(参见 1523 年的《耶稣生为犹太人》),对犹太人大加诋毁,成为一个著名的"反犹人士"。他以新约中的"反犹"言论为依据,指责犹太人是基督教"最可恶的敌人",提出对付犹太人的七点纲要:第一,点燃他们的犹太教堂和学校,所有无法烧的东西都埋到地里;第二,破坏和摧毁他们的住房,把他们像吉卜赛人一样圈在一个大厅或畜栏里;第三,没收所有他们的书和经书,因为在这些书里他们传播偶像崇拜、谎言、诅咒和对神的诽谤;第四,禁止他们的拉比教书;第五,不向犹太人提供保护,不许他们使用街道;第六,禁止他们放高利贷,没收他们的钱币和金银;第七,给年轻和健壮的犹太人镰刀、斧头、铲子、纺织机,让他们用自己的汗水赚他们的面包。② 路德反对犹太人的陈词滥调与天主教传统没有什么两样,实际上他也是继承了这个传统的。只是当他把这些言论与他的关于律法和福音的学说联系起来的时候,他才赋予这些言论某种神学意义,把犹太人说成是遭谴责的、为上帝所愤怒的一群人。路德没有从生物学上将犹太人视为劣等种族,他谴责犹太人的主要理由是:信奉犹太教教义即犹太教信仰有罪。他强烈反对犹太教,是因为他们现在仍拒绝承认基督是他们的救主。当代有些学者把路德的"反犹主义"与希特勒纳粹党的反犹主义等量齐观,视之为一脉相传,此种观点是很不恰当的。③

---

① 《反对由魔鬼创立的罗马教皇统治》,参见[美]威尔·杜兰:《世界文明史》,第六卷,第 342—343 页。

② 《论犹太人及其谎言》,参见[美]威尔·杜兰:《世界文明史》,第六卷,第 341—342 页。

③ 参见罗衡林:《马丁·路德与犹太人问题》,载《世界历史》2003 年第 3 期;刘新利:《善待与驱逐:马丁·路德的犹太观》,载《犹太研究》2003 年第 2 期。

1546 年 1 月,为了裁决曼斯菲尔德伯爵们的一项争议,路德不顾自己的身体不适,经过哈勒前往埃斯勒本。在处理完争端后于 2 月 18 日去世,终年 63 岁。

路德死了,对于他的生平事迹和思想观念可以盖棺定论了。

路德用霹雳手段彻底粉碎了旧的权威和传统,从根本上拒绝了天主教会的教义权威,打破了圣职人员的独身制度,为经由修道院之禁欲主义所扭曲的宗教和世俗生活注入了活力。他试图在基督教教会内部进行改革,使教会回归到其原初的、"真正的"宗教职责上,摆脱世俗事务的纠缠。他也以个人对记载在圣经中的上帝的话的信仰和个人的良知作为行为准则,打破了罗马天主教会的教会法和圣事体系,创立了路德教邦国教会,给世俗统治者带来了在各自领地内排他的立法权、行政权和裁判权。路德承认国家权力是唯一合法的世俗政治权力,认为国家及其意志、规则、惩罚乃由上帝设立,而且,除世俗功用外,它们还有第二种甚至更为重要的"神学"或"属灵"功用。国家官员应当承担选拔神职人员,调解婚姻家庭关系,惩治道德宗教犯罪,管理教产,发展教育、济贫、医疗事业等职责,充分发挥保护宗教信仰、维护道德、保障社会福祉("共善")的作用。君主应当依照上帝的公义施行统治,臣民有义务服从合法权威,但也有义务不服从违背良心的法律。虽然将行使教会当权者原有职能的基本责任分派给了国家统治者,但其对个人良知的固守,也为近代宗教信仰自由开辟了道路。

不能否认,路德的思想具有较大的褊狭性,他对天主教在中世纪欧洲广泛传播的历史和意义缺乏认识,他对人类心灵需要多方面慰藉的事实缺乏理解;他把他的信徒从教皇无谬论中解放了出来,但又将他们引入了《圣经》无谬论;他抛弃了优美的宗教艺术和神话,制定了一系列冷酷无情的教条,虽然有助于培养人的虔诚,却不能使人获得快乐。路德也仍有中世纪的观念,一邦之内只能容许一种公认的宗教和礼拜仪式,不准许其他宗教和礼拜仪式存在。他对其他宗教,天主教、犹太教和同属福音教的茨温利教、加尔文教等的排斥,达到了无以复加的程度。他达到了良心的自由，但没有达到那最高的目标，完全的信教自由。他比宗教法庭更不宽容，说的比做的更刻薄。他赞成强迫劳动，要求人人固守上帝所指派给他的工作和行业，认为诸侯向农民抽重税完全理所当然。他性情暴躁，骂人不留余地，写谩骂文章更是前无古人，在日耳曼神学上撒下了仇恨的种子。他的两个王国理论，对后世的德意志国家学说产生了深刻影响。

美国作家威尔·杜兰非常恰当地称路德是一位"天生的战士"，是时代需要而又应运而生的战士，他一生都在战斗，与罪恶感斗，与魔鬼斗，与教皇斗，与皇帝斗，与茨温利斗，甚至与那些希望他将剧烈改革为温和抗议的战友们斗，而在当时的时代，若无这种大无畏的战斗精神，任何改革都不可期望其最后的成功。路德近于盲目的果决，为他开创的宗教改革事业提供了坚实保障。当然，宗教改革的最后胜利，福音教合法地位的最终取得，绝非路德一人之功，除了一大批宗教改革家的不懈努力外，福音教诸侯也发挥了重要作用，并且也是依靠战争的手段，才取得胜利的。①

第五节 施马尔卡尔登战争与《奥格斯堡宗教和约》的签订

一、施马尔卡尔登同盟的扩张

在 1532—1540 年卡尔五世再次离开帝国、罗马人国王费迪南一世重新主持帝国事务期间，施马尔卡尔登同盟获得了迅速扩展。

此时，黑森邦国伯爵菲利普一世是福音教集团的主要领导人，也是最坚决的反哈布斯堡家族者。萨克森选侯约翰基于共同的宗教信仰而与菲利普一世保持着密切联系。然而，菲利普是积极的推动力量，倾向于采取侵略性的对外政策。约翰却同路德一样，特别在乎下列问题，即

① 参见［美］威尔·杜兰：《世界文明史》，第六卷，第 343 页；［美］威尔·杜兰：《马丁·路德时代》，第 214—215 页。

福音教徒是否应当与皇帝对抗。在以后的相当长时间里,他也一直遵循着路德的忠告,认为针对天主教徒缔结防御联盟并不是件好事,因为法律禁止臣民联合起来反对皇帝。正是出于此类顾虑,萨克森选侯约翰极力阻止施马尔卡尔登同盟采取过激行动。1532年,约翰去世,其子约翰·弗里德里希一世继位。后者一改其父的谨慎慎重作风,积极支持宗教改革事业,坚决捍卫福音教信仰,与黑森邦国伯爵菲利普一起,站在抗议派的最前列,致力于扩张施马尔卡尔登同盟的势力。只是其天资不高,性格偏执,身宽体胖,且耽于酗酒,并非一个杰出的政治家,也不是福音教集团的理想领导者。

　　1533年,施马尔卡尔登同盟颁布《紧急援助和对抗法》(Verfassung der eilenden Hilfe und Gegenwehr),决定组成一支为数1.2万兵力(其中步兵1万人,骑兵2 000人)的军队,并且每月筹集7万古尔登作为军费。它还确认萨克森选侯约翰·弗里德里希一世和黑森邦国伯爵菲利普一世为同盟领袖和同盟军队司令,半年一轮换。① 施马尔卡尔登同盟在1531年初建时还是一个松散的福音教诸侯协助同盟(Beistandsbündnis),一旦因为宗教原因受到攻击,所有成员都有义务相互支援。现在,同盟的性质发生了重大变化,它从一个互助组织,发展成为一个具有进攻能力的军事组织了。

　　1534年,黑森邦国伯爵菲利普一世在法国的支持下,率领施马尔卡尔登同盟军队,打败奥地利总督、普法尔茨—诺伊堡(Pfalz-Neuburg)公爵菲利普(Philipp,1503—1548),帮助乌尔里希夺回了在1525年被哈布斯堡家族兼并的符滕姆贝格。② 乌尔里希复位后立即宣布改宗福音教,招聘宗教改革家阿姆布罗西斯·布拉尔(Ambrosius Blarer,1492—1564)、约翰内斯·布伦兹和埃尔哈德·施耐普夫(Erhard Schnepf,

---

① ［德］布劳巴赫等:《德意志史》,第二卷,第123页。
② 通过美因兹大主教阿尔布雷希特和萨克森公爵格奥尔格的调停,福音教诸侯与罗马人国王费迪南一世在1534年达成了《卡丹协议》(Vergleich von Kaaden),据此符滕姆贝格被规定为奥地利的后采邑。

1495—1558)推行宗教改革,并加入了施马尔卡尔登同盟。这一胜利不仅加强了福音教在帝国西南部的地位,扩大了施马尔卡尔登同盟的势力和影响,也削弱了费迪南和哈布斯堡家族的权威。

施马尔卡尔登同盟最初规定盟约的有效期为 6 年。1535 年,盟约到期,同盟大会决定延长 12 年,并且颁布《对抗法》(Verfassung zur Gegenwehr),大幅度增强其军事力量,其中包括组建战争委员会,协助同盟首领履行其职责;每半年轮换一次领导人,重大事情召开一次同盟大会协商,而在帝国等级会议召开的时候,与会成员也经常私下聚会,以便协调步骤,采取共同行动。城市和诸侯各承担一半的经费。表决的时候,意见的权重大体上按照各成员为同盟提供的财政支持大小计算。同盟大会的决议被当作施马尔卡尔登同盟告示记录在案,公开发布。黑森邦国伯爵菲利普一世的秘书塞巴斯蒂安 · 艾廷格尔(Sebastian Aitinger,1508—1547)担任同盟的枢密文书。他参加了多次重要的帝国等级会议和同盟会议,并且主持同盟的外交事务。

在接下来的时间里,越来越多的邦国和城市皈依了福音教。原先在 1530 年奥格斯堡帝国等级会议上分别行动的奥格斯堡信纲追随者和四城市信纲追随者也在 1536 年消除了他们的圣餐教义争论,并在《维登贝格协同条款》(Wittenberger Konkordienformel)中达成了初步共识。随着路德派与茨温利派在圣餐教义上观点的接近,许多信奉茨温利教的帝国城市也开始向施马尔卡尔登同盟靠拢了。到 16 世纪 40 年代,除了直属帝国的教会邦国,天主教几乎只在哈布斯堡家族和维特尔斯巴赫家族统治区内得以保留。

这样一来,施马尔卡尔登同盟成员大幅增加,其中新增的诸侯有:安哈尔特-德骚(Anhalt-Dessau)侯爵格奥尔格三世(Georg Ⅲ.,1507—1553,1536)、安哈尔特-策尔布斯特(Anhalt-Zerbst)侯爵约翰四世(Johann Ⅳ.,1504—1551,1536)、波莫瑞-斯德丁(Pommern-Stettin)公爵巴尼姆九世(Barnim Ⅸ.,1501—1573,1536)、波莫瑞-沃尔加斯特(Pommern-Wolgast)公爵菲利普一世(Philipp Ⅰ.,1515—1560,1536)、

符滕姆贝格公爵乌尔里希(1536)、罗赫里茨(Rochlitz)女公爵黑森的伊丽莎白(Elisabeth von Hessen,1502—1557,1537 加入,1541 退出)、拿骚-萨尔布吕肯(Nassau-Saarbrücken)伯爵约翰·路德维希(Johann Ludwig,1472—1545,1537)、拿骚-魏尔堡(Nassau-Weilburg)伯爵菲利普三世(Philipp Ⅲ.,1504—1559,1537)、勃兰登堡-屈斯特林(Brandenburg-Küstrin)马克伯爵约翰(Johann,1513—1571,1538)、施瓦茨堡伯爵京特四十世(Günther XL.,1499—1552,1538)和特克伦堡(Tecklenburg)伯爵康拉德(Konrad,1501—1557,1538)等,新增的城市有帝国城市埃斯林根(1531—1532)、诺德豪森(1532)、美因河畔法兰克福(1536)、奥格斯堡(1536)、肯普滕(1536)、海尔布琅(1538)、施韦比施哈尔(1538)、丁克尔斯比尔(Dinkelsbühl,1546)、博普芬根(Bopfingen,1546);下萨克森城市哥廷根(1531)、埃因贝克(Einbeck,1531—1532)、戈斯拉尔(1531—1532)、不伦瑞克(Braunschweig,1531—1532)、汉诺威(Hannover,1536)、希尔德斯海姆(1543)、奥斯纳布吕克(Osnabrück,1544);汉萨城市汉堡(1536)和明登(Minden,1536)。

　　与之相应,施马尔卡尔登同盟的势力也不断加强,真正成为神圣罗马帝国中一个举足轻重的权力因素,可与皇帝、教皇以及神圣罗马帝国的和欧洲的其他强权集团直接进行交涉。其战争基金最初为 14 万古尔登,到 1538 年增加为 43 万古尔登。[①] 除了军事防御外,施马尔卡尔登同盟还提出了诸如自由选择信仰和自行组建邦国教会等宗教政治要求,不仅拒绝罗马教廷设立在神圣罗马帝国各地的宗教法庭,而且公开宣布绝不允许天主教会收回已被没收的教产,也不允许天主教教士(耶稣会士)在福音教地区传教。[②] 教皇和皇帝试图通过宗教会谈,克服福音教徒和天主教徒之间的神学对立,而其他欧洲大国,特别是法国,却试图将施马尔卡尔登同盟纳入反哈布斯堡阵营。

[①] 数字见 Hermann Kellenbenz, "Die Geldbeschaffung der Protestanten im Schmalkaldischen Krieg", in: *Blätter für deutsche Landesgeschichte*, 1989, S. 13 - 41, hier S. 17.

[②] [美]威尔·杜兰:《马丁·路德时代》,第 205 页。

然而,施马尔卡尔登同盟并没有将所有福音教诸侯都联合起来,安斯巴赫马克伯爵格奥尔格、普鲁士公爵阿尔布雷希特一世、梅克伦堡—什未林公爵海因里希五世等较早就改信了福音教的诸侯均未参加。1535 年,勃兰登堡选侯约阿希姆一世去世,其长子约阿希姆二世继位,并在 1539 年改宗福音教,但没有参加施马尔卡尔登同盟,而是在其都城组建了一个独立于罗马但也独立于维登贝格的福音教会。他希望在皇帝和同盟之间充当调解人。施马尔卡尔登同盟各个成员之间也有复杂多变的利害冲突,难以形成统一意志,采取坚决果断的政策,以至于后来被皇帝卡尔五世分化瓦解,逐个击溃。

二、天主教纽伦贝格同盟的建立

1530 年,安哈尔特-德骚侯爵遗孀玛加丽特去世,她的长子、出自阿斯坎尼(Askanier)家族的安哈尔特-德骚侯爵格奥尔格三世(Georg Ⅲ., 1507—1553)在 1534 年改宗福音教,并开始推行宗教改革,由玛加丽特倡建的天主教德骚同盟彻底解体了。而面对施马尔卡尔登同盟咄咄逼人之势,部分天主教诸侯重新集结,于 1538 年 6 月 10 日在纽伦贝格成立了一个天主教同盟(Katholische Liga),习称"纽伦贝格同盟"(Nürnberger Bund 或 Liga von Nürnberg)。

建立纽伦贝格同盟的倡议出自帝国副首相马蒂亚斯·海尔德(Matthias Held,大约 1490—1563)。海尔德是一位法学家,天主教捍卫者和宗教改革运动的反对者,也是皇帝卡尔五世最为倚重的顾问之一。在他看来,施马尔卡尔登同盟是一个潜在的进攻性集团,必须用武力手段予以抵抗。海尔德成功地赢得了罗马人国王费迪南一世的支持,后者联络美因兹大主教阿尔布雷希特、萨尔茨堡大主教马特霍伊斯·朗格(Matthaeus Lang,1468—1540)、巴伐利亚公爵威廉四世、不伦瑞克-沃尔芬比特尔公爵海因里希二世、不伦瑞克-卡伦贝格-哥廷根公爵埃里希一世、萨克森公爵格奥尔格以及两位信奉天主教的曼斯费尔德伯爵、上施瓦本的个别贵族和米勒豪森城(Mühlhausen)等天主教保守势力,建立纽伦贝格同盟作为施马尔卡尔登同盟的一个对立同盟。

类似于施马尔卡尔登同盟,纽伦贝格同盟也声称自己的目的是相互支持、共同防御。参加者承诺,在遇到福音派攻击时,相互提供军事援助,但不主张用武力手段在福音教地区恢复天主教信仰,只希望根据《纽伦贝格宗教和约》的和解精神,维持现状。只有在各成员邦因为宗教信仰缘故受到侵犯,或者在施马尔卡尔登同盟破坏了邦国国内和平的情况下,才可以进行自卫。

对于纽伦贝格同盟,皇帝卡尔五世的态度十分犹豫。他一直拖延到1539年3月20日才批准该同盟的建立,并在形式上加入了同盟。作为整个基督教世界的世俗领袖,卡尔五世虽然期望铲除"异端",抑制帝国等级势力扩张,维护教会和信仰的统一,巩固自己的统治地位,但因面临奥斯曼土耳其人的入侵和法国国王的挑战,他又迫切需要所有帝国等级的财政和军事援助,至少在帝国内部维持和平局面。鉴此,卡尔五世坚持采用调解政策,力图以非军事冲突的方式,平息帝国内部的宗教政治纠纷。该政策导致了1539年《法兰克福宗教和约》的缔结、1540至1541年间一系列宗教会谈的举行以及1545年特伦托大公会议的召开,但对天主教诸侯的联盟却产生了十分不利的影响。

因为得不到皇帝的有力支持,纽伦贝格同盟难以发展壮大。只有一少部分诸侯加入了同盟,普法尔茨选侯和勃兰登堡选侯这两个实力较大的世俗选侯均未参加,而在参加者当中利益分歧也较大,尤其是巴伐利亚公爵对皇帝、国王和哈布斯堡家族的旧怨未解,无法实现精诚团结,采取较大规模的联合行动。即使面临施马尔卡尔登同盟公开的军事挑衅,他们也达不成采取行动的一致意见。尽管原定期限为11年,但在实际上,该同盟到1545年就基本停摆了;各个成员在政治上分道扬镳,自行其是。

1539年4月17日,萨克森公爵格奥尔格去世,他的弟弟海因里希(Heinrich,1573—1541)继位。海因里希早在1536年就在其夫人卡塔琳娜的敦促下接受了路德教义,也在萨克森选侯约翰·弗里德里希和顾问舍恩贝格的亚当(Adam von Schönberg)的支持下,将宗教改革引入了他的管辖区,并在 1537 年加入施马尔卡尔登同盟。海因里希也因此与其大哥格奥尔格发生了严重冲突。后者坚决反对路德的学说,继续坚守天主教信仰,并对他的弟弟实行严格监视,只是因为自己的两个儿子早逝,不得不让海因里希继位。海因里希则在继位后将宗教改革推广到整个萨克森公国,并使该邦退出了纽伦贝格同盟。巴伐利亚公爵威廉四世和不伦瑞克—沃尔芬比特尔公爵海因里希二世敦促卡尔五世动用纽伦贝格同盟的力量阻止萨克森公国转向福音教,必要时甚至动用武力。皇帝却以帝国国内和平为重,期望通过 1540 年的哈格瑙宗教会谈作出裁决,结果却未能如愿。

在不伦瑞克-卡伦贝格-哥廷根,公爵埃里希一世和公爵夫人伊丽莎白(Elisabeth)一个坚持天主教,一个信奉福音教。1540 年,埃里希一世去世,他的同名儿子埃里希二世(Erich Ⅱ.,1528—1584)继位,但因埃里希二世尚未成年,埃里希一世的夫人伊丽莎白担任摄政。不伦瑞克—卡伦贝格-哥廷根公国也立即退出了纽伦贝格同盟。

不伦瑞克-沃尔芬比特尔公爵海因里希二世是一位虔诚的天主教徒和皇帝的忠臣,也是宗教改革的死敌和天主教同盟首领之一。他因自己所管辖的戈斯拉尔和不伦瑞克两城市推行宗教改革并加入施马尔卡尔登同盟而扬言要用武力迫使两城市就范。1542 年夏天,萨克森选侯约翰·弗里德里希一世和黑森邦国伯爵菲利普一世派军队进攻不伦瑞克-吕内堡公国,并将海因里希二世驱逐出该公国。海因里希二世向纽伦贝格同盟求助,但是没有得到任何有效的援助,直到皇帝卡尔五世后来在施马尔卡尔登战争中获胜后,才使他官复原位,重新执掌统治大权。

普法尔茨选侯路德维希五世(Ludwig Ⅴ.,1478—1544)致力于在帝国范围内推行平衡政策,特别是针对马丁·路德的追随者与其敌对者之间的教派对立。出于策略考虑(因为他的多位兄弟都在帝国教会中担任高级教职,有的还是教会诸侯),他表面上依然保持天主教信仰,但在私下里并不阻止宗教改革在其所辖领地内的传播。他的继承人普法尔茨选侯弗里德里希二世(Friedrich Ⅱ.,1482—1556)如法炮制,形式上信奉天主教,但是自1545年起开始采纳了福音教的圣餐仪式,并为海德尔贝格大学招聘了多位倾向于改革的教授,接纳并善待福音教流亡者。

三、施马尔卡尔登战争

自1543年起,在各种调解举措均遭失败后,皇帝卡尔五世越来越关注帝国政治了,也开始长时间地驻扎在帝国国内,准备动用武力,解决帝国内的宗教问题,按照君主制原则修改帝国宪法。他也让年满16岁的儿子腓力回到西班牙摄政,并且交给他两份遗嘱,一份是私人性的,一份是政治性的,而从其政治遗嘱来看,卡尔五世此时已经决定孤注一掷,即使丢失皇位,也要与帝国等级们拼搏一番。

这时,施马尔卡尔登同盟却因为一些丑闻和意见分歧而声誉大降,势力转衰。特别是由路德等宗教改革家准许的黑森邦国伯爵菲利普一世的重婚事件所造成的恶劣影响,使同盟元气大伤。菲利普一世风流倜傥,尚武多情,他的妻子、萨克森公爵格奥尔格的女儿克丽斯汀(Christine,1505—1549)却是一位忠心、多产、其貌不扬的女人。菲利普在治疗梅毒期间与其姐姐的一个宫女、萨勒的玛加丽特(Margarethe von der Saale,1522—1566)一见钟情,难分难舍。菲利普既没有理由与克丽斯汀离婚又丢不下玛加丽特,遂希望按照《圣经·旧约》所记载的多妻习俗再结一次婚。路德深知重婚是触犯帝国法律的大罪,但是不想丢掉一位最积极支持宗教改革的诸侯。他表示同情菲利普"良心上的不安",愿在听取其忏悔后予以包庇,并且建议说,一旦事情暴露,就坚决否认。1540年3月4日,在梅兰希通和布塞尔的主持下,菲利普与玛加丽特在罗滕堡宫(Schloss Rottenburg)举行了"正式"婚礼。虽然十分隐秘,但还是走漏了风声。结果舆论大哗,人声鼎沸,特别是一些天主教徒乘机大做文章,口诛笔伐地声讨宗教改革家和福音教徒。卡尔五世也利用此事迫使菲利普就范。他在1541年6月13日雷根斯堡帝国等级会议召开期间与菲利普缔结密约(Regensburger Vertrag),以豁免死罪的方式,逼迫后者作出如下保证:不再凭个人地位或施马尔卡尔登同盟代表身份与外国结盟;如果皇帝对法国宣战,则向皇帝提供军事援助;放弃对格尔德恩公国的攻击;阻止施马尔卡尔登同盟接纳于利希-克累弗-贝格公爵威廉五世(Wilhelm V.,1516—1592)入盟。① 对于菲利普一世的重婚,施马尔卡尔登同盟中一些道德严谨的成员也相当反感,而菲利普一世对皇帝的妥协,更使同盟的利益蒙受了重大损失。

此后,施马尔卡尔登同盟内部的意见分歧越来越严重,以至于不再能够采取果断、有效的行动了。1542 年,在科伦大主教赫尔曼·冯·维德因为改宗福音教而受到天主教保守势力反对时,黑森邦国伯爵菲利普一世虽然想要动用施马尔卡尔登同盟的军队进行武装抵抗,但是遭到其他成员拒绝,结果维德势单力薄,不得不辞职还乡,科伦大主教区重新为天主教势力所掌握。

而萨克森公爵莫里茨(Moritz,1521—1553)与萨克森选侯约翰·弗里德里希一世之间的仇怨,进一步恶化了施马尔卡尔登同盟的内部关系。莫里茨是韦廷家族阿尔伯丁支系的萨克森公爵海因里希的长子,早在 1536 年就皈依了福音教,在 1541 年 8 月父亲去世后又继任萨克森公爵。莫里茨虽然与黑森邦国伯爵菲利普一世交往甚密,并娶后者的女儿亚革尼斯(Agnes)为妻,但是不想与皇帝和国王发生冲突,反而希望以支持皇帝对外战争的方式,维护宗教改革已取得的成果。对于他的堂兄、韦廷家族恩斯特支系的萨克森选侯约翰·弗里德里希一世,莫里茨早有怨恨,而当约翰·弗里德里希一世试图独自占有原先与莫里茨共同管理的迈森主教区乌尔岑(Wurzener Land)领地,私吞该地税收时,莫里茨彻底反目成仇,甚至在 1542 年与约翰·弗里德里希一世进行了决斗,差一点酿成一场内战。只是在黑森邦国伯爵菲利普一世和路德的调解下,双

① Horst Rabe, *Reich und Glaubensspaltung. Deutschland 1500—1600*, S. 251.

方才偃兵息武,但怨恨并未就此化解。

　　施马尔卡尔登同盟最终在不伦瑞克-沃尔芬比特尔公爵海因里希二世进攻戈斯拉尔和不伦瑞克两城市一事上发生了严重分裂。1542年夏天,在接到作为施马尔卡尔登同盟成员的戈斯拉尔和不伦瑞克的求救后,黑森邦国伯爵菲利普一世与萨克森选侯约翰·弗里德里希一世动用施马尔卡尔登同盟的军事力量,将海因里希二世驱逐出不伦瑞克,并在该邦国推行宗教改革。此次军事行动虽然符合同盟法规,但是受到许多成员的反对;他们已经不再信任他们的同盟领袖了,也不想进一步激怒正准备大开杀戒的皇帝。

　　1544年9月18日,卡尔五世迫使法国国王弗朗索瓦一世签订《克雷皮和约》,这一和约的签订为皇帝武力镇压福音教诸侯联盟创造了有利条件。但在行动之前,卡尔五世又经过一系列谈判,争取到教皇保罗三世、巴伐利亚公爵威廉四世和阿尔伯丁萨克森公爵莫里茨的支持。卡尔五世以把帕尔马和皮亚琴察两地让予教皇家族成员的方式争取到了教皇保罗三世的支持,后者许诺向皇帝提供一支兵力为12 500人的军队和大笔经费,甚至同意皇帝为进一步筹措战争经费而出卖西班牙天主教会的财产。对于巴伐利亚公爵,卡尔五世一方面促成了他的儿子阿尔布雷希特(Albrecht,1528—1579)与罗马人国王费迪南一世的长女安娜(Anna,1528—1590)订婚,从而使维特尔斯巴赫家族获得继承奥地利、波希米亚和匈牙利王位的权利,另一方面又作出了将普法尔茨选侯职位转授给巴伐利亚公爵的许诺。巴伐利亚公爵威廉四世遂抛弃前嫌,与哈布斯堡统治者走到了一起。莫里茨之所以投靠皇帝,除了他一向怀有的对皇帝的友好态度和对萨克森选侯约翰·弗里德里希一世的怨恨外,还有一点就是他对帝国选侯职位的垂涎。卡尔五世投其所好,以要求莫里茨退出施马尔卡尔登同盟并帮助皇帝镇压其他福音教诸侯为条件,作出如下许诺,一旦打败施马尔卡尔登同盟,就将萨克森选侯职位以及原由选侯统辖的马格德堡城和哈尔伯施塔特主教区转授予他,莫里茨本人及其臣民享有特伦托大公会议可能对施马尔卡尔登同盟作出的不利判决的豁免权。莫里茨见利忘义,完全投靠了卡尔五世。[①]

1546 年 7 月 19 日[②],卡尔五世从雷根斯堡向施马尔卡尔登同盟宣战。他向萨克森选侯约翰·弗里德里希一世和黑森邦国伯爵菲利普一世发出帝国放逐令,谴责他们自 1528 年以来制造的一系列危害帝国利益的"罪行",如进攻符滕姆贝格和占领不伦瑞克—沃尔芬比特尔等。但为了避免树敌太多,卡尔五世故意不把战争与宗教相联系,而是装出一副不计较宗教分歧的样子,强调只与那些违反帝国法律的人作战,对其他福音教徒,一概不加干扰。实际上,接下来的军事行动与后来发生的宗教—政治战争"三十年战争"在性质上完全一样,它也以"施马尔卡尔登战争"(Schmalkaldischer Krieg)的名称载于史册,并且是"三十年战争"的原型。[③]

战争爆发后,施马尔卡尔登同盟众成员大都心怀恐惧,表示中立。只有黑森邦国伯爵菲利普一世、萨克森选侯约翰·弗里德里希一世、安哈尔特-科滕侯爵沃尔夫冈以及奥格斯堡、斯特拉斯堡等城市的市政会决定拼死一战。他们全力动员,集结了 5.7 万兵马,远多于皇帝及其同盟者军队的数量。为了先发制人,约翰·弗里德里希与菲利普还亲自率兵南下求战。皇帝卡尔五世避重就轻,先占领了符滕姆贝格公国。费迪南和莫里茨则乘虚而入,率兵直捣萨克森选侯邦。约翰·弗里德里希仓皇回兵自救,弃菲利普于不顾。卡尔五世则联合巴伐利亚公爵很快就控制了帝国南部大部分地区,紧接着又向中部和北部发起了进攻。菲利普军队因饷项缺乏而自溃。

然而,就在卡尔五世胜利在望之际,教皇反悔了。他担心卡尔五世势力过大,危及自己的地位,遂解除盟约,撤回援助部队。教皇还不顾卡

---

① "Die Abwendung des Herzogs Moritz von Sachsen vom Schmalkaldischen Bund", in: Ulrich Köpf (Hrsg.), *Deutsche Geschichte in Quellen und Darstellung*, Band 3: *Reformationszeit 1495—1555*, S. 446 – 448.

② 另一说为 7 月 20 日。

③ Johannes Burkhardt, "Religionskrieg", in: *Theologische Realenzyklopädie*, Bd. 28, Berlin/New York: de Gruyter, 1997, S. 681 – 687, hier 682.

尔五世的一再抗议,将大公会议迁至波伦纳举行,之后又暂时休会。萨克森选侯约翰·弗里德里希一世乘机反攻,连连得手。

卡尔五世破釜沉舟,亲自督师北上,进军萨克森选侯邦,在 1547 年 4 月 24 日的米尔贝格(Mühlberg)战役中大败萨克森选侯的军队,并且俘虏了选侯本人,随后又在 5 月 10 日判其死刑。只是鉴于一些有影响的诸侯(包括萨克森公爵莫里茨)的求情,卡尔五世才将死刑改为终身监禁。5 月 19 日,约翰·弗里德里希一世签署了《维登贝格投降书》(Wittenberger Kapitulation),同意将萨克森选侯职位让给莫里茨,将韦廷家族恩斯特支系的世袭领地维登贝格、托尔郜、爱伦堡(Eilenburg)和格里马(Grimma)等地让给阿尔伯丁支系。① 卡尔五世则在 6 月 4 月正式宣布将萨克森选侯职位连同恩斯特家族的大部分世袭领地转授给莫里茨。

黑森邦国伯爵菲利普一世依靠少数残兵犹作困兽斗,但未过多久就在莫里茨和勃兰登堡选侯约阿希姆二世的劝说下,满怀羞辱地亲赴哈勒向皇帝投降,结果被判处 15 年监禁。施马尔卡尔登同盟彻底解散。不伦瑞克—沃尔芬比特尔公爵海因里希二世返回自己原先的领地,并且开始了重新天主教化运动;已经信仰福音教的帝国城市戈斯拉尔屈服了,不伦瑞克却坚决抵抗,并且取得了一定的成功。卡尔五世大获全胜,似乎成了帝国的真正主宰。

卡尔五世也试图利用这一胜利,进行一次全面的帝国改革和恢复教会统一,具体说来就是:取缔等级宪法,实行皇帝的中央集权,迫使福音教徒重新回归天主教会,建立一个名副其实的"普世君主国"和由西班牙、哈布斯堡世袭领地及神圣罗马帝国三部分组成的哈布斯堡大帝国;皇位在哈布斯堡家族中代代相传,也在哈布斯堡家族奥地利支系和西班牙支系之间来回更换。然而事与愿违。卡尔五世加强皇权的企图最终

---

① 《维登贝格投降书》见 Ulrich Köpf (Hrsg.), *Deutsche Geschichte in Quellen und Darstellung*, Band 3: *Reformationszeit 1495—1555*, S. 449 - 452.

引起了帝国等级的共同反抗,并导致皇帝的彻底失败。

四、卡尔五世加强皇权的企图

1547 年 9 月 1 日,"披甲胄的帝国等级会议"(geharnischter Reichstag,1547 年 9 月—1548 年 5 月)在奥格斯堡召开。之所以有此称号,主要是因为该城市作为施马尔卡尔登同盟的成员受到了军事占领,来自西班牙的大批军队聚集在城市周围以其光彩闪亮的戎装和威武强大的军事力量展示着皇帝的权威。

会议伊始,卡尔五世就提出了按照施瓦本同盟模式组织一个新的、独立于帝国等级会议的帝国同盟计划。该同盟将通过设立联合法庭、联合军事统帅和联合金库等机构而成为一个强有力的帝国等级军事同盟,对内可保障和平、对外可进行战争。卡尔五世本人代表尼德兰、费迪南一世代表奥地利均应属于这个同盟。除此之外,卡尔五世还要求恢复帝国最高法院,由帝国等级负担其维持经费,皇帝拥有法官任命权。

这一计划遭到帝国等级,特别是帝国选侯的坚决反对,他们特别担心皇帝拥有强大的军事力量,危害自己的邦国利益。鉴此,卡尔五世不得不表示妥协,转而提出了整合勃艮第各邦,成立一个新的帝国行政区计划。这一计划只是帝国行政区划的扩展,威胁性不大,因此得到帝国等级的认可。1548 年 6 月 26 日,卡尔五世与帝国等级签订条约,规定将几个原属下莱茵—威斯特法伦大区的诸侯领地从该大区分离出来,合并到勃艮第大区。该行政区接受帝国的保护,但在司法审判和行政管理方面享有主权,不受帝国最高法院管辖。作为回报,该行政区应当向帝国国库缴纳比选侯还要多的款项,以便支持皇帝的反土耳其战争。后来,勃艮第大区虽然提供了较多的经费,但远没有条约规定的那么多,卡尔五世的计划再次受挫。除此之外,卡尔五世还对哈布斯堡家族控制下的尼德兰的地位做了一些调整,将他直接管理的 17 个尼德兰省提升为一个拥有国家法地位的统一体。

在宗教问题方面,卡尔五世更是几费周折,最终设立了一个由倾向于妥协的天主教神学家瑙姆堡-蔡茨(Naumburg-Zeitz)主教尤里乌斯·冯·普夫卢格(Julius von Pflug,1499—1564)和锡登(Sidon)的名义主教米夏埃尔·赫尔丁(Michael Helding,1506—1561)以及福音教神学家约翰·阿格里科拉(Johann Agricola,1490 或 1492 或 1494—1566)等人组成的委员会,委托它起草一份适用于在大公会议最终作出决定前的临时性宗教条例,即所谓的《奥格斯堡临时措施》(Augsburger Interim),规定保留天主教的主要教义,恢复天主教的礼拜仪式、节日、斋戒和教阶制度,有条件地接受路德派福音教徒的一些主张(如容忍教徒饼酒同领的圣餐仪式、承认已婚教士的婚姻和经过修改的因信称义说等),但避而不谈归还已被充作俗用的教会财产问题,只是劝说福音教帝国等级承认并答应参加大公会议,回到天主教会。[①] 皇帝还许诺保证参加特伦托宗教会议的福音教徒的出行安全,并说服大多数福音教帝国等级接受了该临时措施。

1548 年 6 月 30 日,《奥格斯堡临时措施》由卡尔五世以帝国法律的形式颁布实施。

然而,临时措施的实施绝非容易之事。施马尔卡尔登同盟虽然被彻底打败了,但它的失败并不意味着福音教的消亡。在帝国北部、东部和南部城市中,福音教已被普遍接受,且深入人心,绝不是靠一声命令或者是武力威胁就可以根除的。皇帝强迫福音教徒接受《奥格斯堡临时措施》,实际上意味着一种重新天主教化,几乎所有福音教信徒都心怀不满,伺机反抗。卡尔五世试图加强皇帝权力的想法更是行不通。对此,不仅福音教诸侯坚决反对,天主教诸侯同样表示拒绝。巴伐利亚公爵威廉四世尤其愤愤不平,他也因为没有获得卡尔五世曾经许诺过的普法尔茨选侯职位而心怀极大的不满。

为了推行临时措施,卡尔五世再次祭出武力大旗。他罔顾帝国城市

---

① 临时措施摘录见 Ulrich Köpf (Hrsg.),*Deutsche Geschichte in Quellen und Darstellung*,*Band 3: Reformationszeit 1495—1555*, S. 455 - 460.

的自治权,强迫曾经加入过施马尔卡尔登同盟的帝国城市接受一部家长制宪法,并派遣由帝国宫廷参事院指定的官员前往这些城市进行督导。在奥格斯堡和乌尔姆等地,天主教被强行恢复,行会的参政权被废除,城市贵族被任命为市政官员。对于坚决抵抗的康斯坦茨,卡尔五世更是出动西班牙军队进行征伐。福音教牧师和布道士不是被逮捕,就是逃亡他乡。但在民间,天主教神职人员已经声名狼藉,根本不受欢迎了。帝国北部福音教信徒的抵抗尤为激烈,流血事件屡有发生,而皇帝的军队鞭长莫及,虽然想要弹压,却又无可奈何。

卡尔五世只好不断敦促大公会议重新召开,但想通过大公会议消弭宗教争端、阻止教会分裂也是行不通的。此时教皇保罗三世已去世,新任教皇尤里乌斯三世(Iulius Ⅲ.,1487—1555)在1551年5月1日重新召开大公会议,并将会议从波伦纳迁回特伦托。迫于皇帝的压力,一部分福音教帝国等级同意出席会议,以梅兰希通和约翰内斯·布伦兹为首的萨克森和符滕姆贝格福音教神学家还为参加会议起草了信纲,但把持大公会议的天主教代表既不接受已被教皇和皇帝谴责为异端的人作为谈判代表,也不愿废除前几次会议所做出的决定。只是在皇帝特使的努力劝说下,大会主席团才作出如下让步:同意让福音教神学家呈交信纲,但不让他们参与讨论。布伦兹作为符滕姆贝格公爵的外交大臣尚有可能进入会场,梅兰希通等人却只能驻足纽伦贝格进行观望。

从1551年5月1日到1552年4月28日,特伦托大公会议在其第二阶段主要讨论了圣礼问题,皇帝所期望的恢复宗教信仰统一和彻底改革天主教会等既定目标并没有实现,而很快就爆发的诸侯叛乱又一次打断了会议日程。

五、诸侯暴动与《奥格斯堡宗教和约》的签订

为了抵制卡尔五世的"独裁统治",福音教诸侯和天主教诸侯暂时中止宗教争论,重新联合了起来。教皇保罗三世火上加油,指控皇帝谋杀他的私生子皮埃尔路易吉·法尔内塞(Pierluigi Farnese)。巴伐利亚公

爵从来都是站在教皇一边的,现在更有理由重新树起反抗皇帝的大旗了。1550 年 2 月,梅克伦堡公爵约翰·阿尔布雷希特一世(Johann Albrecht Ⅰ.,1525—1576)联合勃兰登堡—屈斯特林马克伯爵约翰和普鲁士公爵阿尔布雷希特建立了一个防御同盟。1551 年 5 月 22 日,约翰·阿尔布雷希特一世又与阿尔布雷希特、黑森邦国伯爵菲利普一世的儿子威廉(Wilhelm,1532—1592)和勃兰登堡—库尔姆巴赫马克伯爵、号称"阿尔西比亚德斯"(Alcibiades)的阿尔布雷希特二世(Albrecht Ⅱ.,1522—1557)秘密签订条约,缔结军事联盟。他们号召为捍卫"德意志自由"(实际上只是诸侯的自由)和福音教而战,要求皇帝释放在 1547 年关押的黑森邦国伯爵菲利普一世(被剥夺了选侯职位的萨克森公爵约翰·弗里德里希早已获得了自由)。一度被其同胞骂作"迈森的犹大"(Juda von Meißen)的萨克森选侯莫里茨在与卡尔五世的合作达到了最初的目的之后,就见风使舵,倒戈反击了。他加入新成立的诸侯同盟,并巧妙地获得了同盟的领导权。

鉴于资金和军队的缺乏,经过阿尔布雷希特二世·阿尔西比亚德斯的斡旋,诸侯同盟在 1552 年 1 月 15 日与法国国王亨利二世(Henri Ⅱ.,1519—1559)缔结《尚博德条约》(Vertrag von Chambord 或 Traité de Chambord),以出让位于神圣罗马帝国边境的梅茨、图尔(Toul)、凡尔登(Verdun)和康布雷(Cambrai)等四个非德语城市及其主教辖区、答应在下一次罗马人国王选举中为法国国王效劳为条件争取到了亨利二世的支持。

1552 年 3 月 13 日,法国国王亨利二世以多达 3.5 万人的兵力占领了三个主教辖区。卡尔五世不知就里,向萨克森选侯莫里茨请求出兵抵抗。莫里茨遂发动"诸侯起义"(Fürstenaufstand,也称 Fuerstenkrieg),联合其他诸侯率兵 3 万南下,向已经遣散了军队、准备做太平皇帝的卡尔五世发动突然袭击。卡尔五世毫无准备,仓皇出逃,临走前委托奥地利大公、罗马人国王费迪南一世作为全权代表与莫里茨进行谈判。1552 年 8 月 2 日,费迪南与诸侯联盟签订《帕骚条约》(Passauer Vertrag)，规定废除《奥格斯堡临时措施》，释放黑森邦国伯爵菲利普一世，保证路德派的宗教自由直到下一次帝国会议的召开。卡尔五世眼见大势已去，回天无力，只得批准该条约，放弃在施马尔卡尔登战争中得到的一切。

在结束了《帕骚条约》谈判返回萨克森之后，莫里茨不再被看作"犹大"而是受到福音教徒和天主教徒的普遍尊重，就连皇帝也写信劝勉他关注帝国的和平。当莫里茨准备向国王费迪南一世提供援助以应对正在逼近的土耳其人时，勃兰登堡—库姆巴赫马克伯爵阿尔布雷希特·阿尔西比亚德斯却以强盗骑士作风自行继续战争，企图征服维尔茨堡和班贝克主教辖区以及帝国城市纽伦贝格。莫里茨遂与原先的敌人、不伦瑞克—沃尔芬比特尔公爵海因里希二世联手，以反对国内和平的破坏者为名，重新组建了一个也有国王费迪南一世①参加的诸侯同盟。1553 年 7 月 9 日，在具有决定性意义的西韦尔斯豪森(Sievershausen)战役中，诸侯联盟大获全胜，但有众多贵族战死疆场，其中包括莫里茨本人和海因里希二世的两个儿子。

卡尔五世一度想在帝国西部边境从法国人手中夺回其掠夺物，并在帝国中重新赢回影响。他与阿尔瓦公爵联手，围困了法国人占领下的梅茨，但久攻不下，其威望也一落千丈。卡尔五世深感绝望，完全听凭皇弟费迪南处理帝国事务了。

1555 年 2 月 9 日，帝国等级会议在奥格斯堡召开。经过长时间的艰难谈判，奥地利大公、罗马人国王费迪南代表皇帝卡尔五世在 9 月 25 日与帝国等级签署了《奥格斯堡宗教和约》，规定路德教诸侯、帝国骑士和帝国城市，可获得与天主教帝国等级相同的安全保证，双方都有义务维护"永久的无条件的和平"；每个帝国等级都有在天主教和路德教之间做

---

① 费迪南一世，1526 年起为波希米亚和匈牙利国王，1527 年为克罗地亚国王，1531 年为罗马—德意志国王，1558 年继位神圣罗马帝国皇帝。

选择的权力,其臣民必须遵从这一选择;[1]不愿遵从者可以迁徙和定居他地;福音教帝国等级在 1552 年《帕骚条约》以前没收的教会财产仍归他们所有。[2]

　　费迪南一世利用国王的权威,在《奥格斯堡宗教和约》添加了一项"教会保留"(Reservatum ecclesiasticum,或 geistlicher Vorbehalt)条款,规定教会诸侯(大主教、主教或修道院院长)一旦信奉福音教,立即丧失其职位、地产和特权,教会诸侯邦国的地产不得还俗,目的在于确保教会诸侯的永久存在,强化天主教的正统地位。另一项"费迪南附加声明"(Declaratio Ferdinandea)是:天主教邦国里已经改信福音教的骑士和城市可以继续采用新的宗教仪式。[3] 这一声明是对福音教徒宗教信仰的一个保证,但它未被纳入和约正文,因此其有效性也备受争议。

　　《奥格斯堡宗教和约》从帝国宪法上放弃了教会和信仰的统一,见证了皇帝普世统治权的丧失。它赋予帝国等级自由选择宗教信仰的权力,巩固了诸侯对于皇帝的胜利,确认了路德教和天主教在帝国内地位平等以及天主教帝国等级与路德教帝国等级在帝国内的和平共处。它也使路德教会的形成合法化了,并以转交教派权的方式加速了邦国的国家形成进程。但是,加尔文教徒和洗礼派分子仍被排除在外,其宗教信仰和实践仍不被容许。此外,教会诸侯邦国中宗教信仰混杂的情形也未得到妥善处理。这些问题在以后的时间里越来越突出地表现出来,成为教派斗争的主要引擎。

　　1555 年的奥格斯堡帝国等级会议还通过了《帝国执行条例》,将维持

---

[1] 这一规定后来被表述为"谁统治着国家,谁就有权决定宗教信仰"(cuius regio, eius religio),再后来又演变为"在谁的国家,信谁的宗教"和"教随国定"。但这并不意味着臣民的宗教自由或者说宗教宽容,而是诸侯选择其宗教的自由,不愿意皈依的臣民只享有迁徙到与其信仰相符合的邦国的"权利"(ius emigrandi)。

[2] 条约全文见 Ulrich Köpf (Hrsg.), *Deutsche Geschichte in Quellen und Darstellung*, Band 3: *Reformationszeit 1495—1555*, S. 472 - 485.

[3] 声明全文见(Hrsg.), *Deutsche Geschichte in Quellen und Darstellung*, Band 3: *Reformationszeit 1495—1555*, S. 485 - 487.

帝国国内和平的重任从皇帝手中转交给了帝国行政区相联系的帝国等级，这就从帝国法的角度进一步削弱了皇帝的权力，强化了帝国的联邦化趋势。

心灰意冷的卡尔五世在1555年10月25日把统治尼德兰和勃艮第的权力交给了他的儿子腓力；次年1月16日又把统治西班牙和西属美洲殖民地的权力交给了腓力，腓力则以西班牙国王菲利普二世（Felipe Ⅱ., 1556—1598在位）身份，成为哈布斯堡家族西班牙支系的最高首领。1556年8月8日（另一说为9月12日），卡尔五世把神圣罗马帝国的皇位转让给费迪南，并在9月12日正式向帝国选侯递交了退位声明。费迪南则成为哈布斯堡家族奥地利支系的最高首领。1558年2月26日，选侯们不顾教皇保罗四世（Paul Ⅳ., 1476—1559）的反对，在美因河畔法兰克福选侯会议上直接宣布费迪南为"当选的罗马人皇帝"。教皇为罗马人国王加冕的制度正式被废除了，教皇干预神圣罗马帝国高层政治的权力遭到进一步削弱。哈布斯堡家族也正式分为奥地利支系和西班牙支系，卡尔五世执政时期一人统领所有哈布斯堡家族领地的局面再也不曾出现过。神圣罗马帝国皇帝的宗教权威更是不复存在了。卡尔五世本人则隐居在西班牙埃斯特雷马杜拉（Extremadura）附近一个修道院的尤斯特别墅，直至1558年9月21日去世。

1559年4月3日，哈布斯堡家族与瓦卢瓦家族之间的战争也以《卡托—康布雷齐和约》的签订暂告一段落。法国放弃萨伏伊和皮埃蒙特，并随之放弃对意大利的领土要求，但仍占领着都灵、萨卢佐（Saluzzo）和皮涅罗尔（Pignerol）等要塞以及梅茨、图尔和凡尔登三个主教辖区。这一地区因此成为以后几个世纪中，德国与法国领土争夺的主要地区之一。

第三编

三十年战争

第五章　16世纪中叶至17世纪初德意志国家概况

16世纪中叶至17世纪初,神圣罗马帝国疆域再次发生变动,洛林的梅茨、图尔和凡尔登三个帝国主教区为法国所控制,尼德兰则被西班牙占有,后来又有荷兰共和国的独立。帝国人口持续增长,但其速度已经开始减缓。随着欧洲经济中心从地中海转移到了大西洋,神圣罗马帝国失去了原先具有的、在南北欧贸易中发挥中介作用的经济地位,加上英国、俄国、丹麦、瑞典、波兰、荷兰等国竞争的加剧,矿产资源的枯竭和王室对债务的拖欠等因素,帝国经济逐渐从繁荣转向萧条,汉萨同盟风光不再,不少公司和企业破产,许多商人沦为西欧更发达国家的资本家的业务代办。教士等级垄断宗教救赎权的局面不复存在,其社会地位和威望也大打折扣。大主教和主教等高级教士大都摆脱了对罗马教皇的依附地位,成为独霸一方的诸侯,低级教士则基本沦为诸侯的臣属。世俗贵族同样向两极分化,大诸侯通过对邦国教会的控制,势力愈加壮大,中小贵族则不断丧失独立地位,顺应时代潮流者尚可在新兴君主国中获得一官半职,抱残守缺者只能苟延残喘。城市市民则深受市政官员寡头政治和诸侯干预之苦,幸运者可以通过教育获得升迁,破产商人和手工业者则面临沦为平民的危险。占人口绝大多数的农民并未从农业景气中获得实惠,相反,"再版农奴制"和经常发生的天灾人祸却加剧了他们的苦难。

　　这一时期,神圣罗马帝国仍拥有相对完整的主权,皇帝、帝国等级会议、帝国最高法院、帝国行政区等权力机构依然凌驾于各邦国之上,可在和平环境中,把大大小小、部分业已具备主权国家性质的邦国整合在一起。尽管争斗不断,在涉及宗教和解及国内和平等重大问题上,皇帝与帝国等级还能勉强保持一致,只是皇帝的权力受到极大限制,帝国等级以"勤王"为由,要求更多的自由和特权。皇帝变成了一个宪法意义上的君主,只能在选侯们同意的条件下发号施令,既不能在帝国境内建立君主专制和统一民族国家,也不能彻底消除宗教"异端",有效抵御外来侵略。各邦君主却在自己的辖区内开始了更大规模的国家建设,建立和完善行政、司法机构,招揽朝臣,排斥等级,加强对城市控制。特别是通过邦国教会的建立,邦国君主进一步扩大了自己的权力范围,增强了自己的经济和政治力量。

　　从社会文化角度来说,国民学校和文科中学广泛兴建,识字率大幅度提升,书籍印刷出版大规模发展,报刊新闻也开始兴起。在文学、史学领域,教派论战虽然占据主导地位,但批判的方法也得到了锤炼。政治理论开始张扬"国家艺术"和专制主义,科学研究也越来越注重经验方法,植物学、绘图学和天文学取得了显著进步。

　　在宗教政治方面,《奥格斯堡宗教和约》结束了剧烈的冲突,却未完全终止宗教改革运动。原属天主教的世俗邦国和教会邦国纷纷改宗福音教,神圣罗马帝国大有全盘"福音教化"之势。以耶稣会为先锋的"反宗教改革"势力不甘示弱,"重新天主教化"运动在帝国西北部取得了明显成果,在其他地方却进一步加剧了宗教分裂和宗教仇恨。天主教派与福音教派截然对立,水火不容。而在福音教内部,教会教义和礼拜形式极不统一:路德教的"正统派"与"菲利普派"针锋相对,争论激烈;路德派、加尔文派和洗礼派也相互排斥,难以共处。通过制订信仰认证书,信义宗、归正宗(或改革宗)和天主教三大教派逐渐成形,而在这一"教派化"进程中,不仅宗教—教会得以重组,"社会驯化"也进一步加强,邦国的国家建设开始向纵深发展。

第一节　疆域变迁和人口增长

一、疆域变迁

16 世纪中叶至 17 世纪初,神圣罗马帝国疆域再次发生变动。1552年,帝国诸侯为了对抗皇帝,不惜割让位于洛林的梅茨、图尔和凡尔登三个帝国主教区给法国,以争取法国国王亨利二世的支持。亨利二世遂乘机入侵,并在协助诸侯反叛打败皇帝后,牢牢地掌握了这三个地区的管辖权。在 1559 年《卡托-康布雷齐和约》签订后,法国虽然放弃了对意大利的领土要求,但继续占领着梅茨、图尔和凡尔登以及都灵、萨卢佐和皮涅罗尔等要塞。

更大的疆域变动则是尼德兰与帝国的分离以及荷兰的独立。

尼德兰位于神圣罗马帝国西北部,其德文名称 Niederlande 的意思是“低洼之地”,泛指莱茵河、缪司河(La Meuse)、些耳德河(Escaut)下游及北海沿岸一带地区。这一地区原属东法兰克王国版图,神圣罗马帝国建立后又成为帝国领土的一部分。自 14 世纪下半叶,勃艮第公爵接管了尼德兰。1506 年,马克西米连一世的孙子卡尔,即后来的神圣罗马帝国皇帝卡尔五世,继任尼德兰大公,马克西米连一世的女儿玛格丽特担任摄政,尼德兰成为哈布斯堡家族的世袭领地。宗教改革时期,尼德兰,特别是以阿姆斯特丹为首的北部地区接受加尔文教,并成为欧洲各地受迫害的宗教改革者的聚集地。

卡尔五世推行反宗教改革政策,残酷镇压尼德兰的福音运动,早已激起尼德兰人民的强烈不满和坚决反抗。1556 年,卡尔五世的儿子、西班牙国王腓力二世接管尼德兰,尼德兰成为哈布斯堡家族西班牙支系的世袭领地,与神圣罗马帝国基本断绝了关系。1559 年,腓力二世整顿尼德兰教会组织,不仅任命了一批效忠国王的天主教神职人员担任主教,还委任卡尔五世的私生女、狂热的天主教徒帕尔玛的玛格丽特(Margarethe von Parma,1522—1586)为总督,变本加厉地剥削尼德兰人,迫害福音教徒。

1566 年 4 月,出身于奥兰治(Oranje)家族的大贵族威廉·范·奥兰治(Willem van Oranje,1533—1584)①、厄格蒙特(Egmond)伯爵拉莫拉尔(Lamoral,1522—1568)和荷恩(Hoorn)伯爵腓力二世(Philippe Ⅱ.,1518 和 1526 之间—1568)等人代表尼德兰的"贵族同盟",向尼德兰总督玛格丽特请愿,要求废除迫害福音教徒的法令,召开三级会议,撤退西班牙驻军。玛格丽特不仅拒绝了这些要求,还大骂请愿者为"乞丐",下令将他们赶出了总督府。愤怒的群众冲入天主教堂和修道院,将神龛里的圣母像掀倒在地,捣毁教堂内部的装饰物,掀起了大规模的破坏圣像运动,参加者达数万人之多。起义迅速扩大为宗教战争和争取民族独立的政治斗争。迫于压力,玛格丽特宣布停止宗教裁判所的活动,赦免了贵族同盟的成员。西班牙国王腓力二世却暗中调兵遣将,派阿尔发(Alba)公爵费兰多·阿尔瓦雷斯·德·托莱多(Fernando Álvarez de Toledo,1507—1582)为尼德兰新任总督,伺机镇压革命。

1567 年 8 月,阿尔发公爵率领兵力多达 1.8 万人的西班牙军队进抵尼德兰,成立"除暴委员会",以血腥手段镇压革命,被处死的起义者达8 000 多人,厄格蒙特伯爵拉莫拉尔和荷恩伯爵菲利普等反叛贵族均被处死。奥兰治逃到拿骚,继续策划反西班牙斗争;也曾在神圣罗马帝国福音教诸侯和法国胡格诺教徒的援助下,多次组织军队进攻尼德兰。尼德兰民众则组织"海上乞丐"(Seegeusen)和"森林乞丐"游击队,机动灵活地在海上和陆上打击西班牙统治者。1573 年底,北方各省宣布独立,并推举奥兰治为总督,开始筹建独立国家。

腓力二世召回阿尔发公爵,改派米兰总督列揆生(Requesens,1528—1576)为尼德兰总督,继续镇压革命。1574 年 5 月,列揆生率大

---

① 也称"沉默者"威廉(Willem de Zwijger)。

军包围了北方荷兰省的海滨城市莱顿，守城战士坚持抵抗了三个月，最后放闸水淹西班牙军队，大获全胜。莱顿战役的胜利，巩固了北方革命的胜利，也推动了南方各省的斗争。1576 年 9 月 4 日，布鲁塞尔爆发起义，起义者占领了总督府，推翻了西班牙在尼德兰的统治。同年 10 月，全尼德兰三级会议在根特城召开，签订《根特协定》，宣布废除阿尔发公爵颁布的一切法令，重申各城市原有的权利，南北联合抗击西班牙。

1579 年，南方的天主教徒破坏《根特协定》，组成"阿拉斯联盟"（Union von Arras），承认腓力二世为国君，企图联合西班牙军向北方进攻。信奉加尔文教的荷兰、泽兰（Zeeland）、乌特勒支（Utrecht）、高兰登、上爱瑟、菲士兰和格罗宁根（Gröningen）等北方七省遂成立"乌特勒支同盟"（Utrechter Union），宣布宗教自由，承认人人都有选择宗教的自由，没有人会因其宗教的选择而被起诉。1580 年，腓力二世宣布奥兰治亲王为罪犯；乌特勒支同盟针锋相对，宣布废黜腓力二世，成立"尼德兰联省共和国"（Republik der Vereinigten Niederlande，简称联合邦，Generalstaaten），推举奥兰治为总督。联省共和国各省中，荷兰地域最大，经济也最发达，是共和国的政治中心，所以联省共和国又称荷兰共和国（De Republiek der Zeven Verenigde Nederlanden）。从此，尼德兰分裂为两部分，北部形成独立的国家，南部仍然处在西班牙统治之下。此后，西班牙虽然多次发动征服战争，但均未成功。1609 年，西班牙新继位的腓力三世（Felipe Ⅲ.，1578—1621）与荷兰共和国签订《十二年休战协定》，事实上承认了共和国的独立。三十年战争之后，荷兰的独立最终由《威斯特法伦和约》所确认。

二、人口增长

16 世纪中叶至 17 世纪初，神圣罗马帝国的人口继续增长，但增长速度减缓。到 1618 年，其总数大约为 1 700 万人。按照史学家克里斯托夫·普菲斯特尔（Christoph Pfister）比较保守的估计，1550 年为 1 260

万,1600 年为 1 620 万。① 农村人口大量涌入城市,但还说不上城市人口过多和城市化程度大幅度提高。皇帝官邸城市维也纳和布拉格,帝国城市科伦、纽伦贝格和奥格斯堡,汉萨城市汉堡等以其多达 5 万人的居民数量依然位居顶端,但与人口超过 10 万人的欧洲大都市巴黎、伦敦、那不勒斯、威尼斯、米兰和塞维利亚相比,仍相形见绌。许多城市还受到诸侯的控制和压迫,依然处于依附或半依附状态。另外,相对于农村,城市居民还深受物价—工资剪刀差之苦;农产品价格的上涨远快于工资和工业产品价格的上涨。② 农产品价格上涨只对一部分为市场生产的大农有利,自耕农的生活并没有改观,反而深受赋税之累。城市中的穷人日益增多,乞丐和流浪汉到处可见。收入的减少也导致工匠和伙计之间的分配斗争日趋激烈。③

1560 年以后帝国人口增长减缓与瘟疫的流行和农业危机有密切关系。在 1563—1565 年、1575—1577 年、1580—1585 年、1590 年前后、1596—1603 年、1605—1607 年、1609—1613 年诸阶段,瘟疫从一个地区到另一个地区不停歇地四处蔓延。天花、痢疾、伤寒、斑疹伤寒和疟疾肆虐横行。在 1570—1575 年、1585—1587 年、1597—1601 年、1607—1617 年诸阶段,极端天气造成农作物和经济作物减产。粮食歉收又引起粮食价格飞涨、食品奇缺、饥荒严重等恶果。饥饿者很容易患病。患病的饥民乞食于城市,又势必加速瘟疫的传播,扩大瘟疫传播的范围,造成更大的死亡率和人口损失。④

---

① Christoph Pfister, "Bevölkerungsgeschichte der Frühen Neuzeit im deutschsprachigen Raum", in: N. Boškovska Leimgruber (Hrsg.), *Die Frühe Neuzeit in der Geschichtswissenschaft*, Paderborn [u. a.]: Schöningh, 1997, S. 71 - 90, hier S. 74 - 76; Maximilian Lanzinner, "Konfessionelles Zeitalter 1555—1618", in: Wolfgang Reinhard (Hrsg.), *Gebhardt. Handbuch der deutschen Geschichte*, Zehnte, völlig neu bearbeitete Auflage, Band 10, Stuttgart: Klette-Cotta, 2001, S. 126.
② Maximilian Lanzinner, *Konfessionelles Zeitalter 1555—1618*, S. 127 - 128.
③ Ebd., S. 131.
④ Ebd., S. 129.

第二节 经济衰退与社会危机

一、经济衰退

在 15 世纪末、16 世纪初,帝国经济曾经十分繁荣,一度处于欧洲的首位,但自 16 世纪中叶起,欧洲经济中心从地中海转移到了大西洋,意大利与中欧和北欧的贸易大幅减少,帝国失去了原先具有的、在这一贸易中发挥中介作用的经济地位,加上英国、俄国、丹麦、瑞典(吕贝克在 1563—1570 年与瑞典之间的长期战争中惨遭摧毁)、波兰、荷兰等国竞争的加剧,矿产资源的枯竭和王室对债务的拖欠等因素,神圣罗马帝国经济迅速地从繁荣转向萧条,帝国南北部各城市的经济地位每况愈下,汉萨同盟风光不再(1593 年安特卫普商站关闭,汉萨同盟在佛兰德活动宣告终结),许多大公司和大企业破产倒闭,大量商人沦为西欧较发达国家商业资本家的业务代办。

商路转移对于帝国经济产生了许多不利影响,但在过去这种不利影响被夸大了。大城市的经济数据依然呈现虽然有些减弱但仍进一步上升的发展趋势。帝国南部施瓦本城市位于从上意大利到尼德兰、从法国南部到哈布斯堡东南部这一巨大商业贸易地区的切点。人口的增加、经济的集约化和工商业生产的扩大开启了新的机遇和赢利的可能。其基础是纺织品生产和香料、番红花和奢侈品贸易。[1] 货币像以往一样流行。禁止利率超过 5% 的命令到处被规避着。基督徒比从前的犹太人更贪恋金钱。所有人都想用投机的方法,例如兑换金钱和签订巧取豪夺的契约等,发财致富。

尼德兰因为战争和动乱,经济发展陷于停滞。帝国城市科伦的商业贸易却乘机活跃了起来。弗拉芒(Flamen)、瓦龙(Wallonen)、意大利和葡萄牙商人的大量涌入,极大地促进了该市的经济生活,并使它取代尼

---

① Maximilian Lanzinner, *Konfessionelles Zeitalter 1555—1618*, S. 135.

德兰,成为在东北欧、伊比利亚半岛和意大利三地之间进行远程贸易的基地和中转站。[1] 莱比锡和美因河畔法兰克福也保持着旧日的繁荣,其博览会仍然是欧洲最吸引游人的活动。

在 1600 年前后,欧洲地中海贸易与其他海外贸易的整体规模大体相当,很难说新航路的开辟导致了一种使帝国处于经济边缘地位的转变。相反,商道的转移却使帝国北部地区的贸易大获裨益。因为宗教和种族原因而受到迫害的法国、西班牙、葡萄牙难民和犹太人的大量涌入,也为帝国北部经济发展提供了新的推动力。虽然汉萨同盟的成员从 1557 年的 63 个减少到 17 世纪初的 14 个,但汉萨同盟的衰落并不等于汉萨城市经济的萧条。不来梅扩大了纺织品的进口,牲畜和生皮的出口。汉堡不仅在谷物、布匹、铜和盐的贸易方面大有发展,而且还上升为帝国主要的货币市场。埃姆登(Emden)、吕贝克和汉堡的商船运货量仍然大幅度增加。1570 年,埃姆登的商船运货量为 2.8 万吨,吕贝克为 1.6 万吨,汉堡为 1.35 万吨。[2]

在农业方面,因为土地开垦达到了自然允许的极限,部分邦国颁布了禁止垦荒的法令(符滕姆贝格,1536;萨克森,1556),但是农耕技术和农业经营方式进一步改善,农产品销售市场进一步扩大,谷物贸易大规模发展,从东欧一直扩张到西欧。帝国北部和东部的贵族想方设法提高庄园的粮食产量,并将粮食输入到市场,就连一些诸侯也有兴趣将剩余产品投放到市场。在东普鲁士、波莫瑞、勃兰登堡、西里西亚等地区,不仅出现了"农奴制再版",也逐渐形成了独具特色的"农场领主制"。为了扩大谷物生产,贵族庄园主大量霸占农民的份地,以农奴的劳役经营商品生产性的大庄园经济。农民被越来越严格地束缚在贵族的大地产上,隶属或从属于他人而不能自由地支配自身,其自治权力被剥夺一空。

在手工业和工业方面,纺织业大规模萎缩(16 世纪初,奥格斯堡计有

---

[1] Maximilian Lanzinner, *Konfessionelles Zeitalter 1555—1618*, S. 133 - 134.
[2] 孔祥民编著:《德国宗教改革与农民战争》,第 45 页。

手工业织工 6 000 多人,至 17 世纪初,仅有织工 500 多人了。其他城市的手工业织布产量亦减少了 90% 左右),但是铜和黄铜滚轧机以及水力磨坊的出现标志着以机械化和应用水力为发展方向的新手工业生产方法兴起,改良车床、绞盘和比较便宜的木制机器也在 1560 年以后逐渐出现并得到了使用。

神圣罗马帝国也依然是印刷业和眼镜制造业等新兴产业的重镇。奥格斯堡、巴塞尔、斯特拉斯堡、纽伦贝格、科伦、美因河畔、法兰克福、莱比锡、吕贝克和马格德堡的印刷业继续兴旺发达。法兰克福和莱比锡的印刷业位居帝国乃至欧洲的前茅,而在 1550 年以后汉堡和布雷斯劳的印刷业异军突起,纽伦贝格、菲尔特(Fürth)、雷根斯堡和奥格斯堡则成了眼镜制造的中心。在武器制造方面,火枪、砍击和刺杀兵器的批量生产成为常规,并且有利可图。磨坊建造者、圆规锻造者、指南针制造者、圆钟制作者、眼镜制作者、枪炮瞄准器制作者、铸字工人、印刷工人、铜板雕刻工人、绘画工人等工具制作者和技术工人大量涌现。

分发承包制日益发展。委托商让没有能力进行大批量廉价商品生产的行会为自己服务,为农村的小工匠提供半成品,为城市小手工业者提供廉价商品,并借助于为跨区域市场生产的承包业务确保其生存。从事长途贸易的商人基本上将纺织业组织了起来,1550 年以后也将从事纺织业的手工业者组织了起来;原先独立经营的手工业者,现在成了承包商的打工者,通过为跨地区的远方市场生产来维持自己的生计。[1]

由于矿藏的耗竭以及生产和市场条件的不利(例如需要花费很多钱购买设备开采更深矿层的矿藏,也需要花费很多钱购买木炭和水力资源),采矿业急剧倒退,铜和银的开采量大幅度下降。1500 年前后,黑森林周围的铜矿储存量尚允许每年开采 750 吨,到 1560 年就只允许开采 330 吨了,进入 17 世纪更下降到不足 60 吨。银的生产也下降了,其年产量从 1560 年的大约 50 吨减少到 1620 年的 20 吨。即使有色金属,特别

---

[1] Maximilian Lanzinner, *Konfessionelles Zeitalter 1555—1618*, S. 137.

是萨克森的锡和钴的开采有所增加,也不能弥补铜矿和银矿的损失。[1]

与此同时,西班牙美洲殖民地的含银量很高的银矿,特别是1546年玻利维亚(Bolivia)波托西省(Potosi)银矿的发现和开采,进一步打击了神圣罗马帝国的采矿业,矿场主的利润和矿工的工资都明显减少了。富格尔、韦尔泽和霍希施泰特尔等家族经营的事业接二连三地破产,众多投资于其中,梦想得到高额回报的市民和工人也血本无归。1560—1620年,殖民地白银输入量从大约120吨上升到250吨。大量白银的出现,一方面带来了财富的增加,另一方面导致了货币贬值和通货膨胀。结果广大民众的购买力急剧下降,物质生活水平不断恶化。

铁矿开采仍维持在较高水平上。在帝国中东部的上普法尔茨、埃尔茨山脉、西里西亚、图林根,帝国中西部的萨尔(Saar)地区、西格尔兰,奥地利的阿尔卑斯山区和内莱奥本(Leoben)附近的施泰尔马克以及波希米亚和摩拉维亚,铁矿石储量丰富。1550年以后,尽管政治局势非常不利,其开采量也没有明显减少。蒂罗尔的冶炼工和锻工技术精湛,克恩滕的熔炉自16世纪末起开始利用水力和硬煤。制铁业的景气为帝国铁制品的自给提供了保障。萨克森和波希米亚开采的锡也获得了相似的发展。

随着人口的增多,食盐需求量不断提高,与之相应的则是在吕内堡的萨林恩(Salinen)、哈勒、施瓦本-哈尔(Schwaben-Hall)、贝希特斯加登(Berchtesgaden)、赖兴哈尔(Reichenhall)、萨尔茨堡的哈莱恩(Hallein)和蒂罗尔的哈尔(Hall)盐业生产的旺盛。一般说来,诸侯早已垄断了盐的买卖,他们也从这一垄断经营中大获其利。1600年前后,巴伐利亚公爵掌握了在自己的管辖区出售哈莱恩和赖兴哈尔盐的业务。恰恰借助于出自销售食盐的赢利,巴伐利亚公爵马克西米连一世(Maximilian I.,1573—1651[2])才掌握了比较充足的资金,可采取比较积极主动的政治和

---

[1] Maximilian Lanzinner, *Konfessionelles Zeitalter 1555—1618*, S. 135 - 136.
[2] 自1623年起成为神圣罗马帝国选侯。

军事政策,招募大量雇佣兵参与波希米亚战争。

另一方面,几乎所有诸侯都用降低货币成色的手段诈欺人民,还有一些诸侯干脆做起了制造伪币和偷盗银两的勾当。铸币质量的低劣致使 1600 年前后神圣罗马帝国的货币陷入一种十分可耻的混乱。勃兰登堡选侯约阿希姆二世是"铸币大师"(Münzmeister),他在柏林尼克莱区邮政大街 4 号开办铸币厂,肆无忌惮地没收私币和制造劣币。

哈布斯堡家族的君主们动辄便向大商人和银行家借款,后者为了获得开矿权和其他特权也乐于巴结国王和皇帝。然而,借款人并不按时支付利息和清偿债务,这就使得大笔资金有去无还,不少大商号因此毁于一旦。韦尔泽家族败落于 1614 年,负债达 58.6 万基尔特。

二、社会危机

宗教改革之前,教士等级在神圣罗马帝国的社会结构中占有一席重要地位。宗教改革虽然没有彻底消灭教士等级,但是使其身份地位发生了巨大变化。在福音教邦国中,诸侯成了教会首脑,各级神职人员成了国家工作人员,牧师家庭则为普通教徒树立了生活典范。在天主教邦国中,高级教士依然掌握宗教大权,但大都摆脱了对罗马教皇的依附关系,成为各自所辖教区的宗教首脑。只有个别主教如奥格斯堡主教奥托·特鲁赫泽斯·冯·瓦尔德堡忠于罗马。低级教士依然出身寒门,但经过耶稣会士的整顿,其学识和风纪大有改进,精神风貌也焕然一新。

宗教改革也在一定程度上加深了贵族等级的两极分化。大贵族通过没收教会财产和干预宗教事务,进一步增加了自己的财富和权势。小贵族则在各种各样的反叛斗争失败之后,受到了更加严厉的监控。诸侯专权和经济衰落同样加剧了小贵族的危机,但也有不少小贵族逐渐适应了邦国国家化的发展趋势,通过为诸侯服务,跻身于官厅贵族行列。

16 和 17 世纪是一个重视教育和流动的世纪。大约有 20%—50%

的贵族家庭将他们的儿子送入大学和骑士学院接受教育。而在1570至1620年间,贵族子弟上大学的比率翻了两番。[①] 许多受过教育的贵族子弟进入诸侯宫廷和邦国政府机关,心甘情愿地担任宫廷总管、膳食官或者掌酒官等职务,官厅贵族阶层由此产生,他们与来自市民家庭的官员因为共同为君主服务而克服了旧的等级差别。

普通人革命失败后,除萨克森、巴伐利亚两地外,其他地方的农民几乎全都沦落为了农奴。波莫瑞、勃兰登堡、石勒苏益格、赫尔施泰因和梅克伦堡诸地更于1616年或稍后以法律的形式将农奴制度确定为合法的经济制度。农民旧日的权利被剥夺一空,使用公地、牧场和森林的权利化为乌有,需要承担的劳役和税费却多如牛毛。不少农民迁移到矿区,但矿脉的枯竭也阻断了这一生计。走投无路的农民只好铤而走险,与地主进行各种各样的斗争,包括拒绝缴纳捐税和服劳役、举家举村地迁移他乡,甚或举行武装起义。虽然像1524—1526年那样的大规模普通人革命未再出现,但小股农民的武装斗争连绵不断。

农民起义主要发生在帝国西南部和上、下奥地利。自1576年起,过于沉重的劳役和捐税负担在博登湖以北的中莱茵、黑森林和阿尔郜地区引发了一系列骚乱,其影响所致波及索伦(Zollern)、雷希贝格(Rechberg)、蒙特福特(Montfort)、柯尼希斯艾克(Königseck)和祖尔茨等伯爵家族统治地区,也波及奥格斯堡主教堂议事会、圣布拉西(St. Blasien)和前奥地利瓦尔德基尔希(Waldkirch)官署的所在地。1612—1614年,新设的酒税在中莱茵引发了"生丁战争"(Rappenkrieg),哈布斯堡家族的臣民最终拿起了武器,并且包围了瓦尔茨胡特。在上、下奥地利,被转加到普通人身上的土耳其战争税也引发了"社会的持久震荡"。1573年,恩斯河畔施泰尔(Steyr)的农民举行起义。1582年,赖兴施泰因(Reichenstein)的农民举行起义。而在温迪施伽尔施滕(Windischgarsten)和"西尔宁事件"(Sierninger Handel)中发生的反对

---

① Maximilian Lanzinner, *Konfessionelles Zeitalter 1555—1618*, S. 157.

重新天主教化的暴力斗争最终汇集成为 1594—1597 年的上奥地利的农民起义。起义开始于米尔地区（Mühlviertel），后来扩展到南部和东部直至下奥地利地区，遭到高特哈德·冯·施塔海姆贝格（Gotthards von Starhemberg）贵族军队的镇压，后果十分惨烈。

一方面，在帝国北部波莫瑞、勃兰登堡马克和西里西亚［特别是 1604—1615 年的格洛高（Glogau）侯爵领地］等地，农民的行动受到了严密监控。在帝国南部巴伐利亚、帕骚、萨尔茨堡或者蒂罗尔等地，情况类似。另一方面，诸侯邦国的国家化建设虽然加重了农民的负担，但也提高了农民的法律地位，向反抗者指出了非暴力斗争的道路，使他们可以通过法律途径提出申诉，并在一定程度上获得较为公正的对待。不少村社也把最贫穷的人吸纳了进来，使之成为共同体既享有权利又承担责任和义务的正式成员。

新的城市史研究修正了原先在学术界普遍流行的关于 1550 年以后城市和市民没落的观点，转而强调一种"质量上别样的坐标系"和一种"重点推移"。① 1555 年以后，虽然诸侯普遍加强了对城市的控制，但也有一些城市扩建了自己的行政管理机构，市政会的寡头—官僚政治趋势愈来愈明显，其成员也大都成为终身制的了；新成员是以合作者的身份而不是通过选举产生的。市政管理当局摆脱了市民群体的影响，开始强调其官厅功能了。与之平行，城市精英也与下层居民划清了界限。服装条例、教会和公共管理部门中的级别规定等都表明了城市社会中的等级制。市政会成员、商人和工商业主的地位远远高于手工业者和普通市民。受过法学教育者大量增加，行政管理的专业化日益突出。不断强化的官僚政治化和由此产生的法制化对于身份地位提出了越来越高的要求。谁要承担某个官职，谁就必须拥有相应的财产和相应的工作能力。他们以一种遵循特定模式的任职履历（Cursus honorum）的方式应聘担任市政参事。

① Maximilian Lanzinner, *Konfessionelles Zeitalter 1555—1618*, S. 142.

在邦国城市中,宗教信仰由诸侯决定,而在帝国城市和独立的自由城市中,宗教信仰由市政当局决定。然而,宗教改革加强了市民的自我意识和权力要求,法学家约翰内斯·阿尔图西乌斯(Johannes Althusius,1557—1638)的"共生体契约法设想"普遍流行,市民就像邦国等级反对诸侯专权那样反对城市寡头政治。按照共生体契约法设想,城市自由是建立在市民责任和义务平等以及所有人都可参与政治决策等城市共同体原则的基础之上的。

而在 1600 年前后的经济危机和生存危机的背景下,城市中的社会矛盾不断加剧,城市"人民运动"波澜壮阔,冲突大规模发生。

在埃尔福特(1579)、亚琛(1580—1617)、奥格斯堡(1583—1591)、莱比锡(1592—1593)、但泽(1593)、埃姆登(1595—1603)、维斯马(Wismar,1595—1600)、吕贝克(1598—1605)、帕德博恩(1600—1604)、霍克斯特(Hoexter,1600—1604)、施韦比施哈尔(1601—1604)、不伦瑞克(1601—1604、1604)、施特拉尔松(1602、1612、1613—1615)、汉堡(1602—1607)、格赖夫斯瓦尔德(1603—1618)、多瑙韦尔特(Donauwörth,1607)、科伦(1608—1610)、莱姆戈(Lemgo,1612—1616)、美因河畔法兰克福(1612—1616)、沃姆斯(1613—1616)、韦茨拉尔(Wetzlar,1613—1614)和斯德丁(1616)等城市,暴乱、革命、长时间的或短时间即得到平息的冲突此起彼伏,连绵不断。在一些较小的邦国城市中,冲突也屡有发生。[1]

在社会动荡不安之际,犹太人又成了替罪羊。不少城市发生了迫害犹太人事件,其中 1612—1616 年在美因河畔法兰克福发生的"费特米尔奇起义"(Fettmilch-Aufstand)最为著名。姜饼烘烤师文岑茨·费特米尔奇(Vinzenz Fettmilch,1565 至 1570—1616)把城市的种种问题都归咎于犹太人的大量涌入,率领民众举行大规模抗议。犹太人被赶出城市,他们的住所被抢劫一空,个别人连性命都没有保住。原来帝国最大的犹太人聚居地,现在成了"无犹太人区"。直到市政当局处死费特米尔奇、

---

[1] Maximilian Lanzinner, *Konfessionelles Zeitalter 1555—1618*, S. 143 - 144.

镇压群众性暴乱并颁布了保障犹太人人身安全的法令后,一些犹太人才陆续返回定居。①

第三节 帝国机构、皇帝和邦君

一、帝国权力机构

自 1495 年帝国改革以来,选侯会议、帝国等级会议、帝国行政区、帝国大区会议、帝国代表会议和帝国最高法院等机构,逐渐成为凌驾于各邦国之上的神圣罗马帝国常设权力机构,尽管维持维艰,效率低下,但直到 17 世纪初,大都能够正常运转,甚至有所巩固和加强。

选侯会议在选举国王和皇帝(如 1558 年费迪南二世当选,1562 年马克西米连二世当选,1575 年鲁道夫二世当选)、制定一般性帝国政策(如 1567 年的军备控制、1572 年的土耳其同盟)等方面发挥了重要作用。

在 1556 年教派对等原则确立后,选侯集团的权威性拥有了一种特殊意义。三位天主教选侯(美因兹大主教、科伦大主教、特里尔大主教)对三位福音教选侯(萨克森公爵、勃兰登堡马克伯爵、普法尔茨邦国伯爵),票数相等,这一点在双教派的帝国十分重要。选侯集团的仲裁唯有超越教派差别,才能为其他帝国等级和一般臣民所认同。大多数选侯也深晓此理,尽可能地采取不偏不倚的态度。只是由于普法尔茨选侯后来接受了具有明显归正宗特色的福音教之后,教派问题才又开始突出出来。此时,同属福音教的信义宗与归正宗之间的对立,一点不亚于福音教与天主教之间的对立,甚至有过之而无不及。然而,选侯们很少单独开会议事,他们完全可以凭借特有的优先权、双教派性和政治协调性,在帝国等级会议、帝国大区会议和帝国代表会议(Reichsdeputationstagen)

---

① 郑寅达:《德国史》,人民出版社 2014 年版,第 106 页。

上发挥决定性影响,主导大政方针。①

帝国等级会议是一个立法机构,主要讨论诸如维持国内和平、对外战争、货币和税收等现时问题。开会程序与1495年以来形成的模式别无二致,新出现的仅仅是严格的分院议事:选侯、诸侯和城市代表在自己所属的院内进行讨论,各院独立做出决定,只在涉及铸币、公布账目、陈情申述和最后修订帝国决议诸问题时,才共同组建专门委员会进行协商。在1556—1582年,帝国等级会议总共开过六次,时间分别是1556—1557年、1559年、1566年、1570年、1576年和1582年,这些会议总体上说富有成果,比较顺利地通过了一些决议。而在1608年的雷根斯堡帝国等级会议上,教派冲突再次爆发,信奉加尔文教的普法尔茨选侯弗里德里希四世(Friedrichs Ⅳ.,1574—1610)用武力驱散了参加帝国等级会议的代表,致使帝国等级会议这个最重要的帝国立法机构陷于瘫痪,帝国中央政府长期无法正常工作。②

帝国大区在1555年以后的十年间逐渐成形,直至帝国终结,其基本结构都未发生重大变化。根据1555年奥格斯堡帝国等级会议通过的《帝国执行条例》,帝国大区建立了一个执行委员会,负责维持国内和平,而其可倚重的主要力量则是各地诸侯的武装部队。帝国大区会议(Reichskreistag)自1542年组建抵抗土耳其入侵军队起才成为经常召开的集会。它在1544年开始讨论修订帝国名册事宜;1551年讨论铸币问题。自1560年起,大区的作用越来越重要,特别是在铸币方面,各大区相当认真地发挥监控和管理功能。后来,大区代表也出现在帝国等级会议上,他们在一个全体会议中拥有与诸侯相同的表决权,并且按照多数原则作出决定。③

与此同时,在各大区中存在着一种强化政治和行政管理体系的努力,各种各样的集会:大区高层会议、大区成员会议、大区部分成员会议

---

① Maximilian Lanzinner, *Konfessionelles Zeitalter 1555—1618*, S. 69 – 70.

② Ebd., S. 69.

③ Ebd., S. 70.

和大区全体成员会议,年复一年地频繁举行。在关税和铸币监管方面,也在治安方面,有几个大区已发展成为自我管理体了。^① 但是各大区的发展很不平衡。在巴伐利亚大区和上萨克森(Obersachsen)大区,各项大区任务,可以依靠势力强大的邦国政权比较有效地完成。施瓦本和弗兰肯也拥有可实施军事打击行动的大区组织,但在上莱茵、下莱茵—威斯特法伦和下萨克森大区,相关组织和行动仍停留在计划层面。莱茵选侯大区就更少行动了,它被莱茵选侯会议和一般选侯会议覆盖。包括西班牙属尼德兰的勃艮第帝国行政区和奥地利没有成立独自的大区组织,但是派遣代表参加大区代表会议,并由此参与了维持国内和平事务。^②

但是总的说来,帝国大区维持和平的能力仍然十分有限,大区可以弹压兵匪抢劫或农民起义,也能够执行帝国最高法院的部分判决,但要在大规模的战争中对抗数千名雇佣兵,却是力所不逮。这些战争贩子的首领大都是帝国等级,只要不以皇帝和帝国为敌,他们就可以自行与外国建立军事和政治联盟。这就使得帝国国内事务经常与国际政治纠缠在一起,牵一发而动全身,使国内战争演变为国际战争。^③

1555年以后,按照执行条例集体处置破坏国内和平案件的帝国代表会议也逐渐发展成为一种全国性集会,并且既代表帝国等级的利益,又代表着帝国大区的利益。但因各方利益分歧较大,帝国代表会议经常没完没了地争执,难以达成一致意见,发挥重要作用。

帝国代表会议内设两个院,一个是有6位选侯参加的选侯院,另一个院最初由来自所有帝国大区的10位诸侯(奥地利大公、维尔茨堡大主教、明斯特大主教、巴伐利亚公爵、于利希公爵、黑森邦国伯爵、施瓦本高级教士、施瓦本伯爵以及帝国城市纽伦贝格和科伦)组成,自1571年起由来自所有帝国大区的14位诸侯(前10位诸侯加上勃艮第公爵、康斯坦茨主教、不伦瑞克-吕内堡公爵和波莫瑞-斯德丁公爵)、伯爵和城市代

① Maximilian Lanzinner, *Konfessionelles Zeitalter 1555—1618*, S. 74.

② Ebd., S. 73.

③ Ebd., S. 74.

表组成。

帝国代表会议曾在 1545 年、1551 年、1557 年和 1567 年召开过修订帝国名册中帝国等级纳税额的会议,目的在于公平摊派帝国税,确定实际纳税义务。帝国代表会议还在 1557 年和 1560 年召开过帝国最高法院的司法会议,主要讨论帝国最高法院工作条例和人事安排。然而,无论是修订会议还是司法会议,其成效都极其有限;交税较少的帝国诸侯,首先是萨克森选侯和巴伐利亚,极力阻拦任何变动。直到 1577 年,帝国代表会议才对 1521 年的《帝国名册》作了少量修改,而修改后的名册一直应用到帝国终结之际。①

自 1566 年起,土耳其税几乎年年征收,成为一种常规的邦国税。对于土耳其税,邦国等级和普通民众几乎从未怀疑过其合法性。人们完全相信皇帝和诸侯宣传的"土耳其危险"的可怕性,征税工作因此得以比较顺利地进行。其他税收就截然不同了,诸如用于派遣公使的经费、维持和平的费用或者援助利沃尼亚抵抗俄罗斯入侵的费用,都很难如数征收上来,有的甚至根本无法征收。即使帝国等级会议做出了决定,帝国财政官也有权对抗税者宣布帝国禁令,偷税、漏税,甚至从不缴税者,仍大有人在;帝国禁令多半未被认真执行。

自 1548 年《帝国最高法院条例》制定以来,帝国最高法院便落户在远离皇帝宫廷的施佩耶尔。只有最高法官和法院主持,以及两位陪审员是由皇帝任命的,其他工作人员均由帝国等级所决定。法院办公厅隶属于美因兹大主教领导,后者还从 1557 年的司法会议上获得更多的控制权。帝国等级通过缴纳专项税款资助该法院,这一资助在 1555 年以后是比较有保障的。同样得到保障的是每年 5 月举行一次的皇帝—等级视察委员会会议事宜,其目的是审查法院工作,审理对抗判决的修正案。尽管如此,人员不足、案件堆积、书面程序缓慢和判决执行困难依然在很

---

① Maximilian Lanzinner, *Konfessionelles Zeitalter 1555—1618*, S. 70 – 71.

大程度上制约着帝国最高法院的工作。[1]

《帝国最高法院条例》在 1555 年奥格斯堡帝国等级会议期间得以修订，据此，除了天主教和以《奥格斯堡信纲》为基准的路德教，法官（陪审员/评审员）不可以信奉任何其他宗教，这就将加尔文教徒完全排除在外了。在此基础上，帝国等级会议又在 1559 年确立了适用于帝国最高法院的"教派对等"原则，即在审理宗教案件时，合议庭应由天主教和路德教两教派法官组成，且各教派的人数完全相等。这一制度直至 1580 年都得到了严格执行，表决权的公平和平等也由此获得了较大保障。[2]

为了提高工作效率，减轻现有工作人员的压力，法官人数在 1558 年 24 人的基础上增加了 16 人，1566 年再增加 8 人，1570 年最终确定为 41 人。此外，帝国等级会议还在 1570 年减少了案件数量，其方法是将上诉费从 50 弗罗林上调到 150 弗罗林。1570 年和 1586 年的帝国代表会议则对审判日期进行了压缩，目的在于使罪犯尽快受到惩罚。[3]

帝国最高法院审理所有地区的诉讼，其判决也对各邦国法院有示范作用，对于帝国的司法统一来说，这样做是很有必要，也是很有意义的。但自 1610 年起，帝国宫廷参事院对于帝国事务的干预，使得帝国最高法院遇到了一个强有力的竞争对手，帝国的司法统一也就无法实现了。

通过帝国皇帝费迪南一世，帝国宫廷参事院在 1559 年 4 月 3 日颁布了一个新条例，其中包括在中央当局中常见的合议法。据此，每个案件都由某位工作人员单独承接，但其最终判决由合议机构的多数表决做出。遇有争议，则由最高首领定夺（Votum ad imperatorem）。帝国宫廷参事院也负责审理帝国属意大利的案件，以及行政管理和政府事务。它在司法审判方面与帝国最高法院进行激烈竞争。这两个法院都审理破坏和平案件、违法案件和上诉案件，但帝国宫廷参事院能够较快作出判决，与帝国最高法院相比，它较少受到形式上的审讯程序制约。帝国最

---

[1] Maximilian Lanzinner, *Konfessionelles Zeitalter 1555—1618*, S. 11.

[2] Ebd., S. 12.

[3] Ebd., S. 74 - 75.

高法院因为帝国宫廷参事院的竞争而相形见绌，但后者更多地体现了皇帝和奥地利邦国君主的意志而非帝国的整体利益，不能也不想实现帝国的司法统一。另外，在帝国皇帝鲁道夫二世统治时期，在 20 余名帝国宫廷参事中，天主教徒虽然占绝对多数，但也有几位是福音教徒，这就说明当时并不存在严重的教派褊狭。教派斗争大约是在 1590 年以后才开始激烈起来。因为破坏和平、归还财产和宗教纠纷而提起的诉讼不断增加，帝国宫廷参事院的工作非常忙碌，但单纯依靠此类司法审判机构也是不能完全解决宗教冲突问题的。①

尽管大规模的改革已不再进行，现有的帝国权力机构还是得到了一定程度的强化和巩固，可以推行一种十分有限的帝国立法、帝国税收和帝国审判，执行那些超出邦国承担能力范围的任务。尽管十分松散，帝国各机构的存在仍起到了某种联系作用，不同程度地塑造着帝国内部的各种关系。帝国等级会议能够在保障国内和平、征收帝国税、维持帝国行政区和帝国最高法院方面，间接地也在整合帝国伯爵和帝国骑士方面有所作为。帝国税也加强了帝国对邦国影响，特别是加强了帝国在天高皇帝远的北方的权威。凡此种种，都对帝国同盟的维持和巩固产生了积极作用。

然而，这些机构多为帝国等级所把持。帝国等级通过把持帝国等级会议和帝国行政区会议，获得了更广泛的参与神圣罗马帝国政治决策的可能性，能够在实施执行条例、铸造货币和征收帝国税诸方面贯彻自己的意志，限制皇帝的权力，阻止皇帝的独裁专制。只是刚刚经历过危机和战争的帝国等级大都渴望和平，愿意继续维持帝国同盟，也愿意将迄今仅仅停留在决议层面的政策付诸实施。他们不再像以前那样惧怕哈布斯堡家族的强权，但也不想"完全破坏古老的将要倾覆的帝国大厦"②。他们大都愿意遵守帝国宪法，履行对皇帝的义务，资助帝国最高法院，维

① Maximilian Lanzinner, *Konfessionelles Zeitalter 1555—1618*, S. 76.
② ［德］布劳巴赫等：《德意志史》，第二卷，第 180 页。

护帝国大区的权威,只是不愿意为与自己的利益没有多大关系的土耳其战争掏腰包,反对按照英国或法国的模式把神圣罗马帝国建设成为一个可能剥夺他们长期拥有的"自由"的中央集权式统一国家。

二、从费迪南一世到费迪南二世

(一)费迪南一世

卡尔五世之后,神圣罗马帝国不再有任何举足轻重的统治者了,尽管仍然保留着"罗马人国王"和"罗马人皇帝"称号,但王位和皇位已成为纯德意志的职位,帝国政治的重心也转移到了奥地利。从费迪南一世到费迪南二世的历任罗马人国王和皇帝尽管大都励精图治,但因各种各样的制约,均未实现加强皇权、重振神圣罗马帝国昔日在基督教世界风光无限好的统治地位的夙愿。

然而,作为位居各邦国之上的帝国统治者和哈布斯堡家族的首领,皇帝也不是完全没有政治作用的。他虽然不能独自掌握帝国的命运,但在与奥地利邦国和哈布斯堡家族势力相结合的情况下,依然拥有超出所有邦国君主的影响力。反过来,奥地利邦国和哈布斯堡家族也因为同皇权的结合而成为帝国乃至整个欧洲最强大的政治势力之一。哈布斯堡家族的统治者们更善于利用帝国和奥地利的资源为他们自己家族和世袭领地谋利。恰恰凭借哈布斯堡家族及其世袭领地的力量,皇帝依然能够在帝国和欧洲事务中发挥一种举足轻重的作用。

费迪南一世使设有帝国副首相职务的帝国宫廷首相府落户于维也纳,并把马克西米连一世在 1497 年建立的、暂时管辖帝国和哈布斯堡家族世袭领地事务的奥地利宫廷参事院改造为帝国宫廷参事院。帝国宫廷参事院管辖的范围十分广泛,既包括行政管理事务也包括司法审判事务。它在审理破坏国家和平罪、抗拒法律罪以及其他申诉方面,同帝国高等法院进行竞争,并且因为不像帝国高等法院那样受制于一种形式上的审理程序,也因为人力、物力比较充足,所以能够作出更迅速的判决。费迪南还设立了一个类似于顾问委员会的枢密院,负责拟定宫廷参事院或者枢密院的决议。无论是帝国宫廷参事院还是枢密院,两个机构都不受帝国等级的影响,其成员由皇帝直接任命,皇帝也因此拥有较大的权威,只是这种权威不足以制服整个帝国等级;后者一方面可以利用帝国其他权力机构分享帝国统治权,另一方面也可以依靠各自邦国的势力与帝国中央政权相抗衡。

费迪南一世还进行了个别改革,例如在1559年颁布帝国铸币条例。这些改革同样没有从根本上改变帝国政治的等级结构。

对于费迪南一世来说,捍卫对匈牙利和波希米亚两王国的权力要求是最紧迫的事务。1540年,匈牙利另一国王扎波利亚去世。他的遗孀、波兰国王齐格蒙特一世的女儿伊莎贝拉·亚盖洛(Izabela Jagiellonka,1519—1559)依仗土耳其宫廷的支持,使其刚出生不久的儿子扎波利亚·亚诺什·齐格蒙特(Szapolyai János Zsigmond,1540—1571)继承了父亲的全部遗产,称作匈牙利国王约翰二世(1540—1570 年在位①)。费迪南想统治整个匈牙利,但因遭到土耳其人的反对未果。

在奥地利,费迪南继承马克西米连一世的政策,继续进行国家建设:制定宪法,培养职业管理员阶层,改善各种行政管理机构,加强中央集权和君主统治。他所设立的枢密院、宫廷司库和宫廷战争参事院等一系列官僚机构,为哈布斯堡王朝后来几个世纪的行政管理奠定了基础。作为神圣罗马帝国皇帝的大本营,奥地利的国家建设模式对帝国其他邦国有着重要指导意义。除此之外,奥地利也是当时神圣罗马帝国唯一一个具有欧洲地位并且拥有广泛对外联系的邦国。

然而,哈布斯堡家族世袭领地的宗教政治局势也因为福音教的传播和邦国等级的反抗而变得动荡不安。

在这里,胡斯战争之后,胡斯派虽然遭到了镇压,但未完全消失。16世纪20年代新一轮宗教改革运动兴起后,路德教同胡斯学说一起流行开来,中世纪神秘主义也得到了广泛传播。大批中小贵族和城乡普通民

---

① 1570 年退位为西本彪根第一侯爵约翰一世,1571 年去世。

众不仅皈依福音教,而且也对属灵派、唯一神教派、加尔文教和洗礼派学说情有独钟。在波希米亚,大部分贵族属于温和派胡斯教徒,而在城市居民中,有的人信奉了路德教,有的人选择了加尔文教;农民当中天主教徒仍占绝大多数,但也有不少人信奉胡斯的学说。在匈牙利,不少贵族为了侵占天主教会财产而支持宗教改革,分别皈依了路德教、加尔文教和唯一神教诸派;唯一神教派又因直接向基督祈祷是否适当的问题而分成更小的支派。在上、下奥地利和内奥地利,形势也相当严峻。大部分教区采用了路德派教义问答,各地等级会议都批准了教徒用两种形式领受圣餐的礼仪,允许教士结婚。只是在城镇里,路德教的传播受到了一定程度的遏制。

费迪南一世本人是坚定的天主教信徒,极力反对宗教改革,执意在神圣罗马帝国和哈布斯堡世袭领地全面恢复天主教,但他行事谨慎,不愿用暴力手段镇压贵族中的"异端分子",而是以聘任耶稣会士的方式,通过天主教教会内部改革,较为和平地实现天主教复辟。

在彼得·卡尼西乌斯和彼得·帕兹曼尼(Péter Pázmány,1570—1637)等耶稣会士的不懈努力下,的确有一些已经信奉了福音教的波希米亚贵族重新回归天主教,温和的胡斯派教徒也在1587年放弃了原先持有的许多主张,只坚持以两种方式接受圣餐;1593年更进一步地与罗马教廷讲和了。在匈牙利,那些已经获得天主教会财产的贵族觉得没有理由继续支持福音教了,遂转而支持耶稣会士的反宗教改革活动,他们本人也重新回归到天主教,驱逐福音教牧师而代之以天主教神父。

主要出于对他的大儿子和法定继承人马克西米连(Maximilian,1527—1576)的宗教倾向的担忧,费迪南一世在1564年2月25日制定家族条例并立下遗嘱,对哈布斯堡家族的世袭领地进行了分割,使他的三个儿子各自领有一部分:马克西米连获得下奥地利、波希米亚和匈牙利的统治权;二儿子费迪南获得了上奥地利[或者说前奥地利,包括松德部(Soundgau)和布赖斯部]和蒂罗尔地区;小儿子卡尔获得了内奥地利[包括施泰尔马克、克恩滕、克赖因以及伊斯特里亚(Istrien)和弗利奥尔

(Friaul)等地]。这一继承法令使哈布斯堡家族奥地利支系再细分为三支,进一步加剧了哈布斯堡家族内部的分裂。从邦国国家化建设角度来说,这一分割是一种严重退步,不符合时代发展潮流。哈布斯堡家族的世袭领地从一个基本统一的权力复合体,重新分裂为多个独立的统治单元,各有一套行政管理机构和等级组织,也分属不同的教派,这是很不利于哈布斯堡君主国的整体发展的。

在对外政策方面,费迪南一世十分重视与西班牙保持良好关系。鉴于哈布斯堡家族的西班牙国王腓力二世尚未确立接班人,他甚至怀有由哈布斯堡家族奥地利支系接管西班牙遗产的希望。然而,在哈布斯堡家族的奥地利支系和西班牙支系之间也存在着利益冲突。这一点特别体现在位于意大利的帝国属地问题上。西班牙国王力图占有这些帝国采邑,在1559年也实际占据了具有重要战略意义的"堡垒国家"(Stato dei Presidi),即托斯卡纳(Toskana)的部分沿海城市和设防城市。费迪南一世并不反对西班牙在意大利的扩张,但当这一扩张触及神圣罗马帝国的领地时,他作为帝国皇帝,脸上总是有些挂不住。

对于法国,费迪南一世仅仅能够应付挑战而非主动出击了。他顺从帝国选侯们的意见,放弃了夺回在1552年被法国占领的洛林主教区和城市的计划。

鉴于继续存在的奥斯曼土耳其人入侵的威胁,费迪南一世迫切期望帝国等级提供资助,建立一支比较强大的帝国军队。虽然在1556—1557年的雷根斯堡帝国等级会议和1559年的奥格斯堡帝国等级会议上获得了相当可观的支持,但仍不足以彻底战胜敌人,收复失地,只能在1562年与土耳其人缔结和约,以每年向奥斯曼帝国苏丹缴纳价值3万弗罗林贡品的代价,保留哈布斯堡家族对匈牙利西部土地的占有。奥斯曼帝国则继续占据匈牙利东部地区。对于西本彪根,费迪南一世也不得不暂时放弃权力要求。即便如此,匈牙利的局势仍不稳定。费迪南去世后不久,扎波利亚的后裔便在土耳其人的支持下开始了新的反哈布斯堡战争。

费迪南一世继续实行政治联姻政策。他将自己的四个女儿嫁给了意大利诸侯,另外两个女儿先后成为波兰国王齐格蒙特二世·奥古斯特(Zygmunt Ⅱ. August,1520—1572)的夫人,女儿玛丽亚与于利希-克累弗-贝尔格公爵威廉成婚,另一女儿安娜则与巴伐利亚公爵阿尔布雷希特五世(Albrecht Ⅴ.,1528—1579)成婚。费迪南一世的大儿子马克西米连也娶了卡尔五世的女儿玛丽亚为妻。1562年,在西班牙国王腓力二世放弃了竞选神圣罗马帝国皇帝职位后,马克西米连被选举为"罗马人国王",称作马克西米连二世(Maximilian Ⅱ.,1562—1576年在位)。同年,马克西米连又被波希米亚等级选为国王,第二年再在普雷斯堡(Preßburg)加冕为匈牙利和克罗地亚国王。

1564年7月25日,费迪南一世去世,马克西米连继任神圣罗马帝国皇帝。

(二)马克西米连二世

马克西米连二世早年接受过充分的人文主义教育,也曾师从路德的学生沃尔夫冈·席弗尔(Wolfgang Schiefer);在《奥格斯堡宗教和约》签订后的最初几年里,又与路德派布道士约翰·塞巴斯蒂安·普福泽(Johann Sebastian Pfauser,1520—1569)过从甚密。马克西米连二世对路德很有好感,广泛阅读福音教作品,拒绝参加按照天主教礼仪举行的圣餐,反对圣徒崇拜,但并未彻底改宗福音教。一方面他对福音教神学家后来的教义纠纷感到茫然,不知哪一家学说更符合上帝的旨意;另一方面他也面临来自天主教阵营的巨大压力。不仅他的父亲费迪南一世,而且罗马教皇和西班牙国王,都对他的宗教倾向表示出极大的不信任。他的王位和皇位继承权也随时都有被剥夺的可能。出于对政治前途的考虑,马克西米连二世最终作出妥协。他在1560年公开宣布自己信仰天主教,同意流放普福泽。他也开始参加天主教教会举行的宗教活动,只是在教皇的特许下,享有领圣餐杯的特权。

尽管作出了上述妥协,马克西米连二世还是以《奥格斯堡宗教和约》的捍卫者自居,力争在相互竞争的各教派之间保持中立,实行适度的宽容政策,克服日益严重的宗派主义,防止神圣罗马帝国进一步分裂。他在 1568 年 9 月发布《宗教特许》敕令①,允许奥地利邦国等级在同意支付一项高额捐税的前提下自由选择宗教信仰;1571 年 1 月又对多瑙河奥地利颁布《保险文书》(Religionsassekuration),允许当地接受了 1530 年《奥格斯堡信纲》的贵族和骑士不仅可在其城堡内,而且也可在其邦国内举行新的礼拜仪式。加尔文教徒和城市除外。

福音教徒尽可能地利用这些政策为自己谋求更大的利益,甚至提出了维持现有宗教改革权(jus reformandi)的要求。福音教布道士也积极地在诸侯和教会管辖地区进行活动。在维也纳、克雷姆斯(Krems)和其他地方,福音教乡村学校得以扩建。在上、下奥地利,带有浓厚等级特色的路德教教会也普遍建立了起来。

与此同时,马克西米连二世也开始朝着建立国教的方向,对奥地利的天主教会实行改革。1566 年举行教会巡视,1567 年颁布教会和修道院新规,1568 年召开修道院会议。马克西米连二世创建修道院参事院作为邦国教会管理机构,规定其任务是保护主教区、修道院和天主教会神父的权利及财产。这一政策名义上是要保护天主教徒,实际上加强了诸侯对本邦教会的控制,其作用与路德教邦国教会体制基本一样。

波希米亚邦国等级中有许多人属于温和派胡斯教徒,主张普通教徒在参加圣餐礼时酒饼同领。马克西米连二世一方面批准波希米亚福音教徒在宗教实践上享有自由;另一方面又支持耶稣会士在摩拉维亚的奥尔米茨(Olmütz)和布吕恩(Brünn)建立两所学院,允许天主教在这些地区传播。对于波希米亚兄弟会,马克西米连二世重新颁布了一份旧法令,实行严厉镇压。这一做法受到波希米亚邦国等级的激烈反对,甚至有爆发新的宗教战争的危险。迫于压力,马克西米连二世在 1575 年的邦国等级会议上口头承认了具有路德教特征的教会条例《波希米亚信

---

① 参见 Bernd Roeck (Hrsg.), *Deutsche Geschichte in Quellen und Darstellung*, Band 4: *Gegenreformation und Dreissigjaehriger Krieg 1555—1648*, Stuttgart: Philipp Reclam jun., 1996, S. 49 - 50.

纲》（Confessio Bohemica）。在其他方面，马克西米连二世也基本顺应了波希米亚等级的要求，前提是，波希米亚等级必须选举他的长子鲁道夫（Rudolf，1552—1612）为国王。

在神圣罗马帝国，马克西米连二世同样致力于笼络福音教和天主教诸侯，维持和平局面。他既与天主教诸侯巴伐利亚公爵阿尔布雷希特五世关系密切，也与福音教集团的领导人如萨克森选侯莫里茨、奥古斯特（August，1526—1586）和符滕姆贝格公爵克里斯托夫（Christoph，1515—1568）保持友好往来。他顺应帝国等级的愿望，在1564年明确地提升了帝国等级会议的地位，使之高于帝国代表会议。他也在1566年颁布铸币条例，扩大了帝国行政区的功能。除此之外，马克西米连二世还试图消除雇佣兵制度的某些弊端，将帝国中央军事力量置于皇帝控制之下，只是由于帝国等级的强烈反对，而不得不放弃。相比于以往旧条例，1570年的帝国警察条例毫无新意。马克西米连二世主要依靠诸侯的支持，才使帝国秩序得以勉强维持。

马克西米连二世继续从事抵抗奥斯曼土耳其人的战争，并在1566年3月的奥格斯堡帝国等级会议上，获得帝国等级的广泛支持。但因缺乏军事才能，他的战争未取得重大胜利，只是在1568年与苏丹塞利姆二世（Selim Ⅱ.，1524—1574）达成《亚德里安堡和约》（Frieden von Adrianopel），确认维持领土现状，以继续向奥斯曼帝国苏丹进贡的方式，换取了哈布斯堡王朝控制下的匈牙利王国西部和北部的和平。和约期限初为8年，以后又多次延长。此后，在长达20余年的时间里，边境上的冲突虽然从未间断，重大军事行动却未发生。

对于西班牙哈布斯堡家族国王在意大利侵蚀帝国采邑的行径，马克西米连二世深感不满，但同费迪南一世一样，他也没有采取任何实际措施。马克西米连二世反对教皇庇护四世（Pius V.，1504—1572）严厉镇压异端、迫害胡格诺教徒的政策，教皇则在违背皇帝意愿的情况下，将美第奇家族的科西莫一世（Cosimo I. de' Medici，1519—1574）提升为大公，并使之疏远了皇帝。马克西米连二世也与托斯卡纳大公发生了冲突，直到米兰人重新承认对皇帝的封臣义务,争斗才得以平息。

马克西米连二世继续推行政治婚姻政策。他的女儿安娜嫁给西班牙国王腓力二世,成为他的第四任妻子。伊丽莎白嫁给了瓦卢瓦王朝的法国国王查理九世(Charles Ⅸ.,1550—1574)。但其让内奥地利大公卡尔二世与英国伊丽莎白结婚的计划未能成功。

1571年,马克西米连二世任命他的长子鲁道夫为奥地利摄政,1572年又帮助他成为匈牙利国王,1575年成为波希米亚国王,同年被选举为罗马人国王。1576年10月12日,马克西米连二世去世,鲁道夫成为奥地利大公,称鲁道夫五世(Rudolf Ⅴ.,1576—1608年在位)和神圣罗马帝国皇帝,称鲁道夫二世(Rudolf Ⅱ.,1576—1612年在位)。

(三)鲁道夫二世

鲁道夫二世曾在西班牙宫廷度过八年时间,接受了严格的天主教耶稣会士教育和保守的传统思想,虽然对人文主义和艺术创作兴趣盎然,但也十分专横、傲慢并且具有强烈的等级意识。在登基后的最初几年,鲁道夫二世对政治事务尚有较高的热情,其判断能力和统治意志都不同凡响。他停止了分割哈布斯堡家族世袭领地的做法,并于1578年成功地用金钱赎取了他的五个兄弟的遗产继承权。他也以卡尔五世为榜样,坚决捍卫帝国在西方基督教世界中的优先地位,强调皇帝对于尼德兰和帝国属意大利的权力。虽然坚守天主教信仰,支持罗马教皇和耶稣会士的反宗教改革政策,但对在反宗教改革运动中政治上逐渐强大起来的教皇,却不甘示弱,而是据理抗争。他也不愿向奥斯曼帝国妥协,顽固地认为他可以通过一次新十字军东征,彻底战胜伊斯兰教国家,征服穆斯林。

然而,鲁道夫二世更倾向于做一个学者而不是高居帝王之位。他学过好几种语言,对当时盛行的各门艺术和科学都有所涉猎,热衷于收集珍贵的绘画和雕塑、植物学上的各种变种以及动物学标本。他在布拉格的山顶宫殿赫拉德辛(Hradschin)之中全神贯注于科学研究,与天文学家第谷·布拉赫(Tycho Brache,1546—1601)和约翰内斯·开普勒(Johannes Kepler,1571—1630)等人过从甚密;后者曾将他们编制的"星群表"呈献给他。鲁道夫二世逐渐成为数学、物理、化学、天文学以及医学上的专家,同时也精通冶金和占星术。他没有太多时间治理政事,甚至无暇结婚。

1592 年,奥斯曼土耳其人再度入侵匈牙利东南部。鲁道夫二世最初还积极动员各方面力量进行抵抗,但在战争进行过程中,他的情绪变动剧烈,一会儿狂妄自大,一会儿又踌躇不决。此次战争持续了 13 年之久,成为一次名副其实的"漫长的战争"(langer Krieg)。庞大的战争经费开支,迫使鲁道夫二世一再向帝国等级们乞援,并做出种种让步,特别是在教派问题上,不得不委曲迎合。错综繁杂的政治和宗教事务使他心智衰竭,苦不堪言,逐渐陷入一种沉思的、抑郁的孤独之中,对身边的人怀有极大的不信任,整日价担心女巫和中毒,变本加厉地虐待下属。他也力图通过大量饮酒,逃避现实,摆脱纷扰。

1604 年,匈牙利西本彪根信奉加尔文教的侯爵博奇卡伊·施蒂凡(Bocskai István,1557—1606)发动起义。次年,哈布斯堡家族其他有势力的家庭成员逼迫鲁道夫二世将管理匈牙利事务的权力交给了他的弟弟、时任下奥地利总督的马蒂亚斯(Matthias,1557—1619)。1606 年,马蒂亚斯通过《维也纳和约》(Frieden von Wien)①平息了匈牙利贵族的起义,但也作出了保证匈牙利福音教徒享有宗教自由的许诺。同年,马蒂亚斯又在作出巨大让步的情况下,同土耳其人签订了《席特瓦特罗克和约》(Frieden von Zsitvatorok)②,奥斯曼帝国苏丹继续占有匈牙利大片土地,仅仅承认皇帝是具有同等地位的君主。

鲁道夫二世不想就此罢休,甘拜下风,而是准备重新对土耳其人开战。马蒂亚斯在匈牙利贵族的支持下,将鲁道夫二世软禁在布拉格的城堡,并迫使他承认马蒂亚斯为哈布斯堡家族的实际首脑,享有对奥地利、

---

① 条约全文见 Bernd Roeck (Hrsg.), *Deutsche Geschichte in Quellen und Darstellung*, Band 4: *Gegenreformation und Dreissigjaehriger Krieg 1555—1648*, S. 122 - 127.
② Ebd., S. 129 - 131.

匈牙利和克罗地亚的统治权。鲁道夫二世只保留了波希米亚王位和神圣罗马帝国帝位。而在波希米亚,鲁道夫二世也不得不顺应福音教等级的要求,确保其宗教自由和其他一些重要特权。他在 1609 年发布的《陛下诏书》(Majestätsbriefe)①后来成为波希米亚福音教等级反抗哈布斯堡家族统治的重要依据之一。

1608 年,马蒂亚斯当选为匈牙利国王,1609 年又当选罗马人国王。1611 年,马蒂亚斯率军镇压波希米亚福音教徒起义,同年被加冕为波希米亚国王。鲁道夫二世虽然仍为神圣罗马帝国皇帝,但大势已去,只是孤守赫拉德辛,借酒消愁。

1612 年 1 月 20 日,鲁道夫二世去世。6 月 13 日,马蒂亚斯继位,成为奥地利大公及神圣罗马帝国皇帝。同年,他将宫廷和政府机关从布拉格迁到维也纳。

（四）马蒂亚斯

马蒂亚斯登上皇帝宝座时,已经 55 岁了,并且身患痛风等疾病。他将所有政务都委托给他的政治顾问、维也纳—新城主教辖区行政长官梅尔希奥·克莱斯尔(Melchior Khlesl,1552—1630)处置。鉴于帝国内天主教徒和福音教徒之间的对立不断升级,克莱斯尔一改先前积极推行的反宗教改革政策,采取了调解政策,力求通过协商,消除紧张局势。但是各种妥协均受到极端天主教势力的坚决反对,也没有博得福音教徒的欢心。

1619 年,马蒂亚斯去世,他的堂弟、时任内奥地利总督、波希米亚国王和匈牙利国王的费迪南(Ferdinand,1578—1637)成为奥地利大公并当选为神圣罗马帝国皇帝,称作费迪南二世(Ferdinand Ⅱ.,1619—1637 年在位)。

（五）费迪南二世

费迪南二世出身于哈布斯堡家族内奥地利支系,但是作为哈布斯堡

---

① 参见 Bernd Roeck (Hrsg.), *Deutsche Geschichte in Quellen und Darstellung*, Band 4: *Gegenreformation und Dreissigjaehriger Krieg 1555—1648*, S. 147 - 152.

家族唯一继承人而成为奥地利大公。登基后，他接管了已经被鲁道夫二世整合为一个统一体的奥地利，并在 1621 年以家族首领身份写下遗嘱，规定全部奥地利由长子继承，同时宣布哈布斯堡家族的所有领地完整、不可分割。波希米亚战争爆发后，费迪南二世一度将上奥地利让给皇弟利奥波德（Leopold，1619—1632）管辖。1635 年，在身患重病之际，费迪南二世公布遗嘱附言，再次强调家族领地不可分割。

费迪南二世自幼接受严格的耶稣会教育，长大后成为狂热的天主教信徒，曾去罗马朝圣，对宗教改革和福音教持极端敌对态度。他在 1596 年成为内奥地利大公，开始"按照复辟天主教的精神治理他的国家"①，最初主要针对城市和乡村普通居民，后来扩大到贵族阶层。他命令贵族当中的福音教徒进行选择，或者回到天主教，或者离开内奥地利。只有在自己的家中，贵族们才可以按其信仰行事。在内奥地利首府格拉茨（Graz），大量福音教作品被焚毁。农村中的福音教堂也惨遭摧毁。福音教布道士和学者如约翰内斯·开普勒被驱逐出境。费迪南二世还通过促进教团生活的方式来推行重新天主教化政策。他在他的统治区域内创建了一系列嘉布遣修道院（cappuccino），也试图在格拉茨设立一个主教区。不到几年的工夫，他就在自己的辖区内将福音教铲除殆尽了。然而，许多富裕的福音教徒的迁移使本邦国的经济受到了严重损害。

反对福音教的斗争是与建立君主制统治，消除等级的共同参与权同时进行的。费迪南二世曾经对施泰尔马克等级说，他绝不想要"温和原则"（princeps modificatus），而是要"绝对原则"（princeps absolutus）。他把他的君主职务理解为君权神授，与那些信奉福音教的君主并无多大不同。他能够为异教徒的改变信仰而流泪并且为他们祈祷，但同时却在政治领域以暴力手段对付他们。

在匈牙利和波希米亚，费迪南二世也采取了同样的反宗教改革和专制统治政策，但是引起了福音教等级的坚决反对，对于三十年战争的爆

_____

① 引文见［德］布劳巴赫等：《德意志史》，第二卷，第 204 页。

发负有重大责任。

三、邦国君主专制的滥觞

在宗教改革运动的冲击下,神圣罗马帝国越来越支离破碎,各邦国的独立地位进一步加强。1555 年的《奥格斯堡宗教和约》以转让宗教权的方式加速了邦国的国家化进程,其保障帝国等级自由的原则(libertaere Prinzip)在很大程度上排除了皇帝或帝国权力机构向诸侯施加压力的可能性,为邦国发展更大的政治自主提供了新的空间。

与同一时期的西班牙国王腓力二世、英国国王伊丽莎白一世(Elizabeth Ⅰ.,1533—1603)和法国国王亨利四世(Henri Ⅳ.,1553—1610)一样,神圣罗马帝国的大邦诸侯,不管是福音教诸侯还是天主教诸侯,都开始在自己的辖区内加强中央集权,实行君主专制统治了。他们笼络一批朝臣在身边,让几个值得信任的顾问从政治上和法律上对一些重要决策提出建议。他们还精心打造由官员组成、由律师和其他专业人才充当工作人员的政府管理机构,通过章程、报告和合议体系(萨克森,1574;巴伐利亚,1582;勃兰登堡,1604)①,制定和贯彻各项具体行动方案。有些诸侯还不辞辛苦,事必躬亲,自觉承担起"上帝所赋予的"为其邦国和教会谋福利的责任,认为政府权力使他们对自己臣民的幸福和福利负有家长式关怀的保护职责,例如萨克森选侯奥古斯特(August,1553—1586)、符滕姆贝格公爵克里斯托弗(Christoph,1515—1568)、不伦瑞克-沃尔芬比特尔侯爵尤里乌斯(Julius,1528—1589)、黑森-卡塞尔(Hessen-Kassel)邦国伯爵威廉四世(Wilhelm Ⅳ.,1532—1592)、巴伐利亚公爵马克西米连一世(Maximilian Ⅰ.,1573—1651)、勃兰登堡选侯约翰·西吉斯蒙德(Johann Sigismund,1572—1619),都是比较英明的统治者,克己勤俭,治理有方。与之不同,例如普法尔茨选侯弗里德里希四世(Friedrich Ⅳ.,1574—1610)、萨克森选侯克里斯蒂安二世(Christian Ⅱ.,

---

① Maximilian Lanzinner, *Konfessionelles Zeitalter 1555—1618*, S. 81 - 83.

1583—1611)和约翰·格奥尔格一世(Johann Georg Ⅰ.,1585—1656)却不务正业,沉湎于打猎、酗酒。但这仅属于个别现象。

邦国行政管理机构建设早在宗教改革以前就已经开始了,但发展成为等级式国家管理体系则完全是《奥格斯堡和约》与《威斯特法伦和约》之间一百年的事。大约从 1570 年起,到 1630 年,大多数邦国完成了组建中央政府工程,首次实现了控制、分层和分化等官僚政治原则。

早在 16 世纪初,"宫廷参事院"或"参事院"就兼具司法、行政管理和财政诸功能;当时,诸侯的所有顾问都隶属于这类参事院。自 16 世纪中叶起,一些大邦开始在中央政府中设立独立的三部门:首先是负责司法和行政管理事务的机构,其次是负责财政事务的机构(财务部),最后是负责向诸侯提供个人建议的机构(枢密院)。此外,还有专门负责教派事务的中央部门(称"教会监理会""教区委员会""教会委员会"和"最高教会监事会"等)以及负责战争事务的中央部门(战争委员会)。教会委员会以邦国君主的名义实施从前的主教司法权,管辖教会和学校,处理家庭和婚姻问题。战争委员会出现得较晚,大都是 1618 年以后在战争期间形成的,也只出现在个别大邦之中,并非各邦均有建置。奥地利、巴伐利亚、勃兰登堡和特里尔选侯邦等大邦因为拥有比较强大的军事力量,所以必须设立战争委员会,以便更好地供养军队,参与国内外军事行动。

对于这些管理部门来说,颇具典型意义的是个人负责与集体会商相结合的工作方式。先是由熟悉业务,具有专业知识的顾问提出处理意见,然后本部门人员开会集体讨论,最后按多数决定原则表决通过。在所有较大的宫廷中,政府工作大都由诸侯信任的顾问来负责,因此,枢密院可谓邦国中央政府的中枢。在这里,市民出身的法律专家占主导地位,新的官僚政治的合理化统治观点也被引入政府和行政管理领域了。[1]

宫廷参事院成员和司法部自 16 世纪中叶起便制订了详细的章程或条例,确立了办案程序。受过法学和人文主义教育的官员们努力追求一

---

[1] *Maximilian Lanzinner*, *Konfessionelles Zeitalter 1555—1618*, S. 82.

种新的"功能理性主义"(funktionelle Rationalisierung)[1]，这一点也特别清楚地反映在章程之中。在这些章程中，有关官员纪律、监督检查方法、文件整理存档等事项，都得以明确规定。

机构的增加一方面是因为政府工作的增多，另一方面也是因为债务的增多。诸侯及其顾问们都在努力寻找有效的行政管理方式，以便开源节流，充实国库。为了增加收入，各个邦国还致力于进行财政改革。但只有较大的邦国设立了专门机构。财政委员会作为邦国政府部门之一，主要负责国家金库、修道院财产(捐献)、关税、通行费、矿山、水源、林场、封地、采盐、采矿和木材贸易等事务，附带税收管理、酬金管理、宫廷管理和建筑工程管理等工作。这样一来，通过财政委员会，诸侯或者说邦国君主就可以对国家财产有全面的了解和掌控了。

尽管有的诸侯支持宗教改革，改信福音教，有的诸侯反对宗教改革，坚持旧信仰，但无论福音教诸侯还是旧教诸侯，都在自己的邦国内整顿了教会秩序，都试图创立宗教统一，加强教派驯化，保护臣民免受不同宗教的影响。他们对于自己邦国内的教会的权力在下列公式中得到了示范性的表达："世俗诸侯是邦国内的教皇。"(Dux cliviae est Papa in territoriis suis)[2]

福音教诸侯通过交换土地、任命新主教等方法逐渐掌握了对邦国内教会的控制权。例如，1545 年，萨克森选侯约翰·弗里德里希一世逼迫梅泽堡(Merseburg)主教管区教士团选举萨克森的奥古斯特(后来继位为萨克森选侯)为主教区的行政长官。1546 年施马尔卡尔登战争爆发，约翰·弗里德里希一世战败，梅泽堡重新为天主教主教所控制。1561年，已经成为萨克森选侯的奥古斯特利用主教逝世等机会，开始了进一步控制教会的计划。在他授意下，他的年仅 8 岁的儿子亚历山大被选为该教区的行政长官，梅泽堡主教区由此永久性地并入了萨克森邦国。诺

---

[1] *Maximilian Lanzinner，Konfessionelles Zeitalter 1555—1618*，S. 83.

[2] Johannes Arndt, *Der Dreißigjährige Krieg 1618—1648*, Stuttgart：Reclam Sachbuch，2009，S. 37.

姆堡也是如此。1542 年,萨克森选侯遴选了一位福音教徒担任主教,尽管在 1547 年卡尔五世胜利后被迫去职,但新任主教却在 1564 年把主教区完全并入了萨克森选侯邦。1559 年,迈森主教不得不用占自己领地一半的斯多本交换萨克森选侯邦的穆尔贝格区,而在穆尔贝格他只是一个地主,没有领主权。1581 年,迈森主教被迫离职,他在迈森拥有的其他领地也为萨克森选侯占有了。[①]

不仅如此,一些诸侯还把原先主教管区和修道院的财产充作俗用,或者把它们并入王室财产然后再抵押给贵族,或者把它们置于特别行政机构之下,充作教会和学校基金,例如不伦瑞克-吕内堡女公爵伊丽莎白(Elisabeth,1510—1558)就把全部教会财产集中于一个为学校而设置的修道院财务处,而符腾姆贝格公爵克里斯托夫则创立了"公共教会钱库",并在 1556 年用从前的修道院财产为 13 所福音教神学院建立了附设学校。[②] 诸侯也通过教会的"官僚政治化",把教会组织成了一个邦国统治机构,使之承担诸侯的委托,如宣告诏书,进行统计调查等,广泛地控制了家庭、学校和文化生活,对神职人员和一般教徒实行教派和社会的驯化。

仍然信奉天主教的诸侯,例如奥地利大公、巴伐利亚公爵、美因茨大主教以及奥格斯堡、富尔达、维尔茨堡等地的主教,则在自己的辖区内颁布反宗教改革谕令,致力于巩固或恢复天主教信仰。与此同时,他们也接受了福音教徒的若干建议,大力整顿教士队伍,扩大世俗当局对于教会的控制权,在监管教会财产、授予受俸神职、对教士课税和司法审判等方面同教皇和主教进行斗争,并且大都取得了胜利。巴伐利亚公爵早在 16 世纪 20 年代就与因戈尔施塔特大学联合成立了教会顾问团,代替主

① Karlheinz Blaschke, "The Reformation and the Rise of the Territorial State", in: James D. Tracy (ed.), *Luther and the Modern State in Germany*. *Kirksville*, Mo.: Sixteenth Century Journal Publ., 1986, pp. 21 - 30.

② Gerhard Schormann, *Der Dreißigjährige Krieg*, 3. Auflage, Göttingen: Kleine Vandenhoeck-Reihe, 2004, S. 12; Johannes Arndt, *Der Dreißigjährige Krieg 1618—1648*, S. 35,39.

教监管教会。萨克森和勃兰登堡等地的天主教诸侯也使自己邦国内的主教管区隶属于邦国,任命官员以邦国牧师身份管理教会。通过"邦国君主教会政体",旧教诸侯的权力也大大增强了,为天主教邦国君主专制奠定了基础。

1555年以后,天主教诸侯大都不再顺从罗马教皇管辖,他们同福音教诸侯一样,也成为自己邦国中的教会的首领,在扩大政治统治权的同时,也攫取了宗教大权,只有个别主教如奥格斯堡主教奥托·特鲁赫泽斯·冯·瓦尔德堡还继续效忠罗马。1580年以后,不少天主教主教附膺特伦托大公会议关于主教亲自负责教牧工作的指令,致力于在自己管辖的郊区中推行宗教革新,以便以"天主教的改革"对抗福音教的传播和渗透。但也有部分主教不思悔改,继续沉湎于腐化堕落之中,以至于政务废弛,债台高筑,受到教皇严惩。如科伦大主教、巴伐利亚的恩斯特(Ernst von Bayern,1554—1612)就在1596年被罗马教廷剥夺了科伦大主教堂的领导职务,只保留科伦大主教的头衔。[1]

邦国行政管理和司法审判系统也深入到了地方和村社共同体。邦国君主排斥已被编纂成法典的习惯法,编纂新的治安和税收法规,直接委派官员管理地方事务。这就进一步削弱了地方贵族的势力,极大地限制了地方贵族的任意妄为。为了增加收入,邦国君主也支持农民扩大谷物生产和池塘养殖,甚至站在农民一边反对地主征收高额地租(因为地主征收的地租过高有损于邦国税收)。[2] 然而各邦国之间的具体情形差异悬殊。在帝国东北部易北河以东地区的邦国中,地方贵族依然具有很大的政治影响力,农奴制依然普遍实行。[3]

对于城市,大多数邦国君主都进一步加强了控制。他们通过任命市长、法律顾问和税务长官,颁布新的城市条例和消防条例以及官定价格等手段,不断干预城市内部事务,改变或者不认可旧的市民特权,限制或

---

[1] Maximilian Lanzinner, *Konfessionelles Zeitalter 1555—1618*, S. 80 – 81.
[2] Ebd., S. 155.
[3] Ebd., S. 146 – 147.

取消城市的自治权。他们还设立专门机构,审查市政委员会在宗教上的可靠性。在许多邦国城市里,虽然旧有的市政委员会体制没有被完全废除,但整个城市的行政管理日益屈从于邦国君主的管辖。市政府转变为邦国的行政管理机构,市民转变为邦国君主的臣民,大部分在政治和经济方面失去作用,小部分在社会和文化方面变得默默无闻。在教会邦城市中,主教也加强了统治。维尔茨堡的主教尤里乌斯·艾希特尔(Julius Echter)自负地称市政官员为其"臣属",他本人则成了真正的"市长和市政官"。① 但为了促进城市经济和采矿业的发展,部分邦国君主也能够采取宗教宽容政策,承认城市居民的宗教自由。

这样一来,诸侯基本上实现了他们致力于追求的国家建设目标。通过进一步完善的行政管理机构和一大批训练有素的政府官员,诸侯不仅加强了自己的统治地位,而且开始采用新的君主专制政策,整合邦国领土,建立起了现代的税收国家。

原则上说,邦国君主与邦国等级是"相辅相成的而不是相互对立的",君主的统治与等级的参与相得益彰,其目的都是推动邦国的国家建设,使邦国成为持久的政治共同体。然而,随着邦国官僚政治体系的逐渐加强和完善,也随着中央集权统治的日益强化,邦国等级和邦国等级会议的地位不断下降,农民和市民更是沦落为邦国君主的臣民,不得不承担更多的捐税,接受更严厉的监控,甚至完全丧失了传统的权利和自由。而为了抵制地位下降,捍卫自己的权益,邦国等级,包括中小贵族、农民和市民,也经常提出抗议,甚至发动起义,致使在邦国的日常政治中,各种各样的冲突大量存在,君主专制统治并不稳固,不少德意志邦国君主最终向邦国等级,特别是贵族,做出妥协,以至于像英国和法国那样比较彻底的绝对主义统治从未在德国建立起来。

而面对诸侯强有力的国家建设,大批帝国伯爵和骑士深感恐慌。帝国伯爵和骑士势单力孤,无法像诸侯那样采用新的管理办法,继续停留

---

① Maximilian Lanzinner, *Konfessionelles Zeitalter 1555—1618*, S. 142 - 143.

在传统的家长制统治方式上。只是在帝国西北部个别地方(如奥尔登堡),才有部分伯爵和骑士进行了类似于诸侯的邦国统治权建设。

为了加强自己的力量,避免被诸侯吞并的危险,他们不得不彼此协商,进行同等级联盟。于是,在美因河(Main)、莱茵河、罗特哈尔山(Rothaargebirge)、福格尔斯贝格(Vorarlberg)、弗兰肯和施瓦本等地,"伯爵联合"(Grafenvereinen und-unionen)应运而生。它们对外宣示类似于诸侯邦国的国家主权,对内则实行官厅统治,但加盟者只关心在法律、治安和经济方面的合作,一般不设共同的财政或税收组织,这就使得联合的效力大打折扣了。[①]

骑士比伯爵更强烈地感受到诸侯因为分封关系而要把他们贬低为邦国附属者的威胁,也更热衷于进行同等级联盟。自 16 世纪中期起,总共有 15 个骑士地方组织得以建立,除了一个例外,其余 14 个骑士地方组织后来又被集结成为三个骑士区。自 17 世纪初起,骑士地方组织按照瑞士联盟的模式,号称"州"(Kantone)。弗兰肯骑士建立了奥登瓦尔德、格比尔格(Gebirg)、勒恩-韦拉河(Rhön-Werra)、施泰格尔瓦尔德(Steigerwald)、阿尔特米尔河(Altmuehl)和鲍纳赫(Baunach)等地方组织;莱茵河地区骑士也建立了多种联盟。然而,骑士的仲裁法院,只能发挥相当有限的作用,建立莱茵、施瓦本和弗兰肯骑士大联合的计划没有实现。1575 年,骑士们虽然在施韦比施格明德举行过首次集会,但未能设立总理事会。骑士们只是保留着一般通信会议,其负责人每次都由发出邀请的骑士担任。费迪南一世和马克西米连二世试图按照帝国传统对帝国骑士加以庇护,他们分别在 1559 年、1561 年和 1566 年颁布法令,严禁邦国君主危害骑士的权力和财产。骑士因此得以加入帝国联盟,但仅处于边缘地位。[②]

帝国城市也深受诸侯的压制。诸如哥廷根、费尔登(Verden)、黑尔

---

① Maximilian Lanzinner, *Konfessionelles Zeitalter 1555—1618*, S. 77.
② Ebd., S. 77 - 79.

福德(Herford)、多伦(Dueren)或沙夫豪森、巴塞尔、梅茨、蒂罗尔、凡尔登、但泽等帝国城市先后沦为邦国城市,不再直接隶属于帝国。

而在 1555 年《奥格斯堡宗教和约》签订后,几乎所有自由城市都改信路德教了,只有少数几个帝国城市,例如菲德尔湖(Federsee)畔的布绍(Buchau)、普夫伦多夫、哈默尔斯巴赫(Hammersbach)附近的策尔(Zell)、罗斯海姆(Rosheim)和图尔克海姆(Türkheim)等,没有受到宗教改革的影响,而这几个城市无论在经济上还是在政治上,都是微不足道的。

但在城市居民和市政会中,教派混杂现象十分突出;福音教城市中天主教教徒依然存在,在天主教城市中也有大量福音教徒。《奥格斯堡宗教和约》没有规定自由的帝国城市怎样更换信仰,也就是说没有明确规定帝国城市的宗教改革权。[1] 天主教徒和福音教徒一度和平共处,但随着反宗教改革运动的深入发展,到 1618 年,有 18 个帝国城市改信了天主教,因为受到皇帝和天主教诸侯威胁而被迫改信天主教的帝国城市多瑙韦尔特和哈格瑙尚不在其内。有一些帝国城市摆脱了福音教和天主教平等的政策,转而对异教不宽容,例如斯特拉斯堡、亚琛、乌尔姆和陶伯尔河上游的罗滕堡(Rottenburg 或 Rothenburg)就采取了更严厉的不宽容的方针,信奉不同宗教者被解聘公职,甚至被驱逐出境,教派纷争日益剧烈。

帝国城市可从帝国同盟、帝国等级会议和帝国法庭等机构那里得到保护。1556—1557 年以后,每年最多召开两次的城市会议得以重组,它为帝国城市提供了一个协调政治利益的论坛。但为了避免像 16 世纪 20 年代那样的激烈争论出现,人们有意识地回避讨论宗教和教派问题。1582 年,帝国城市在帝国等级会议中获得了一个不太重要的表决权。[2] 它从属于承办帝国等级会议的城市(自 1594 年起一直是雷根斯堡)的理

---

① Johannes Arndt, *Der Dreißigjährige Krieg 1618—1648*, S. 31.
② Maximilian Lanzinner, *Konfessionelles Zeitalter 1555—1618*, S. 203.

事会,并且理应代表着总共拥有 51 个席位的帝国城市的整体利益。帝国城市的 51 个席位又细分为莱茵席位(包括帝国北部和中部的帝国城市)和施瓦本席位(包括帝国南部的帝国城市),这种情况在一定程度上反映了帝国城市之间的利益分歧。自 1586 年起,天主教的奥格斯堡市政会因为在宗教信仰上与施瓦本城市不合而拒绝参加城市会议。1590 年前后的奥格斯堡教派之争更进一步地损害了帝国城市间的合作。帝国城市相互之间的联盟关系从此不复存在了。

帝国城市相互之间没有缔结任何同盟,但它们分别依附于帝国诸侯领导下的宗教和政治同盟,例如兰茨贝格(Landsberg)同盟、福音教联盟和天主教同盟。但是,即使是参加了诸侯同盟,帝国城市也不赞成积极的外交和战争政策,因为每一场战争都只是加强了诸侯的力量,对于城市则意味着巨大的灾难。[1]

第四节 教育普及

一、学校教育的复兴

宗教改革和普遍的动乱一度使神圣罗马帝国的教育事业蒙受了严重损失。宗教改革家对天主教教会的攻击,引起人们对直接或者间接受教会管辖的一切学术机构的敌视;福音教诸侯没收天主教财产,侵占支持教会办学的捐赠基金,导致许多乡村学校被迫关闭,拉丁文学校、大教堂和修道院学校学生大批流失,城市德文学校也多半荒废了。就连诸侯向来看重的大学也受到严重打击;与 1525 年相比,1535 年大学在读学生的数量减少了 3/4。人文主义者忧心忡忡,抱怨连连,伊拉斯谟甚至惊呼,"凡是马丁路德得势的地方,文学和学术事业就完蛋了"[2]。

然而,混乱倒退的局面很快得到扭转。宗教改革家与邦国行政管理

---

[1] Maximilian Lanzinner, *Konfessionelles Zeitalter 1555—1618*, S. 150.
[2] [德]F. 鲍尔生:《德国教育史》,第 36 页。

部门通力合作,积极开展教育重建工作,特别是大学的重建工作。宗教改革家因为其阅读圣经主张,敏锐地意识到大众教育的重要性,也迫切希望通过教育,培养有学识、能够布讲"抽象的圣经"、阐述和宣传福音教教义、反抗天主教的精神统治的牧师;世俗政权则需要受过良好教育的专业人才,充当正在扩张的各级政府机构的官员。

到 16 世纪下半叶,随着局势的稳定,办学热潮再度兴起,各级学校纷纷建立,学校制度、教学内容和形式也得以重新调整,以至于有人提出了"教育革命"之说,认为宗教改革之后,在西方教育史上出现了一个突破和革新阶段,堪与 1800 年前后教育制度的巨大变革相媲美。①

首先是学校数量、规模和类别的增加。按照宗教改革家大众教育理想创办的"国民学校"(Volksschule)在神圣罗马帝国北部城乡大量建立起来,基础教育广为普及。维登贝格大学教授、宗教改革家梅兰希通和附膺梅兰希通教育思想的斯特拉斯堡福音教教育家约翰·施图尔姆(Johann Sturm,1507—1589)创办的、号称"学院式文科中学"(Akademischer Gymnasium)的文法中学(Schola Argentoratensis)则为福音教中等教育树立了榜样,在马格德堡(1524)、埃斯勒本(1525)、纽伦贝格(1526)、霍尔恩巴赫(Hornbach,1559)、劳英根(Lauingen,1561)、柏林(1574)、阿尔特多夫(1575)、赫尔博恩(Herborn,1584)、施泰因斯富特(Steinfurt,1591)、施塔特哈根(Stadthagen,1610)、不来梅(1610)等地,福音教较高级学校后来演变成古典色彩甚为浓厚、专门训练王公贵族子弟的文科中学。城市拉丁文学校和修道院学校虽然继续以学习拉丁文为主,但也效仿斯特拉斯堡文法中学模式,增设神学和哲学课程,学制三年,其毕业生可以直接升入大学文学院学习。加尔文在 1559 年创办的日内瓦学院,也是以施图尔姆办学模式为榜样的。

与此同时,以路德教的马尔堡大学(1527 年创办,该大学是第一所宗教改革的大学)为开端,在信奉福音教的地区,先后有柯尼斯贝格大学

---

① Maximilian Lanzinner, *Konfessionelles Zeitalter 1555—1618*, S. 113 - 114.

(1544)、耶拿大学(1557—1558)、赫尔姆施泰特(Helmstedt)大学(1576，1809 停办)、吉森(Giessen)大学(1607)等新大学创办。施塔特哈根的文科中学在 1619—1620 年获得大学资格，1621 年迁到林特尔恩(Rinteln)。稍后，斯特拉斯堡(1621)和阿尔特多夫(1622)的文科中学也获得了拥有颁发学位证书权特权的完全大学资格。霍尔恩巴赫高级学校，虽然没有获得特许，但是类似于大学，并且通过招募有名望的教授和向西欧国家开放的政策而成为一所著名学府。

在天主教地区，耶稣会士同样建立了许多与学院相连接的文科中学，号称"学者学校"(Gelehrtenschulen)，某些学校还设有大学班，比如三年制的哲学班，四年制的神学班，毕业生可以继续升入大学深造。而在创办于维也纳(1552)、因戈尔施塔特(1556)、科伦(1556)、慕尼黑(1559)、特里尔(1560)、美因兹(1561)和迪林根(Dillingen，1564)等地的耶稣会学校，每个学校都有 500 多名学生在读。天主教大学也有了新的发展，除了原有的大学外，至 1618 年又有迪林根大学(1549)、布拉格大学[1](1556)、奥尔米茨大学(1573 或 1576)、维尔茨堡大学(1582)、格拉茨大学(1586)、帕德博恩大学(1614 或 1616)和斯特拉斯堡附近的莫尔斯海姆(Molsheim)大学(1618)创办。

上大学的人数急剧增加，到 1620 年前后增加了两倍多。1550 年每年还只有 2 000 名新注册大学生，到 1600 年增至 3 700 余名，1620 年则达 4 500 名。[2]

其次是教育的邦国化。在萨克森选侯邦和符滕姆贝格公国，教育权均从教会转到国家手中；邦国君主不仅大力发展教育事业，而且把持学校管理权，按照各自邦国的需要，进行有计划、有目的的调整。符滕姆贝格在 1559 年颁布学校和教会条例，把城市学校、地区学校和修道院学校整合到一个统一体系之中，并以图宾根大学为其顶点；该大学按照邦国

---

[1] 又称"耶稣会克雷芒学院"(collegium clementinum)。

[2] Maximilian Lanzinner，*Konfessionelles Zeitalter 1555—1618*，S. 116 - 117.

政府的要求,通过考试录取本邦学生。在图宾根主教辖区,邦国等级会议于1565年确定了奖学金生最低限额,使许多学神学的大学生有了生活保障,图宾根大学因此成为神学家的培养基地。一大批曾在图宾根大学受教育的神学家,不仅积极活跃在神圣罗马帝国西南部,而且也深入到内奥地利和克罗地亚。萨克森选侯也在1580年颁布学校条例,完成了从1543年《邦国条例》开始的教育改革。通过这个学校章程,萨克森选侯邦的许多大学生得到了奖学金的资助。在位于普福塔(Pforta)、格里马和迈森新创办的诸侯学校以及维登贝格大学和莱比锡大学中,大批学生学业有成,成为受过良好教育的知识精英。

最后,教派化也为这一时期的学校教育打上了深刻烙印。《奥格斯堡宗教和约》缔结后,随着教派的形成,学校也成为教派竞争,包括福音教内部加尔文教派和路德教派竞争的一个主要场所。各教派都致力于办学,发展教育,但其目的首先是造就虔诚的学者,其次才是为邦国培养专业人才。这一点虽然有违于世俗君主的意志,但在当时教派斗争激烈,政治与宗教紧密联系的情况下,又是非常适合现实需要的。

福音教和天主教诸教派之间的争斗在大学中表现尤为突出;大学神学系堪称教派斗争的主战场。海德尔贝格自1563年起成为与日内瓦并列的加尔文教学术中心。后来的莱顿(1575)和马尔堡(1605)亦然。路德教派则以马尔堡大学(1527创办)、柯尼斯贝格大学(1544创办)、耶拿大学(1557—1558创办)、赫尔姆施泰特大学(1576创办,1809停办)、吉森大学(1607创办)为主要基地。天主教派的重镇则有迪林根大学(1549创办)、布拉格大学(1556创办)、奥尔米茨大学(1573或1576创办)、维尔茨堡大学(1582创办)、格拉茨大学(1586创办)、帕德博恩大学(1614或1616创办)和斯特拉斯堡附近的莫尔斯海姆大学(1618创办)等。特别是在耶稣会创办的迪林根大学、布拉格大学和维尔茨堡大学,反宗教改革斗争异常激烈。由于各教派力图把培养高级人才的事务完全控制在他们自己所掌握的大学之内,中世纪大学的世界性便荡然无存,代之以普遍的地区性质,大学原有的社会文化和学术中心地位逐渐丧失殆尽。

　　尽管如此,大学的教学内容还是发生了一些积极的变化。以文学院为例,从前的文学院几乎完全以亚里士多德的哲学为基础,如今则变成古典人文学科,历史、政治学、哲学、法律等课程的比重得到了加强。各学院的教学盛行来自人文主义的格言"回到原始资料",三种宗教语言受到推崇,并开始使用新教科书。教学上允许使用德语(以前只能用拉丁语或希腊语),并注意进行学术探讨。此外,大学讲座制也形成了,教学开始专门化。在从前的大学文学院,每位教师须负责教授所有学科或课程,如今,多门课程已设讲座,由不同的教授讲授。开设讲座可获得职务薪金,教授只需讲好他要讲授的课程即可。过去,神职人员不需要也不要求从神学院毕业,现在,神学教育已成为福音教神职人员必不可少的要求,这同福音教教会的性质和重视教义的解释有关。法学的地位也因为世俗政权对法律专业人才的广泛需求而大大提高了。

　　但从整体看,大学的实际情况仍然不尽如人意。经院哲学、烦琐哲学方式尚没有被完全清除,新的烦琐哲学却又出现了。与早期大学相比,虽然大学的智力水平多少有所提高,但仍赶不上当时一般智力水平发展的速度。医学和自然科学的重要性仍未受到足够的重视,许多具有划时代意义的科学发现都是科学家们在大学之外取得的。凡此种种情况可谓从"前现代"向"真正的现代"过渡时期的常态,虽然不如人意,却也难以避免。

二、梅兰希通、施图尔姆和耶稣会士的办学活动

　　对于这一时期的教育事业,菲利普·梅兰希通和约翰·施图尔姆以及耶稣会士都做出了重要贡献。

(一) 梅兰希通

　　梅兰希通是人文主义学者、希腊文教授,也是宗教改革时期著名的宗教改革家和教育家,生前就被誉为"日耳曼教师"(Praeceptor Germaniae)。他于 1511 年 6 月 10 日在海德尔贝格大学获得文学学士

学位,1514 年 1 月 25 日在图宾根大学获得硕士学位。1518 年被聘任为维登贝格大学希腊文教授,同年陪同路德参加莱比锡辩论,与路德建立了深厚友情,成为宗教改革的最重要的支持者,也是福音教会的主要干将。他从路德那里熟悉了福音,也通过路德的影响在 1519 年 9 月 19 日获得了圣经学士学位和在神学系举办讲座的资格,协助路德翻译圣经。他写作的《教义要点》是路德派第一部系统的神学著作。

梅兰希通长年任教于维登贝格大学,讲授过多门课程,如希腊语法、古典作家解读、圣经各卷书解说等,言辞精准,举例丰富,结构清晰,经常有近 400 名听众。他还创办了一所私立学校,编写了多种教科书,内容包括希腊文法、拉丁文法、辩论术、心理学、伦理学、物理学、历史学和地理学等诸多学科。他编的拉丁文语法,再版近 50 次,作为标准的语法书,沿用 100 多年之久。

梅兰希通也协助马格德堡(1524)、埃斯勒本(1525)、纽伦贝格(1526)等城市创办学校,制定学校章程。他参与创办的纽伦贝格圣埃吉典高级学校(Obere Schule St. Egidien)是一种新型学校,德意志文科中学的雏形,为很多福音教学校树立了楷模。

对于旧大学的改革,梅兰希通也给予了莫大的支持和帮助。1557 年他应邀对海德尔贝格大学的体制改革方案进行了最后的审订,将人文主义和基督教福音教义有机地糅合在一起,使大学面貌焕然一新。除了讲课、实习、辩论之外,还引入了学术报告的教学方式。在福音教大学的创建过程中,梅兰希通也发挥了重大作用,维登贝格大学自不必说,马尔堡大学、柯尼斯贝格大学、耶拿大学等的筹建也有梅兰希通的一份功劳。就连赫尔姆施泰特等地后来建立的大学,也明显受到梅兰希通教育思想的影响。梅兰希通力图将人文学科和神学熔于一炉,不知疲倦地宣传"教义必须与科学相结合"。

宗教改革运动兴起之初,激进派宗教改革家如卡尔施塔特等人,大肆鼓吹教育无用论,声称宗教热情可以使人不须学习就能明了一切真理。对此,梅兰希通极力抗争。他认为,不学无术不能保持福音教教义的继续生存,更谈不上使之发扬光大。

梅兰希通花 40 多年时间,将福音教神学系统化,并按照福音教的教义重建各种学校的教育制度,他在不同时期拟订的学校条例,成了为数众多的其他学校的蓝本,他的方法也通过曾是他的学生的数以千计的教师们,流传甚广。

在将福音教教育思想贯彻到德意志普通学校和大学的过程中,梅兰希通居功至伟。然而他强调学习希腊、罗马伟大著作的重要性,忽视了使用民族语言教学的必要性,也过于看重宗教虔诚,甚至把古典文学中很多违背这一原则的内容处理掉了。他也坚持使用一切启迪思想的做法,使得文学研究重伦理而轻美学,大大贬低了经典著作的固有价值。此外,梅兰希通还有不关心内容的形式主义倾向,把对语言形式的研究当成了目的,把对古典文学的学习当成了修辞学和文体的源泉,实际上造成了昆体良的雄辩术胜过虔诚和智慧、语言研究与现实生活脱节的现象,西塞罗主义又一次在各种学校和大学里占了支配地位,德意志民众教育裹足不前。

(二)施图尔姆

约翰·施图尔姆是曼德尔沙伊德伯爵的一位账房管事的儿子,1521—1524 年就读于列日共同生活兄弟会创办的希罗尼穆学校,随后又进入鲁汶大学深造,对伊拉斯谟的著作进行过深入研究。他还与一位希腊文教师合作创建了一个印刷所,以翻印出版希腊文古典著作为主。1529 年应聘到巴黎王家学院担任古典语言和逻辑学教授。

施图尔姆支持宗教改革,但不固守教会教条;他也附膺梅兰希通的教育思想,力图将其付诸实践。1537 年,施图尔姆应信奉福音教的市长、施图尔姆艾克(Sturmeck)的雅克布·施图尔姆(Jakob Sturm,1489—1553)和宗教改革家马丁·布塞尔之邀前往斯特拉斯堡,第二年就在该市创办了一个图书馆,并在现成的神学院旁边建立了一所福音教文法中学(Schola Argentoratensis 或 Strassburger Gymnasium)。该学校在班级划分和教学大纲方面为福音教的教育改革指明了道路,其宗旨是通过互相衔接的各级教育,把青年从基础开始一直培养到具备担任教会和政府职务所要求的文化程度。该学校在 1566 年①被皇帝马克西米连二世升格为研究院(Semiuniversitas),可以颁授博士学位;1621 年又被皇帝费迪南二世升格为大学。②

施图尔姆在斯特拉斯堡的办学实践为许多福音教邦国和城市树立了榜样。霍尔恩巴赫、劳英根、柏林、阿尔特多夫、施泰因斯富特、马尔堡、施塔特哈根和不来梅等地的中学都按照斯特拉斯堡文科中学的模式进行专业设置。加尔文也曾亲自前往斯特拉斯堡考察,对约翰·施图尔姆创办和领导的文科中学进行详细研究,并根据该学校的建制,在 1559 年制定了《日内瓦学校条例》,创办了日内瓦学院。

(三)耶稣会士

同热心教育事业的宗教改革家一样,耶稣会士也一直准备成为"教授军团",对办学事业投注了极大精力与热情,建立了许多高效率的和富有吸引力的中学和大学,并且取得了十分显赫的成果。特别是他们精心组织教学工作,努力实践机会平等,提倡道德—伦理上的自我控制等做法,受到了普遍好评,就连与之敌对的福音教徒也不得不承认耶稣会士是教育艺术大师。

耶稣会创办的中学称作"学者学校",或者说耶稣会文科中学,分班级(Klassen),严格挑选师资力量,重视教师的知识水平和教学能力,对教师教学的全过程实施监督和指导并定期进行考核。设立语文、亚里士多德逻辑学、讲授科学和世俗基础知识的"博学课"以及天主教神学等课程。在语文教学中,不重视希腊文,但是把拉丁文看作重中之重,要求学生熟练掌握拉丁文知识。神学课则以阿奎那的托马斯著《反异教大全》和《神学总论》为基础,把学术和信仰结合在一起,培养学生对天主教的忠诚。某些学校还设有大学班,比如三年制的哲学班和四年制的神学

---

① 另一说为 1567 年。

② Maximilian Lanzinner, *Konfessionelles Zeitalter 1555—1618*, S. 114 - 115.

班。除此之外,耶稣会还十分重视培养学生的"雄辩"和社交能力,激发学生的责任心和工作热情,强调效率和吸引力、记忆训练和锻炼身体。

耶稣会 1586 年出版,1599 年修订再版《学院课程编制》(Ratio Studiorum)①作为世界通用的学习条例,将迄今为止耶稣会文科中学的教学实践和教学原则系统化和规范化。该条例一经颁布,就产生了巨大影响,甚至成为许多福音教学院的教学大纲,并且一直使用到 1832 年才做了较大的修改。

除了文科中学,耶稣会还创办了多所大学,大批耶稣会士更是天主教大学的主要师资力量,到 1616 年,天主教国家的高等教育机构几乎完全被耶稣会控制。

耶稣会士办学的基本目的是培养虔诚的基督教信徒和教士,使学生绝对服从天主教会、为教皇效忠。为此,耶稣会学校非常重视培养服从、顺从、守纪律等品质,严格要求学生绝对服从教师和学校当局。与此相应,耶稣会学校十分注重对学生的监管,也制定了严格的教学制度。

在监管学生方面,耶稣会学校设立学籍记录,把学生的学习成绩、在校表现等各种情况都加以详细记录;还实行一种名为"侦察制度"的措施,鼓励学生相互监视,规定每个学生均有义务把其他同学的各种过失、隐私向校方检举。学校对告密的学生,予以奖励。犯有过失的学生,若能检举他人的过失,则可将功补过,免受处罚。在注重对学生严格管理的同时,耶稣会学校也强调温和的纪律和融洽的师生关系。在一般情况下,绝少采用体罚。这在当时是极为罕见的。

耶稣会学校在教学方法方面主要采用讲解的方法,具体做法如下:教师逐句、逐节地讲明课文大意;详细说明课文的结构或语法、句法;引用其他诗人、史学家或哲学家的类似著作,比较其思想和文辞;借用历史

---

① 《学院课程编制》摘要见 Bernd Roeck (Hrsg.), *Deutsche Geschichte in Quellen und Darstellung*, Band 4: *Gegenreformation und Dreissigjaehriger Krieg 1555—1648*, S. 110-118.

掌故、地理、民俗、风情和逸闻趣事,帮助学生领会课文;仔细分析课文修辞、比喻、字句配合和押韵的技巧;结合课文中有关道德的内容,进行道德教育。运用这种教学方法,对教师来说,需要在课前做详细、缜密的准备。对学生来说,则需要课后认真复习,乃至全部熟记。而为了保持学生的学习兴趣,提高学习成绩,耶稣会学校实行竞争制度,例如,每一名学生找另一名学生,成为"对手",彼此竞赛、互相促进。此外,还举行公开的辩论,让学生就已经学过的功课进行讨论,互相挑出对方的错误。辩论由教师裁决,获胜者可得到十字架等奖品和半天休假。耶稣会学校还注意到了因材施教的问题。学校为入校新生安排考试,根据考试所反映的学生的学习情况、学习能力和水平,将不同的学生编入不同的班级,以便更有针对性地进行教育。

由于组织严密、设备精良、教师水平高,因此,在相当长的一段时期内,耶稣会学校一直是欧洲质量最高、最有效率的学校。其办学的经验一直为其他教派学校和世俗学校所重视,并逐步扩散到美洲、亚洲等世界许多地区,对欧洲以至世界许多国家教育的发展,做出了不容忽视的贡献。

然而,耶稣会强调皈依戒律,否定个人情感,要求会士为上帝和教会的荣誉绝对自我献身,不能鼓励创新,怀疑,甚至敌视新科学和新哲学,这就使得该修会逐渐脱离了时代并丧失活力。到 18 世纪启蒙运动兴起后,耶稣会的冷酷无情,抱残守旧受到社会各界的普遍批评。①

第五节　图书出版与学术发展

学校的扩建导致书籍印刷出版的大规模发展和识字率的普遍提高。根据书展目录,图书出版数量从 1564 年的 256 本,上升到 1618 年的

---

① 参见姚立昕:《试论近代早期耶稣会教育的特色》,载《宁波大学学报(教育科学版)》2002 年第 4 期;胡玲:《近代早期耶稣会教育事业繁荣的诸因素》,载《理论界》2010 年第 6 期。

1 757 本。① 自 1530 年起,读书识字的人的数量成倍增长,到 1600 年至少占总人口的 10％了。② 城市居民读书识字率自然高于农村居民;在城市里,人们也比较容易获得价格昂贵的图书。帝国城市是图书印刷出版的中心,在上德意志地区有奥格斯堡、巴塞尔、斯特拉斯堡和纽伦贝格,在下德意志地区有科伦、吕贝克和马格德堡。1550 年以后,新增汉堡和布雷斯劳。特别是美因河畔法兰克福和莱比锡,它们的印刷业不仅在神圣罗马帝国,在整个欧洲都居领先地位。海德尔贝格的巴拉丁那图书馆(Bibliotheca Palatina)在 1584 年把由普法尔茨选侯奥特海因里希(Ottheinrich,1502—1559)扩增的基础收藏与奥格斯堡富商乌尔里希·富格尔(Ulrich Fugger,1490—1525)的收藏合并成为“日耳曼学者宝库”(optimus literatae Germaniae thesaurus)。偶尔得以印刷出版的“新报纸”(报道新闻的单页印刷品)在 1566 年以后通过重复出现的系列报纸(带有标题和号码)已具备了期刊性质。

在 16 世纪 80—90 年代,法兰克福的《博览会通报》(Messlationen)曾经每隔半年就把各种新闻汇集起来,内容包括政治事件、饥荒、战役和天象等。1597 年,后来被称作《罗沙赫尔月报》(Rorschacher Monatsschrift)的印刷品得以出版,它也是德意志西南部的第一份月报;1605 年,又有第一份,也被多方面加以模仿的周报(Aviso)出版发行了。③

越来越受到欢迎的是教派论战、道德讽喻和关于奇迹、魔法和魔鬼的文学作品,在这些作品中,社会的动荡和教派的对立受到了激烈抨击,出自民间的文学作品《浮士德》(Faust)自 1587 年起开始广泛传播开来。拉丁文被视为诗歌创作语言,直到 1624 年马丁·奥皮茨(Martin Opitz,1597—1639)才在其著作《论德意志诗歌》(Buch von der deutschen

---

① Maximilian Lanzinner, *Konfessionelles Zeitalter 1555—1618*, S. 119.

② Ebenda.

③ 参见 Bernd Roeck(Hrsg.), *Deutsche Geschichte in Quellen und Darstellung*, Band 4: *Gegenreformation und Dreissigjaehriger Krieg 1555—1648*, S. 118 - 119.

Poeterey)纲领性地提出这样的要求,即用德语进行诗歌创作,并且要在风格和形式上达到彼得拉克(Petrarca)或龙沙(Ronsard)的水准。

德意志基督教人文主义者试图依据真正原始资料,恢复基督教的正确教义,而在历史编纂领域,人文主义者倡导的史料批判规则开始得到了具体实践。信奉路德教的法学家和外交家约翰内斯·施莱达努斯(Johannes Sleidanus[①],1506—1556)坚持以同时代的档案资料为基础写作历史,并以《皇帝卡尔五世统治下的宗教和国家状况》(De statu religionis et rei publicae Carolo V. Caesare commentarii),1555)和《关于四个世界君主国》(De quattuar summis imperiis,1556)等著作为新教历史编纂拟定了解说模式。施莱达努斯虽然属于路德教派,但并无多少教派褊狭,与之不同,《马格德堡世纪》(Magdeburger Centurien,1559—1574)一书的发起人(但不是作者)马蒂亚斯·弗拉西乌斯(Matthias Flacius,1520—1575)和主要撰稿人约翰内斯·魏甘德(Johannes Wigand,1523—1587)却有立场鲜明的党派立场。他们两人都是马格德堡的福音教布道士,也都试图从宗教改革角度编纂教会史,说明路德教是真信仰和原始教会的复活,教皇制度和教会组织是伪造的谎言。作者使用了史料批判方法,揭露了许多天主教文献为伪造的,这就为反天主教宣传提供了坚实基础。但对涉及的福音教神话,他们却有意识地加以回避。10 多年后,天主教方面才以枢机主教凯萨尔·巴罗尼(Caesare Baronie,1538—1607)主持编撰的《教会编年史》(Annales ecclesiastici,1588—1607)与之对抗,它同样辩护式地运用史料来捍卫旧教会的传统。在教派化的过程中,原先的普世史观发生了分裂,民族共性受到干扰和破坏。与在法国和英国的情形不同,帝国中的历史学家绝不再描绘"关于本民族的过去的统一图画了"。人文主义曾经唤醒的祖国历史的意识逐渐淡漠,教派思想和邦国观念开始突出出来。[②]

---

① 也写作 Johannes Philippson von Schleiden.
② Maximilian Lanzinner, *Konfessionelles Zeitalter 1555—1618*, S. 122.

在政治学领域,中世纪亚里士多德的伦理观在各教派学者当中继续传承,无论是路德教正统还是反宗教改革的天主教辩护士都奉之为圭臬。对于意大利人文主义政治家尼科洛·马基雅维里(Nicolo Machiavelli,1469—1527)所主张的政治独立说,许多神学家都从宗教角度加以批判;罗马教廷甚至在1559年将马基雅维利的作品列入禁书目录。然而,随着诸侯邦国国家的形成和邦国君主专制的开始,为国家理性进行辩护的尝试也逐渐出现了。不来梅路德教徒、阿尔特多夫大学教授阿诺尔德·克拉普玛利乌斯(Arnold Clapmarius,1574—1604)写作《国家的秘密》(De arcanis rerum publicarum,1605),广泛传播"国家艺术",即使表面上采用了与马基雅维利学说保持距离的"公共安全"(Salus publica)概念。因戈尔施塔特大学教授克里斯托弗·贝索尔德(Christoph Besold,1577—1638)原为福音教徒,后来重新皈依了天主教,他仿效克拉普玛利乌斯,形式上拥护亚里士多德主义者,实际上却把教会置于国家之下,极力为教派专制主义进行辩护。另一位回归天主教者、上普法尔茨人卡斯帕·绍珀(Kaspar Schoppe,1576—1649)常年旅居意大利和西班牙,一方面信奉斯多葛学派哲学,另一方面又积极要求罗马教廷为马基雅维利翻案。

尤斯图斯·利普西乌斯(Justus Lipsius,1547—1606)可谓当时邦国君主专制统治的最重要拥护者。他曾就读于耶稣会学校,也在耶拿、科伦、莱比锡和鲁汶等地的大学教过书,至少三次改换宗教信仰和教派,著有《论坚定的意志》(De Constantia,1584)和《公民政治学说》(De politicorum sive civilis doctrinae,1589)等书。利普西乌斯虽然自称反马基雅维利者,但其学说具有明显的马基雅维利主义特征。在他看来,国家政权是约束人的激情的工具,人们只有习惯于服从,才能避免国内战争。诸侯在道德允许的范围内可以有较大活动空间,必要时甚至可以撒谎。诸侯的准则是自律和合法的统治,普通民众却毫无自律可言。利普西乌斯还极力为教派化进行辩护,主张每个国家只允许有一种宗教信仰存在。但在利普西乌斯这里,教派化主要是一种统治工具,并非出于某种宗教狂热。[1]

日益发展壮大的经验科学在研究自然现象时越来越注重经验方法，并且试图利用可感受到的现实来检验和扩充源自古典时代的知识。这一点在帝国的植物学、绘图学和天文学当中取得了令人印象深刻的进步。尼德兰人卡洛鲁斯·克卢西乌斯（Carolus Clusius，1526—1609）编制了现今可知的最早一批系统分类表，虽然不是出于利用植物的目的。宇宙研究者格哈德·梅卡特（Gerhard Mercator，1512—1594）根据塞巴斯蒂安·明斯特（Sebastian Münster，1488—1552）著名的《宇宙志》（Cosmograophiia，1544），制作了一幅欧洲地图（1554）和一幅世界地图（1569），并且提出了以他的名字命名的"梅卡特设计"（Mercator-Projektion）概念。梅卡特编辑的《地图集》（Atlas，1585—1595 年）汇集了 107 幅地图，为地理学研究奠定了基础。在天文学研究方面，约翰内斯·开普勒揭示了行星运动三大定律。

开普勒是当时神圣罗马帝国最重要的天文学家，曾对哥白尼的学说进行了认真研究，1594 年供职于信奉福音教的施泰尔马克邦国等级，担任格拉茨文科中学数学教师。1600 年前往布拉格，成为皇帝鲁道夫二世的御用数学家和宫廷占星术士（Hofastrologe）。鲁道夫二世去世后，开普勒又辗转成为费迪南二世的数学家和宫廷天文学家（Hofastronom）。1628 年还曾前往撒干（Sagan），为皇帝的军队元帅瓦伦斯坦（Wallenstein）占卜星象。1630 年，在向皇帝索要报酬无果后，开普勒气死在雷根斯堡帝国等级会议上。[2]

开普勒在教派问题上持非教条态度，试图用数学和物理学方法来探讨宇宙的奥秘。宇宙的合乎规律性使他感叹不已，也导致他诉诸上帝。世界万物的完美和谐展示了上帝创造的交响乐，在世界万物中，上帝站在中心位置，而世界万物自身则像一种音乐一样顺序奏响。

---

[1] Volker Press, *Kriege und Krisen in Deutschland 1600—1715*, München: Beck, 1991, S. 321 - 322.

[2] Ebd., S. 316.

在当时,对经验和方法的追求尚未完全脱离巫术、炼金术和占星术,这些东西仍被看作是探讨自然和世界的秘密的有效方法。追寻玄妙的和魔幻的知识的行为既表达了人们对于人的理性的不自信,也表达了人们对于自 1570 年起经常发生的瘟疫、饥荒和灾难的恐惧。人们普遍认为,仅用理性是无法理解世界和人类的,天灾人祸更是防不胜防。与此同时,新柏拉图的关于世界的内在和谐的玄想广泛流行。1614—1616年,有大量玫瑰十字架著作(Rosenkreuzer-Schriften)出版发行,并在社会上引起了巨大反响。许多人希望通过直观—冥思方法认识和控制自然界,减轻现实生活中的困苦,改善整个世界。玫瑰十字架著作者们甚至宣称,有一个"玫瑰十字架弟兄会"(Rosenkreuzer-Bruderschaft)组织秘密存在,它致力于改革世界,使人以合乎道德规范的方式生活,摆脱恐惧和疼痛。也有不少人对符滕姆贝格神学家约翰·瓦伦汀·安德里亚(Johann Valentin Andreae,1586—1654)等人的文学虚构信以为真,努力践行。关于玫瑰十字架弟兄会,有 600 多种印刷品问世。[1]

---

① Maximilian Lanzinner, *Konfessionelles Zeitalter 1555—1618*, S. 125.

第六章　教派化与三十年战争

　　从 16 世纪中叶起,信义宗、归正宗(改革宗)和天主教会都转向于为自己的信仰制定一种书面信条,即"信纲",完成了阐明各自的宗教教义、定制宗教礼拜仪式、确立教会体制等工作。中世纪普遍存在的教义不稳定性得以克服,教会组织趋于固定。西方基督教界开始分裂和分离成许多在信仰、教规、教义和礼拜仪式诸方面各不相同的"教派"(Konfessionen)。[1]

　　各教派都坚持自己学说的绝对正确性,也深信自己肩负重大的救世职责。它们划分区域,采用行政强制和治安惩处等手段强使本地区居民信奉本教,疏远和排斥其他教派,但也力图按照自己的意向夺取国土和居民,为自己的教会团体赢得整个基督教世界。传播也好,内部发展也好,都没有局限于狭窄的教会内,而是持续地同世俗的文化和精神生活发生关系,也对各地世俗政权的内政外交产生了重大影响。各教派都呼吁并为自己要求世俗政权的帮助。几乎没有一个教派不曾利用世俗政权的。反过来,世俗政权,国家政权或邦国政权,也愿意利用教派势力干预教会事务,推行强

---

[1] Maximilian Lanzinner, *Konfessionelles Zeitalter 1555—1618*, S. 153.

权政治,伸张国家主权;国王或邦君则利用官厅的教会统治权为自己的目的服务:加强君主权力和威望,规定被统治者的宗教信仰,实行社会驯化。

三十年战争(1618—1648 年)是发生在 17 世纪上半叶,以神圣罗马帝国为主战场,有欧洲多个国家参与,长时间和大规模的宗教政治战争。它开始于 1618 年 5 月 22 日[①]波希米亚等级起义和"布拉格掷出窗外事件"(Prager Fenstersturz),结束于 1648 年 10 月 24 日《威斯特法伦和约》的缔结。

战争的爆发与宗教改革和反宗教改革、诸侯争权和王朝争霸有密切联系,交战的一方是神圣罗马帝国福音教邦国等级、诸侯以及与之结盟的丹麦、瑞典和法国,并得到荷兰、英国、俄国的支持;另一方是神圣罗马帝国皇帝、天主教诸侯和西班牙,其支持者主要有教皇和波兰。整个战争包括四次连续进行的重大冲突,它们被历史学家按照神圣罗马帝国皇帝和哈布斯堡君主的敌人的名字命名为波希米亚-普法尔茨战争(der böhmisch-pfälzische Krieg,1618—1623)、丹麦-尼德兰战争(der dänisch-niedersächsische Krieg, 1623—1629[②])、瑞典战争(der schwedische Krieg,1630—1635)和法兰西-瑞典战争(1635—1648)。这些战争都不仅仅是为了某一所谓神圣原则而进行的战斗,而是具有明确政治目的的宗教战争,或者说是打着宗教旗号的政治战争。

第一节　教派的形成

一、作为主导概念的"教派化"

19 世纪德意志著名历史学家利奥波德·冯·兰克曾经指出,宗教改革时代之后,"反宗教改革"紧跟而来。反宗教改革既指天主教会对各种

---

① 另一说为 5 月 23 日。
② 另一说为 1625—1629。

各样福音教运动的镇压,也指天主教在皈依了福音教的国家、城市和社区的复辟。它在很多情况下是自上而下、通过国家政令和强制手段实施的,有时还得自外力的推动,不乏阴谋诡计和血腥暴力。[①] 兰克之后,莫里茨·里特尔(Moriz Ritter,1840—1923)进一步指出,反宗教改革是天主教势力发起的一场政治反攻,其目的是重新夺回在宗教改革中丧失的地盘、财产和影响。[②] 兰克和里特尔的解说自有道理,在其影响下,西方史学界长期运用"反宗教改革"概念来概括 1555—1618 或 1648 年这一时期神圣罗马帝国的历史,认为《奥格斯堡宗教和约》的签订是一个重要转折,从这时起,天主教会开始反攻,通过重新天主教化措施,逐步赢得了大部分失地,直至三十年战争结束,宗教敌对和宗教战争才彻底告终,因此,可以把 16 世纪中叶至 17 世纪中叶这一百年时间定性为反宗教改革时期。

反宗教改革概念虽然不乏真知灼见,但也遮蔽了若干史实,如加尔文教的传播和天主教会内部的革新。无论从神学—教会史角度来看,还是从一般历史角度来看,反宗教改革均非 16 世纪中叶至 17 世纪中叶这一百年间神圣罗马帝国的唯一事件和最主要的事件。

自 19 世纪 70 年代以来,反宗教改革概念受到多方质疑,要求修正、补充这一概念的呼声日甚一日。德国史学家威廉·毛伦布雷歇尔(Wilhelm Maurenbrecher,1838—1892)主张用"天主教宗教改革"(katholische Reformation)取而代之,认为宗教改革爆发之后,天主教会并非一味抵抗,而是在进行反宗教改革的同时也开始了一场自我革新运动,创建了新的天主教。[③] 胡贝特·耶丁(Hubert Jedin,1900—1980)也

---

① 参见[德]利奥波德·冯·兰克:《德国史稿——1555—1618》,王顺君译,吉林出版集团有限责任公司 2015 年版。

② Moriz Ritter, *Deutsche Geschichte in Zeitalter der Gegenreformation und des Dreissigjährigen Krieges*. Bände, Darmstadt: Wissenschaftliche Buchgesellschaft, 1974 (Reprint der Ausgabe Stuttgart 1889—1908).

③ Wilhelm Maurenbrecher, *Geschichte der katholischen Reformation*, Bd. I, Nördlingen: Beck, 1880.

大讲特讲"天主教的改革"(katholische Reform),极力强调在天主教会内部出现的新气象。[①] 恩斯特·瓦尔特·蔡登(Ernst Walter Zeeden,1916—2011)则接受神学家、文化哲学家和自由派政治家恩斯特·特勒尔奇(Ernst Troeltsch,1865—1923)提出的"教派时代"概念,深入探讨了"教派形成"(Konfessionsbildung)问题,并把1555—1648年这一历史时期定义为"教派时代"(Das konfessionelle Zeitalter)。按照蔡登的理解,教派形成是指基督教各派"在思想上和组织上的巩固",也是指"一种在教条、法规和宗教习俗诸方面几乎稳定下来的教会体制"的建立。在此,"教会外力量",特别是"国家政权"对于信纲形态的教派形成发挥了重要促进作用。蔡登认为,用"教派时代"或物质上和精神上的"信仰斗争"概念来概括这一时期普遍的历史现象也许更合适。[②]

联系蔡登的"教派形成"观点,德国当代史学家沃尔夫冈·莱因哈德(Wolfgang Reinhard)和海因兹·席林(Heinz Schilling)各自独立地阐述了一种比较系统的"教派化"(Konfessionalisierung)理论。按照他们的观点,基督教分裂成多个教派的情况不仅在教会内部和宗教领域引起了巨大变化,也使整个社会受到了深刻改造。教派化主要是一个由政治加以操控的进程。在这里,所有教派都展示出了一些可比较的发展模式,例如政治驯化、教育灌输、社会监控以及对行为反常的团体的镇压或者驱逐等。坚决追求和制造教派一体化及同质性的是邦国政府。它通过教派化巩固了对于邦国等级精英和臣民的统治。在整个过程中,在宗教

[①] Hubert Jedin, *Katholische Reformation oder Gegenreformation. Ein Versuch zur Klärung der Begriffe nebst einer Jubiläumsbetrachtung über das Trienter Konzil*, Luzern: Stocker, 1946.

[②] Ernst Walter Zeeden, *Entstehung der Konfessionen*, München/Wien: Oldenbourg, 1965, S. 19; Ernst Walter Zeeden, *Konfessionsbildung. Studien zur Reformation, Gegenreformation und katholischen Reform*, Stuttgart: Klett-Cotta, 1985, S. 69.

信仰上同质的大团体转变成了"按照机构和地域"建构的国家。①

　　在描写教派斗争时代的"宗教改革—反宗教改革"这个概念对子里，宗教改革事件基本是被看作正面的，反宗教改革事件则是负面的，与之不同，在由莱因哈德和席林塑造的教派化概念中，反宗教改革的积极意义也被加以突出强调了。按照莱因哈德的观点，无论宗教改革还是反宗教改革或天主教改革，它们都对欧洲的现代化做出了贡献。②

　　对于教派化时代的开始和结束时间，莱因哈德和席林的观点并不一致。席林把教派化时代限制在 16 世纪 40 年代晚期至 1648 年《威斯特法伦和约》签订这一时段内，并提出了一个四阶段模式：(1) 16 世纪 40 年代晚期至 16 世纪 70 年代早期的前教派阶段；(2) 16 世纪 70 年代向教派对峙过渡阶段；(3) 16 世纪 80 年代至 17 世纪 20 年代教派化的高潮；(4) 1648 年《威斯特法伦和约》签订之后教派化的结束。③ 莱因哈德则用"教派化时代"概念来概括 16—18 世纪这一长时段的历史内容，把教派化与现代化相提并论，视同一律。不管怎样，教派化概念只是个总

① Wolfgang Reinhard, "Gegenreformation als Modernisierung? Prolegomena einer Theorie des konfessionellen Zeitalters", in: *Archiv für Reformationsgeschichte* 68 (1977), S. 226 – 252; Wolfgang Reinhard, "Zwang zur Konfessionalisierung?", in: *Zeitschrift für historische Forschung* 10, 1983, S. 257 – 277; Heinz Schilling, *Konfessionskonflikt und Staatsbildung. Eine Fallstudie über das Verhältnis von religiösem und sozialem Wandel in der Frühneuzeit am Beispiel der Grafschaft Lippe*, Gütersloh: G. Mohn, 1981, S. 15 – 23; Heinz Schilling, "Konfessionalisierung im Reich", in: *Historische Zeitschrift* 246, 1988, S. 1 – 45; Heinz Schilling, "Die Konfessionalisierung von Kirche, Staat und Gesellschaft. Profil, Leistung, Defizite und Perspektiven eines geschichtswissenschaftlichen Paradigmas", in: Wolfgang Reinhard u. a. (Hrsg.), *Die katholische Konfessionalisierung: wissenschaftliches Symposium der Gesellschaft zur Herausgabe des Corpus Catholicorum und des Vereins für Reformationsgeschichte 1993*, Münster: Aschendorff, 1995, S. 1 – 49.
② Wolfgang Reinhard, "Sozialdisziplinierung-Konfessionalisierung-Modernisierung: Ein historiographischer Diskurs", in: Nada Boskovka Leimgruber (Hrsg.), *Die Frühe Neuzeit in der Geschichtswissenschaft: Forschungstendenzen und Forschungserträge*, Paderborn/München/Wien/Zürüch: Schöningh, 1997, S. 39 – 55.
③ Heinz Schilling (Hrsg.), *Die Reformierte Konfessionalisierung in Deutschland. Das Problem der "Zweiten Reformation"*, Wissenschaftliches Symposium des Vereins für Reformationsgeschichte 1985, Gütersloh: Mohn, 1986.

体时代概念,对于"反宗教改革""天主教的改革"或"天主教的宗教改革"等概念,席林和莱因哈德等史学家只是做了一番重新评价,没有否定这些概念的可用性,更没有否认这些概念所指涉的历史事实的客观存在。

席林和莱因哈德对于教派化的论述带有明显的国家利益至上论特色,他们强调自 16 世纪以来教会建设与国家建设这两者之间的相互作用。这一点受到史学家海因里希·理查德·施密特(Heinrich Richard Schmidt)的修正。施密特主张从"下面"起看待教派形成问题,强调城市和社团在现代化进程中发挥的作用,认为教派化并不排除被统治者的协助和参与,这一点既表现在虔敬的复兴方面也表现在教会的管制方面。① 而阿诺·赫尔齐希(Arno Herzig)则在"天主教教派化"和"社会驯化"概念的基础上,又提出了"重新天主教化"(Rekatholisierung)观点。② 也有人怀疑"教派化"概念的包容性,认为诸如等级制、税收、官僚政治、财政、司法审判、土地和庄园统治、人口增长和经济景气等,不能被纳入"教派化"范围之内,或者仅仅可在次要的意义上被纳入。③ 还有人质疑"教派"概念的时代性,认为在近代早期,路德教的、加尔文教的和天主教的宗教彼此并不是作为教派加以区别的,不是作为在法律形态上彼此平等的各派宗教,而是作为旧的和新的、真正的和虚假的、正确的和错误的基督宗

---

① Heinrich Richard Schmidt,"Sozialdisziplinierung? Ein Plädoyer für das Ende des Etatismus in der Konfessionalisierungsforschung", in: *Historische Zeitschrift* 265 (1997), S. 639 – 682.

② Arno Herzig, *Der Zwang zum wahren Glauben. Rekatholisierungspolitik vom 15. bis zum 18. Jahrhundert*, Göttingen: Vandenhoeck & Ruprecht, 2000; Arno Herzig, "Die Rekatholisierung in den deutschen Territorien im 16. und 17. Jahrhundert", in: *Geschichte und Gesellschaft* 26 (2000), S. 76 – 106.

③ Harry Oelke, *Die Konfessionsbildung des 16. Jahrhunderts im Spiegel illustrierter Flugblätter*, Berlin [u. a.]: de Gruyter, 1992; O. Moerke, "Die politische Bedeutung des Konfessonellen im deutschen Reich und in der Republik der vereinigten Niederlande", in: R. G. Asch u. a. (Hrsg.), *Absolutismus-ein Mythos?*, Köln [u. a.]: Böhlau, 1996, S. 125 – 164.

教形式彼此对立的。① 黑尔加·施纳贝尔-许勒（Helga Schnabel-Schüle）甚至不赞成以 1648 年《威斯特法伦和约》的签订作为"教派时代"的终点的观点，认为教派斗争或者说"教派主义"（Konfessionalismus）不仅仅局限于近代早期，在 19 世纪也继续存在，恰如在新路德教中的情形那样。相对于 16 世纪，19 世纪堪称第二个教派时代。②

尽管如此，大多数史学家承认"教派化"作为时代概念的适用性，认为它一方面使得"反宗教改革"和"天主教改革"等概念相对化了，另一方面也与随后出现的"专制主义"时代区别开来，可谓一个承前启后的过渡阶段。

二、路德教派（信义宗）

路德派早在 1530 年发布了《奥格斯堡信纲》，这一信纲是由梅兰希通起草但得到路德认可的。路德去世后，梅兰希通成为福音教神学家的领袖，享有极高的权威，但他极力避免与天主教会发生决裂，经常采取妥协立场，对天主教集团作出过多的让步。特别是在 1560 年出版的《基督教教义大全》（*Corpus doctrinae christianae*）中，梅兰希通抛弃预定论，肯定善功在教徒赎罪和获救方面的重要性，允许福音教牧师穿天主教神父的白长袍。对于圣餐，梅兰希通既不明确主张路德的基督实际临在圣餐的教义，也不反对茨温利等人的象征说，而是持"不知可否论"（Adiaphora），认为这类问题没有定论，也不重要，仅仅是表面的和次要的，其实际立场更接近天主教的教会理论。

梅兰希通比较温和的思想为萨克森选侯邦、施瓦本和下萨克森各邦

---

① Lucian Hölscher, "Konfessionspolitik in Deutschland zwischen Glaubensstreit und Koexistenz", in: Lucian Hölscher（Hrsg.）, *Baupläne der sichtbaren Kirche. Sprachliche Konzepte religiöser Vergemeinschaftung in Europa*, Göttingen: Wallstein-Verl., 2007, S. 11–53.

② Helga Schnabel-Schüle, "Vierzig Jahre Konfessionalisierungsforschung, eine Standortbestimmung", in: Peer Frieß（Hrsg.）: *Konfessionalisierung und Region*, Konstanz: UVK, Univ.-Verl., 1999, S. 23–40.

路德教神学家所接受。同时代的路德教神学家马蒂亚斯·弗拉西乌斯、尼克劳斯·冯·阿姆斯道夫(Nikolaus von Amsdorf,1483—1565)和约翰·格哈特(Johann Gerhard,1582—1637)等人却深表不满,他们蔑称梅兰希通一伙为"菲利普派"(Philippisten)和"隐蔽的加尔文主义者"(Kryptocalvinisten),指责他们背叛路德的事业,准备回归天主教会。这些主要活动于恩斯特萨克森和符滕姆贝格的神学家号称"源路德派"(Genesiolutheraner)。他们固守路德的学说,严格坚持路德的称义概念,强调对上帝的恩典的信仰是唯一得救之路,在教会组织问题上也应当保持不依赖邦国官厅的较大独立性。

路德教正统派神学家与菲利普派之间的神学争论,严重损害了路德教的威望,扰乱了路德教徒的思想,致使加尔文教乘虚而入,赢得了不少信徒;天主教也东山再起,得到了传播广泛。

为了消除分歧,加强团结,也为了划清与加尔文教和洗礼派学说的界限,巩固路德教在福音教阵营中的领导地位,抵御天主教的侵蚀,萨克森选侯奥古斯特提议举行路德教牧师会议,制定统一的信纲。1576 年,路德教牧师会议在托尔郜举行,与会者以 1574 年的《施瓦本—萨克森协同书》(schwäbisch-sächsische Konkordie)和 1576 年的《毛尔布朗信条》(Maulbronner Formel)为基础,制定了《托尔郜书》(Torgauer Buch)。1577 年,《托尔郜书》经过修改成为路德教会的最终象征性文件,被称作《贝尔格书》(Bergisches Buch)或《协同信条》(formula concordiae)。

《协同信条》也是对《奥格斯堡信纲》的权威解说。它坚持基督的肉和血实际临在圣餐的教义,否定了加尔文所主张的"双重预定论",强调路德教与天主教和加尔文教之间的不同。萨克森、勃兰登堡、普法尔茨三大选侯国以及其他 20 个公国、24 个伯国、35 个帝国城市接受了该信条。但就路德教派的内部争论来说,《协同信条》只是以事事都以路德的话为圭臬的方式,暂时遮掩了路德教各派之间的意见分歧。

1580 年 7 月 25 日,信奉路德教的各邦国和城市的教会代表齐聚德累斯顿(Dresden),共同纪念《奥格斯堡信纲》诞生 50 周年,进一步确定路德教信纲。与会代表最终赞成将《协同信条》与基督教会三部古经,即《使徒信经》《尼西亚信经》和《亚大纳西信经》集中在一起,形成《协同书》(Konkordienbuch),作为路德教的宗教经典。82 个路德教邦国和帝国城市的教会代表以及 8 000 余名路德教牧师签字接受,《协同书》由此成为路德教各派公认的宗教经典,信义宗正式形成。

三、加尔文教派(归正宗)

在 1555 年的《奥格斯堡宗教和约》中,加尔文教不仅未被承认为合法宗教,而且还受到严厉排斥,路德教徒同天主教徒一样坚决拒绝加尔文的学说和教义。但这并没有阻止加尔文宗教改革的深入进行,福音教归正宗也通过制定信纲而逐渐成形。

此时,加尔文也步入了人生的晚年,他把自己的工作重点置于办学和修订《基督教要义》上了。

1559 年 6 月 5 日,加尔文在日内瓦创办的学校正式开学。该学校分为两个部分,一部分是语法学校,称作学院(collège)或私人学校(schola privata),一部分是高级学校,称作高等学院(académie)或公共学校(schola publica)。规定按学生的能力组成循序渐进的班级,班内每 10 人为一组,合格的学生,每年升入高一级的班级。学生所学的,除一般人文和宗教科目,还有拉丁文、希腊文和希伯来文,特别是虔敬的行为。该校成绩卓著,入学者甚众。五年时间内即有 1 200 个学生参加语法学校学习,300 个学生参加高级学校学习。语法学校后来被称作“加尔文学院”(Collège Calvin),而高级学校则成为日内瓦大学。

加尔文著《基督教要义》的最后修订本也于 1559 年出版发行,这个修订本增加了大量新内容,其篇幅从最初版本的 6 章扩大为 80 章,堪称一本大部头新书。在完成这一修订工作之后,加尔文身心疲惫,久病不起,最后于 1564 年 5 月 27 日在日内瓦去世,享年 54 岁。加尔文去世后,大批信徒蜂拥到他的墓地进行祭奠,日内瓦教会和市政当局担心出现一种新的圣徒崇拜,遂将其棺木转移他处埋葬,并且对外秘而不宣,后来就无人知晓这位宗教改革家的墓地究竟在何处了。

作为第二代宗教改革家,加尔文在许多方面都接受了路德的教义,但也有自己的重点。他同路德一样,坚持唯有圣经、只通过恩典、只通过信仰和唯有基督等教义,但在具体论证过程中,加尔文着重阐述了以下五点:人的彻底堕落和无能为力;上帝无条件的拣选;有限的和解;连续不断的恩典;圣徒蒙保守。

人的彻底堕落和无能为力是说:作为亚当夏娃的后代,人有着与生俱来的原罪,人的一生都受原罪的统治,无论是人的思想、情感,还是人的意志,都摆脱不了原罪的阴影。因此,一般人是没有能力理解福音的,他在精神上是完全无助和失败的。人只有通过圣灵才能够理解上帝救赎的福音。无条件的拣选是说,人的得救与被弃绝,都由上帝预定(这也是加尔文的双重预定原则①)。在加尔文看来,上帝选择人成圣的过程如下:上帝把人分为被选择的一组和不被选择的一组。对于被选择者,上帝确定了他的认识,也预见了复活。其余的人对于上帝和福音是毫无知识的。他们是被上帝唾弃的,只能下地狱。这个决定在宇宙形成之前(也就是说在某个人诞生之前,或者在某个人做出某项决定之前)就已经做出。至于上帝为什么要拣选某些人,原因不明。但是显而易见,它与被拣选者做的善功毫不相干。拣选与被拣选者的个人品质毫无关系。上帝的选择是一个秘密,人不能在自己身上见到任何被拣选的确切标志,也不应当胡乱猜测上帝的意志。有限的和解是说:上帝的儿子耶稣基督通过他本人和他的救赎工作使人与上帝和解,他也通过圣灵赐予信

---

① 路德主张"因(唯)信称义",强调称义非人为的而是出自上帝的恩典,这就意味着他在一定程度上拥护预定论。然而,路德只论述了人的得救是预定的,没有说人的灵魂不得救也是预定的。路德坚信上帝之爱普及全人类,没有人会遭到上帝遗忘或抛弃。加尔文则看到人与人不同,有人得救,有人堕落。如果人们真的信仰上帝,那么他必须完全相信上帝。如果人堕落了,他应当赞美上帝的公正,因为上帝给他的惩罚是公正的,符合他的罪行;如果人得救了,那么他也要赞美上帝的慈悲,因为灵魂得救不是他自己的力量,而是来自上帝对他的无偿恩赐。不管哪一种结果,都是预定的,没有人可以改变自己的命运。一切来自上帝的审判,由上帝决定是否要让一些有罪的人进入天国。

仰者与他本人和上帝成为一体的礼物。但加尔文相信,耶稣基督不是为解救所有的人而死的。他的救赎仅仅是与那些被拣选的人有关的。不可抗拒的恩典的意思是说,人们不能偏离拣选的恩典。人在这方面是毫无自由意志的,因为他在他的行动中是盲目的,没有能力左右上帝的意志。只是通过上帝的召唤,人的精神才被唤醒,才走向上帝。上帝拣选出的每个人都可以认识上帝,但是被拣选者也不能违抗上帝的召唤。圣徒蒙保守是说,得救者一旦得救永远得救。上帝的恩典是不会丧失的。

除此之外,加尔文教还有其他一些神学观点,如福音教徒的苦行;严格的教会管制,也就是说,共同体可对行为不端、道德败坏的成员实行各种各样的惩罚;勤奋和热爱工作,在此,经济上的富裕经常被解释为被拣选的标志,是为福音教的伦理观;教会独立于国家的主张;非教阶制的教会制度(普遍教士论);作为纪念宴会的圣餐,不相信基督的身体在圣餐中的真实临在,在圣餐中的真正临在不是基督的肉和血而是圣灵(这种主张后来被称作"灵性的真实存在论")。[1]

加尔文并非一位与马丁路德迥然不同的宗教改革家。实际上,路德与加尔文原本是相互尊重的,只是在与茨温利发生圣餐教义之争后,路德把加尔文也算作茨温利阵营的人,开始加以排斥了[2];加尔文虽然对宗教改革家之间缺乏团结的情况深感懊恼,但为了捍卫自身利益,也对路德派的神学主张大加攻讦。

加尔文没有像路德那样经历过无比艰难的精神折磨,他是有选择地加入宗教改革运动,平静地从天主教徒转变为福音教徒的。路德的神学具有神秘主义色彩,加尔文却深受基督教人文主义的影响,比较注重现

---

① 参见[法]约翰·加尔文:《基督教要义》(上、中、下三册),钱曜诚等译,孙毅、游冠辉修订,生活·读书·新知三联书店 2010 年版;[美]蒂亚·凡赫尔斯玛:《加尔文传》,王兆丰译,华夏出版社 2006 年版,第 267—296 页。

② 在圣餐问题上,加尔文的观点介于路德和茨温利之间。加尔文不同意茨温利把圣餐看作上帝只是象征性地在场和主要是对上帝进行纪念的观点,他认为不是纪念性和象征性的在场,而是实质性的在场。同时,他又拒绝路德那种肉身的说法,认为在圣餐中上帝虽然在场,但只是精神性的,不是肉体性的。

实问题和理性思维。他也受过比较严格的法律学训练,对新出现的福音学说进行了系统化处理。"加尔文主义"与"路德主义"之间的区别主要是基于两者政治观点的不同,前者赞同共和政体,后者则赞成开明君主政体。但加尔文并非教条主义者,他更多的是政治家,愿意接受让步和限制,拥护教会的统一,积极呼吁宗教和解。他派出大量神职人员向其他国家传扬纯正基督教教义。这些人训练有素,遵守纪律,忠诚事业,是福音教中最接近耶稣会士的一批人,他们的足迹遍及全欧洲。

早在 1536 年,茨温利宗教改革的继承者布林格尔就制订了一部信纲,即"第一瑞士信纲",也称《赫尔维蒂克认信文前版》(*Confessio Helvetica prior*)。该信纲共有 27 条,虽然主要反映了茨温利的观点,但也力求与路德的观点接近。利奥·居德、卡斯帕·迈甘德尔(Kaspar Megander,1495—1545)、奥斯瓦尔德·迈科尼乌斯(Oswald Myconius,1488—1552)、西门·格留奈乌斯(Simon Grynaeus,1493—1541)、马丁·布塞尔、沃尔夫冈·卡皮托(Wolfgang Capito,1478—1541)等宗教改革家均感到满意,这就为"归正宗"的成型奠定了初步基础。

加尔文则在 1549 年与布林格尔订立了一个《共同纲领》(Condensus Tigurinus),进一步加强了瑞士归正宗教会的内部团结。该纲领共计 26 款,第 21、24 和 26 款对教皇的错误观点(化质说、基督肉体和血真正临在圣餐论以及圣物崇拜等)进行了批驳,第 24 和 25 款则谴责了路德的圣餐观。瑞士福音教各派也把这一纲领视为自己的宗教经典。

1566 年,布林格尔制定了第二份瑞士信纲,即《赫尔维蒂克认信文后版》(*Confessio Helvetica posterior*),共计 30 章,详述当时瑞士归正宗的信仰,在若干问题上与天主教和路德教划清界限,反映了茨温利和加尔文的思想,但在预定论上未趋极端。该信纲同样受到以后的归正宗神学家和教徒普遍接受或尊重。

加尔文教传播广泛,无论是在法国(胡格诺教派)、尼德兰(改革会教派)、英格兰(清教派)、苏格兰(长老会教派),还是在德意志诸邦国,支持和信奉加尔文教者都大有人在。

在德意志诸邦国中,接受加尔文教的首先有普法尔茨选侯邦(Kurpfalz),但是颇费一番周折。1559 年,普法尔茨选侯弗里德里希三世(Friedrich Ⅲ.,1515—1576)接受加尔文教,并在 1563 年颁布《海德尔贝格教理问答》(Heidelberger Katechismus)作为教派条例;它在有关洗礼和圣餐礼的规定上接近日内瓦,在预定论和社团组织方面却接近路德教邦国中施行的邦国教会体制。但因当地居民大都已经接受路德教,不愿意再改变礼拜仪式,所以弗里德里希三世只能在下普法尔茨推广加尔文教。而在路德维希六世(Ludwig Ⅵ.,1539—1583)统治期间,整个普法尔茨选侯邦一度重新回归路德教。1583 年,约翰·卡西米尔斯(Johann Casimirs,1543—1592)出任摄政,上普法尔茨重新回归加尔文教;下普法尔茨直至 1595 年才屈服于邦国君主的命令。

伊森堡-罗讷堡(Isenburg-Ronneburg)伯爵领地后来也成了信奉加尔文教的邦国。最初是伊森堡-罗讷堡伯爵沃尔夫冈(Wolfgang,1533—1597)在 1585 年免除领域中一切路德派官员的职务,代之以加尔文教徒。但在 1598 年,他的兄弟和继位者海因里希(Heinrich,1537—1601)又重新回归路德教,并且不管天气的严寒,通知境内的加尔文派传教士必须在数周之内离去。1601 年,沃尔夫冈·恩斯特(Wolfgang Ernst,1560—1633)再次驱逐路德派传教士恢复加尔文派。

信奉加尔文教的还有其他邦国和城市,如拿骚-迪伦堡(Nassau-Dillenburg)伯爵领地(自 1578 起)、自由城市不来梅(自 1581 起)、普法尔茨-茨魏布吕肯(Pfalz-Zweibrücken)公国(自 1592—1595 起)、安哈尔特侯国(自 1597 起)、自由城市哈瑙(Hanau,自 1596 起)、利珀(Lippe)伯爵领地(但不包括首府莱姆戈,自 1600 起)、黑森-卡塞尔邦国伯爵领地(自 1604 起)等。

但与在瑞士和尼德兰的情形不同,加尔文教在神圣罗马帝国同路德教一样是按照邦国教会原则进行组织的,没有采纳教务会议法规。接受了加尔文教的邦国,邦国君主主持召开教会代表会议,邦国君主政府通过主管教会事务的政府部门执行教会条例。这也是路德教邦国实施教派化政策常用的手段,只是邦国君主对加尔文教的接受经常遭到教士和臣民的反对,其激烈程度远远超过路德教邦国的同类斗争。巴登—杜拉赫(Baden-Durlach)和赫尔施泰因—戈托尔夫(Holstein-Gottorf)的邦国君主因为本邦教会和臣民的反对而未能实现从路德教到加尔文教的转变。勃兰登堡选侯约翰·西吉斯蒙德(Johann Sigismund,1572—1620)在1613年皈依加尔文教,但是不能不顾邦国等级的反对强制推广加尔文教;邦国君主与臣民归属不同的教派,"在谁的国家,信谁的宗教"原则由此开始瓦解。由此也可以看到德意志邦国君主专制的脆弱和不彻底性。

四、天主教派

天主教也以《特伦托会议信纲》得到了一种书面信条。

1559年,罗马教皇庇护四世即位。为了把仍然忠于罗马教会的国家和地区联合起来,阻止宗教改革的发展,他于1561年4月6日发布谕诏,呼吁重新召开特伦托宗教会议,并邀请所有基督教诸侯参加,不分天主教或福音教徒。已登基为罗马人皇帝的费迪南一世,附议这个提案,并且表示教皇应谦卑自身,净化圣徒传奇,改革教会和修道院,艰苦朴素,勤俭节约。经过散漫地或策略地延误之后,特伦托大公会议终于在1562年1月18日重新召开,神圣罗马帝国天主教教会诸侯和天主教世俗诸侯大都派代表参加,福音教代表依然缺席。

参加会议的高级神职人员开始承认引发路德叛乱的教会滥用职权行为,倾向于在天主教会内部实行改革。对于神圣罗马帝国意义重大的主教地位得到了确认,但要求主教进驻教区,定期举行巡视,找出其管辖教区内存在的陈规陋习,随时向宗教会议汇报,并在获得其他主教同意之后,报告给罗马教皇;教皇是教会的最高权威,位于所有宗教会议之上。教皇根据具体情况下达整改方案,各地主教都应当无条件接受。主教们还有义务参加省和教区教务会议(Provinzial-und Dioezesansynoden),设立神学院和其他教育机构,安排教士进修,培养节欲和虔敬的新一代神职人员,强化灵魂拯救工作。会议还决定增进教士的道德和纪律,禁止教士的婚姻,重罚修士纳妾,但继续反对讨论罗马的信仰学说,也反对教徒饼酒同领的圣餐礼和普遍教士论等主张,拒绝在举行礼拜仪式时使用民族语言。1563 年 12 月 4 日,特伦托宗教会议闭幕。

1564 年,《特伦托会议信纲》(Professio fidei tridentina)公布,确认教皇有权决定宗教事务,重申天主教基本教义和圣礼制度,谴责福音教因信称义的神学观点和对圣礼的不同主张。还为整肃天主教会作出规定,如主教必须讲道,神父必须熟读圣经,教士的道德生活必须受到监察,以及开办神学院训练神职人员等。该信纲被认为是天主教最重要的文献之一。

按照特伦托大公会议的精神,罗马教廷决定不与福音教妥协。它宣布所有福音教皆为异端,要求加强宗教裁判所的作用,使之成为扼杀福音教的强大武器。它也重申天主教的教条和仪式,肯定教皇在教会中的最高权威,建立严格的出版检查制度,开列禁书目录,禁止所有的教徒阅读。但为了争取信奉天主教的各国统治者的继续支持,结成反对福音教的统一阵线,罗马教廷也作出某些让步,承认各国统治者在国内宗教事务上享有较大的权力,承认他们对教产的没收。与此同时,它也采取一系列强化措施,整顿教会内部的制度和纪律,考察神职人员,解除渎职和违犯教规的教士职务,鼓励出版关于履职经历、灵魂关照和布道词之类的文献,派遣有能力的布道师到村庄和城市。

革新的罗马教廷特别重视神圣罗马帝国的事务。教皇格列高利十三世向帝国派遣了四个使节,他们除了在天主教诸侯的宫廷中代表教皇以外,还负有监督地方教会组织、监视主教和其他教会官职的选举以及全面嘉奖虔诚者的职责。为了对所有这些活动加以统一指挥,格列高利十三世又于1573 年在罗马创建了德意志信徒会议机构。

但在神圣罗马帝国的天主教地区,只有邦国君主能够借助 1555 年的"宗教改革权"和一般统治权,重建本邦的教派统一。罗马教廷也只能通过向教俗诸侯发布引导性政策和施加影响,特别是通过某些有威望的教会人士,推行"重新天主教化"政策。在此,特伦托宗教会议决议可被用作指南,但不能直接导致转变。

天主教地区的教派化也主要是一种政府行为,先是采用强制手段打压和驱逐信奉福音教者,然后开始进行教牧关怀。邦国中央政府主管宗教事务的部门考察牧师言行,出版关于工作手册和讲道集等文件,派遣有能力的牧师深入城市和乡村,通过培训新一代牧师,提高教士队伍的整体素质。巴伐利亚和蒂罗尔较早开始了这一工作,而大多数高级教区是在 17 世纪开展的。在改革方面,耶稣会和改革派修会给予了关键性帮助。恰恰因为它们不属于深陷腐败泥潭的帝国教会,所以具有较大灵活性,比较容易适应新需求。

作为革新的冲锋队,许多耶稣会士担任了邦国宫廷神父和高级顾问等要职,也在维也纳(1552)、因戈尔施塔特(1556)、科伦(1556)、慕尼黑(1559)、因斯布鲁克(1560)、特里尔(1560)、美因兹(1561)、迪林根(1564)、格拉茨(1573)、弗赖堡(1580)、康斯坦茨(1605)、帕骚(1612)和帕德博恩（1616）等 地 开 办 培 训 教 士 的 日 耳 曼 学 院（Collegium Germanicum）。巴伐利亚的因戈尔施塔特大学甚至成为天主教复兴最富有创造力的中心。新一代的、受过教育的天主教徒逐渐形成。与此同时,长老和神父们也介入了灵魂拯救工作,而这一工作原本是由方济各修士和嘉布遣修士负责的,他们以生动形象的漫游布道和大众传教直接诉诸信仰者,着手按特伦托会议上神父们的精神恢复教区生活。

自 16 世纪 60 年代起,重新振兴的天主教已在各邦广泛传播。一些年轻的诸侯回归到天主教信仰,他们认为统一和传统的天主教比扰攘纷争、新奇无根的福音教更有助于国家和社会的稳定,满足臣民的精神需求。一些热忱的天主教神职人员(大主教、主教、修道院长等)则在自己管辖的教区内力行革新,复兴天主教。在维也纳、富尔达、维尔茨堡、艾希斯菲尔德、帕德博恩、奥斯纳布吕克、明斯特、列日等主教区和斯特拉斯堡大主教区,天主教势力日益扩大,并且有计划地开展了重新天主教化运动。在瑞士、奥地利、西里西亚、下莱茵、威斯特法伦、普法尔茨-诺伊堡、于利希-克累弗-贝尔格和巴伐利亚公国,天主教也收复了许多失地。在瑞士,有四个州(苏黎世、巴塞尔、伯尔尼和沙夫豪森)坚持福音教,七个州[卢塞恩、乌里、施维茨、楚格、翁特瓦尔登、弗里堡(Fribourg)和索洛图恩]附属于天主教,其余各州则在福音教和天主教信仰间保持平衡,无法确定它们的教派属性。

至晚到 17 世纪初,天主教会已开始发生明显变化了,天主教教士在履行职责、举行圣礼、布道、转变生活方式诸方面有了很大起色。现在的天主教会不再是路德先前所见到的那个教会了,特别是教士和教廷中的弊端被根除了;通过自身的改革,天主教会也开始走上"现代化"之路了。

第二节　福音教联盟和天主教同盟的成立

1555 年后,路德教在神圣罗马帝国南部和奥地利传布,加尔文教在帝国西部传布,天主教准备反抗和夺回地盘。势力较大的各路诸侯也"为了真正宗教的缘故",不断扩张自己的地盘,对此,《奥格斯堡宗教和约》根本约束不了。不仅如此,和约规定本身也存在许多漏洞,极易引起新的争论和冲突。

按照《奥格斯堡宗教和约》中的"教会保留"条款,某个教会诸侯一旦改宗福音教,就必须放弃他的教会职位,交出对于管辖区的统治权。这个规定保证了帝国教会原有的天主教性质,也保证了天主教选侯的多数地位;此时,天主教选侯有四人,福音教选侯有三人。福音教帝国等级最初之所以容忍了这个条款,大概是因为帝国总督、罗马人国王费迪南一世发表了一个附加声明,即所谓的"费迪南声明",保证教会邦国内的帝国等级、帝国城市居民和其他社团成员享有信仰自由,可以继续信奉他们所选择的宗教,也可以继续居住在原地。然而,这个声明没有被收录于帝国等级会议的正式决议之中,按照《奥格斯堡宗教和约》第 28 条的规定,此类附加声明也是无法律效力的。另外,《奥格斯堡宗教和约》虽然承认改宗了福音教的帝国城市可以继续拥有在 1555 年以前获得的教会财产,对于帝国城市在 1555 年以后是否可以没收教会财产却没有明确规定。同样,《奥格斯堡宗教和约》只适用于《奥格斯堡信纲》的拥护者,对于加尔文教徒的法律地位,和约也未有明确解释。

福音教徒和天主教徒都从自身利益出发解释 1555 年的和约。而在如何理解教会保留条款对信奉福音教的帝国等级和主教区福音教行政管理人员的约束力,如何理解"费迪南声明"对帝国教会的约束力,是否允许邦国所属教会机构和修道院世俗化,是否赋予帝国城市宗教改革权,是否承认加尔文教义等问题上,两者产生了很大的意见分歧,并开展了激烈争论。对于教会保留条款的争论尤其激烈。如果把这一条款加以实施,福音教贵族通向教会诸侯的道路就被完全封死了;福音派主教要获得皇帝的采邑和教皇的确认,必要时甚至作出"特伦托忠诚宣言",这在政治上可以理解,从福音派立场出发不可想象,而天主教贵族则可以通过独占这一特权获得更大的利益。萨克森选侯、勃兰登堡选侯以及霍尔施泰因、不伦瑞克、梅克伦堡和波莫瑞等地福音教派诸侯家族成员通过教士会选举交替地占有了马格德堡、不来梅、奥斯纳布吕克、费尔登、明登、哈尔伯施塔特、吕贝克等主教管区连同直属帝国的等级资格,但是信奉天主教的帝国等级却拒绝他们在帝国等级会议上的席位和表决权。

16 世纪 80 年代以降,福音教诸侯与天主教诸侯的宗教信仰之争经常发展到兵戎相见的严重程度。

首先是在 1583—1588 年进行的所谓"科伦战争"(Kölnischer Krieg)。1582 年 12 月 19 日,科伦大主教、帝国选侯格布哈德·特鲁赫泽斯·楚·瓦尔德堡(Gebhard Truchsess zu Waldburg,1547—1601)公开宣称退出天主教会,改宗路德教,喜结良缘,并按照路德教仪式举行了婚礼,但坚持不放弃大主教职位。对于天主教徒来说,这是对《奥格斯堡宗教和约》教会保留条款的公然违抗,也是对选侯集团中的教派平衡的严重破坏(因为科伦大主教的改宗意味着福音教选侯将增至为 4 个,在未来的国王选举中福音教候选人也有可能当选)。教皇格列高利十三世免去了格布哈德的大主教职位,并将他革出教门。大教堂教士会举行新的选举,巴伐利亚公爵阿尔布雷希特五世的儿子、弗赖兴和希尔德斯海姆主教恩斯特(Ernst,1554—1612)当选为科伦大主教和帝国选侯。巴伐利亚维特尔斯巴赫家族还联合西班牙军队,对"背叛者"进行了残酷镇压。普法尔茨选侯约翰·卡西米尔斯出兵增援格布哈德,但未济于事。

紧接着"科伦战争",又发生了"斯特拉斯堡大教堂教士会之争"(Straßburger Kapitelstreit,1583—1604)。科伦大主教格布哈德和他在科伦教士会中的三个福音教同盟者原本也是斯特拉斯堡大主教堂教士会成员,但在科伦战争爆发后,斯特拉斯堡大主教堂教士会宣布开除这三个人。后者拒不服从,并在拥护福音教的斯特拉斯堡市政会、普法尔茨选侯和韦特劳伯爵的支持下,组建了一个新的教士会。1592年,斯特拉斯堡大主教曼德尔沙伊德-布兰肯海姆(Manderscheid-Blankenheim)的约翰四世(Johann Ⅳ.,1538—1592)去世,两个教士会各选一人继任。福音教徒选举勃兰登堡霍亨索伦家族年仅15岁的约翰·格奥尔格(Johann Georg,1577—1624),天主教徒则选举洛林的枢机主教查理(Charles,1567—1607)。在经过一番武斗后,双方以莱茵河为界各占斯特拉斯堡大主教区一部分土地,相互对峙。1599年,皇帝鲁道夫二世宣布支持查理,约翰·格奥尔格拒不服从。直到1604年,在获得一笔经济补偿后,约翰·格奥尔格才放弃了大主教职位。

如果说前两个事件尚未导致不可收拾的恶果,"多瑙韦尔特事件"就不同了。1607年4月,施瓦本帝国城市多瑙韦尔特的天主教徒举行宗教游行,福音教徒群起抗议,驱散了游行队伍。皇帝鲁道夫二世以破坏和平罪对多瑙韦尔特发布了帝国放逐令[1],并且委托巴伐利亚公爵马克西米连一世加以执行。马克西米连立即出兵占领该城,强制实施天主教化政策。按照当时的帝国法律,多瑙韦尔特隶属于由信奉福音教符滕姆贝

---

[1] 参见 Bernd Roeck (Hrsg.), *Deutsche Geschichte in Quellen und Darstellung*, Band 4: *Gegenreformation und Dreissigjaehriger Krieg 1555—1648*, S. 133 - 134.

格公爵领导的施瓦本行政区,在该市发生的事件应由施瓦本行政区长官处理,皇帝委托巴伐利亚公爵执行帝国禁令以及巴伐利亚公爵滥用武力等做法均不符合帝国法律。1608 年,福音教帝国等级在雷根斯堡帝国等级会议上对皇帝和巴伐利亚公爵的"违法"行为提出了严正抗议,但未被接受。而在解说《奥格斯堡宗教和约》时,福音教派和天主教派又各执一端,根本无法达成一致意见。4 月 27 日,信奉加尔文教的普法尔茨选侯弗里德里希四世(Friedrichs Ⅳ.,1574—1610)用武力驱散了参加帝国等级会议的代表,致使帝国等级会议这个最重要的帝国宪政机构陷入瘫痪,整个帝国处于无政府状态。

1608 年 5 月初,安斯巴赫马克伯爵约阿希姆·恩斯特(Joachim Ernst,1583—1625)邀请帝国南部的福音教诸侯到阿豪森(Auhausen)开会,讨论时局。参加会议的有普法尔茨选侯弗里德里希四世的全权代表安哈尔特-贝恩堡(Anhalt-Bernburg)侯爵克里斯蒂安(Christian,1568—1630)、符滕姆贝格公爵约翰·弗里德里希(Johann Friedrich,1582—1628)、普法尔茨-诺伊堡亲王沃尔夫冈·威廉(Wolfgang Wilhelm,1578—1653)以及拜罗伊特(Bayreuth)马克伯爵克里斯蒂安(Christian,1581—1655)和巴登-杜拉赫马克伯爵格奥尔格·弗里德里希(Georg Friedrich,1573—1622)等人。会议期间,这些福音教诸侯签署了多个协定,并在 5 月 14 日宣布成立"福音教联盟"(Protestantische Union)。暂定有效期为十年的联盟公约将福音教联盟定义为"纯粹防御性的"保护联盟,是福音教诸侯对多瑙韦尔特事件所作的反应,其宗旨是要抵抗违法的暴力行为;对于联盟成员来说,所有反对福音教的行为都是不可容忍的。无论哪一位联盟成员受到攻击,其他成员都应当全力援助。普法尔茨选侯弗里德里希四世还特别呼吁福音教徒联合起来,共同对抗"西班牙的威胁"。①

---

① 盟约条纹见 Bernd Roeck (Hrsg.), *Deutsche Geschichte in Quellen und Darstellung* , Band 4: *Gegenreformation und Dreissigjaehriger Krieg 1555—1648* , S. 139 - 144.

福音教联盟很快扩大为 20 多个成员,其中包括安哈尔特、普法尔茨-茨魏布吕肯和厄廷根-厄廷根(Oettingen-Oettingen)等地的所有王公贵族。动员萨克森选侯克里斯蒂安二世加入联盟一事没有获得成功,但与福音教帝国城市的相应谈判却成效显著。1609 年 5 月,纽伦贝格、斯特拉斯堡和乌尔姆加入联盟,两个月后,经过纽伦贝格的斡旋,弗兰肯城市施韦因富特、罗滕堡、威森堡和温德斯海姆也加入了。1610 年 1 月和 2 月,联盟在施韦比施哈尔开会,勃兰登堡选侯约翰·西吉斯蒙德(Johann Sigismund, 1572—1619)和黑森-卡塞尔邦国伯爵莫里茨(Moritz,1572—1632)宣布加入,同时加入的还有施韦比施哈尔、海尔布琅、肯普滕、梅明根和内尔德林根(Nördlingen)等城市。稍后,埃斯林根、阿伦(Aalen)、京根(Giengen)、施佩耶尔和沃姆斯也加入了。福音教联盟还与法国建立了军事合作关系;福音教诸侯要借此向皇帝和天主教诸侯示威,法国则要为其反西班牙战争寻找盟友。

然而,福音教联盟内部矛盾重重,远非一个统一稳固的联盟。加盟城市主张采取较为温和的政策,安哈尔特-贝恩堡侯爵克里斯蒂安一世却坚持强硬立场;他自 1610 年起成为普法尔茨选侯邦的首相,并且以此身份决定着该邦的对外政策。而在 1614 年,两个盟员的教派转换进一步削弱了联盟的力量。勃兰登堡选侯约翰·西吉斯蒙德从路德教改宗加尔文教,而路德教徒与加尔文教徒的关系并不融洽。普法尔茨-诺伊堡亲王沃尔夫冈·威廉则回归天主教并与西班牙结盟,更从联盟成员转变为联盟的敌人。

为了应对福音教联盟,在巴伐利亚公爵马克西米连一世的筹划下,信奉天主教的帝国诸侯和城市于 1609 年 7 月 10 日成立了"天主教同盟"(Katholische Liga),并且部分地与兰茨贝格同盟重合。几乎所有较大的天主教帝国等级,如美因兹大主教、科伦大主教和特里尔大主教这三大教会选侯,维尔茨堡、康斯坦茨、奥格斯堡、帕骚和雷根斯堡主教等教会诸侯以及肯普滕和埃尔旺根(Ellwangen)的帝国修道院院长,都加入了这个同盟。只有个别天主教诸侯游离在外。最强大的天主教等级奥地利大公国虽然没有加盟,但与同盟相互支持。

天主教同盟也自称是防御性的,是为了捍卫禁止复仇条例和巩固天主教权益而成立的,有效期初定为九年。[①] 天主教同盟得到皇帝、教皇、西班牙和波兰的支持,它也由于其精力充沛、深谋远虑的领袖巴伐利亚公爵马克西米连一世而有希望成为一个比较有战斗力的集团。然而,天主教同盟也因为马克西米连与美因兹大主教不和而深受连累。1610 年,天主教同盟发生分裂;帝国南部的成员继续接受巴伐利亚公爵的领导,而莱茵地区的成员则团结在美因兹大主教的周围。

福音教联盟和天主教同盟都有自己的财政机构和军事组织,都单独或集体同外国勾结,或者依靠这一大国或那一大国保持中立,这就大大加剧了帝国乃至欧洲政治—宗教局势的紧张状态。但在这两个集团之外,还有一些属于温和派的帝国等级,他们极力在前两个派别之间进行调停;最主要的信奉福音教的帝国等级萨克森选侯邦和最强大的信奉天主教的帝国等级奥地利大公国没有参加结盟。萨克森选侯克里斯蒂安二世和后来的约翰·格奥尔格一世(Johann Georg Ⅰ.,1585—1656)虽然信奉福音教,却不容忍加尔文教,不愿意参加带有加尔文教色彩的福音教联盟。相反,他们对皇帝表示忠诚,甚至还由于在政治上同情奥地利而间接地支持天主教同盟。

1610 年,围绕着于利希-克累弗-贝尔格公国的继承权,福音教和天主教诸侯集团开始了新一轮争夺。在于利希-克累弗-贝尔格公爵去世后,多位享有继承权的贵族提出了接管该公国的要求,其中包括勃兰登堡选侯西吉斯蒙德和普法尔茨-诺伊堡亲王沃尔夫冈·威廉。福音教联盟支持西吉斯蒙德,天主教同盟则支持已经回归天主教的沃尔夫冈·威廉。法国国王亨利四世的干预使得争斗超出了帝国范围;亨利四世支持福音教联盟,并且反过来要求福音教联盟诸侯帮助他对西

---

① 盟约条文见 Bernd Roeck (Hrsg.) *Deutsche Geschichte in Quellen und Darstellung* , *Band 4* : *Gegenreformation und Dreissigjaehriger Krieg 1555—1648* , S. 153 - 160.

班牙作战。于利希—克累弗—贝尔格公国遗产继承战争有可能升级为一场大规模的欧洲战争,只是因为亨利四世遇刺身亡,欧洲战争才暂时得以避免。

总之,在教派与邦国紧密结合的情况下,宗教运动继续为诸侯之间的争斗和冲突提供诱因。而按照教派归属构建的诸侯同盟不仅严重威胁着神圣罗马帝国的国内和平,而且还因其与外国的横向联系,使得帝国政治随时都面临着外国干涉的危险。

第三节 波希米亚事件

波希米亚原为一个独立国家,但在历史上曾有出身于哈布斯堡家族的奥地利大公兼任过该国国王。1526 年以后,波希米亚成为哈布斯堡君主国的一部分,长时间处于奥地利大公和罗马人国王或皇帝的统治之下。实际上,波希米亚仅仅是通过国王个人与哈布斯堡家族相联系;在波希米亚,真正支持哈布斯堡家族的人并不多。波希米亚邦国等级一直怀有十分强烈的等级自由意识和国家独立意识,他们之所以接受哈布斯堡君主的统治,主要是为了抵御奥斯曼土耳其人的入侵。16 世纪中叶以后,波希米亚各地区——摩拉维亚、西里西亚和劳西茨[Lausitz,包括上劳西茨(Oberlausitz)和下劳西茨(Niederlausitz)]——的联系越来越紧密。波希米亚首相府和邦国等级会议则是联系波希米亚原本相互分离的各地区的重要纽带,而其承载者在波希米亚和摩拉维亚是领主贵族,在西里西亚是诸侯会议,在劳西茨则是等级领主或者更确切地说是六城市联盟。①

与此同时,宗教改革也在波希米亚广泛传播开来,路德教、加尔文教、胡斯学说、洗礼派思想、各种形式的饼酒同领教义(或者称作"两形说者教义")以及波希米亚兄弟会的主张都有追随者。大部分波希米亚贵

① Maximilian Lanzinner, *Konfessionelles Zeitalter 1555—1618*, S. 181.

族属于温和派胡斯教徒,也附庸路德教。信奉天主教的正统派教徒不仅大为减少,而且处于动摇彷徨状态。耶稣会士的宣传工作进展缓慢。

宗教与政治紧密相连,波希米亚等级要求信仰自由和政治自由的斗争此起彼伏。神圣罗马帝国皇帝、奥地利大公费迪南一世和马克西米连二世未敢予以过多干预,基本上是维持波希米亚宗教信仰和国家行政管理的现状。鲁道夫二世试图加以扭转。他根据罗马教皇使节的要求解除了福音教徒泽尔因斯基(Zelynsky)的大首相职务,任命珀派尔·冯·洛布科维茨(Popel von Lobkowitz,大约 1551—1607)为大首相,组建了一个反宗教改革的政府,来自罗森贝格(Rosenberg)、珀尔恩施泰因(Pernstein)、迪特里希施泰因(Dietrichstein)和洛布科维茨(Lobkowitz)贵族世家、忠于哈布斯堡家族的天主教贵族担任了政府高级官员职务。奥尔米茨主教弗兰茨·冯·迪特里希施泰因(Franz von Dietrichstein,1570—1636)则在摩拉维亚大肆驱逐福音教徒,致力于实行重新天主教化,在与布拉格的共谋下任命天主教徒担任邦国高级职务。摩拉维亚福音教徒则团结在领主等级卡尔·冯·齐罗廷(Karel starší ze Žerotína,1564—1636)周围,坚决反对天主教势力的扩张。

在鲁道夫二世与马蒂亚斯权力斗争犹酣之际,信奉福音教的波希米亚等级趁机提出抗议,要求在各自的邦国内有更大的自由,在政府中有一定的发言权。迫于压力,鲁道夫二世在 1609 年 7 月 9 日签署了著名的《陛下诏书》,承认信奉福音教的波希米亚和西里西亚贵族享有宗教信仰自由,可以按照自己的宗教仪式举行圣礼、成立福音教委员会、创办福音教会和学校,并选举 30 名"监护人"来敦促《陛下诏书》的实施。波希米亚福音教反对派并不以此为满足,而是继续施加压力,要求更多权力。鲁道夫二世只得派兵镇压。波希米亚福音教徒遂转向与鲁道夫二世对立的哈布斯堡家族新首领马蒂亚斯,通过后者的默许,抢占了许多高级官职,摆脱了天主教会和亲皇派官员的约束。

1612 年,马蒂亚斯成为神圣罗马帝国皇帝。他虽然没有否认《陛下诏书》,但是试图限制波希米亚各等级的行动自由,例如下令关闭北波希米亚布劳瑙(Braunau)的福音派教堂,禁止福音教徒举行的宗教仪式,干预福音教城市的行政管理等。1617 年,马蒂亚斯指定内奥地利大公费迪南,即后来的神圣罗马帝国皇帝费迪南二世,为波希米亚国王。不久,费迪南又成功地继承了匈牙利的王位。费迪南是一位狂热的天主教徒,甫一上台就肆无忌惮地撕毁了鲁道夫二世颁布的《陛下诏书》,大规模推行压制福音教的反宗教改革政策。作为一国之主,费迪南二世力图在其世袭领地和王国内打造一个相对统一的国家,实行君主专制统治。除此之外,他还想恢复天主教信仰;他把自己的世俗政权看作为宗教服务的工具,不惜以暴力手段强迫其治下信仰其他宗教者重新皈依天主教。

以图尔恩(Thurnu)伯爵海因里希·马蒂亚斯(Jindřich Matyáš Thurnu,1567—1640)为首的波希米亚福音教等级奋起反抗。1618 年 3 月,波希米亚福音教等级在布拉格举行集会,准备向皇帝呈交抗议书。5 月 22 日,一部分激进分子携带弯刀和火枪冲进了赫拉德辛皇宫,与皇帝的代表雅罗斯拉夫·博斯塔·冯·马提尼克(Jaroslav Borsita von Martinic,1582—1649)和威廉·斯拉瓦塔(Wilhelm Slavata,1572—1652)两公爵进行辩论。盛怒之下,他们以传统的惩罚叛徒的方式,将皇帝的代表和他们的一位秘书扔到窗外的壕沟了。这就是著名的“布拉格掷出窗外事件”。虽然这三个人均无生命危险,但虐待皇帝的代表就意味着冒犯皇帝本人,相当于向皇帝宣战。马蒂亚斯立即采取措施,下令镇压起义者。起义者也马上召开邦国等级会议,选举成立了一个由 30 名督导(大多数为福音教贵族)组成的执政团,行使国家管理权并组建了一支武装部队。起义得到了摩拉维亚福音教等级的响应,也得到了曼斯费尔德伯爵彼得·恩斯特二世(Peter Ernst Ⅱ.,1580—1626)和萨伏伊公爵卡洛·伊曼纽尔(Carlo Emanuele,1562—1630)的支持;萨伏伊公爵以资助曼斯费尔德伯爵统帅的军队的方式支援起义者。一些仇恨哈布斯堡家族统治的奥地利和匈牙利等级也开始了反抗斗争。

神圣罗马帝国皇帝马蒂亚斯向执政团表示愿意宣布大赦,进行谈判,但被拒绝。出身于哈布斯堡家族的波希米亚国王费迪南遂在 1618

年 8 月末派遣布奎伊(Buquoy)伯爵查尔斯·波纳文图拉(Charles Bonaventure,1571—1621)率军进攻波希米亚。曼斯费尔德伯爵彼得·恩斯特二世迎头拦截,在 11 月 21 日占领了波希米亚境内的天主教堡垒比尔森(Pilsen)。波纳文图拉暂时撤回到布德威斯(Budweis)。这一胜利大大鼓舞了福音教徒的斗志。图尔恩伯爵海因里希·马蒂亚斯率领波希米亚起义者的军队进攻维也纳。

1619 年 3 月 20 日,马蒂亚斯驾崩,费迪南成为奥地利大公和神圣罗马帝国皇帝的假定继承人(其继承权当由七大选侯投票决定)。奥地利福音教等级拒绝向他宣誓效忠,一部分福音教贵族甚至在 5 月 5 日冲击宫廷城堡,试图以武力的方式强迫费迪南答应他们提出的保护等级特权和宗教自由的要求,但被费迪南的卫兵打退。

曼斯费尔德伯爵彼得·恩斯特二世率领一部分军队进攻布德威斯,1619 年 6 月 10 日在小村庄萨布拉蒂(Záblati 或 Sablat)附近与布奎伊伯爵查尔斯·波纳文图拉和波希米亚贵族阿尔布雷希特·冯·瓦伦斯坦(Albrecht von Wallenstein,1583—1634)率领的皇帝军队遭遇,并发生激战。战斗持续了七个多小时,曼斯费尔德伯爵损失惨重,不得不下令撤退。

第四节 三十年战争始末

一、波希米亚—普法尔茨战争

1619 年 7 月 31 日,波希米亚起义者与隶属于波希米亚王国的邻邦摩拉维亚、西里西亚、劳西茨结成"波希米亚邦联"(Česká konfederace)。该邦联制定了新的国家制度。波希米亚重新成为选举制的君主国。国王虽为最高首脑,但其权力被进一步削弱,等级实际控制了政府。与此同时,各个等级共同体相互之间的关系发生重大变化,摩拉维亚、西里西亚、劳西茨的等级获得了与波希米亚等级同等的地位,有权参加国王选举。福音教被宣布为国家宗教。[①] 8 月 16 日，奥地利福音教等级宣布加入该联盟。但在最初，他们仅仅是接二连三地呈递抗议书，试图强迫费迪南与波希米亚起义者缔结和约，在宗教事务上做出让步。8 月 19 日，波希米亚邦联等级会议宣布费迪南为"宗教自由的敌人"，废黜其王位；26 日[②]又选举普法尔茨选侯弗里德里希五世（Friederich Ⅴ., 1596—1632）为波希米亚国王。

西本彪根侯爵贝特伦·加博尔（Bethlen Gábor, 1580—1629）利用波希米亚起义的有利时机，出兵攻占科希策（Košice）城，不久又攻占了包括普雷斯堡在内的大片匈牙利国土。他还在普雷斯堡与图尔恩伯爵海因里希·马蒂亚斯率领的波希米亚起义者结盟，准备联合进攻维也纳。但在图尔恩伯爵的军队在埃根堡（Eggenburg）被布奎伊伯爵击溃，不得不撤回布拉格后，加博尔也携带大量战利品回到了西本彪根。

而在此时，费迪南正在美因河畔法兰克福。8 月 28 日，神圣罗马帝国选侯（普法尔茨选侯除外）选举他为罗马人皇帝，号称费迪南二世（Ferdinand Ⅱ., 1619—1637 年在位）。在返回维也纳的路上，费迪南专程到慕尼黑向巴伐利亚公爵马克西米连一世和天主教同盟求援。

马克西米连早年深受耶稣会士的影响，坚决反对福音教，还曾在因戈尔施塔特与费迪南一起上过大学。他在 1597 年从其父亲手中接管了巴伐利亚，紧接着就开始了深入改革，在 1616 年制定了新的、模范的国家法、警察、法院和区域（Malefiz）条例，并且组建了一支相当强大的军队。波希米亚起义爆发之后，马克西米连先是采取静观态度，直到起义由于普法尔茨选侯弗里德里希五世当选波希米亚国王而涉及帝国时，他才发表声明，准备动用天主教同盟的军队帮助皇帝。

1619 年 10 月 8 日，费迪南二世与马克西米连签订《慕尼黑条约》

---

① "Die Konfoederationsakte", in: Bernd Roeck（Hrsg.）, *Deutsche Geschichte in Quellen und Darstellung*, Band 4: *Gegenreformation und Dreissigjaehriger Krieg 1555—1648*, S. 199 - 208.

② 另一说为 27 日。

(Vertrag von München),结成攻守同盟。马克西米连以天主教同盟的名义向皇帝提供一支兵力为 30 000 人的援军,皇帝则许诺马克西米连,在战胜弗里德里希之后,将普法尔茨的选侯职位转让给维特尔斯巴赫家族的巴伐利亚世系,并且以把上普法尔茨合并到巴伐利亚的方式补偿马克西米连的战争费用。[①] 不久,费迪南二世也得到了西班牙国王腓力三世(Felipe Ⅲ.,1578—1621)和教皇保罗五世(Paul Ⅴ.,1552—1621)的军事及财政援助,并在波兰征募了一支军队。时任西班牙属南尼德兰总督、出身于哈布斯堡家族的阿尔布雷希特(Albrecht,1598—1621)也派遣了一支西班牙—尼德兰军队出征波希米亚。

许多帝国福音教诸侯反对普法尔茨选侯出任波希米亚国王。1619年 9 月 12 日,福音教同盟在罗滕堡开会,以符滕姆贝格公爵为首的多数派劝告弗里德里希拒绝接受王位,弗里德里希无视这一劝告,一意孤行。福音教同盟宣布中立,不介于哈布斯堡君主国内部事务。

1619 年 10 月 31 日,普法尔茨选侯弗里德里希五世率领军队进入布拉格;11 月 4 日在赫拉德辛宫加冕为波希米亚国王。入主波希米亚后,弗里德里希立即下令清除国家圣所圣维图斯(St. Vitus)教堂中的所有祭坛和偶像,不久,他的跟从者也把波希米亚其他教堂中的神龛搬移一空。此举不仅引起了天主教徒的指责,也使路德教信徒深感不满。

1620 年 1 月 15 日,加博尔与波希米亚等级结成攻守同盟。皇帝的军队在布奎伊伯爵查尔斯·波纳文图拉的率领下进入上匈牙利(Oberungarn)的卡皮坦纳特(Kapitanat),加博尔成功地捍卫了先前所征服的地区,甚至短时间占领了索普朗(Sopron)市,对维也纳构成了直接威胁。管辖南尼德兰的西班牙总督立即派遣了军队前来解围。加博尔深感不敌,不得不暂行撤退。

1620 年 4 月 30 日,费迪南二世宣布弗里德里希是篡位者,命令他于

---

① "Vertrag zwischen Herzog Maximilian von Bayern und Kaiser Ferdinand Ⅱ.", in: Bernd Roeck (Hrsg.), *Deutsche Geschichte in Quellen und Darstellung*, Band 4: *Gegenreformation und Dreissigjaehriger Krieg 1555—1648*, S. 209-213.

6月1日前离开神圣罗马帝国;如不遵行,就将遭到被放逐的命运,其财产也将被全部没收。大部分福音教诸侯认为弗里德里希公然反抗皇帝的行为已经危及他们的自由,遂向皇帝表示妥协。在法国的调解下,福音教同盟于7月31日同天主教同盟缔结《乌尔姆条约》,规定双方在帝国内不相互攻击。至于是否应当在波希米亚问题上支持皇帝,帝国各等级可自行决定。[1] 萨克森选侯约翰·格奥尔格一世表示愿意帮助皇帝镇压波希米亚起义,但也提出了以获得劳西茨作为报酬的领土要求。匈牙利贵族却在8月25日宣布废除费迪南的王位,选举西本彪根侯爵贝特伦·加博尔为新国王。加博尔也向奥斯曼帝国苏丹求助,以便继续进行反哈布斯堡家族的斗争。

与此同时,约翰·策尔克莱斯·冯·蒂利伯爵(Johann t'Serclaes von Tilly,1559—1632)被任命为天主教同盟军队的总指挥,不久,他就率领一支由2.5万人组成的天主教同盟军队经过奥地利进入波希米亚。萨克森选侯的军队也占领了劳西茨。11月8日,天主教同盟军队在布拉格西边白山(Weißer Berg)附近打败波希米亚起义者。次日,巴伐利亚公爵马克西米连一世占领了布拉格。弗里德里希仅仅做了一个冬天的国王就不得不出逃尼德兰,被世人讥讽为"冬王"(Winterkönig)。西里西亚退出了波希米亚邦联,执政团解体,起义军溃散。皇帝的军队也战胜了加博尔,收复了匈牙利中西部地区。

曼斯费尔德伯爵彼得·恩斯特二世退回到比尔森,试图与皇帝进行谈判。他从皇帝那里获得了10万古尔登的贿赂,因此没有参加白山战役,但在1621年3月还是被蒂利伯爵打败了。

在镇压了波希米亚起义后,费迪南二世对起义者采取了残酷无情的打击报复。他首先在1621年1月向普法尔茨选侯弗里德里希五世发布

---

[1] "Vertrag zwischen Maximilian, Herzog von Bayern, fuer die Liga und Joachim Ernst, Markgraf von Brandenburg-Ansbach, fuer die Union", in: Bernd Roeck (Hrsg.), *Deutsche Geschichte in Quellen und Darstellung*, Band 4: *Gegenreformation und Dreissigjaehriger Krieg 1555—1648*, S. 214 - 216.

了帝国放逐令。紧接着又于 6 月 21 日在波希米亚举行了惩罚性审判。30 名起义领袖被逮捕,其中有 21 人被处死,12 位被处死者的头颅被割下,悬空示众。费迪南二世还在波希米亚实施严厉的反宗教改革政策,恢复天主教会的统治地位,确立天主教为唯一允许的教派,驱逐福音教布道士出境,强迫福音教徒改信天主教,没收那些曾经支持过起义的贵族的财产,并用没收来的财产偿还债务。偶像被重新放进教堂,耶稣会士也再次回到波希米亚,所有学校均被置于天主教的控制之下。圣餐中饼酒同领的仪式被取消,天主教献祭弥撒得以恢复。大约有 3 万户福音教徒被驱逐,650 个贵族庄园被没收;仅没收土地一项,其价值就高达 4 000 万古尔登。绝大多数福音教贵族和富裕市民迁移他乡,中产和商人阶层几乎消失;在农奴制的基础上,一个新的天主教贵族阶层建立起来了。波希米亚成了哈布斯堡家族的世袭财产,邦国等级会议不再拥有立法权,所有高级官员均由国王任命。类似的镇压措施也被推行于哈布斯堡的其他领地,只是在西里西亚,政策略为温和。

1621 年 4 月 24 日,福音教同盟在海尔布琅开会,正式宣布同盟解散,但与《乌尔姆条约》相联系的使战争局限于波希米亚的希望也落空了,因为战火很快就燃烧到了帝国内部。

1621 年 5 月,皇帝的军队占领了普雷斯堡,匈牙利起义者也投降了。加博尔不得不在 12 月 31 日同皇帝签订和约,放弃他在匈牙利王国占领的地区和匈牙利国王称号,但是将上匈牙利的七个行政区以及奥珀伦(Oppeln)和拉蒂博尔(Ratibor)侯国合并到西本彪根,至死统治着这些地区。费迪南二世重获匈牙利王位,但是直到 1626 年,匈牙利等级的反抗斗争仍时有发生。

普法尔茨选侯弗里德里希五世逃到尼德兰后,英国国王詹姆斯一世(James Ⅰ., 1566—1625)和勃兰登堡选侯格奥尔格·威廉(Georg Wilhelm, 1595—1640)都放弃了对他的支持。福音教联盟彻底瓦解了,只有曼斯费尔德伯爵彼得·恩斯特二世(Peter Ernst Ⅱ., 1580—1626)、不伦瑞克—沃尔芬比特尔公爵克里斯蒂安(Christian, 1599—1626)和巴登—杜拉赫马克伯爵弗里德里希五世（Friedrich V.,1594—1659）继续进行抵抗。

1621年春,曼斯费尔德伯爵彼得·恩斯特二世直接受雇于被放逐的波希米亚"冬王"弗里德里希,为保卫普法尔茨邦国伯爵故土普法尔茨而战。夏天,他在上普法尔茨森林威德豪斯阻击蒂利伯爵长达数月之久。到了秋天不得不放弃上普法尔茨,转战莱茵河流域,固守遭到西班牙军队围攻的普法尔茨城堡弗兰肯塔尔（Frankenthal）。1622年4月27日在明戈尔斯海姆（Mingolsheim）打败巴伐利亚—天主教同盟军队。弗里德里希以国王身份在布鲁赫萨尔晋升曼斯费尔德伯爵为侯爵。

但在1622年5月6日的维姆普芬战役中,巴登—杜拉赫马克伯爵弗里德里希五世却遭到重创。蒂利伯爵放纵军队对普法尔茨进行了大规模掠夺,杜拉赫（Durlach）和其他城市被彻底焚毁。紧接着,在6月20日的赫希斯特（Höchst）战役中蒂利伯爵又战胜了不伦瑞克公爵克里斯蒂安,征服了海德尔贝格、曼海姆（Mannheim）和弗兰肯塔尔等地。7月,曼斯费尔德侯爵彼得·恩斯特和不伦瑞克公爵被普法尔茨邦国伯爵解雇,不得不撤退到阿尔萨斯。不久他们又被荷兰国会雇佣,并在穿越西班牙属南尼德兰北上时,在1622年8月29日的弗洛伊鲁斯（Fleurus）战役中击败了企图阻止他们北上、由冈扎罗·费尔南德兹·德·科尔多巴（Gonzalo Fernández de Córdoba,1585—1635）率领的西班牙军队。同年秋天,曼斯费尔德侯爵彼得·恩斯特占领了东弗里斯兰（Ostfriesland）伯爵邦国;不伦瑞克公爵接踵而来。他们协助尼德兰联合省总督奥兰治亲王莫里茨（Maurits van Oranje,1567—1625）解放了被西班牙军队围困的贝尔根-奥普-佐姆姆（Bergen-op-Zoom）。但在1623年8月6日,不伦瑞克公爵在施塔特洛恩（Stadtlohn）战役中被蒂利伯爵打败,几乎全军覆没,公爵本人侥幸逃生。曼斯费尔德侯爵彼得·恩斯特则在1624年初解散了他的雇佣兵部队。

1623年2月23日,皇帝费迪南二世将普法尔茨选侯职位转封给巴伐利亚公爵马克西米连一世,后者也对上普法尔茨实行了军事占领,并在这里推行重新天主教化政策。1628 年,巴伐利亚的选侯职位成为可世袭的了,上普法尔茨的土地同样如此。作为回报,马克西米连为皇帝承担了 1 300 万古尔登的战争费用。[①] 西班牙则迫使格劳宾登人把他们的各个山口割让给奥地利的蒂罗尔和西班牙的米兰,从而在哈布斯堡家族奥地利支系和西班牙支系之间建立了路桥。

在镇压波希米亚福音教等级和普法尔茨选侯的反叛的军事行动中,皇帝费迪南二世获得了全面胜利。现在,他能够伙同天主教同盟对未来的政治发展和战争进程发挥决定性作用了。就是在神圣罗马帝国,皇帝和天主教同盟也掌握了一定的主动权,敢于强迫福音教徒重新回归天主教信仰,违令者将被驱逐出境,无论是加尔文教徒还是路德教徒。

然而,费迪南二世在波希米亚推行的残酷政策,激起了福音教徒的强烈愤慨;费迪南二世准备在全帝国实现重新天主教化的计划,更引起了福音教徒的巨大恐慌。而在将普法尔茨选侯职位转让给巴伐利亚公爵时,费迪南二世也没有与福音教选侯进行协商,后者因为选侯集团中天主教选侯数量的增加而深感受到威胁。此外,皇帝权力的增强也使得帝国等级们感到不可容忍。哈布斯堡家族势力的扩张以及维也纳与马德里合作的加强,更触动了法国、英国、尼德兰联合邦、丹麦和瑞典等欧洲国家的神经。出于各种各样的动机和目的,这些国家开始向神圣罗马帝国反皇派伸出援手,甚至直接出兵干预帝国事务。战争扩大化势不可免。

二、丹麦—尼德兰战争

自从西班牙国王卡洛斯一世当选神圣罗马帝国皇帝(称卡尔五世)以后,哈布斯堡家族不仅统治着尼德兰、西班牙和意大利的一些邦国,还统治着奥地利、波希米亚和匈牙利以及神圣罗马帝国,对法国形成包围之势。为了打破这一局势,也为了争夺欧洲大陆霸权,从弗朗索瓦一世

---

① 数字见 Gerhard Schormann, *Der Dreißigjährige Krieg*, S. 77.

起,法国多位国王都将哈布斯堡君主看作自己的首要对手,并在西欧和上意大利与哈布斯堡家族进行了一系列战争。为了壮大自己的力量,赢得战争的胜利,坚持天主教信仰的法国国王甚至不顾宗教信仰上的差别,与信仰伊斯兰教的奥斯曼帝国苏丹和信仰福音教的神圣罗马帝国诸侯结成军事政治同盟,并且在一定程度上遏制住了哈布斯堡家族势力的扩张。

在费迪南二世镇压了波希米亚福音教等级和普法尔茨选侯的反叛之后,时任法国国王路易十三世(Louis XⅢ., 1601—1643)的大臣、主持法国政务的阿尔芒·让·迪普莱西·德·黎世留(Armand Jean du Plessis de Richelieu, 1585—1642)又深感恐慌,千方百计扭转局势。但因国内局势不稳,他不敢贸然使法国与神圣罗马帝国直接交锋,而是运用外交手段,联络所有可利用的力量,怂恿哈布斯堡家族的其他敌人出兵作战,自己则在"暗中"予以支持和操纵。

普法尔茨选侯弗里德里希五世的岳父、英国国王詹姆斯一世也不愿意看到哈布斯堡家族在北海沿岸增强势力。但在此时,英国同法国一样内讧不断。詹姆斯一世也没有力量采取直接干预行动,只能采取联盟和支持盟友出征的政策。

1621年,荷兰与西班牙之间的停战协定期满,两个对手重启战端,尼德兰战争再次爆发。法国和英国立即站到荷兰一边,通过财政和军事援助,支持荷兰打击西班牙和哈布斯堡家族,为尼德兰的战火添柴浇油。而在费迪南二世准备出征帝国北部时,法英荷等国又极力怂恿当地诸侯进行抵抗,并以提供补贴的方式支持丹麦国王克里斯蒂安四世(Christian Ⅳ., 1577—1648)参战。

此时的丹麦虽然只有150万人口,远不如瑞典或波兰,但通过占领挪威、瑞典南部和瑞典西海岸大部分地区[卡尔玛(Kalmar)及奥瑟尔(Ösel)],独自掌握了对厄尔松(Oeresund)地区的控制权,获得了巨额海关税收收入,成了东海的霸主。国王克里斯蒂安四世好大喜功,他自视为军事天才,相信可以通过战争扩大自己的势力和威望。他既是丹麦国王,又是神圣罗马帝国的赫尔施泰因公爵,在下萨克森帝国行政区会议上拥有表决权。他也很早就信奉了福音教,矢志捍卫新信仰。三十年战争爆发后,克里斯蒂安四世在 1621 年初邀请吕内堡、劳恩堡(Lauenburg)和不伦瑞克三公国的福音教公爵,英国、荷兰、瑞典、勃兰登堡和波莫瑞的公使,以及遭到驱逐的冬王,到泽格贝格开会,重新恢复福音教联盟,决心以武力手段抵制皇帝的反宗教改革政策。

　　1625 年 2 月,在英国、荷兰和法国的支持下,丹麦国王以援助德意志福音教联盟为由,率军入侵神圣罗马帝国,占领路特尔(Lutter)城。与此同时,曼斯费尔德侯爵彼得·恩斯特也率领一支英国军队进占西波希米亚。3 月,在吕内堡下萨克森行政区会议上,克里斯蒂安成功当选为该行政区长官。紧接着,他又敦促行政区等级为其新招募的雇佣军提供资助。行政区等级虽然同意提供资助,但又规定新建军队只用于行政区防卫,不允许越界进行战争;他们不想把战争扩大化,惹火烧身。克里斯蒂安并不遵守这一约束,在占领了费尔登和尼恩堡(Nienburg)之后,又继续占领了位于下莱茵—威斯特法伦的一些城市。5 月,克里斯蒂安入侵下萨克森,不伦瑞克公爵克里斯蒂安和萨克森—魏玛公爵伯恩哈德(Bernhard,1604—1639)予以响应。12 月 9 日,英国、荷兰与丹麦在海牙(Haag)签订条约,正式组成反哈布斯堡同盟。于是,帝国国内战争演变成了欧洲国际战争。

　　蒂利伯爵继续在下萨克森地区推行反宗教改革政策,用武力迫使已经皈依福音教的主教区和修道院回归天主教,支持耶稣会士的活动,但因严寒、饥饿和疾病,蒂利伯爵统帅的天主教同盟军队已减至 1 万人,难以抵挡丹麦军队进攻,遂向皇帝告急。费迪南二世迫不得已,只好接受野心勃勃的波希米亚贵族阿尔布雷希特·冯·瓦伦斯坦的建议,委托他招募军队,承担救援和抗击外敌的任务。

　　瓦伦斯坦出身于波希米亚的一个古老贵族家庭,接受过波希米亚兄弟会教育,1599 年入纽伦贝格路德教派的阿尔多夫大学攻读神学,但在第二年就因举止粗野、打架和骂人而被开除。此后,瓦伦斯坦以骑士漫游方式周游欧洲,1604年加入神圣罗马帝国军队,深受皇帝鲁道夫二世的赏识,1606年,升任军官,同年改奉天主教。1609年,瓦伦斯坦与一位富孀结婚,获得大量嫁妆,成为大地主,并使自己的邦国成为实行重商主义的模范邦国:改革土地经营方法,资助工业,筹组学校,举办医疗卫生事业,救济贫民。1611年6月,马蒂亚斯登基,瓦伦斯坦随之入宫,1615年获首席侍从官头衔,1617年率骑兵200人参与帝国镇压威尼斯独立运动的战争。1618年,费迪南二世统治波希米亚时,瓦伦斯坦又成为这位内奥地利大公的亲信,并以大量金钱予以资助。在波希米亚福音教等级举行起义后,瓦伦斯坦背叛其同胞,帮助皇帝进行镇压。1621年出任帝国驻波希米亚军队统帅。1622年被皇帝晋升为诸侯等级。

1625年丹麦入侵帝国时,瓦伦斯坦已拥有1/4的波希米亚地产,可以任意组建军队。他主动向费迪南二世请命,在得到允准后,很快就招募了一支至少有3万人规模的军队,并以新建皇帝军队的最高统帅身份,与蒂利伯爵率领的天主教同盟军队协同作战。

曼斯费尔德侯爵彼得·恩斯特返回帝国北部,按照法国和英国的要求协助丹麦国王作战。1626年4月25日,瓦伦斯坦统帅的皇帝军队在德骚的布吕克(Brücke)战胜了曼斯费尔德侯爵。蒂利伯爵统帅的天主教同盟军队则在6月9日攻占明登城,并对该城居民实行了大规模掠夺和屠杀。6月16日,不伦瑞克公爵克里斯蒂安患病死亡。8月初蒂利伯爵攻占哥廷根,8月27日在巴伦山(Barenberge)下打败丹麦国王,收复路特尔城。丹麦国王与其同盟者曼斯费尔德侯爵彼得·恩斯特在勃兰登堡选侯邦重新组建了一支军队,并开始向南方转移,谋求同西本彪根侯爵贝特伦·加博尔联合起来,共同进攻哈布斯堡家族的世袭领地。

1627年春,瓦伦斯坦在西里西亚和安哈尔特接连获胜,征服了特尔纳瓦(Trnava或Tyrnau)和尼特拉(Nyitra或Neutra)等地。10月初,瓦伦斯坦与加博尔在伊佩尔河(Ipel'或Eipel)畔德雷盖伊—帕兰克(Drégely-Palánk)对垒,但未交战便自动撤退了。加博尔却胆怯了,不战而降,再次同哈布斯堡君主费迪南二世讲和,确认先前和约的有效性。

曼斯费尔德侯爵彼得·恩斯特孤立无援,仓皇逃窜,11 月 30 日病死于萨拉热窝(Sarajewo)。瓦伦斯坦则占领了勃兰登堡,迫使选侯格奥尔格·威廉投靠皇帝。次年,瓦伦斯坦又占领了梅克伦堡和波莫瑞。施特拉尔松要塞因为有丹麦人和瑞典人从海上支援而未被攻下。瓦伦斯坦虽然没有夺取东海的海上控制权,但是掌握了丹麦大陆和帝国北部的局势,声势极为显赫。

为了维持军队,瓦伦斯坦使用了"以战养战"的野蛮掠夺政策。他不分敌友,一律让地方承担军饷,无偿提供宿营地和食品,那些没有驻扎军队的城市也要支付赎金。同济金根和胡登等帝国骑士一样,瓦伦斯坦也希望重振神圣罗马帝国昔日的辉煌,结束诸侯纷争、小邦割据的局面,效法英国和法国,建立以皇帝为首的君主专制制度,使神圣罗马帝国成为一个统一的、中央集权的强国,但其眼光更远大,思想更先进。他虽然是天主教徒,但对宗教争执深感厌烦,对耶稣会士也十分不敬,力主驱逐教皇势力,建立一个摆脱一切宗教矛盾、纯粹世俗的君主国。瓦伦斯坦还期望建立一支帝国海军,联合波兰,将波罗的海和北方诸海置于神圣罗马帝国的控制之下,使丹麦和英国不能再从波罗的海诸港运进木材,不能经由波罗的海海峡建立他们的舰队以控制北海及其商业,不能对西班牙封锁该海峡。

瓦伦斯坦已在 1625 年 6 月被皇帝擢升为弗里德兰(Friedland)公爵,1627 年他又自称为"大洋和波罗的海海军上将"[①]。1628 年 3 月 11日,费迪南二世下令放逐曾经站在克里斯蒂安四世一边作战的梅克伦堡两公爵,剥夺其爵位和领地并将它们转赠给瓦伦斯坦,以回报他从瓦伦斯坦那里得到的资助。

对于瓦伦斯坦的一系列军事胜利,帝国诸侯不仅高兴不起来,反而惊恐万分,更因为瓦伦斯坦的反诸侯政策而恨之入骨。他们注意到巴伐

[①] 引文见[美]威尔·杜兰:《世界文明史》,第七卷,幼狮文化公司译,东方出版社 1998 年版,第434 页。

利亚公爵马克西米连一世和蒂利伯爵麾下的天主教同盟军队仅有 2 万多人,而瓦伦斯坦却指挥着 14 万人的大军,并且只对皇帝负责,使皇帝获得了前所未有的独立性,严重威胁着其他帝国诸侯的"自由"。1627—1628 年冬天,帝国选侯齐聚米尔豪森共商对策。天主教选侯暂时还倾向于支持瓦伦斯坦,希望他在福音教的诞生地中把福音教扑灭,福音教选侯无计可施只好忍让。另有一些帝国诸侯则直接上书皇帝,弹劾瓦伦斯坦,要求罢免瓦伦斯坦的职务,解散其军队。对于这一要求,皇帝起初是不愿理睬的。

瓦伦斯坦以他的军队和一系列军事胜利使皇帝在帝国中的权力达到了顶峰。费迪南二世乘机在 1627 年 5 月 10 日颁布《新邦国条例》(Obnovené zrízení zemské)①,强调皇帝在波希米亚至高无上的专制权力。他也在 1629 年 3 月 6 日颁布《归还敕令》(Restitutionsedikt)②,勒令将所有在 1552 年之后被世俗化了的教会财产无条件地归还给原主,所有改信福音教的主教管区和修道院都恢复天主教礼拜,天主教帝国等级可以在其邦国内任意镇压福音教徒。当时,神圣罗马帝国北部和中部大多数的帝国和邦国主教辖区都被福音教主教把持,而在这些主教当中,有很大一部分出自占统治地位的诸侯家族。在帝国南部,特别是在符滕姆贝格,大多数修道院也被世俗化了,其财产多为诸侯占有。费迪南二世的《归还敕令》势必触动诸侯的既得利益,因此受到诸侯们的普遍反对。

皇帝自恃自己的力量已经足够强大,一意孤行,坚持实施《归还敕令》。一旦有人反抗,瓦伦斯坦的军队就会被召来进行镇压。几乎所有抗

---

① 德文写作 Verneuerte Landesordnung, in: Bernd Roeck (Hrsg.), *Deutsche Geschichte in Quellen und Darstellung*, Band 4: *Gegenreformation und Dreissigjaehriger Krieg 1555—1648*, S. 258 - 260.

② Restitutionsedikt, in: Bernd Roeck (Hrsg.), *Deutsche Geschichte in Quellen und Darstellung*, Band 4: *Gegenreformation und Dreissigjaehriger Krieg 1555—1648*, S. 268 - 276.

令者都遭到沉重打击。结果,奥格斯堡、罗滕堡、多特蒙德(Dortmund)等帝国城市和 30 余座小城镇,5 个主教区以及 100 所修道院,都落入天主教手中。数百个天主教教区重新组织起来。由于新的领主采行"教随国定"的原则,臣民们必须接受统治者的宗教信仰。成千上万的福音教徒被迫背叛自己的宗教信仰,或者迁移他乡,仅在奥格斯堡一地就有 8 000 人被放逐,包括刚为该城市建成了一座文艺复兴风格的庄严市政厅的埃利亚斯·霍尔(Elias Holl,1573—1646)。

归还教产诏书使得本来已经在事实上瓦解了的福音教徒的抵抗重新开展起来。萨克森选侯约翰·格奥尔格站到了皇帝的对立面,并且成为路德教徒的领袖。天主教诸侯对《归还敕令》本身没有异议,但对皇帝想利用它来扩充自己的权力地位的企图却极不满意。就连瓦伦斯坦也反对这一敕令,因为他不想因为宗教问题激怒福音教徒,引发新的战争。对此,费迪南二世大为不悦,逐渐有了罢免瓦伦斯坦之心。

1629 年 5 月 22 日,瓦伦斯坦与丹麦国王在吕贝克签订和约,丹麦国王放弃在帝国境内的宗教和军事职权,保证不再干涉帝国内部事务;瓦伦斯坦则将日德兰半岛(Jütland)、石勒苏益格和赫尔施泰因的丹麦王室领地归还克里斯蒂安四世,不要求任何赔偿。瓦伦斯坦显然是独断独行地与丹麦国王进行谈判并缔结和约的。他一方面惧怕西方国家联合起来反对神圣罗马帝国,另一方面也相信瑞典国王古斯塔夫二世·阿道夫(Gustav Ⅱ. Adolf,1594—1632)正在计划进攻帝国。后来的事态发展表明,瓦伦斯坦的这些考虑不是没有道理的。

但是皇帝不再容忍他了。1630 年 7 月,天主教选侯与福音教选侯在罢免瓦伦斯坦一事上达成了一致意见,一齐敦促皇帝解除瓦伦斯坦的军权。巴伐利亚选侯马克西米连一世甚至威胁皇帝说,如不解除瓦伦斯坦的军权,皇帝就得不到天主教同盟的支持了,皇帝的儿子当选罗马人国王之事也无从保障。9 月 13 日,费迪南二世通知军中官员,撤除瓦伦斯坦的最高指挥权,并将这一军权转交给蒂利伯爵。与此同时,他也将帝国军队的数量压缩了一半。瓦伦斯坦平静地退隐到他在波希米亚的庄园,但是并未放弃政治抱负;他早已预料到,他有一天还会东山再起,因为瑞典军队已经开始入侵了。

三、瑞典战争

在瑞典,出自瓦萨(Waza)家族的波兰国王一度占据统治地位。至齐格蒙特三世(Zygmunt Ⅲ.,1566—1532)时,秩序和社会福利的建立为卓有成效的扩张战争创造了条件。1577 年,瑞典宣布神圣罗马帝国对波罗的海地区的主权业已消失。1599 年,瑞典贵族反叛,推翻了齐格蒙特政权,确立了路德教信仰,并与波兰展开了一系列战争。但是瑞典新国王卡尔九世(Karl Ⅸ.,1550—1611)进行的几次征战均未获得成功,甚至引起了瑞典的竞争对手丹麦国王克里斯蒂安四世的进攻。1611 年,卡尔九世去世,他的儿子古斯塔夫二世·阿道夫必须在付出高额代价的情况下与丹麦缔结和约。战争债务使瑞典背上了沉重负担,其外交地位也受到严重削弱。尽管如此,阿道夫仍不放弃对于波罗的海的控制权,他的政治目的是建立一个环绕波罗的海的大帝国,把俄国、波兰和神圣罗马帝国北部地区、丹麦以至贝尔特海峡和挪威置于他的统治之下。因此,他对克里斯蒂安四世在神圣罗马帝国的失败感到欣慰,而对瓦伦斯坦的势力扩张却感到不安,认为自己在宗教和政治两方面都面临巨大危险,天主教势力会从帝国北部地区入侵瑞典。古斯塔夫二世特别担心神圣罗马帝国控制波罗的海并与波兰结盟。当时,瑞典正在同波兰为争夺利夫尼亚和普鲁士而战。神圣罗马帝国与波兰结盟自然是对瑞典极其不利的。于是,阿道夫决定先发制人,出兵帝国,吞并其北部领土。

瑞典国王入侵帝国的计划得到了法国大臣黎世留的大力支持。1629 年,黎世留调解了波兰和瑞典之间的战争,使瑞典在普鲁士保留享有极为有利的关税收入。1631 年 1 月 23 日,在瑞典军队侵入帝国后,黎世留又同古斯塔夫二世·阿道夫缔结了《贝尔瓦尔德同盟条约》,要求瑞典国王在帝国保持一支有 3 万士兵和 6 000 骑兵的军队,同时许诺每年为维持这支军队支付 100 万里弗尔的资助。[1]

1630 年 7 月 4 日[2],古斯塔夫二世·阿道夫亲自率军在奥得河三角洲的乌泽多姆岛(Usedom)登陆,侵入了易北河以东的世俗诸侯国波莫瑞、梅克伦堡、勃兰登堡和萨克森选侯邦等地。

古斯塔夫二世·阿道夫的入侵使战争进入了一个新的阶段。但在最初,除了黑森—卡塞尔邦国伯爵威廉五世(Wilhelm V.,1602—1637)和萨克森—魏玛公爵伯恩哈德等较小诸侯愿意追随他外,其他帝国等级均采取了克制观望态度。

此时,蒂利伯爵除了统帅天主教同盟军队外,还担任了皇帝军队的总指挥之职。他依靠这两支军队,在帝国北部厉行《归还敕令》。他在 1631 年 3 月 19 日攻克新勃兰登堡,屠杀守城官兵 3 000 余人;5 月 20 日又同帕本海姆(Pappenheim)伯爵一起攻克坚决抵抗教产复原命令的马格德堡的豪赫蔡特,怂恿军队大肆掠夺了 4 天,杀害卫城部队官兵、普通居民 2 万余人。[3] 全城除了教堂之外所有建筑物都被摧毁。勃兰登堡选侯、萨克森选侯和梅克伦堡公爵开始寻求瑞典国王的庇护。1631 年 9 月 17 日,瑞典军队与萨克森军队联合在位于莱比锡附近的布赖滕费尔德(Breitenfeld)打败蒂利伯爵,收复梅克伦堡,恢复原先公爵的职位。众多小邦踊跃与瑞典联盟。天主教在帝国北部全线崩溃。瑞典国王自视为帝国的主宰,行使皇帝的权力。他把弗兰肯数个主教区组成一个新公国,并把它授予魏玛公爵伯恩哈德,也把帕德博恩、科尔凡、富尔达赠给黑森—卡塞尔邦国伯爵威廉五世,而他本人则乘胜南下,一直打到美因河和莱茵河。

瑞典国王的南下不仅威胁到皇帝和天主教同盟的利益,也威胁到法国在上莱茵的利益。黎世留竭力劝说瑞典国王改变进军方向。1632 年春,古斯塔夫二世·阿道夫率军穿越符滕姆贝格向巴伐利亚挺进。蒂利

---

[1] 1 里弗尔相当于 1 磅银子。数字见[德]布劳巴赫等:《德意志史》,第二卷,第 214—215 页。

[2] 另一说为 7 月 6 日。

[3] 另有史料证明为 3 万余人。

伯爵赶赴巴伐利亚,3 月 9 日在班贝格战役中打败古斯塔夫·卡尔松·霍恩(Gustaf Karlsson Horn,1592—1657)率领的瑞典军队。古斯塔夫二世·阿道夫却在 3 月 31 日占领纽伦贝格,4 月 15 日在赖恩(Rain)战役中重伤蒂利。蒂利撤退到因戈尔施塔特,4 月 30 日不治身亡。瑞典国王试图攻占因戈尔施塔特,但未能如愿,遂转攻奥格斯堡和慕尼黑,24 日占领奥格斯堡,5 月中旬占领慕尼黑,对奥地利构成了严重威胁。

　　皇帝费迪南二世丧失了先前取得的所有胜利果实,不得不重新起用瓦伦斯坦。瓦伦斯坦再次出山,但附加几个很特别的条件:占有梅克伦堡公国和格洛高侯国;掌握神圣罗马帝国所有军队的最高统率权,可以自行任命上校;除了对瑞典国王外,可与其他敌人谈判签约;对于所征服的土地他有权加以没收或赦免。1632 年 4 月 14 日,皇帝与瓦伦斯坦签订条约,答应了后者提出的所有要求。瓦伦斯坦遂以惊人的速度重建军队。1632 年秋,他在波希米亚肃清了入侵的萨克森军队,紧接着又向弗兰肯推进,同巴伐利亚的残余军队会合,并在 9 月 3 日纽伦贝格战役中取得了对瑞典国王第一次较大的防御性胜利。9 月 18 日,瑞典军队转向奥地利。瓦伦斯坦则进军萨克森选侯邦,切断瑞典军队的后方联系,并且使之有陷入孤立的危险。瑞典国王不得不中止对奥地利的进攻,急忙去帮助他的萨克森同盟者。11 月 16 日,瓦伦斯坦与古斯塔夫二世·阿道夫在吕岑(Lützen)发生激战,虽有一定的损失,但是击毙了瑞典国王。古斯塔夫二世·阿道夫的未成年女儿克里斯蒂娜(Kristina,1626—1689)继任瑞典国王,阿克斯艾尔·奥克森斯切尔纳(Axel Oxenstierna,1583—1654)担任摄政,并且统率瑞典军队继续战斗。1633 年 4 月 23 日,奥克森斯切尔纳与弗兰肯、施瓦本和莱茵河流域帝国行政区的帝国等级结成"海尔布琅同盟"(Heilbronner Bund),使瑞典在帝国中的地位得到了一定程度的巩固。

　　为了避免新的战斗,瓦伦斯坦自作主张地与萨克森选侯进行和谈。他也秘密地与法国和瑞典联系,谋求实现对等和平。波希米亚流亡者选举瓦伦斯坦为波希米亚国王,希望他为恢复波希米亚王国的独立而斗争。瓦伦斯坦虽拒不接受王冠,但也试图使自己的军队领导权独立于皇帝。他在 1634 年 1 月 12 日发布《比尔森保证书》(Pilsener Revers),要求他的军官团以书面保证的形式,对他个人表示无条件效忠。他所企求的主要是一个独立的帝国诸侯地位。

对于瓦伦斯坦,西班牙公使、宫廷战争参事院首脑施利克(Šlik 或 Schlick)伯爵海因里希(Heinrich,1580—1650)深表厌恶,费迪南二世也越来越不敢信任他了。1534 年初,费迪南二世接到秘密报告,获悉瓦伦斯坦正在与瑞典和法国进行谈判的消息,也见到了所谓的《比尔森保证书》,他认为瓦伦斯坦正在秘密策划军事暴动。1634 年 2 月 18 日,皇帝宣布瓦伦斯坦犯有叛国罪,解除他的军权,并向他发布了帝国放逐令。2 月 25 日,瓦伦斯坦在埃格尔(Eger)被其下属刺杀。费迪南二世在多大程度上知道这个谋杀计划,他是否同意甚或授权他人行动,这些问题至今尚不清楚。不管怎样,在事发后,帝国宫廷参事院致力于证明瓦伦斯坦犯有叛国罪,并为谋杀行动进行辩护。

费迪南二世的同名儿子费迪南(Ferdinand,1608—1657)接管了军队指挥权。1634 年 7 月,皇帝军队与天主教同盟军队和西班牙军队联合夺回雷根斯堡要塞;9 月 5—6 日又在内尔德林根战役中重创瑞典军队及其同盟者萨克森—魏玛公爵伯恩哈德,夺回了对于帝国南部的控制权。瑞典人在帝国南部的统治由此结束了。

福音教诸侯纷纷脱离海尔布琅同盟,转而与皇帝缔结和约。1635 年 5 月 30 日,费迪南二世与萨克森选侯,不久又与勃兰登堡选侯和其他福音教诸侯缔结了《布拉格和约》(Prager Frieden)。皇帝答应搁置《归还敕令》40 年,按照由于《归还敕令》而发生各种变化之前的 1627 年的状况确定教会财产占有、信仰和礼拜,只是仍然绝不承认加尔文教。除此之外,皇帝还保证对等分配天主教徒和福音教徒在帝国最高法院中的名额,普法尔茨的选侯职位和领地仍归巴伐利亚公爵所有,劳西茨和马格德堡则归属萨克森选侯邦。帝国等级放弃了他们的"武装权"和"结盟权",赞同建立帝国军队,支持皇帝掌握帝国军队的最高统率权。对于皇帝及其盟国收复自瑞典国王入侵以来帝国所失去的土地(包括洛林地区)的计划,帝国等级也表示支持。[1]

1636年,费迪南二世的儿子费迪南被选举为罗马人国王,称作费迪南三世(Ferdinand Ⅲ.,1636—1657年在位)。帝国各等级在某种超越地区和教派界限的政治团结意义上联合起来,力图共同抵抗外来敌人。皇帝获得了明显超越各等级的优先地位,战况也发生了有利于帝国的扭转。然而,法兰西的直接参战彻底改变了战局。

四、法兰西—瑞典战争

在同盟者纷纷背离之后,瑞典赢得战争的前景就十分黯淡了。于是它开始向奥地利、萨克森、勃兰登堡诸方面试探和平,期望在获得部分战争赔款的前提下,同帝国缔结和约。然而法国大臣黎世留却不想看到帝国和平局面的出现。他不仅千方百计阻止和约的签订,还决定改变原来的审慎小心政策,从背后跳出来,直接派遣军队援助瑞典同帝国作战。

实际上,在战胜了胡格诺派教徒、上层贵族和王室宫廷中的私敌之后,黎世留就开始推行一种更加积极的、以压服哈布斯堡王朝、为法国称霸欧洲创造条件为目标的外交政策了。他多次与荷兰缔结或更新盟约,使荷兰承担了不经法国同意不与西班牙媾和的义务。在曼托瓦(Mantua)和蒙特菲拉特的贡察加家族绝嗣后,黎世留又派遣军队在意大利进行反对哈布斯堡家族的战争,以便使接受法国保护的继承人纳韦尔公爵查理得到这些地区,并间接保证法国势力在这些地区的存在。即使费迪南二世在1631年被迫签订《凯拉斯科条约》,授予法国候补人以封地,法国也迟迟不撤离其占领军。1634年,黎世留命令法国军队占领了

---

[1] "Friedensvertrag zwischen dem Kaiser (Ferdinand Ⅱ.) und Kursachsen (Johann Georg Ⅰ.)", in: Bernd Roeck (Hrsg.), *Deutsche Geschichte in Quellen und Darstellung*, Band 4: *Gegenreformation und Dreissigjaehriger Krieg 1555—1648*, S. 343 - 359.

洛林公爵的领地；1635 年又占领了阿尔萨斯。而为了从西班牙人手中夺取米兰，增加法国统治上意大利的可能性，黎世留又在 1635 年同帕尔马、曼托瓦和萨伏伊缔结了里沃利同盟。

与此同时，法国与瑞典的关系也越来越近。1635 年 4 月 28 日，法国与瑞典签订《维斯马条约》，正式缔结军事同盟。黎世留还设法将 1635 年到期的波兰和瑞典停战协定再次延长了 26 年，以便瑞典能够全力以赴地进行反对帝国的战争。为了打击哈布斯堡家族的势力，天主教的法国与福音教的瑞典走到了一起。直至战争开始时还强烈影响对外政策的宗教观点完全让位于对外政策的世俗化。战争最终停止了教派战争的性质，更清楚地发展成为国际列强的政治斗争了。

黎世留也成功地争取到了萨克森—魏玛公爵伯恩哈德的支持。他在 1638 年与伯恩哈德达成协议：法国以经费资助伯恩哈德的军队，送他一支由颇负盛名的亨利·德·拉·图尔·蒂雷纳（Henri de La Tour d'Auvergne，1611—1675）将军率领的 2 000 人的军队，并答应将哈布斯堡家族在阿尔萨斯的领地转让于他作为报酬。1638 年，伯恩哈德在沃滕维耶尔（Wottenweier）击败皇帝的军队，迫使布赖萨赫要塞投降。这次战争因为坚定的目标和出奇制胜的战略，得以在战争史上流传不朽。但在第二年，年仅 34 岁的伯恩哈德就因病去世，他的军队和他的包括阿尔萨斯在内的征服地都落入了法国人之手。

黎世留还通过一项资助条约使黑森—卡塞尔邦国伯爵威廉五世维持一支在神圣罗马帝国反对皇帝的军队，并规定未经法国同意不能媾和。

法国在两条战线上与哈布斯堡家族为敌，但口口声称不反对帝国，不想吞并帝国的领土。黎世留希望通过这一策略笼络住帝国等级，并唆使他们起来反对皇帝。他也有计划地推行帝国的联邦化，并且为了有利于法国而出色地利用了帝国内部的邦国政策和宗教信仰的矛盾。他努力使某些帝国诸侯始终处于法国的影响之下，在一定程度上取得对帝国的间接控制。

5月19日,法国向西班牙宣战。与此同时,法国军队越过莱茵河,开始了深入帝国境内进行战争的军事行动。面对法兰西气势汹汹之势,费迪南二世万分恐惧,深感无力再战,遂转向外交斡旋,试探和平机会。他请求教皇乌尔班八世(Urban Ⅷ.,1568—1644)出面调停,商讨停战的可能性,但是没有结果。直到9月18日,在一切和谈希望都破灭后,费迪南二世才硬着头皮接受了法国的挑战。是年底,萨克森军队与瑞典军队在帝国北部作战,瑞典将领扬·巴纳尔(Jan Banér,1596—1641)和伦纳特·托尔斯滕森(Lennart Torstensson,1603—1651)以一种可与古斯塔夫二世·阿道夫媲美的军事天才,极力要为瑞典保有一些在大陆上占有的土地。

1637年2月15日,费迪南二世在维也纳去世,罗马人国王费迪南继位成为神圣罗马帝国皇帝,号称费迪南三世(Ferdinand Ⅲ.,1637—1657年在位)。

费迪南三世起初志在捍卫帝国的统一,恢复皇帝的权威,加强军事力量,驱逐法国和瑞典,而当时的军事形势也似乎允许实现这一计划,所以他在宗教问题上不准备妥协,并与西班牙建立了更紧密的关系。1638年,皇帝的军队击退了法国和魏玛公爵伯恩哈德入侵阿尔萨斯和中莱茵的联军。但自1640年起,皇帝的政治活动空间越来越狭小,其同盟者西班牙君主国因为葡萄牙的背离和卡塔洛尼亚(Catalonie)的起义而受到极大的削弱,其军队也在尼德兰遭到损失惨重的失败。法国和瑞典在神圣罗马帝国的战场上逐渐赢得优势,而在帝国等级当中,厌战情绪日益明显,各路诸侯(特别是勃兰登堡和萨克森选侯,一度还有巴伐利亚)相继背离皇帝,转而同瑞典和法国单独媾和。他们期望尽快结束战争,实现和平,哪怕是付出高额代价也在所不惜。

1642年,瑞典军队在布赖滕费尔德战役中获胜,随后又进逼波希米亚。1645年3月6日,费迪南三世亲自带兵在扬考(Jankau)与瑞典进行决战,但惨遭失败。瑞典军队直逼维也纳城下。皇帝下令举行一次宗教大游行,无数善男信女高举圣母玛利亚的画像,绕城奔走,祈求圣母的保护。但当敌人越来越逼近时,皇帝惊恐万分,弃城而逃。只是在奥地利大公利奥波德·威廉(Leopold Wilhelm,1614—1662)率军奋勇抵抗下,维也纳才得以保全。

法国军队则在 1643 年的罗克鲁瓦(Rocroi)战役中获胜,1644 年征服了莱茵地区。1645 年,法军又在阿勒海姆(Allerheim)战役中获胜,而柯尼希斯马克(Königsmarck)伯爵汉斯·克里施托夫(Hans Christoph,1600—1663)率领的另一支瑞典军队侵入萨克森,占领了莱比锡。萨克森选侯与瑞典缔结停战协定,退出战争。费迪南三世试图将法国和瑞典的盟友西本彪根的侯爵拉科奇一世(I. Rákóczi György,1593—1648)争取过来。他在 1645 年 12 月 16 日签署的和约中,完全放弃在匈牙利推行的反宗教改革和专制主义统治的政策,赋予匈牙利各等级参政权,确保福音教徒的宗教自由。但是拉科奇出尔反尔,不守信用。他在 1646 年重新与法国结盟。皇帝的计划完全落空。

1646 年,法国军队侵入巴伐利亚,一向骄傲自负的巴伐利亚公爵、新任帝国选侯的马克西米连一世卑声求和,与法国签订了停战协定。

为了扩大战果,影响已经在威斯特法伦开始的和谈,法国和瑞典军队继续向前推进。1648 年,法国军队穿过巴伐利亚直逼茵河。与此同时,瑞典军队也推进到了布拉格。法国和瑞典对维也纳形成钳形攻势。而在此时,法、瑞军队士兵军纪败坏,掠夺成风,使帝国遭遇到比此前 26 年更加严重的破坏。他们把平民当作合法的猎物,任意射杀,毫无愧色。他们还强征平民为奴隶,绑架其子女勒索赎金,并以焚烧其干草堆、捣毁其教堂为笑乐;一名福音教牧师阻挡他们破坏教堂,结果被砍去手足。强奸妇女被认为是理所当然的权利;一位父亲要求对一个奸杀他的女儿的士兵作公正的制裁,指挥官告诉他,如果那个女孩不对她的贞操如此吝惜,她可能还活着。

法兰西—瑞典战争持续了 13 年,所有战斗均在帝国土地上进行,兵戈扰攘,生灵涂炭,广大民众早已不堪战争重负,皇帝也不想再打了。但是战争固有的原动力、政治局势的变幻莫测和外交谈判的尔虞我诈,阻

碍了战争的迅速结束。直到交战各方都筋疲力尽,才在 1648 年以签订
和约的方式宣告战争结束。

第五节 《威斯特法伦和约》的签订

自 1635 年起,各国统治者和外交家们就不断试探和平的机会。神
圣罗马帝国皇帝费迪南三世于 1641 年重新召开帝国等级会议,而这是
在 1608 年雷根斯堡帝国等级会议半途而废之后,帝国等级第一次聚会。
此次帝国等级会议所作出的最主要决定就是开启同外国和谈程序。同
年,法国、西班牙、瑞典和神圣罗马帝国的代表们会于汉堡,签署了一个
临时媾和条约,议决于 1642 年在威斯特法伦召开第二次会议。由于瑞
典的使者们不愿意在教皇使节的主持下开会,而教皇使节也拒绝与坚持
"异端邪说者"坐在一起,所以皇帝的代表与法国代表准备在明斯特谈
判,由教皇和威尼斯的代表进行协调,参加者还有神圣罗马帝国天主教
诸侯和西班牙的代表,而皇帝的代表与瑞典代表准备在距明斯特 48 公
里左右的奥斯纳布吕克谈判,由丹麦国王克里斯蒂安四世进行协调,参
加者还有神圣罗马帝国福音教诸侯。

谈判地点确定后,安全通行权和条约草案等问题又浮出水面,再次
延迟了会谈的举行。瑞典将领托尔斯滕森在布赖滕费尔德的胜利,促使
神圣罗马帝国皇帝应允他的代表于 1643 年 7 月 11 日抵达。而后,当法
国准备与荷兰联盟以抗西班牙时,法国代表又稽延不进。

直到 1644 年 12 月 4 日,威斯特法伦和会才正式开幕,与会代表 135
人,包括神学家和哲学家,但为了代表们进入会场和就座的优先秩序问
题,各方又花费了 6 个月的时间进行协商。西班牙大使和法国大使都不
愿将优先权给予对方,结果须由第三者居间传话才能进行沟通。法国大
使拒不承认西班牙国王腓力四世(Felipe Ⅳ., 1605—1665)葡萄牙国王和
加泰隆尼亚亲王的头衔,声称,若不给他"殿下"的名义,他就拒绝参加谈
判。西班牙大使则拒绝承认路易十四世(Louis ⅩⅣ., 1638—1715)为纳

瓦尔国王。瑞典的代表们也故弄玄虚,拖延时日,最后还是在女王克里斯蒂娜的命令下,才停止自争,诚心议和。

而在谈判期间,战斗并未停止,伤亡人数有增无减。失败一方的代表希望赶紧谈判,得胜一方的代表故意拖延时间,以便获得更多的权益。法学家们忙着制造困难或协调,一次又一次地系铃复解铃。法国军队在战场上正有重大进展,所以法国坚持神圣罗马帝国所有邦国无论大小都可派代表参加会议。这个提议一出,争论紧跟其后,会议再次中断,直到各方都派遣代表入会才重新召开。如果不是西班牙哈布斯堡家族因葡萄牙的叛离而无力他顾,如果不是法国境内弗伦德(Fronde)的暴乱迫使法国国王路易十四的大臣儒勒·马扎然(Jules Mazarin①,1602—1661)在和会上作出让步以便全力对内,则这次和会可能还会拖延而无结果。

鉴于军事形势恶化,皇帝费迪南三世不得不在谈判过程中一再降低原定的目标。他向以首席谈判代表身份前往威斯特法伦的奥地利外交官特劳特曼斯多夫的马克西米连(Maximilian von Trautmannsdorf,1584—1650)下达了一些新指令,放弃了原来的许多立场观点,作出了若干超出必要的让步。除了承认所有帝国等级都享有"战争与和平"(ius belli ac pacis)权利外,还表示要重新制定帝国宪法。在特劳特曼斯多夫伯爵调解失败,退出谈判之后,帝国宫廷参事院顾问伊萨克·弗尔玛(Isaak Volmar)和皇帝特使拿骚-哈达马尔(Nassau-Hadamar)伯爵约翰·路德维希(Johann Ludwig,1590—1653)继续谈判,并且坚持到签订和约。1648年10月24日,《威斯特法伦和约》签署并生效。

和约是在以皇帝和他的同盟者为一方、法国国王和他的同盟者为另一方以及瑞典女王及其同盟者为第三方,这三方之间正式缔结的。帝国并没有以缔约方的身份出现,因为法国和瑞典声称它们不与帝国为敌,只与皇帝作战。然而,帝国等级均签字加入,他们还是被捆绑到条约上了。

---

① 又译马扎林或马萨林。意大利裔法国外交家和红衣主教,1642—1661年为法国首席大臣。

和约主要内容如下①：

（一）承认信仰自由和宗教平等，福音教在神圣罗马帝国内拥有合法地位；福音教的加尔文教派也属于合法宗教，与路德教和天主教地位平等。

（二）确定 1624 年为"正常年"（Normaljahr），各地的宗教信仰和教派财产均以这一年的状况为准，不得有新的增减。但奥地利哈布斯堡家族的世袭领地除外，在这里，臣民的财产占有和收回以 1630 年的状况为准。在帝国城市中，天主教和福音教两教派可以同时并存，也就是说信奉天主教和信奉福音教的居民无需改变信仰或迁移。各教派均可向帝国等级会议陈述怨情。参加会议的福音教和天主教两大集团拥有对等的表决权。福音教诸侯和天主教诸侯地位平等。

（三）神圣罗马帝国的各邦国享有战争与和平的自主权，可以自由结盟，只是结盟不得以皇帝和帝国为敌。皇帝在制定政策和颁布法律时，需征得帝国等级的同意。废除在皇帝尚健在时就选举国王作为皇帝潜在的后继者的做法，以免皇帝干预，影响选举结果。

（四）正式承认瑞士和荷兰为独立国家。法国获得洛林的梅茨、图尔和凡尔登三个主教区以及除斯特拉斯堡之外的整个阿尔萨斯地区和莱茵河右岸的布赖萨赫（Breisach）及松德部等战略要地。瑞典获得连带吕根岛（Rügen）的前波莫瑞（Vorpommern）地区和连带奥得河右岸地区的奥得河入海口，还有原属梅克伦堡公国的维斯马和斯德丁城，以及不来梅和费尔登两个主教区。所有这些地区仍为神圣罗马帝国的采邑，瑞典仅以帝国等级的身份管辖这些地区并在帝国等级会议和当地大区会议上拥有席位和表决权。除此之外，瑞典还获得 500 万塔勒的士兵补偿费。

（五）所有由于帝国禁令而丧失领地的帝国诸侯将重新成为其原有领地的领主。萨克森选侯邦获得劳西茨地区。梅克伦堡获得拉策堡（Ratzeburg）和什未林（Schwerin）主教区。不伦瑞克-吕内堡公爵可与一

---

① "Die Friedensschluesse von Muenster und Osnabrueck", in: Bernd Roeck (Hrsg.), *Deutsche Geschichte in Quellen und Darstellung*, Band 4: *Gegenreformation und Dreissigjaehriger Krieg 1555—1648*, S. 398 - 424.

位由大教堂教士会选举产生的天主教主教轮流行使多奥斯纳布吕克主教区的统治权,并占有瓦尔肯里德(Walkenried)和格罗宁根两座修道院。黑森-卡塞尔邦国伯爵获得了赫斯菲尔德(Hersfeld)诸侯修道院和绍姆堡(Schaumburg)伯爵领地的一部分。勃兰登堡选侯获得后波莫瑞地区以及明登、卡明(Cammin)、哈尔伯施塔特和马格德堡等主教区的补缺资格。普法尔茨选侯邦一分为二:信奉天主教的上普法尔茨与巴伐利亚合并,确认巴伐利亚公爵的选侯职位;信奉福音教的下普法尔茨(莱茵—普法尔茨)维持独立,由已故普法尔茨选侯弗里德里希五世的儿子卡尔·路德维希(Karl Ludwig,1617—1680)占有;卡尔·路德维希还成了新设的第八个选侯,担任帝国大财务官(Erzschatzmeisteramt)之职。

(六)确认法国和瑞典为神圣罗马帝国国内和平的担保者,在帝国等级会议中享有代表权。

《威斯特法伦和约》是象征三十年战争结束而签订的一系列和约,是缔约各方相互妥协的产物,旨在调解神圣罗马帝国境内的宗教信仰问题以及帝国与外国、皇帝与帝国等级的关系。它确立了信仰自由和宗教平等原则,使福音教教徒享有了与天主教教徒相同的权利,也为解决宗教争端提供了重要依据和法律保障。它也确立了国家主权至上原则,使追求基督教世界大一统的神圣罗马帝国和天主教会的神权统治不可避免地趋于瓦解,为正在兴起的诸侯领地国家和民族国家创造了有利条件。

然而,和约所规定的领土变动,是以牺牲哈布斯堡家族世袭领地(奥地利)、波希米亚王国、普法尔茨选侯邦、勃兰登堡选侯邦和帝国教会等级的利益为代价的,这就为新的领土纠纷埋下了隐患。它也削弱了神圣罗马帝国皇帝对国内各邦国的控制,加剧了德意志国家的分崩离析状态,相反,法国和瑞典等外国势力却可以利用新获得的领土和维和资格干预帝国事务,谋求更大利益。

《威斯特法伦和约》签订后,神圣罗马帝国虽然排除了爆发新的宗教战争的可能性,但是在帝国与外国之间、各邦国之间以及各社会团体之间,为着纯粹世俗利益而进行的争夺仍然经常发生,连续不断。

附　录

一 地图

1. 16 世纪神圣罗马帝国大区地图*

* 邢宽根据地图 The Holy Roman Empire，1512（载 https://en. wikipedia. org/wiki/History_
of_Germany）绘制。

2.《威斯特法伦和约》签订后的神圣罗马帝国地图 *

---

* 邢宽根据地图 Das Heilige Römische Reich Deutscher Nation 1648(载 https://de. wikipedia.
org/wiki/Geschichte_Deutschlands)绘制。

二 大事年表

1486 年　马克西米连一世当选罗马人国王

1488 年　施瓦本同盟成立

1493 年　马克西米连一世继承神圣罗马帝国的统治权

1494 年　法国国王查理八世率军入侵意大利

1495 年　马克西米连一世推行帝国改革；教皇亚历山大六世组建反法"神圣同盟"；雅克布·富格尔与约翰·图尔措合办贸易公司

1499 年　瑞士联盟大败施瓦本同盟，《巴塞尔和约》认可瑞士独立的事实

1505 年　路德进入埃尔福特奥古斯丁修道院

1508 年　马克西米连一世自行加冕为"当选的罗马人皇帝"

1512 年　路德成为维登贝格大学圣经学教授

1515—1517 年　《蒙昧者书简》出版

1516 年　伊拉斯谟刊印希腊文《新约圣经》校勘本

1517 年　路德发表《九十五条论纲》

1518 年　路德参加海德尔贝格奥古斯丁修士会议；教皇特使卡耶坦在奥格斯堡传讯路德

1519 年　马克西米连一世病逝；卡尔五世当选罗马人国王；路德参加莱比锡辩论；茨温利在苏黎世启动宗教改革

1520 年　教皇利奥十世颁布《主起诏书》；路德发表《致德意志民族的基督教贵族论改善基督教状况书》《教会被掳于巴比伦》和《论基督教教徒的自由》三大"宗教改革檄文"，烧毁教皇诏书；胡登投奔济金根；闵采尔开始激进的宗教改革宣传

1521 年　教皇开除路德教籍；卡尔五世发布《沃姆斯敕令》；路德隐居瓦特堡；卡尔施塔特在维登贝格发动宗教改革

1521—1525 年　卡尔五世与法国国王弗朗索瓦一世首次交战

1522 年　路德重返维登贝格主持改革;济金根发动骑士暴动;路德翻译的《圣经·新约》首次出版

1523 年　苏黎世市政会举行宗教辩论,茨温利获胜;骑士暴动失败

1524 年　洗礼派运动兴起;黑森邦国伯爵菲利普一世皈依福音教,首开诸侯宗教改革

1524—1536 年　普通人革命

1525 年　帕维亚战役,卡尔五世俘虏弗朗索瓦一世,签订《马德里条约》;农民起义军制定《十二条款》,建立上施瓦本联邦;德意志骑士团团长阿尔布雷希特还俗,被波兰国王分封为"在普鲁士的公爵";米尔豪森起义者成立"永久市政会";弗兰肯制造"魏因斯贝格血案";路德发表《反对杀人越货的农民暴徒》声明;路德上书萨克森选侯约翰,建议进行教会视察;路德与波拉的卡塔琳娜结婚;天主教帝国诸侯缔结"德骚同盟"

1526 年　盖斯迈尔提出《新的邦国制度》;诸侯军队最终镇压了普通人革命;福音教诸侯组建"托尔部同盟";奥地利大公费迪南当选匈牙利和波希米亚国王

1527—1529 年　卡尔五世与弗朗索瓦一世再次交战

1527 年　卡尔五世的军队攻占并焚掠了罗马;萨克森选侯举行教会视察;奥地利大公费迪南颁布《宫廷国家条例》;第一所宗教改革大学马尔堡大学创办;洗礼派制定《施莱特海姆信纲》

1529 年　福音教抗议派和抗议宗诞生;卡尔五世与弗朗索瓦一世签订《康布雷夫人和约》;马尔堡宗教会谈,路德与茨温利决裂;茨温利翻译的瑞士德文本《圣经》出版

1530 年　教皇克雷芒七世在波伦纳为卡尔五世举行皇帝加冕;福音教路德派制定《奥格斯堡信纲》;卡尔五世发布《奥格斯堡敕令》

1531 年　施马尔卡尔登同盟成立;茨温利阵亡于卡佩尔战争;费迪南一世当选罗马人国王

1532 年　卡尔五世与福音教帝国等级签订《纽伦贝格宗教和约》

1534 年　施马尔卡尔登同盟帮助乌尔里希公爵夺回被哈布斯堡家族兼并的符滕姆贝格;路德的德译本《圣经·旧约》问世;罗耀拉发表《神操》,创建耶稣会

1534—1535 年　明斯特洗礼派创建"锡安王国"

1536—1538 年　卡尔五世与弗朗索瓦一世第三次交战

1536 年　加尔文著《基督教要义》出版;布林格尔制定第一瑞士信纲

1539 年　萨克森选侯约翰·弗里德里希一世成立教会监理会

1540 年　黑森邦国伯爵菲利普一世重婚;罗马教皇保罗三世批准耶稣会成立

1541 年　加尔文颁布《日内瓦教会章程》

1542—1544 年　卡尔五世与弗朗索瓦一世第四次交战

1542 年　施马尔卡尔登同盟占领不伦瑞克-沃尔芬比特尔,驱逐公爵海因里希二世

1543 年　彼得·卡尼西乌斯加入耶稣会;卡尔五世占领楚特芬和格尔德恩两邦作为哈布斯堡家族世袭领地;科伦大主教赫尔曼·冯·维德改信福音教

1544 年　卡尔五世与弗朗索瓦一世签订《克雷皮和约》;塞巴斯蒂安·明斯特发表《宇宙志》

1545 年　特伦托大公会议召开;路德发表《反对由魔鬼创立的罗马教皇统治》

1546 年　路德去世;"施马尔卡尔登战争"爆发

1547 年　卡尔五世将萨克森选侯职位连同韦廷家族恩斯特支系的大部分世袭领地转授给韦廷家族阿尔伯丁支系的萨克森公爵莫里茨

1548 年　卡尔五世颁布《奥格斯堡临时措施》

1549 年　加尔文与布林格尔订立《共同纲领》

1551 年　天主教帝国等级与福音教帝国等级联合缔结军事联盟,为捍卫"德意志自由"而战

1552 年　神圣罗马帝国诸侯同盟与法国国王亨利二世缔结《尚博德条约》,共同反对皇帝和哈布斯堡家族;萨克森选侯莫里茨突袭卡尔五世,费迪南一世与叛乱诸侯签订《帕骚条约》

1553 年　莫里茨阵亡;西班牙医生米歇尔·塞维图斯被日内瓦市政当局处死

1555 年　费迪南一世代表卡尔五世与帝国等级签署《奥格斯堡宗教和约》

1556 年　卡尔五世退位,腓力一世继承西班牙王位,费迪南一世继承神圣罗马帝国皇位

1558 年　帝国选侯宣布费迪南一世为"当选的罗马人皇帝";卡尔五世去世

1559 年　加尔文著《基督教要义》最后修订本出版

1559—1574 年　《马格德堡世纪》各卷陆续出版

1562 年　马克西米连二世当选罗马人国王

1564 年　加尔文去世;费迪南一世去世,马克西米连二世继任罗马人皇帝

1565—1609 年　尼德兰独立战争

1565 年　布林格尔制定第二份瑞士信纲

1569 年　格哈德·梅卡特制作的世界地图出版

1576 年　马克西米连二世去世,鲁道夫二世成为神圣罗马帝国皇帝;路德教牧师制定《托尔郜书》

1577 年　《托尔郜书》经过修订成为《协同信条》

1580 年　82 个路德教邦国和城市的教会代表以及 8 000 余名路德教牧师签字接受《协同书》,信义宗正式成型

1582—1583 年　科伦战争

1584 年　"日耳曼学者宝库"建立

1588—1607 年　天主教枢机主教凯萨尔·巴罗尼主持编撰《教会编年史》

1589 年　尤斯图斯·利普西乌斯发表《公民政治学说》

1593—1606 年　漫长的土耳其战争

1594—1597 年　上奥地利农民发动起义

1596 年　内奥地利大公费迪南开始推行重新天主教化政策

1597 年　德意志西南部的第一份月报出版

1598 年　马克西米连一世继任巴伐利亚公爵

1604 年　匈牙利西本彪根侯爵施蒂凡·博奇卡伊发动起义；下奥地利总督马蒂亚斯成为哈布斯堡家族首领

1606 年　马蒂亚斯与匈牙利福音教徒签订《维也纳和约》，与土耳其人签订《席特瓦特罗克和约》

1607 年　巴伐利亚公爵马克西米连一世出兵占领多瑙韦尔特市

1608 年　普法尔茨选侯弗里德里希四世用武力驱散雷根斯堡帝国等级会议，"福音教联盟"成立

1609 年　鲁道夫二世签署《陛下诏书》；天主教诸侯和城市成立"天主教同盟"；马蒂亚斯当选罗马人国王；第一份周报出版发行

1609—1610 年　于利希-克累弗-贝尔格公国继承权之争

1612 年　鲁道夫二世去世，马蒂亚斯成为奥地利大公及神圣罗马帝国皇帝

1612—1614 年　莱茵"生丁战争"

1613 年　勃兰登堡选侯约翰·西吉斯蒙德皈依加尔文教

1614 年　普法尔茨—诺伊堡亲王沃尔夫冈·威廉回归天主教并与西班牙结盟

1617 年　马蒂亚斯指定内奥地利总督费迪南为波希米亚国王

1618 年　"掷出窗外事件"，三十年战争爆发；勃兰登堡选侯约翰·西格蒙德继承了普鲁士公国，勃兰登堡和普鲁士均由霍亨索伦家族统治

1618—1623 年　波希米亚—普法尔茨战争

1619 年　马蒂亚斯去世，波希米亚邦联选举普法尔茨选侯弗里德里希五世为波希米亚国王；费迪南二世继任罗马人皇帝，与巴伐利亚公爵马克西米连一世签订《慕尼黑条约》；普法尔茨选侯弗里德里希五世率领军队进入布拉格，出任波希米亚国王

1620 年　福音教同盟与天主教同盟签署《乌尔姆条约》；匈牙利贵族宣布废除费迪南的王位，选举西本彪根侯爵贝特伦·加博尔为新国王；蒂利伯爵约翰·策尔克莱斯在布拉格西边白山附近打败波希米亚起义者；巴伐利亚公爵马克西米连一世占领布拉格，波希米亚邦联解体；普法尔茨选侯弗里德里希五世出逃尼德兰

1621 年　费迪南二世向普法尔茨选侯弗里德里希五世发布帝国放逐令；福音教同盟解散；费迪南判处 21 名起义领袖死刑，设立奥地利宫廷总理府，宣布哈布斯堡家族所有邦国不可分割

1623 年　费迪南二世将普法尔茨选侯职位转封给巴伐利亚公爵马克西米连一

世,巴伐利亚公国上升为选侯国;马丁·奥皮茨发表《论德意志诗歌》

1623—1629年　丹麦—尼德兰战争

1625年　丹麦国王克里斯蒂安四世率军入侵神圣罗马帝国;英国、荷兰与丹麦签订条约,正式组成反哈布斯堡同盟;波希米亚贵族阿尔布雷希特·冯·瓦伦斯坦招募军队,抗击外敌

1627年　瓦伦斯坦完全掌握了丹麦大陆和帝国北部的局势,自称"大洋和波罗的海海军上将";费迪南二世颁布国家条例,废除波希米亚等级贵族的世袭特权

1628年　费迪南二世下令放逐梅克伦堡两公爵,剥夺其爵位和领地并将它们转赠给瓦伦斯坦

1629年　费迪南二世颁布《归还敕令》;瓦伦斯坦与丹麦国王签订和约

1630—1635年　瑞典战争

1630年　瑞典国王古斯塔夫二世·阿道夫率军入侵神圣罗马帝国;费迪南二世解除瓦伦斯坦的军权,并将帝国军队的数量压缩了一半

1631年　黎世留同古斯塔夫二世·阿道夫缔结《贝尔瓦尔德同盟条约》;蒂利伯爵同帕本海姆伯爵一起攻克马格德堡,怂恿军队大肆掳掠;瑞典军队与萨克森军队联合打败蒂利伯爵,收复梅克伦堡和弗兰肯数个主教区;黎世留与费迪南二世签订《凯拉斯科条约》

1632年　费迪南二世重新起用瓦伦斯坦;蒂利伯爵因重伤不治身亡;瓦伦斯坦率军与瑞典军队在吕岑发生激战,击毙古斯塔夫二世·阿道夫;瑞典国王的未成年女儿克里斯蒂娜继位,阿克斯艾尔·奥克森斯切尔纳担任摄政,并统率瑞典军队继续战斗;奥克森斯切尔纳与弗兰肯、施瓦本和莱茵兰帝国行政区等地的福音教帝国等级结成"海尔布琅同盟";皇帝军队在内尔德林根战役中重创瑞典军队及其同盟者萨克森—魏玛公爵伯恩哈德,夺回了对于帝国南部的控制权

1634年　瓦伦斯坦发布《比尔森保证书》,费迪南二世宣布瓦伦斯坦犯有叛国罪,解除他的军权,并向他发布了帝国放逐令;瓦伦斯坦在埃格尔被其下属刺杀

1635—1648年　法兰西—瑞典战争

1635年　法国与瑞典签订《维斯马条约》,正式缔结军事同盟,向西班牙宣战;费迪南二世与萨克森选侯缔结《布拉格和约》,接受法国的挑战

1636年　费迪南二世的同名儿子费迪南当选罗马人国王

1637年　费迪南二世去世,费迪南三世继任神圣罗马帝国皇帝

1640年　弗里德里希·威廉继任勃兰登堡选侯

1641年　神圣罗马帝国等级会议决定开启同外国和谈程序

1642年　瑞典军队在布赖滕费尔德战役中获胜,随后又进逼波希米亚

1643年　法国军队在罗克鲁瓦战役中获胜

1644年　威斯特伐伦和会正式开幕;费迪南三世与法国和瑞典的盟友西本彪根的侯爵格奥尔格一世·拉科奇签订和约;萨克森选侯与瑞典缔结停战协定

1646 年　法国军队侵入巴伐利亚,马克西米连一世与法国签订了停战协定

1648 年　参战各方缔结《威斯特法伦和约》,三十年战争在神圣罗马帝国境内结束

三　参考书目

Arndt, Johannes, *Der Dreißigjährige Krieg 1618—1648*, Stuttgart: Reclam Sachbuch, 2009.

Blaschke, Karlheinz, "The Reformation and the Rise of the Territorial State", in: James D. Tracy (ed.), *Luther and the Modern State in Germany*, Kirksville, Mo.: Sixteenth Century Journal Publ., 1986, pp. 21–30.

Blickle, Peter, *Kommunalismus. Skizzen einer gesellschaftlichen Organisationsform. Band 1: Oberdeutschland*, München: R. Oldenbourg Verlag, 2000.

Blickle, Peter, *The Revolution of* 1525. *The German Peasants war from a New Perspektive*, Baltimore and London: The Johns Hopkins University Press, 1985.

Brady Jr., Thomas A., *German Histories in the Age of Reformations*, *1400—1650*, Cambridge and New York: Cambridge University Press, 2009.

Brock Haus, *Die Enzyklopädie in* 24 *Bänden*, 20., überarb. und aktualisierte Auf., Bd. 5. *CRO-DUC.* Leipzig/Mannheim: Brockhaus, 1997.

Burkhardt, Johannes, "Religionskrieg", in: *Theologische Realenzyklopädie*, Bd. 28, Berlin/New York: de Gruyter, 1997, S. 681–687.

Eder, Manfred, *Kirchengeschichte.* 2000 *Jahre im Überblick*, Düsseldorf: Patmos, 2008.

Ehlers, Joachim, *Die Entstehung des Deutschen Reiches*, 4. Aufl., München: Oldenbourg, 2012.

Engelsing, Tobias, "Ein Widerstandsrecht für jeden Christen", in: *Konstanzer Almanach* 2015, S. 29–33.

Hamm, Berndt, Bernd Moeller, Dorothea Wendebourg, *Reformationstheorien*:

ein kirchenhistorischer Disput über Einheit und Vielfalt der Reformation, Göttingen: Vandenhoeck & Ruprecht, 1995.

Harnisch, Hartmut, "Landgemeinde, feudalherrlich-bäuerliche Klassenkämpfe und Agrarverfassung im Spätfeudalismus", in: Hartmut Harnisch/Gerhard Heitz (Hrsg.), *Deutsche Agrargeschichte des Spätfeudalismus*, Berlin: Akad.-Verl., 1986, S. 76 - 88.

Herzig, Arno, *Der Zwang zum wahren Glauben. Rekatholisierungspolitik vom 15. bis zum 18. Jahrhundert*, Göttingen: Vandenhoeck & Ruprecht, 2000.

Herzig, Arno, "Die Rekatholisierung in den deutschen Territorien im 16. und 17. Jahrhundert", in: *Geschichte und Gesellschaft* 26 (2000), S. 76 - 106.

Holborn, Hajo, *A History of Modern Germany. The Reformation*, Princeton/New Jersey: Princeton University Press, 1982.

Hölscher, Lucian, "Konfessionspolitik in Deutschland zwischen Glaubensstreit und Koexistenz", in: Lucian Hölscher (Hrsg.), *Baupläne der sichtbaren Kirche. Sprachliche Konzepte religiöser Vergemeinschaftung in Europa*, Göttingen: Wallstein-Verl., 2007, S. 11 - 53.

Iserloh, Erwin, *Luther und die Reformation. Beiträge zu einem ökumenischen Lutherverständnis*, Aschaffenburg: Paul Pattloch Verlag, 1974.

Jedin, Hubert, *Katholische Reformation oder Gegenreformation. Ein Versuch zur Klärung der Begriffe nebst einer Jubiläumsbetrachtung über das Trienter Konzil*, Luzern: Stocker, 1946.

Kellenbenz, Hermann, "Die Geldbeschaffung der Protestanten im Schmalkaldischen Krieg", in: *Blätter für deutsche Landesgeschichte*, 1989, S. 13 - 41.

Klein, Thomas, "Die Folgen des Bauernkrieges von 1525. Thesen und Antithesen zu einem vernachlässigten Thema", in: *Hessisches Jahrbuch für Landesgeschichte*, Band 25 (1975), S. 73 - 79.

Köpf, Ulrich (Hrsg.), *Deutsche Geschichte in Quellen und Darstellung*, Band 3: Reformationszeit 1495—1555, Stuttgart: Philipp Reclam jun., 2001.

Krauss, Wolfgang, *Niemanden zu sich hereinlassen. Kündigen wir die Mennistenkonzession nach 350 Jahren?* (PDF; 94 kB); eingesehen am 22. Februar 2009.

Kriedte, Peter, *Spätfeudalismus und Handelskapital: Grundlinien der europäischen Wirtschaftsgeschichte vom 16. bis zum Ausgang des 18. Jahrhunderts*, Göttingen: Vandenhoeck & Ruprecht, 1980.

Lanzinner, Maximilian, "Konfessionelles Zeitalter 1555—1618", in: Wolfgang Reinhard (Hrsg.), *Gebhardt. Handbuch der deutschen Geschichte*. Zehnte, völlig neu bearbeitete Auflage, Band 10, Stuttgart: Klette-Cotta, 2001, S. 1 - 203.

Maurenbrecher, Wilhelm, *Geschichte der katholischen Reformation. Bd. I*,

Nördlingen: Beck, 1880.

Moeller, Bernd, *Deutschland im Zeitalter der Reformation*, Göttingen: Vandenhoeck & Ruprecht, 1977.

Moeller, Bernd, *Reichsstadt und Reformation* (*zuerst 1962*), Neuausgabe mit einer Einleitung hg. v. Thomas Kaufmann. Tübingen: Mohr-Siebeck, 2011.

Moerke, O., "Die politische Bedeutung des Konfessonellen im deutschen Reich und in der Republik der vereinigten Niederlande", in: R. G. Asch u. a. (Hrsg.), *Absolutismus—ein Mythos?*, Köln [u. a.]: Böhlau, 1996, S. 125 - 164.

Moltmann, Jürgen, *Christoph Pezel* (*1539—1604*) *und der Calvinismus in Bremen*, Bremen: Verl. Einkehr, 1958.

Moraw, Peter, "Versuch über die Entstehung des Reichstags", in: Hermann Weber (Hrsg.), *Politische Ordnungen und soziale Kräfte im alten Reich* (= Veroeff Inst Eur G Mainz, Abt. Universalgeschichte, Beiheft 8), Wiesbaden: Steiner, 1980, S. 1 - 36.

Oelke, Harry, *Die Konfessionsbildung des* 16. *Jahrhunderts im Spiegel illustrierter Flugblätter*, Berlin [u. a.]: de Gruyter, 1992.

Pfister, Christoph, "Bevölkerungsgeschichte der Frühen Neuzeit im deutschsprachigen Raum", in: N. Boškovska Leimgruber (Hrsg.), *Die Frühe Neuzeit in der Geschichtswissenschaft*, Paderborn [u. a.]: Schöningh, 1997, S. 71 - 90.

Press, Volker, *Kriege und Krisen in Deutschland 1600—1715*, München: Beck, 1991.

Rabe, Horst, *Reich und Glaubensspaltung*, *Deutschland 1500—1600*, München: Beck, 1989.

Reingrabner, Gustav, "Die Verfolgung der österreichischen Protestanten während der Gegenreformation", in: Erich Zöllner (Hrsg.), *Wellen der Verfolgung in der österreichischen Geschichte*, Wien: ÖBV, 1986, S. 52 - 69.

Reingrabner, Gustav, *Protestanten in Österreich. Geschichte und Dokumentation*, Wien, Köln, Graz: Böhlau, 1981.

Reinhard, Wolfgang, "Gegenreformation als Modernisierung? Prolegomena einer Theorie des konfessionellen Zeitalters", in: *Archiv für Reformationsgeschichte* 68 (1977), S. 226 - 252.

Reinhard, Wolfgang, *Probleme deutscher Geschichte*, *1495—1806. Reichsreform und Reformation*, *1495—1555*, Stuttgart: Klett—Cotta, 2001 (= Gebhardt Handbuch der deutschen Geschichte, Band 9, 10. völlig neu bearbeitete Auflage)

Reinhard, Wolfgang, "Sozialdisziplinierung-Konfessionalisierung-Modernisierung: Ein historiographischer Diskurs", in: Nada Boskovka Leimgruber (Hrsg.), *Die Frühe Neuzeit in der Geschichtswissenschaft*: *Forschungstendenzen und Forschungserträge*, Paderborn/München/Wien/Zürüch: Schöningh, 1997, S. 39 - 55.

Reinhard, Wolfgang, "Zwang zur Konfessionalisierung?", in: *Zeitschrift für historische Forschung* 10, 1983, S. 257 - 277.

Ritter, Moriz, *Deutsche Geschichte im Zeitalter der Gegenreformation und des Dreissigjährigen Krieges*. 3 *Bände*, Darmstadt: Wissenschaftliche Buchgesellschaft, 1974 (Reprint der Ausgabe stuttgart 1889—1908).

Roeck, Bernd (Hrsg.), *Deutsche Geschichte in Quellen und Darstellung*, Band 4: *Gegenreformation und Dreissigjaehriger Krieg 1555—1648*, Stuttgart: Philipp Reclam jun. 1996.

Schilling, Heinz (Hrsg.): *Die Reformierte Konfessionalisierung in Deutschland. Das Problem der "Zweiten Reformation"*, Wissenschaftliches Symposium des Vereins für Reformationsgeschichte 1985, Gütersloh: Mohn, 1986.

Schilling, Heinz, "Die Konfessionalisierung von Kirche, Staat und Gesellschaft. Profil, Leistung, Defizite und Perspektiven eines geschichtswissenschaftlichen Paradigmas", in: Wolfgang Reinhard u. a. (Hrsg.), *Die katholische Konfessionalisierung: wissenschaftliches Symposium der Gesellschaft zur Herausgabe des Corpus Catholicorum und des Vereins für Reformationsgeschichte 1993*, Münster: Aschendorff, 1995, S. 1 - 49.

Schilling, Heinz, "Konfessionalisierung im Reich", in: *Historische Zeitschrift* 246, 1988, S. 1 - 45.

Schilling, Heinz, *Konfessionskonflikt und Staatsbildung. Eine Fallstudie über das Verhältnis von religiösem und sozialem Wandel in der Frühneuzeit am Beispiel der Grafschaft Lippe*, Gütersloh: G. Mohn, 1981.

Schmidt, Heinrich Richard, "Sozialdisziplinierung? Ein Plädoyer für das Ende des Etatismus in der Konfessionalisierungsforschung", in: *Historische Zeitschrift* 265 (1997), S. 639 - 682.

Schnabel-Schüle, Helga, "Vierzig Jahre Konfessionalisierungsforschung, eine Standortbestimmung", in: Peer Frieß (Hrsg.), *Konfessionalisierung und Region*, Konstanz: UVK, Univ.-Verl., 1999, S. 23 - 40.

Schneider, Hans, "Martin Luthers Reise nach Rom—neu datiert und neu gedeutet", in: Werner Lehfeldt (Hrsg.), *Studien zur Wissenschafts- und zur Religionsgeschichte. Akademie der Wissenschaften zu Göttingen*, Bd. 10. Berlin [u. a.]: de Gruyter, 2011, S. 1 - 157.

Schormann, Gerhard, *Der Dreißigjährige Krieg*, 3. Auflage, Göttingen: Kleine Vandenhoeck-Reihe, 2004.

Scribner, R. W., *The German Reformation*, London: Macmillan, 1986.

Strauss, Gerald (ed.), *Manifestations of Discontent in Germany on the Eve of the Reformation*, Bloomington: Indiana University Press, 1985.

Treu, Martin, *Martin Luther in Wittenberg: ein biografischer Rundgang*,

附 录

Wittenberg：Stiftung Luthergedenkstätten in Sachsen-Anhalt，2003.

Vacha，Brigitte（Hrsg.），Walter Pohl und Karl Vocelka（Verf.），*Die Habsburger. Eine europäische Familiengeschichte*，2. Aufl.，Graz［u. a.］：Verl. Styria，1993.

Williams，George H.，*The Radical Reformation*，Philadelphia：Wetminster Press，1962（3rd ed.，Truman State Univ Press，2000）.

Wohlfeil，Rainer，*Einführung in die Geschichte der deutschen Reformaton*，München：Beck，1982.

Zeeden，Ernst Walter，*Entstehung der Konfessionen*，München/Wien：Oldenbourg，1965.

Zeeden，Ernst Walter，*Konfessionsbildung*，*Studien zur Reformation*，*Gegenreformation und katholischen Reform*，Stuttgart：Klett-Cotta，1985.

［德］F. 鲍尔生：《德国教育史》，滕大春、滕大生译，人民教育出版社 1986 年版。

［德］埃克哈特：《埃克哈特大师文集》，荣震华译，商务印书馆 2003 年版。

［德］彼得·布瑞克：《1525 年革命——对德国农民战争的新透视》，陈海珠等译，广西师范大学出版社 2008 年版。

［德］保罗·阿尔托依慈：《马丁·路德的神学》，段琦、孙善玲译，译林出版社 1998 年版。

［德］布劳巴赫等：《德意志史》，第二卷，陆世澄、王昭仁译，商务印书馆 1998 年版。

［德］亨利希·海涅：《论德国》，薛华、海安译，商务印书馆 1980 年版。

［德］利奥波德·冯·兰克：《德国史稿——1555—1618》，王顺君译，吉林出版集团有限公司 2015 年版。

［德］路德：《路德选集》，徐庆誉、汤青译，宗教文化出版社 2010 年版。

［德］马丁·路德：《马丁·路德文选》，马丁·路德著作翻译小组译，中国社会科学出版社 2003 年版。

［德］马丁路德、菲利普梅兰希顿：《协同书》，第一册，逯耘译，译林出版社 2003 年版。

［德］威廉·戚美尔曼：《伟大的德国农民战争》，上下册，北京编译社译，商务印书馆 1982 年版。

［俄］梅列日科夫斯基：《宗教精神——路德与加尔文》，杨德有译，学林出版社 1999 年版。

［法］约翰·加尔文：《基督教要义》（上、中、下三册），钱曜诚等译，孙毅、游冠辉修订，生活·读书·新知三联书店 2010 年版。

［美］G. F. 穆尔：《基督教简史》，郭舜平等译，商务印书馆 1981 年版。

［美］道格拉斯·F. 凯利：《自由的崛起：16—18 世纪加尔文主义和五个政府的形成》，王怡、李玉臻译，江西人民出版社 2008 年版。

［美］蒂莫西·乔治：《改教家的神学思想》，王丽译，中国社会科学出版社 2009

年版。

[美]蒂亚·凡赫尔斯玛:《加尔文传》,王兆丰译,华夏出版社2006年版。

[美]罗伦·培登:《这是我的立场:改教先导马丁·路德传记》,古乐人、陆中石译,上海三联书店2013年版。

[美]威尔·杜兰:《马丁·路德时代》,台北幼狮文化公司译,东方出版社2007年版。

[美]威尔·杜兰:《世界文明史》,第六卷,台北幼狮文化公司译,东方出版社1998年版。

[美]威尔·杜兰:《世界文明史》,第七卷,台北幼狮文化公司译,东方出版社1998年版。

[美]威利斯顿·沃尔克:《基督教会史》,孙善玲等译,中国社会科学出版社1991年版。

[瑞典]何礼魁:《马丁·路德传》,陈建勋、戴怀仁译,香港道声出版社1983年版。

[苏]约·阿·克雷维列夫:《宗教史》,上卷,王先睿等译,王先睿校,中国社会科学出版社1984年版。

[英]托马斯·马丁·林赛:《宗教改革史》,上册,孔祥民等译,商务印书馆1992年版。

[英]G.R.埃尔顿编:《新编剑桥世界近代史》,第二卷,中国社会科学院世界历史研究所组译,中国社会科学出版社2003年版。

[英]G.R.波特编:《新编剑桥世界近代史》,第一卷,中国社会科学院世界历史研究所组译,中国社会科学出版社1991年版。

[英]阿利斯特·麦格拉思:《宗教改革运动思潮》,蔡锦图、陈佐人译,中国社会科学出版社2009年版。

[英]阿利斯特·麦格拉斯:《加尔文传——现代西方文化的塑造者》,甘霖译,中国社会科学出版社2009年版。

[英]汤姆凌:《真理的教师:马丁路德和他的世界》,张之璐译,北京大学出版社2004年版。

北京师范大学历史系编:《史学选译》1980—1983年合订本,第3期。

北京师范大学历史系世界古代史教研室编:《世界古代及中古史资料选集》,北京师范大学出版社1991年版。

《马克思恩格斯全集》,第10卷,人民出版社1998年版。

《马克思恩格斯全集》,第25卷,人民出版社2001年版。

冯作民编著:《西洋全史(八)宗教改革》,台北燕京文化事业股份有限公司1980年版。

侯树栋:《德意志中古史——政治、经济社会及其他》,商务印书馆2006年版。

胡玲:《近代早期耶稣会教育事业繁荣的诸因素》,载《理论界》2010年第6期。

黄保罗、刘新利编译:《路德书信集(1507—1519)》,山东大学出版社2015年版。

金志霖:《试论马丁·路德与德国农民战争》,载《历史教学问题》2012 年第 11 期。

孔祥民编著:《德国宗教改革与农民战争》,北京师范大学出版社 1992 年版。

雷雨田、伍渭文总主编,路德文集中文版编辑委员会编:《路德文集》,第二卷,《改革运动文献》,雷雨田卷主编,上海三联书店 2005 年版。

雷雨田、伍渭文总主编,路德文集中文版编辑委员会编:《路德文集》,第一卷,《改革运动文献》,伍渭文卷主编,上海三联书店 2005 年版。

刘明翰:《罗马教皇列传》,东方出版社 1995 年版。

刘新利、陈志强著:《欧洲文艺复兴史:宗教卷》,人民出版社 2008 年版。

刘新利:《善待与驱逐:马丁·路德的犹太观》,载《犹太研究》2003 年第 2 期。

龙秀清:《中古教廷财政收入动态考察》,载《历史研究》2001 年 01 期。

罗衡林:《马丁·路德与犹太人问题》,载《世界历史》2003 年第 3 期。

马克垚:《西欧封建社会研究近况》,载《世界古代论丛》第一集,三联书店 1982 年版。

孙立新:《德国当代神学教会史学派的路德研究》,载《文史哲》1994 年第 1 期。

孙立新:《关于马丁·路德的种种神话问题》,载《山东大学学报》1992 年第 2 期。

孙立新:《试论不同历史时期的宗教改革概念》,载《世界历史》1994 年第 4 期。

孙立新:《天主教路德形象的转变》,载《世界史研究动态》1992 年第 6 期。

孙立新:《再洗礼派与"激进的宗教改革"》,载《山东大学学报》1994 年第 2 期。

王瑞聚:《论德国宗教改革中路德与萨克森选侯的联盟关系——路德"投靠"诸侯、"背叛"改革说质疑》,载《齐鲁学刊》1988 年第一期。

王亚平:《修道院的变迁》,东方出版社 1998 年版。

杨真:《基督教史纲》,上册,生活·读书·新知三联书店 1979 年版。

姚立昕:《试论近代早期耶稣会教育的特色》,载《宁波大学学报(教育科学版)》2002 年第 4 期。

郑寅达:《德国史》,人民出版社 2014 年版。

周施廷:《信仰与生活——16 世纪德国纽伦堡的改革》,北京大学出版社 2015 年版。

朱孝远:《宗教改革与德国近代化的道路》,人民出版社 2011 年版。

四 译名对照

A

阿道夫二世,美因兹大主教(Adolf Ⅱ.,大约 1423—1475;1461—1475 在位)

阿迪杰河(Adige)

阿恩施塔特(Arnstadt)

阿尔卑斯山(Alpen)

阿尔伯丁(Albertin)

阿尔布雷希特(Albrecht)

阿尔布雷希特二世,勃兰登堡—库尔姆巴赫马克伯爵(Albrecht Ⅱ.,1522—1557;1541—1554 在位)

阿尔布雷希特二世,罗马人国王(Albrecht Ⅱ.,1397—1439;1438—1439 在位)

阿尔布雷希特,卡尔五世之子(Albrecht,1528—1579)

阿尔布雷希特,美因兹大主教(Albrecht,1490—1545;1514—1545 在位)

阿尔布雷希特,南尼德兰总督(Albrecht,1598—1621)

阿尔布雷希特,普鲁士的(Albrecht von Preußen)

阿尔布雷希特七世,曼斯费尔德伯爵(Albrecht Ⅶ.,1480—1560)

阿尔布雷希特七世,梅克伦堡—居斯特罗夫公爵(Albrecht Ⅶ.,1486—1567;1503—1530 在位)

阿尔布雷希特三世,奥地利大公(Albrecht Ⅲ.,1349 或 1350—1395;1365—1395 在位)

阿尔布雷希特四世,巴伐利亚—慕尼黑公爵(Albrecht Ⅳ.,1447—1508;1465—1508 在位)

阿尔布雷希特五世,奥地利大公(Albrecht Ⅴ.,1397—1439;1404—1439 在位)

阿尔布雷希特五世,巴伐利亚公爵(Albrecht Ⅴ.,1528—1579;1550—1579 在位)

阿尔布雷希特一世,普鲁士公爵(Albrecht Ⅰ.,1490—1568;1525—1568 在位)

阿尔布雷希特一世,约翰,梅克伦堡公爵(Albrecht Ⅰ.,Johann,1525—1576;1547—1576 在位)

阿尔丁顿(Aldington)

埃斯特雷马杜拉(Extremadura)

埃瓦廷根(Ewattingen)

埃因贝克(Einbeck)

艾恩西德尔恩(Einsiedeln)

艾克,伊丽萨·艾莉娜(Eck, Elissa Erinna)

艾克,约翰·冯(Johann von Eck 或 Eck,Johannes von)

艾克,约翰内斯(Johannes Eck,1486 或 1489—1543)

艾廷格尔,塞巴斯蒂安(Aitinger, Sebastian,1508—1547)

艾希特尔,尤里乌斯(Echter, Julius)

爱德华四世,英国国王(Edward Ⅳ., 1442—1483;1471—1483 在位)

爱德华一世,英国国王(Edward Ⅰ., 1239—1307;1272—1307 在位)

爱沙尼亚(Estonia)

安德里安,乌特勒友的(Adrian von Utrecht)

安德里亚,约翰·瓦伦汀(Andreae, Johann Valentin,1586—1654)

安东二世,洛林公爵(Anton Ⅱ.,1489—1544;1509—1544 在位)

安哈尔特(Anhalt)

安哈尔特—贝恩堡(Anhalt-Bernburg)

安哈尔特—策尔布斯特(Anhalt-Zerbst)

安哈尔特—德骚(Anhalt-Dessau)

安哈尔特—科滕(Anhalt-Köthen)

安杰洛城堡(Engelsburg)

安娜,奥地利的(Anna von Österreich, 1528—1590)

安娜贝格(Annaberg)

安娜,波希米亚的(Anne von Böhmen, 1366—1394)

安娜,莫绍的(Anna von Mochau)

安茹(Anjou)

安斯巴赫(Ansbach)

安特卫普(Antwerpen)

奥得河(Oder)

奥得河畔法兰克福(Frankfurt am Oder)

奥登瓦尔德(Odenwald)

奥地利(Österreich)

奥蒂莉厄,戈伊骚的(Ottilie von Geusau)

奥尔登堡(Oldenburg)

奥尔良(Orléans)

奥尔米茨(Olmütz)

奥尔滕瑙(Ortenau)

奥格斯堡(Augsburg)

《奥格斯堡临时措施》(Augsburger Interim)

《奥格斯堡信纲》(Confessio Augustana 或 Augsburger Bekenntnis)

奥格斯堡殉道者教务会议(Augsburger Märtyrersynode)

《奥格斯堡宗教和约》(Augsburger Religionsfrieden)

奥古斯丁(Augustin)或奥古斯丁,奥里留(Augustinus, Aurelius)或奥古斯丁,希波的(Augustinus von Hippo, 354—430)

奥古斯丁隐修会(Ordo Eremitarum Sancti Augustini)

奥古斯特,恩斯特,不伦瑞克-吕内堡-卡伦贝格公爵(August, Ernst, 1629—1698;)

奥古斯特,克里斯蒂安(August, Christian)

奥古斯特,萨克森选侯(August,1526—1586;1553—1586 在位)

奥卡姆(Occam)

奥克森斯切尔纳,阿克斯艾尔(Oxenstierna, Axel,1583—1654)

奥拉明德(Orlamünde)

奥兰治(Oranje)

奥兰治，莫里茨·范，尼德兰联省共和
　　国总督（Oranje，Maurits van，1567—
　　1625；1589—1625 在位）

奥兰治，威廉·范（Oranje，Willem van，
　　1533—1584）

奥罗迦鲁，马特乌斯（Aurogallus，
　　Matthäus，大约 1490—1543）

奥皮茨，马丁（Opitz，Martin，1597—
　　1639）

奥珀伦（Oppeln）

奥瑟尔（Ösel）

奥瑟尔—维克（Ösel-Wiek）

奥斯纳布吕克（Osnabrück）

奥特海因里希，普法尔茨选侯（Otthein-
　　rich，1502—1559；1556—1559 在位）

奥托卡二世，波希米亚国王（Ottokar
　　Ⅱ.，1232—1278；1253—1278 在位）

奥托一世，神圣罗马帝国皇帝（Otto Ⅰ.，
　　912—973；936—973 在位）

奥托，约翰（Otto，Johann，1545—1598）

奥西安德尔，安德里亚斯（Andreas Osi-
　　ander，1498—1552）

B

巴登（Baden）

巴登-杜拉赫（Baden-Durlach）

巴尔干半岛（Balkan）

巴伐利亚（Bayern）

《巴伐利亚编年史》（Annales ducum
　　Boiariae）

巴伐利亚-兰茨胡特（Bayern-Landshut）

巴伐利亚-慕尼黑（Bayern-München）

巴拉丁那图书馆（Bibliotheca Palatina）

巴伦山（Barenberge）

巴罗尼，凯萨尔（Baronie，Caesare，
　　1538—1607）

巴纳尔，扬（Banér，Jan，1596—1641）

巴尼姆九世，波莫瑞—斯德丁公爵
　　（Barnim Ⅸ.，1501—1573）

巴塞尔（Basel）

《巴塞尔和约》（Frieden zu Basel）

巴塞罗那（Barcelona）

《巴塞罗那和约》（Friede von Barcelona）

巴特格律恩巴赫（Bad Groenenbach）

白山（Weißer Berg）

柏林（Berlin）

班贝克（Bamberg）

邦国伯爵（Landsgraf）

邦国等级（Landstände）

邦国等级会议（Landtagen）

邦国君主（Landesherren）

邦国诸侯（Territorialfürsten）

保罗三世，罗马教皇（Paul Ⅲ.，1468—
　　1549；1534—1549 在位）

保罗四世，罗马教皇（Paul Ⅳ.，1476—
　　1559；1555—1559 在位）

保罗，塔尔苏斯的或大数的（Paulus，
　　Tarsus，公元前 10—公元后 60）

保罗五世，罗马教皇（Paul Ⅴ.，1552—
　　1621；1605—1621 在位）

《保险文书》（Religionsassekuration）

堡垒国家（Stato dei Presidi）

鲍尔生，弗里德里希（Paulson，Friedrich）

鲍姆加滕（Baumgartner）

鲍纳赫（Baunach）

北蒂罗尔（Nordtirol）

北海（Nordsee）

贝尔格莱德（Belgrad）

《贝尔格书》（Bergisches Buch）

贝尔根—奥普—佐姆姆（Bergen-op-Zoom）

贝尔肯（Bercken）

贝利欣根，戈茨·冯（Berlichingen，Götz
　　von，大约 1480—1562）

贝索尔德，克里斯托夫（Besold，Chris-
　　toph，1577—1638）

贝希特斯加登（Berchtesgaden）

本笃十三世，阿维尼翁教皇（Benedict Ⅹ

帝国决定(Reichsschlüssen)

帝国名册(Reichsmatrikel)

《帝国名册》(Reichsmatrikel)

帝国骑士(Reichritter)

帝国骑士区(Ritterkreisen)

帝国税(Reichssteuern)

帝国行政区(Reichskreisen)

帝国选侯(Kurfürsten)

帝国执政府(Reichsregiment)

帝国诸侯(Reichsfürsten)

帝国主教(Reichsbischöfe)

帝国属意大利(Reichsitalien)

帝国自由领主(Reichsfreiherren)

帝国最高法院(Reichskammergericht)

第二次宗教改革(Zweite Reformation)

《第二托恩和约》(Zweiter Frieden von Thorn)

第聂伯河(Dnjepr)

第戎(Dijon)

蒂尔瑙(Tyrnau)

蒂雷纳,亨利·德·拉·图尔(d'Auvergne, Henri de La Tour, 1611—1675)

蒂利,约翰·策尔克莱斯·冯(Tilly, Johann t'Serclaes von, 1559—1632)

蒂罗尔(Tirol)

丁克尔斯比尔(Dinkelsbühl)

东弗里斯兰(Ostfriesland)

东海(Ostsee)

东普鲁士(Ost-Preussen)

都灵(Turin)

杜拉赫(Durlach)

多尔纳赫(Dornach)

多尔帕特(Dorpat)

多里亚,安德里亚(Doria, Andrea, 1468—1560)

多伦(Dueren)

多明我会(Ordo Dominicanorum)

多瑙河(Donau)

多瑙韦尔特(Donauwörth)

多特蒙德(Dortmund)

E

厄尔松(Oeresund)

厄格蒙特(Egmond)

厄科拉姆帕德,约翰(Oekolampad, Johann 或 Oecolampadius, Johannes, 1482—1531)

厄林根(Öhringen)

厄廷根—厄廷根(Oettingen-Oettingen)

恩加丁(Engadin)

恩斯河(Enns)

恩斯特,安哈尔特-德绍侯爵(Ernst, 1454—1516；1470—1516 在位)

恩斯特,巴伐利亚的,科伦大主教(Ernst von Bayern, 1554—1612；1583—1612 在位)

恩斯特二世,彼得,曼斯费尔德伯爵(Ernst Ⅱ., Peter, 1580—1626)

恩斯特,沃尔夫冈(Ernst, Wolfgang)

恩斯特,沃尔夫冈,伊森堡—罗讷堡伯爵(Wolfgang Ernst, 1560—1633)

恩斯特一世,不伦瑞克-吕内堡公爵(Ernst Ⅰ., 1497—1546；1521—1546 在位)

恩斯特,约阿希姆,勃兰登堡-安斯巴赫马克伯爵(Ernst, Joachim, 1583—1625；1603—1625 在位)

F

法贝尔,约翰(Faber, Johann)

法尔内塞,皮埃尔路易吉(Farnese, Pierluigi)

法莱尔,纪尧姆(Farel, Guillaume, 1489—1565)

《法兰克福宗教和约》(Frankfurter Anstand)

凡尔登(Verdun)

弗兰茨（Franz）

弗兰茨，不伦瑞克—吕内堡公爵（Franz，1508—1549；1521—1549 在位）

弗兰茨，京特（Franz，Günther）

弗兰克，塞巴斯蒂安（Franck，Sebastian，1499—1542 或 1543）

弗兰克，珍妮·勒（Franc，Jeanne Le）

弗兰肯（Franken）

弗兰肯豪森（Frankenhausen）

弗兰肯塔尔（Frankenthal）

弗朗索瓦一世，法国国王（François Ier，1494—1547；1515—1547 在位）

弗劳恩山（Frauen-Berg）

弗勒斯海默尔（Flersheimer）

弗里堡（Fribourg）

弗里德贝格（Friedberg）

弗里德兰（Friedland）

弗里德里希（Friedrich）

弗里德里希二世，普法尔茨选侯（Friedrich Ⅱ.，1482—1556；1544—1556 在位）

弗里德里希二世，萨克森公爵（Friedrich Ⅱ.，1412—1464；1428—1464 在位）

弗里德里希，格奥尔格，巴登—杜拉赫马克伯爵（Friedrich，Georg，1573—1622；1604—1622 在位）

弗里德里希三世，普法尔茨选侯（Friedrich Ⅲ.，1515—1576；1559—1576 在位）

弗里德里希三世，萨克森选侯（Friedrich Ⅲ.，1463—1525；1486—1525 在位）

弗里德里希三世，神圣罗马帝国皇帝（Friedrich Ⅲ.，1415—1493；1440—1493 在位）

弗里德里希四世，普法尔茨选侯（Friedrich Ⅳ.，1574—1610；1583—1610 在位）

弗里德里希五世，巴登-杜拉赫马克伯爵（Friedrich Ⅴ.，1594—1659；1622—1659 在位）

弗里德里希五世，普法尔茨选侯（Friedrich Ⅴ.，1596—1632；1610—1623 年在位）

弗里德里希一世，阿道夫（Friedrich Ⅰ.，Adolf）

弗里德里希一世，波希米亚国王（Friedrich Ⅰ.，1596—1632；1619—1621 在位）

弗里德里希一世，约翰，萨克森选侯（Friedrich Ⅰ.，Johann，1503—1554；1532—1547 在位）

弗里德里希，约翰，不伦瑞克-吕内堡的（Johann Friedrich von Braunschweig-Lüneburg，1625—1679）

弗里德里希，约翰，符滕堡公爵（Friedrich，Johann，1582—1628；1608—1628 在位）

弗里德里希，约翰，萨克森选侯（Friedrich，Johann，1503—1554；1532—1547 在位）

弗里德里希，"智者"，萨克森选侯（Friedrich，der Weise，1463—1525；1486—1525 年在位）

弗利奥尔（Friaul）

弗隆茨贝格，格奥尔格·冯（Frundsberg，Georg von，1473—1528）

弗伦德（Fronde）

弗洛伊鲁斯（Fleurus）

《浮士德》（Faust）

符滕姆贝格（Württemberg）

福尔诺瓦（Fornovo）

福格尔斯贝格（Vogelsberg）

福拉尔贝格（Vorarlberg）

福斯，亨德里克（Hendrik Vos 或 Voes）

福音（Evangelium）

福音教联盟（Protestantische Union）

福音教议团(Corpus Evangelicorum)

福音运动(Evagelische Bewegung)

阜姆港(Fiume)

富尔达(Fulda)

富格尔(Fugger)

富格尔工场(Fuggerei)

富格尔,乌尔里希(Fugger, Ulrich, 1490—1525)

富格尔,雅克布(Fugger, Jakob,1459—1525)

富特万根(Furtwangen)

G

改革教信仰(reformierten Bekenntnis)

盖尔,弗洛里安(Geyer, Florian,大约 1490—1525)

盖斯迈尔,米夏埃尔(Gaismair, Michael,1490—1532)

高级教士(Prälaten)

高级骑士议事团(Palatin)

戈里齐亚(Gorizia)

戈明根(Gemmingen)

戈斯拉尔(Goslar)

戈伊骚(Geusau)

哥达执行(Gothaer Exekution)

哥廷根(Göttingen)

格奥尔格(Georg)

格奥尔格,勃兰登堡—安斯巴赫马克伯爵(Georg, 1484—1543；1515—1543 在位)

格奥尔格,格莱芬家族的(Georg, 1493—1531)

格奥尔格,萨克森公爵(Georg, 1471—1539；1500—1539 在位)

格奥尔格三世,安哈尔特—德骚侯爵(Georg Ⅲ.,1507—1553)

格奥尔格一世,约翰,萨克森选侯(Georg Ⅰ., Johann, 1585—1656；1611—1656 在位)

格奥尔格,约翰,勃兰登堡马克伯爵(George, Johann,1577—1624)

格比尔格(Gebirg)

格尔茨(Görz)

格尔德恩(Geldern)

格哈特,约翰(Gerhard, Johann,1582—1637)

格拉茨(Graz)

格拉德,罗特格尔(Gerard, Rotger)

格拉蒂乌斯,奥尔特维努斯(Gratius, Ortvinus,1481—1542)

格拉鲁斯(Glarus)

格赖芬克劳,里夏德·冯,特里尔大主教(Greiffenklau, Richard von,1467—1531；1511—1531 在位)

格赖夫斯瓦尔德(Greifswald)

格劳宾登(Graubünden)

格雷贝尔,康拉德(Grebel, Konrad,大约 1498—1526)

格里马(Grimma)

格列高利十二世,罗马教皇(Gregorius Ⅻ.,大约 1326—1417；1406—1415 在位)

格列高利十三世,罗马教皇(Gregorius XⅢ.,1502—1585；1572—1585 在位)

格列高利十一世,罗马教皇(Grégoire Ⅺ.,1331—1378；1370—1378 在位)

格留奈乌斯,西门(Grynaeus, Simon, 1493—1541)

格鲁姆巴赫,威廉·冯(Grumbach, Wilhelm von,1503—1567)

格罗宁根(Gröningen)

格罗珀,约翰内斯(Gropper, Johannes, 1503—1559)

《格罗斯瓦尔戴因条约》(Vertrag von Großwardein)

格罗特,盖尔特(Grooote, Geert,1340—1384)

海因里希,伊森堡—罗讷堡伯爵(Heinrich,1537—1601)

《海因里希仪式书》(Heinrichs-Agende)

汉堡(Hamburg)

汉诺威(Hannover)

汉萨同盟(Hansa 或 Hanse)

豪达(Gouda)

荷恩(Hoorn)

荷兰共和国(De Republiek der Zeven Verenigde Nederlanden)

赫尔比斯豪芬(Herbishofen)

赫尔博恩(Herborn)

赫尔丁,米夏埃尔(Helding, Michael, 1506—1561)

赫尔芬施泰因(Helfenstein)

赫尔曼施塔特(Hermannstadt)

赫尔姆施泰特(Helmstedt)

赫尔齐希,阿诺(Herzig, Arno)

赫尔施泰因(Holstein)

赫尔施泰因—戈托尔夫(Holstein-Gottorf)

《赫尔维蒂克认信文后版》(Confessio Helvetica posterior)

《赫尔维蒂克认信文前版》(Confessio Helvetica prior)

赫郜(Hegau)

赫拉德辛(Hradschin)

赫斯菲尔德(Hersfeld)

赫翁(Höngg)

赫希斯特(Höchst)

赫尹琳,约翰内斯(Heynlin, Johannes, 大约 1430—1496)

黑迪欧,卡斯帕(Hedio, Kaspar)

黑尔福德(Herford)

黑海(Schwarzer Meer)

黑吉乌斯,亚历山大(Hegius, Alexander,1433—1498)

黑林根(Heringen)

黑森(Hessen)

黑森—卡塞尔(Hessen-Kassel)

黑森林(Schwarzwald)

亨利八世,英国国王(Henry Ⅷ.,1491—1547;1509—1547 在位)

亨利二世,法国国王(Henri Ⅱ.,1519—1559;1547—1559 在位)

亨利四世,法国国王(Henri Ⅳ.,1553—1610;1589—1610 在位)

亨内贝格,贝特霍尔德·冯,美因兹大主教(Henneberg, Berthold von,1441 或 1442—1504;1484—1504 在位)

侯爵(Fürst)

后波莫瑞(Hinterpommern)

胡安(Juan,1478—1497)

胡安娜(Juana,1479—1555)

胡安娜一世,卡斯蒂利亚女王(Juana I de Castilla,1479—1555)

胡布迈尔,巴尔塔萨(Hubmaier, Balthasar,1480 或 1485—1528)

胡登,汉斯·冯(Hutten, Hans von, 1477—1515)

胡登,乌尔里希·冯(Hutten, Ulrich von,1488—1523)

胡斯派(Husité 或 Hussiten)

胡斯,扬(Hus, Jan,1369 或 1372 或 1402—1415)

胡斯战争(Hussitenkrieg)

胡特尔兄弟会(Hutterische Brüder)

胡特尔,雅克布(Jakob Hutter,大约 1500—1536)

胡特,汉斯(Hut, Hans,1490—1527)

《皇帝卡尔五世统治下的宗教和国家状况》(De statu religionis et rei publicae Carolo V. Caesare commentarii)

霍恩(Horn)

霍恩堡的玛加丽特(Margarethe von der Hohenburg)

霍恩,古斯塔夫·卡尔松(Horn, Gustaf Karlsson,1592—1657)

霍尔,埃利亚斯 (Holl, Elias, 1573—1646)

霍尔恩巴赫(Hornbach)

霍夫曼,梅尔希奥(Hofmann, Melchior, 1495—1543)

霍亨施陶芬(Hohenstaufen)

霍亨索伦(Hohenzollern)

霍克斯特(Hoexter)

霍希施泰特尔(Höchstetter)

J

基堡(Kyburg)

《基础希伯来语》(De Rudimentis Hebraicis)

《基督教教义大全》(Summa doctrinae christianae)

《基督教教义大全》(Corpus doctrinae christianae)

《基督教要义》(Institutio Christianae Religionis)

《基督教战士手册》(Enchiridion militis Christiani)

基督身体(corpus christianum)

基尔希海姆(Kirchheim)

激进派宗教改革(The radical reformation 或 Die radikale reformation)

吉普斯夸省(Guipúzcoa)

吉森(Giessen)

济金根,弗兰茨·冯(Sickingen, Franz von,1481—1523)

既是义人又是罪人(simul iustus et peccator)

加博尔,贝特伦,西本彪根侯爵(Gábor, Bethlen, 1580—1629; 1613—1629 在位)

加布里埃尔,威尼斯的(Gabriel de Venezia)

加蒂纳拉,梅尔库里诺·阿尔波里奥·迪(Gattinara, Mercurino Arborio di, 1465—1530)

加尔文教(Calvinismus)

加尔文教徒(Calvinisten)

加尔文,杰拉德(Cauvin, Gerard)

加尔文,让(Cauvin, Jean 或 Johann 或 Johannes,1509—1564)

加尔文学院(Collège Calvin)

嘉布遣修道院(cappuccino)

讲道书(Predigtpostillen)

教会保留 (Reservatum ecclesiasticum, 或 geistlicher Vorbehalt)

《教会被掳于巴比伦》(De captivitate Babylonica ecclesiae)

《教会编年史》(Annales ecclesiastici)

教会参事院(Kirchenrat,也写作 Rat für kirchliche Angelegenheiten 或 Geistlicher Rat 等)

教会纪律(Kirchenzucht)

教会监理会(Konsistorium)

教会条例(Kirchenordnung)

教派(Konfessionen)

教派化(Konfessionalisierung)

教派化时代(Zeitalter der Konfessionalisierung 或 Konfessionalisierungszeit)

教派主义(Konfessionalismus)

教随国定(cuius regio, eius religio,或 Wer das Land regiert, solle den Glauben bestimmen, wessen Herrschaft, dessen Religion)

杰罗姆,布拉格的(Jeronym Pražsky, 1379—1416)

杰森,吉恩(Gerson, Jean,1363—1429)

《金玺诏书》(Goldene Bulle)

《紧急援助和对抗法》(Verfassung der eilenden Hilfe und Gegenwehr)

紧急主教(Notbischöfe)

抗议派(Protestant 或 Protestanten)

抗议宗(Protestantismus)

柯尼希斯艾克(Königseck)

柯尼希斯马克(Königsmarck)

科堡(Coburg)

科博格,安东(Koberger，Anton，大约
1440—1513)

科尔多巴,冈扎罗·费尔南德兹·德
（Córdoba，Gonzalo Fernández de，
1585—1635)

科利特,戴安(Colet，Dean)

科伦(Köln)

科伦战争(Kölnischer Krieg 或 Truch-
sessischer Krieg)

科尼亚克神圣同盟（Heilige Liga von
Cognac)

科普,尼克劳斯(Kop，Nikolaus)

科普事件(Kop-Affäre)

科西莫一世,美第奇的(Cosimo Ⅰ., de'
Medici,1519—1574)

科希策(Košice)

克恩滕(Kärnten)

克拉科夫(Kraków 或 Krakau)

克拉普玛利乌斯,阿诺尔德(Clapmari-
us，Arnold,1574—1604)

克莱斯尔,梅尔希奥(Khlesl，Melchior，
1552—1630)

克莱希廷,海因里希(Krechting，Hein-
rich,1501 —1580)

克赖赫郜(Kraichgau)

克赖因(Krain)

克劳斯,沃尔夫冈(Krauss，Wolfgang)

克雷芒七世,对立教皇（Clément Ⅶ.,
1342—1394)

克雷芒七世,罗马教皇(Clemens Ⅶ.,
1478—1534;1523—1534 在位)

克雷芒五世,罗马教皇(Clemens Ⅴ.,
1250 至 1265 间—1314；1305—1314

在位)

克雷姆斯(Krems)

《克雷皮和约》(Frieden von Crépy)

克累弗(Kleve)

克里斯蒂安,安哈尔特—贝恩堡侯爵
(Christian,1568—1630)

克里斯蒂安,拜罗伊特马克伯爵(Chris-
tian,1581—1655)

克里斯蒂安,不伦瑞克—沃尔芬比特尔
公爵(Christian,1599—1626)

克里斯蒂安二世,萨克森选侯(Christian
Ⅱ.,1583—1611;1591—1611 在位)

克里斯蒂安四世,丹麦国王(Christian
Ⅳ.,1577—1648;1588—1648 在位)

克里斯蒂娜,瑞典国王(Kristina,1626—
1689;1632—1654 在位)

克里斯托夫(Christoph)

克里斯托夫,符滕姆贝格公爵(Christo-
ph,1515—1568;1550—1568 在位)

克里斯托夫,汉斯,柯尼希斯马克伯爵
(Hans Christoph,1600—1663)

克丽斯汀,萨克森的(Christine von Sa-
chsen,1505—1549)

克隆贝格,瓦尔特·冯(Walther von
Cronberg)

克卢西乌斯,卡洛鲁斯(Clusius，Caro-
lus,1526—1609)

克罗地亚(Kroatien)

克罗泰勒斯(Crotelles)

克洛德,瓦卢瓦的(Claude de Valois)

克尼佩多灵,伯恩德(Knipperdolling，
Bernd,大约 1495—1536)

克如西格,卡斯帕(Cruciger，Caspar，
1504—1548)

肯普滕(Kempten)

孔塔里尼,加斯帕罗(Contarini，Gasp-
aro,1483—1542)

《控告书》(Instrumentum Appellationis)

理查二世，英国国王（Richard Ⅱ.，1367—1400；1377—1399 在位）

立陶宛（Lietuvo）

利奥波德（Leopold，1619—1632）

利奥波德（Leopold，1795—1886）

利奥十世，罗马教皇（Leo Ⅹ.，1475—1521；1513—1521 在位）

利恩茨（Lienz）

利勒（Lille）

利马特河（Limmat）

利珀（Lippe）

利普西乌斯，尤斯图斯（Lipsius，Justus，1547—1606）

利沃尼亚（Liwonia 或 Livland）

联合邦（Generalstaaten）

列撰生（Requesens，1528—1576）

列日（Liège 或 Lüttich）

林茨（Linz）

林道（Lindau）

林纳克，托马斯（Linacre，Thomas）

林特尔恩（Rinteln）

龙沙（Ronsard）

隆河（Rhone）

卢塞恩（Luzern）

卢森堡（Luxemburg）

卢西阿努斯，马提阿努斯（Lucianus，Martianus）

鲁比亚努斯，克罗图斯（Rubianus，Crotus，大约 1480—1539 以后）

鲁道夫（Rudolf）

鲁道夫二世，神圣罗马帝国皇帝（Rudolf Ⅱ.，1552—1612；1576—1612 在位）

鲁道夫四世，奥地利公爵（Rudolf Ⅳ.，1339—1365；1358—1365 在位）

鲁道夫一世，罗马人国王（Rudolf Ⅰ.，1218—1291；1273—1291 在位）

鲁德尔，彼得（Luder，Peter，约 1415—1474）

鲁普雷希特，普法尔茨的（Rupprecht von Pfalz，1481—1504）

鲁汶（Löwen）

鹿特丹（Rotterdam）

路德复兴（Luther-Renaissance）

路德，汉斯（Luther，Hans）

路德教（Luthertum）

路德教徒（Lutherantum）

路德教正统派（Gnesiolutheraner）

路德，马丁（Luther，Martin，1483—1546）

路德事件（Causa Luther）

路德维斯（Lutterworth）

路德维希（Ludwig）

路德维希，卡尔，下普法尔茨（莱茵—普法尔茨）选侯（Ludwig，Karl，1617—1680；1649—1680 在位）

路德维希六世，普法尔茨选侯（Ludwig Ⅵ.，1539—1583；1576—1583 在位）

路德维希十世，巴伐利亚公爵（Ludwig Ⅹ.，1495—1545；1514—1545 在位）

路德维希五世，普法尔茨伯爵（Ludwig Ⅴ.，1478—1544；1508—1544 在位）

路德维希一世，安哈尔特—科腾侯爵（Ludwig Ⅰ.，1579—1650）

路德维希，约翰，哈根的，特里尔大主教（Johann Ludwig von Hagen，1492—1547）

路德维希，约翰，拿骚—哈达马尔伯爵（Ludwig，Johann，1590—1653），

路德维希，约翰，拿骚—萨尔布吕肯伯爵（Ludwig，Johann，1472—1545）

路特尔（Lutter）

路易十二世，法国国王（Louis Ⅻ.，1462—1515；1498—1515 在位）

路易十三世，法国国王（Louis ⅩⅢ.，1601—1643；1610—1643 在位）

路易十四世，法国国王（Louis ⅩⅣ.，

1638—1715;1643—1715 在位)

路易十一世,法国国王(Louis Ⅺ.,1423—1483;1461—1483 在位)

露易丝,萨沃伊的(Louise von Savoyen)

吕贝克(Lübeck)

吕岑(Lützen)

吕根岛(Rügen)

吕讷,卡斯帕(Kaspar Löner,1493 或 1495—1546)

吕内堡(Lüneburg)

伦巴德(Lombard)

伦巴德,彼得(Lombard, Peter,1100—1160)

《论德意志诗歌》(Buch von der deutschen Poeterey)

《论废除圣像》(Von abtuhung der Bylder)

《论基督教教徒的自由》(Von der Freiheit eines Christenmenschen)

《论坚定的意志》(De Constantia)

《论矿冶》(De re metallica)

《论奇妙的语言》(De verbo mirifico)

《论修道的誓愿》(De votis monasticis)

《论意志的捆绑》(De Servo arbitrio)

《论犹太神秘主义艺术》(De arte cabbalistica)

《论自由意志》(De libero arbitrio)

罗伯特(Robert)

罗尔巴赫,耶克莱因(Rohrbach, Jäcklein)

罗尔,格奥尔格(Rörer, Georg,1492—1557)

罗赫里茨(Rochlitz)

罗克鲁瓦(Rocroi)

罗拉德派(lollards)

罗马涅(Romagna)

罗马人国王(Rex Romanorum 或 König der Römer)

罗马人皇帝(Romanorum imperator 或 Kaiser der Römer)

罗马神父(Roma patrem)

罗森贝格(Rosenberg)

《罗沙赫尔月报》(Rorschacher Monatsschrift)

罗斯海姆(Rosheim)

罗特哈尔山(Rothaargebirge)

罗特曼,伯恩德(Rothmann, Bernd,1495—1535 以后)

罗特魏尔(Rottweil)

罗滕堡(Rottenburg 或 Rothenburg)

罗耀拉,伊纳爵·罗佩兹·德(Loyola, Ínigo López de,1491—1556)

罗伊博林,威廉(Reublin, Wilhelm,大约 1484—1559)

罗伊斯(Reuss)

罗伊特林根(Reutlingen)

罗伊希林,格奥尔格(Reuchlin, Georg)

罗伊希林,约翰(Reichlin, Johann,1455—1522)

罗伊希林争论(Reuchlin-Streit)

洛布科维茨(Lobkowitz)

洛布科维茨,珀派尔·冯(Lobkowitz, Popel von,大约 1551—1607)

洛策尔,塞巴斯蒂安(Sebastian Lotzer)

洛林(Lothringen)

洛伦佐(Lorenze)

洛伦佐·德·美第奇(Lorenze de'Medici,1449—1492)

M

马柏克,皮尔格拉姆(Marbeck, Pilgram,1495—1556)

马德拉岛(Madeira)

《马德里条约》(Frieden von Madrid)

马蒂斯,扬(Matthys, Jan,大约 1500—1534)

马蒂亚斯,海因里希·图尔恩(Matyáš,

Jindřich z Thurnu,1567—1640)

马蒂亚斯,神圣罗马帝国皇帝(Matthias,1557—1619;1612—1619 在位)

马蒂亚斯,匈雅蒂,匈牙利国王(Mátyás, Hunyadi, 1443—1490; 1458—1490 在位)

马丁五世,罗马教皇(Martinus Ⅴ., 1368—1431;1417—1431 在位)

马尔堡(Marburg)

马格德堡(Magdeburg)

《马格德堡世纪》(Magdeburger Centurien)

马基雅维里,尼科洛(Machiavelli, Nicolo,1469—1527)

马克(Mark)

马克伯爵(Markgraf)

马克西米连(Maximilian)

马克西米连二世,神圣罗马帝国皇帝(Maximilian Ⅱ.,1527—1576;1562—1576 在位)

马克西米连,特劳特曼斯多夫的(Maximilian von Trautmannsdorf, 1584—1650)

马克西米连一世,巴伐利亚公爵(Maximilian Ⅰ., 1573—1651; 1597—1651 在位)

马克西米连一世,巴伐利亚选侯(Maximilian Ⅰ., 1573—1651; 1623—1651 在位)

马克西米连一世,神圣罗马帝国皇帝(Maximilian Ⅰ.,1459—1519;1493—1519 在位)

马里尼亚诺(Marignan)

马努蒂乌斯,阿尔杜斯(Manutius, Aldus,1449—1515)

马提尼克,雅罗斯拉夫·博斯塔·冯(Martinic, Jaroslav Borsita von, 1582—1649)

马西米利亚诺(Massimiliano)

马扎然(马扎林或马萨林),儒勒(Mazarin, Jules,1602—1661)

马佐里尼,西尔维斯特(Mazzolini, Silvester,大约 1456—1523)

玛格达莱妮,埃莱奥诺雷,普法尔茨—诺伊堡的(Magdalene,Eleonore)

玛格丽特,纳瓦拉的(Marguerite de Navarre,1492—1549)

玛格丽特,帕尔马的(Margarethe von Parma,1522—1586)

玛加丽特,安哈尔特-德绍侯爵恩斯特遗孀(Margarethe,1473—1530)

玛加丽特,奥地利的(Margarete von Oesterreich)

玛加丽特(Margarete 或 Margarethe)

玛加丽特,萨勒的(Margarethe von der Saale,1522—1566)

玛加丽特,下阿尔萨斯霍恩堡的(Margarethe von der Hohenburg im Unterelsass)

玛丽亚(Maria)

玛利亚—艾恩西德尔恩(Maria-Einsiedeln)

迈尔,马丁(Mair,Martin)

迈甘德尔,卡斯帕(Megander,Kaspar, 1495—1545)

迈科尼乌斯,奥斯瓦尔德(Myconius, Oswald,1488—1552)

迈森(Meißen)

曼茨,菲利克斯(Manz, Felix, 大约 1498—1527)

曼德尔沙伊德-布兰肯海姆(Manderscheid-Blankenheim)

曼海姆(Mannheim)

曼斯费尔德(Mansfeld)

曼托瓦(Mantua)

漫长的战争(langer Krieg)

纳赫(Nahe)

纳瓦尔(Navarre)

奈纳德，约翰(Nenad, Johann,？—1527)

耐卡河谷(Neckartal)

男爵(Baron)

南特(Nantes)

南希(Nancy)

瑙姆堡(Naumburg)

内奥地利(Innerösterreich)

内尔德林根(Nördlingen)

内拉克(Nérac)

尼德兰(Nederland 或 Niederlande)

尼德兰联省共和国(Republik der Vereinigten Niederlande)

尼恩堡(Nienburg)

尼尔廷根(Nürtingen)

尼古拉斯，库萨的(Nicolaus de Cusa, 1401—1464)

尼可拉斯，海因里希(Niclaes Heinrich, 1501—1580)

尼克劳斯(Nicolaus)

尼斯(Nizza)

尼特拉(Nyitra 或 Neutra)

纽伦贝格(Nürnberg)

《纽伦贝格宗教和约》(Nürnberger Religionsfrieden 或 Nürnberger Anstand)

纽伦斯特(Nürnster)

努瓦荣(Noyon)

诺德豪森(Nordhausen)

诺里克(Noric)

诺特霍夫(Northoff)

《诺伊贝格条约》(Vertrag von Neuberg)

诺伊豪塞尔(Neuhäusel)

诺伊马克(Neumark)

诺伊施塔特(Neustadt)

诺伊索尔(Neusohl)

P

帕本海姆(Pappenheim)

帕德博恩(Paderborn)

帕多瓦(Padova 或 Padua)

帕尔马(Parma)

帕骚(Passau)

《帕骚条约》(Passauer Vertrag)

帕维亚(Pavia)

帕兹曼尼，彼得(Pázmány, Péter, 1570—1637)

排除皇帝干预的豁免权(Privilegium de non evocando)

《排戏或者汉诺》(Scaenica Progymnasmata(Henno))

佩拉尔，雷蒙(Pérault, Raimond, 1435—1505)

佩拉纠(Pelagius, 360—420)

披甲胄的帝国等级会议(geharnischter Reichstag)

皮卡迪(Picardie)

皮克劳米尼，恩尼·西尔维奥(Piccolomini, Enea Silvio)

皮涅罗尔(Pignerol)

皮亚琴察(Piazenza)

匹克海默尔，威利巴尔德(Pirckheimer, Willibald, 1470—1530)

珀尔恩施泰因(Pernstein)

普遍存在学说(Ubiquitätslehre)

普法尔茨(Pfalz)

普法尔茨伯爵(Pfalzgraf)

普法尔茨—茨魏布吕肯(Pfalz-Zweibrücken)

普法尔茨—诺伊堡(Pfalz-Neuburg)

普法尔茨选侯邦(Kurpfalz)

普法伊费尔，海因里希(Pfeiffer, Heinrich, 1500 以前—1525)

普菲费尔科恩，约翰(Pfefferkorn, Johann, 1469—1522)

普菲斯特尔,克里斯托夫(Pfister,
　　Christoph)

普夫卢格,尤里乌斯·冯(Pflug, Julius
　　von,1499—1564)

普福尔茨海姆(Pforzheim)

普福塔(Pforta)

普福泽,约翰·塞巴斯蒂安(Pfauser,
　　Johann Sebastian,1520—1569)

普拉斯勒,卡斯帕(Prassler, Kaspar)

普拉特尔,托马斯(Platter, Thomas,
　　1499—1582)

普雷斯堡(Preßburg)

普鲁士(Preußen)

普罗莱斯,安德烈亚斯(Proles, An-
　　dreas,1429—1503)

普罗旺斯(Provence)

普通人(Gemeiner Mann)

普通人革命(Revolution des Gemeinen
　　Manns)

Q

戚美尔曼,威廉(Zimmermann, Wil-
　　helm,1807—1878)

齐格蒙特二世,奥古斯特,波兰国王
　　(Zygmunt Ⅱ., August,1520—1572;
　　1530—1572 在位)

齐格蒙特三世,瑞典国王(Zygmunt Ⅲ.,
　　1566—1632;1599—1632 在位)

齐格蒙特一世,波兰国王(Zygmunt Ⅰ.,
　　1467—1548;1506—1548 在位)

齐格蒙特,约翰(Sigismund, Johann)

齐格蒙特,扎波利亚·亚诺什(Zsig-
　　mond, Szapolyai János,1540—1571)

齐罗廷,卡尔·冯(Žerotína, Karel
　　starší ze,1564—1636)

齐普泽(Zipser)

骑士(Ritter)

骑士暴动(Ritteraufstand)

前波莫瑞(Vorpommern)

亲王(Prinz)

穷康拉德(der Arme Konrad)

《劝基督徒勿从事叛乱书》(Eine treue
　　Vermahnung zu allen Christen, sich
　　zu hüten vor Aufruhr und Empörung)

R

热那亚(Genova 或 Genua)

人民宗教改革(Volksreformation)

人民宗教改革(Volksreformation)

人文学科(humaniora)

人文研究(studia humanitatis)

人文主义(Humanismus)

人文主义者(Humanist)

人与神合作说(Cooperatio hominis cum
　　deo)

任职履历(Cursus honorum)

日德兰半岛(Jütland)

《日耳曼国家史册》(Rerum Germanica-
　　rum libri tres)

《日耳曼记事》(Epitone Rerum German-
　　icarum)

日耳曼教师(Praeceptor Germaniae)

《日耳曼尼亚志》(Germanis)

《日耳曼神学》(Theologia Germaniae)

《日耳曼图说》(Germania illustrata)

日耳曼学院(Collegium Germanicum)

日耳曼学者宝库(optimus literatae Ger-
　　maniae thesaurus)

日内瓦(Genève 或 Genf)

《日内瓦教会章程》(Ordonnances Ec-
　　clessiastiques)

茹策尔,卡斯帕(Nützel, Kasoar)

瑞典战争(der schwedische Krieg)

瑞士联邦(Schweizer Eidgenossenschaft
　　或 die Schweizerische Eidgenossen-
　　schaft)

S

撒丁岛(Sardegna)

萨布拉蒂(Záblati 或 Sablat)

萨尔(Saar)

萨尔茨堡(Salzburg)

萨尔茨韦德尔(Salzweder)

萨尔聪根(Salzungen)

萨尔菲尔德同盟(Saalfelder Bund)

萨伏伊(Savoia)

萨克(Sack)

萨克森(Sachsen)

萨克森—德累斯顿(Sachsen-Dresden)

萨克森—魏玛(Sachsen-Weimar)

萨克森选侯邦(Kursachsen)

萨克斯,汉斯(Sachs, Hans,1494—1576)

萨拉曼卡,加布里尔·德(Salamanca, Gabriel de,1489—1539)

萨拉热窝(Sarajewo)

萨勒河(Saale)

萨林恩(Salinen)

萨林斯(Salins)

萨卢佐(Saluzzo)

萨特勒,米夏埃尔(Sattler, Michael,大约 1490—1527)

塞尔维特,米贵尔(Servet, Miguel,1509 或 1511—1553)

塞尔维亚(Srbija 或 Serbien)

《塞里斯和约》(Frieden von Senlis)

塞利姆二世,奥斯曼帝国苏丹(Selim Ⅱ.,1524—1574;1566—1574 在位)

塞维利亚(Sevilla)

三教区(Trois-Èvêchés)

三十年战争(Der Dreißigjährige Krieg)

三语学院(Collège des trois langues)

《瑟吉乌斯》(Sergius)

《瑟吉乌斯讽喻》(Satire Sergius)

沙夫豪森(Schaffhausen)

上阿尔萨斯(Oberelsass)

上莱茵(Oberrhein)

上劳西茨(Oberlausitz)

上普法尔茨(Oberpfalz)

上任年贡(annate)

上萨克森(Obersachsen)

上施瓦本(Oberschwaben)

上施瓦本联邦(Oberschwäbische Eidgenossenschaft)

上匈牙利(Oberungarn)

《尚博德条约》(Vertrag von Chambord 或 Traité de Chambord)

绍姆堡(Schaumburg)

绍珀,卡斯帕(Schoppe, Kaspar,1576—1649)

舍尔特林,塞巴斯蒂安(Schertlin, Sebastian,1496—1577)

社会驯化(Sizialdisziplinierung)

神秘主义(Mysterium 或 Mystik)

神圣帝国(Sacrum Imperium)

神圣共同体(Sakralgemeinschaft)

《神圣教务会议》(Haec sancta synodus)

神圣罗马帝国(Sacrum Imperium Romanum 或 Sacrum Romanum Imperium 或 Heiliges Römisches Reich)

生丁战争(Rappenkrieg)

圣埃吉典高级学校(Obere Schule St. Egidien)

圣杯派(Kališníci,或 Utraquists, Calixtines)

圣布拉西(St. Blasien)

圣餐礼(Eucharistie)

圣地亚哥(Santiago)

圣殿骑士团(Ordre du Temple)

圣哥达(St. Gothard)

圣格奥尔格盾牌骑士团(Gesellschaft St. Georgenschild)

圣加仑(Sanggale 或 St. Gallen)

圣马格达莱纳(St. Magdalena)

圣维图斯(St. Vitus)

什末林（Schwerin）

石勒苏益格（Schleswig）

《食品选择和自由食用》（Von Erkiesen und Freiheit der Speisen）

世界君主（dominum mundi）

世俗诸侯是邦国内的教皇（Dux cliviae est Papa in territoriis suis）

市政会宗教改革（Ratsreformation）

市政会宗教改革（Ratsreformation）

《受到罗马教皇诏书不正当谴责的马丁路德博士著所有文章的理由和原因》（assertio omnium articulorum M. Lutheri per Bullam Leonis X novissiman damnatorum）

受益所有权（dominium utile）

双重预定论（determinatio gemina）

朔恩多夫（Schorndorf）

司各脱，约翰·邓斯（Scotus, John Duns, 1263 或 1266—1308）

司各脱主义（Scotismus）

斯德丁（Stettin）

斯福扎，比安卡·玛丽亚（Sforza, Bianca Maria, 1472—1510）

斯福扎，弗朗切斯科二世（Sforza, Francesco Ⅱ., 1495—1535）

斯福扎，卢多维科（Sforza, Ludovico, 1452—1508）

斯拉瓦塔，威廉（Slavata, Wilhelm, 1572—1652）

斯蓬海姆（Sponheim）

斯特拉斯堡（Straßburg）

斯特拉斯堡大教堂教士会之争（Straßburger Kapitelstreit）

斯特拉斯堡文法中学（Schola Argentoratensis 或 Strassburger Gymnasium）

斯图加特（Stuttgart）

《四爱书》（Quattuor Libri Amorum）

《四部语录》（Libri Quattuor Sententiarum）

《四城市信纲》（Confessio Tetrapolitana）

《四旬斋布道》（Invokavitpredigten）

四种神职学说（Vierämterlehre）

松德郜（Sundgau）

苏莱曼一世，奥斯曼帝国苏丹（Süleymān Ⅰ., 1495—1566；1520—1566 在位）

苏黎世（Zürich）

苏黎世湖（Zürichsee）

苏索，海因里希（Seuse, Heinrich, 1295 或 1297—1366）

俗人圣餐杯（Laienkelch）

索邦（Sorbonne）

索伦（Zollern）

索罗图恩（Solothurn）

索普朗（Sopron）

T

塔波尔派（Táborité, 或 Táborita）

塔楼经历（Turmerlebnis）

陶勒，约翰内斯（Tauler, Johannes, 1300—1361）

特策尔，约翰（Tetzel, Johann, 大约 1460—1519）

特克伦堡（Tecklenburg）

特劳特曼斯多夫（Trauttmannsdorff）

特勒尔奇，恩斯特（Troeltsch, Ernst, 1865—1923）

特里尔（Trier）

特里尔决斗（Trierer Fehde）

特里尔选侯邦（Kurtrier）

特里特缪斯，约翰内斯（Trithemius 或 Trittheimer, Johannes, 1462—1516）

特鲁赫泽斯，奥托，瓦尔德堡的（Truchsess, Otto, von Waldburg, 1514—1573）

特鲁赫泽斯，格奥尔格，瓦尔德堡—策勒的（Truchsess, Georg, von Wald-

威廉姆斯,乔治·休斯顿(Williams, George Huntston,1914—2000)

威廉三世,萨克森公爵(Wilhelm Ⅲ., 1425—1482)

威廉四世,巴伐利亚公爵(Wilhelm Ⅳ., 1493—1550;1508—1550 在位)

威廉四世,黑森—卡塞尔邦国伯爵(Wilhelm Ⅳ.,1532—1592;1567—1592 在位)

威廉,沃尔夫冈,普法尔茨—诺伊堡公爵(Wilhelm, Wolfgang,1578—1663)

威廉五世,巴伐利亚公爵(Wilhelm Ⅴ., 1548—1626;1579—1598 在位)

威廉五世,黑森—卡塞尔邦国伯爵(Wilhelm Ⅴ.,1602—1637;1627—1637 在位)

威廉五世,于利希—克累弗—贝格公爵(Weilhelm Ⅴ.,1516—1592;1539—1592 在位)

威尼斯(Venezia 或 Venedig)

《威斯特法伦和约》(Westfälischer Friede)

威斯特法伦(Westfalen)

威悉河(Weser)

韦茨拉尔(Wetzlar)

韦德施泰特(Wiederstedt)

韦尔夫(Welfen)

韦尔尼格罗德(Wernigerode)

韦尔泽(Welser)

韦森(Weesen)

韦森费尔斯(Weißenfels)

韦特劳(Wetterau)

韦廷(Wettin)

唯独恩典(sola gratia, 或 allein aus Gnade)

唯独基督(solus Christus, 或 allein Christus)

唯独荣耀上帝(Soli Deo gloria)

唯独圣经(sola scriptura,或 Allein die Heilige Schrift)

唯独信心(sola fide,或 allein durch den Glauben)

唯一神教(Unitarianismus)

维德,赫尔曼·冯,科伦大主教(Wied, Hermann von, 1477—1552; 1515—1547 在位)

维登贝格(Wittenberg)

维尔茨堡(Würzburg)

维尔德豪斯(Wildhaus)

维姆普芬(Wimpfen)

维斯马(Wismar)

维斯瓦河(Weichsel)

维特斯巴赫(Wittelsbach)

维也纳(Wien)

《维也纳和约》(Frieden von Wien)

委内瑞拉(Venezuela)

魏甘德,弗里德里希(Weigand, Friedrich)

魏甘德,约翰内斯(Wigand, Johannes, 1523—1587)

魏玛(Weimar)

魏森霍恩(Weissenhorn)

魏特莫泽尔(Weitmooser)

魏,雅克布(Wehe, Jakob)

《魏因加滕协定》(Vertrag von Weingarten)

魏因斯贝格(Weinsberg)

魏因斯贝格血案(Weinsberger Bluttat)

温德斯海姆(Windsheim)

温迪施伽尔施滕(Windischgarsten)

温费林,雅克布(Wimpheling, Jakob, 1450—1528)

温和原则(princeps modificatus)

文策尔四世,波希米亚国王(Wenzel Ⅳ.,1361—1419;1363—1419 在位)

文艺复兴(Renaissance)

《诸侯布道》(Fürstenpredigt)

诸侯会议(Fürstentage)

诸侯宗教改革(Fürstenreformation)

《主起诏书》(Exsurge Domine)

《著名人士书简》(Clarorum Virorum)

专制主义或绝对主义(Absolutismus)

《锥标》(Obelisci)

宗教改革(reformatio 或 Reformation)

宗教改革权(Ius reformandi)

宗教改革时代(Zeitalter der Reformation)

宗教屠杀(Ekklesiozid)

总督察(Generalsuperintendent)

综摄主义(Synkretismus)

祖尔茨(Sulz)

祖尔茨贝格(Sulzberg)

佐尔伽(Sorga)